Kohlhammer

Rainer Möller
Clauß Peter Sajak (Hrsg.)

Religionspädagogik für Erzieherinnen

Ein ökumenisches Arbeitsbuch

Verlag W. Kohlhammer

Dieses Werk einschließlich aller seiner Teile ist urheberrechtlich geschützt. Jede Verwendung außerhalb der engen Grenzen des Urheberrechts ist ohne Zustimmung des Verlags unzulässig und strafbar. Das gilt insbesondere für Vervielfältigungen, Übersetzungen, Mikroverfilmungen und für die Einspeicherung und Verarbeitung in elektronischen Systemen.

1. Auflage 2020

Alle Rechte vorbehalten
© W. Kohlhammer GmbH, Stuttgart
Gesamtherstellung: W. Kohlhammer GmbH, Stuttgart

Print:
ISBN 978-3-17-036420-2

E-Book-Formate:
pdf: ISBN 978-3-17-036421-9
epub: ISBN 978-3-17-036422-6
mobi: ISBN 978-3-17-036423-3

Für den Inhalt abgedruckter oder verlinkter Websites ist ausschließlich der jeweilige Betreiber verantwortlich. Die W. Kohlhammer GmbH hat keinen Einfluss auf die verknüpften Seiten und übernimmt hierfür keinerlei Haftung.

Inhalt

Vorwort 9

1. Zur Berufsrolle der Erzieherin 13
   Dieter Miedza
   A. Einführung 13
   B. Methodisch-didaktische Umsetzung 33

2. Kinder verstehen lernen 44
   Clauß Peter Sajak
   A. Einführung 44
   B. Methodisch-didaktische Umsetzung 63
   Perspektivwechsel: »(...) dass Du mir nahe bist, macht mich stark.« (Ps 18, 36) – Resilienz in der Kindheits- und Religionspädagogik 72
   Eva Hoffmann-Stakelis
   A. Einführung 72
   B. Methodisch-didaktische Umsetzung – Impulse 78

3. Wie hältst Du's mit Religion? – Religion und religiöse Identität in der modernen Gesellschaft 80
   Karolin Thater
   A. Einführung 80
   B. Methodisch-didaktische Umsetzung 101
   Perspektivwechsel: Wie hältst Du's mit Religion? – Religion und religiöse Identität in der modernen Gesellschaft. Ein muslimischer Kommentar 109
   Naciye Kamcili-Yildiz
   A. Einführung 109
   B. Methodisch-didaktische Umsetzung – Impulse 114

4. Konzeptionelle Grundlagen religionspädagogischer Arbeit 117
   Rainer Möller
   A. Einführung 117
   B. Methodisch-didaktische Umsetzung 129
   4.1. Alltagssituation in der Kita: Das gemeinsame Mittagessen 136
   Angela Kunze-Beiküfner
   A. Einführung 136
   B. Methodisch-didaktische Umsetzung – Impulse 141

Perspektivwechsel: Alltagssituation in der Kita: Das gemeinsame
Mittagessen. Ein muslimischer Kommentar 143
Naciye Kamcili-Yildiz
    A. Einführung 143
    B. Methodisch-didaktische Umsetzung – Impulse 146
4.2. Alltagssituation in der Kita: Konflikte erleben und bewältigen 147
Karolin Thater
    A. Einführung 147
    B. Methodisch-didaktische Umsetzung – Impulse 153
4.3. Alltagssituation in der Kita: Ein Kind wird krank 156
Monika Marose
    A. Einführung 156
    B. Methodisch-didaktische Umsetzung – Impulse 170
4.4. Alltagssituation in der Kita: Ramadan feiern in der Kita 177
Naciye Kamcili-Yildiz
    A. Einführung 177
    B. Methodisch-didaktische Umsetzung – Impulse 183
4.5. Alltagssituation in der Kita: Wenn Armut sichtbar wird 190
Rainer Möller
    A. Einführung 190
    B. Methodisch-didaktische Umsetzung – Impulse 197

5. **Religionsdidaktische Methoden für die Arbeit mit Kindern: Einführung** **202**
Clauß Peter Sajak
5.1. Kindertheologie und Kinderphilosophie 203
Angela Kunze-Beiküfner
    A. Einführung 203
    B. Methodisch-didaktische Umsetzung – Impulse 211
5.2. Religiöse Orte erkunden 215
Dorothee Fingerhut/Karolin Thater
    A. Religiöse Orte als (inter-)religiöse Lernorte 215
    B. Methodisch-didaktische Umsetzung – Impulse 220
5.3. Glaubensgeschichten erzählen und gestalten 225
Angela Kunze-Beiküfner
    A. Einführung 225
    B. Methodisch-didaktische Umsetzung – Impulse 231
Perspektivwechsel: Glaubensgeschichten erzählen und gestalten. Ein
muslimischer Kommentar 238
Naciye Kamcili-Yildiz
    A. Einführung 238
    B. Methodisch-didaktische Umsetzung – Impulse 241
5.4. Musisch-ästhetische Zugänge 244
Monika Marose
    A. Einführung 244

	B.	Methodisch-didaktische Umsetzung – Impulse	249
5.5.	Rituale entwickeln und gestalten		254
	Angela Kunze-Beiküfner		
	A.	Einführung	254
	B.	Methodisch-didaktische Umsetzung – Impulse	258
5.6.	Zur eigenen Mitte finden. Übungen zur Stille und Achtsamkeit in der KiTa		264
	Ingeburg Sylla		
	A.	Einführung	264
	B.	Methodisch-didaktische Umsetzung – Impulse	270

Autorinnen und Autoren 275

Vorwort

Liebe Leserin, lieber Leser,

Sie halten hier eine völlige Neubearbeitung des Arbeitsbuches Religionspädagogik für ErzieherInnen (hg. von Rainer Möller und Reinmar Tschirch) in den Händen, das seit seinem Erscheinen 2002 bereits sechs Auflagen erfahren hat und nun von diesem neuen Werk abgelöst wird. Völlig neu ist die Bearbeitung in mehrfacher Hinsicht: zum einen ist dieses Arbeitsbuch von vornherein ökumenisch angelegt. Es wurde in seiner Struktur von einem interkonfessionellen Team aus evangelischen und katholischen Fachleuten konzipiert und realisiert. Die Autorinnen und Autoren sind gegenüber dem »alten« Arbeitsbuch (fast) alle neu. Sie kommen aus Fachschulen für Sozialpädagogik, von Fachhochschulen, Universitäten und religionspädagogischen Instituten. Sie bringen in ihren Beiträgen ihre religionspädagogische und sozialpädagogische Expertise ein, machen die Gemeinsamkeiten zwischen den Konfessionen in der Praxis der Kindertagesstätte deutlich, lassen aber auch ihr jeweiliges konfessionelles Profil erkennen. Von daher kann dieses Arbeitsbuch da, wo konfessionell getrennt unterrichtet wird, sowohl im evangelischen als auch im katholischen Religionsunterricht an der Fachschule/Fachakademie eingesetzt werden. Es zielt aber auf eine gemeinsame, konfessionsverbindende Praxis der religionspädagogischen Ausbildung an Fachschulen und Fachhochschulen sowie der religionspädagogischen Fortbildung der unterschiedlichen Träger.

Zum Zweiten: Religionspädagogische Aus- und Fortbildung von Erzieherinnen ist heute nur vor dem Hintergrund religiöser Pluralität denkbar. In vielen Kindertagesstätten, auch in konfessionellen, stellen die Kinder aus muslimischen Familien mittlerweile eine große Gruppe dar. Auch wenn dieses Arbeitsbuch zunächst Lernende und Lehrende in evangelischen und katholischen Aus- und Fortbildungskontexten im Blick hat, werden doch an zentralen inhaltlichen Stellen immer wieder auch islamische Perspektiven aufgerufen, die von einer muslimischen Religionspädagogin authentisch eingetragen werden. Daneben finden sich, vor allem in den Impulsen und Praxismaterialien, auch die Perspektiven derjenigen Menschen, die sich keiner Religion bzw. Konfession zugehörig fühlen.

Neu ist schließlich an diesem ökumenischen Arbeitsbuch, dass es sich konsequent an den grundlegenden Kompetenzen orientiert, die Erzieherinnen für ihre religionspädagogische Praxis in der Kindertagesstätte benötigen. Diese Kompetenzen werden in der Ausbildung an Fachschulen und Fachhochschulen angelegt und in der Fortbildung vertieft und verfestigt. Die fünf Kapitel dieses Arbeitsbuches spiegeln die Kompetenzbereiche, die in der religionspädagogischen Aus- und Fortbildung entwickelt und bearbeitet werden müssen. Im *ersten Kapitel* geht es um die Professionalität und die Berufsrolle von Erzieherinnen in religionspädagogischen Handlungskontexten. Hier werden auch die Kompetenzen im Einzelnen ausgeführt, die Erzieherinnen in der religionspädagogischen Praxis brauchen, um professionell zu arbeiten.

Im *zweiten Kapitel* wendet sich der Blick zum Kind als »Adressaten« religionspädagogischer Praxis. Kenntnisse von grundlegenden Forschungen zur psychischen, kognitiven, moralischen und religiösen Entwicklung von Kindern und Jugendlichen sind bedeutsam für die Entwicklung professioneller religionspädagogischer Handlungskonzepte, ebenso wie Einsichten in die gesellschaftlich konstruierten Veränderungen, die das »Konzept« von Kindheit im Laufe der Geschichte erfahren hat. Da die Resilienzforschung in der gegenwärtigen Kindheitspädagogik eine große Rolle spielt, wird dieses Thema explizit aufgenommen und religionspädagogisch durchdacht.

Das *dritte Kapitel* beschäftigt sich mit Religion und religiöser Identität als gesellschaftlichen Kontexten religionspädagogischer Aus- und Fortbildung. Dabei geht es zunächst um die Klärung des Religionsbegriffs, um die gesellschaftliche Verortung von Religion und insbesondere um die Spezifitäten jugendlicher Religiosität. Auf das für sozialpädagogische Kontexte wichtige Thema der religiösen Sozialisation wird eingegangen, bevor die gesellschaftspolitisch aktuell kontroverse und die Auszubildenden auch persönlich stark bewegende Frage der religiösen Identität diskutiert wird. Die Klärung der eigenen religiösen Identität, so das Anliegen dieses Arbeitsbuches, soll die Persönlichkeit des/der Einzelnen stärken und vor fundamentalistischen, das »Eigene« überbetonenden und das »Andere« abwertenden und ausgrenzenden Einstellungen und Haltungen bewahren.

Im *vierten Kapitel* werden unterschiedliche religionspädagogische Konzeptionen dargestellt und die diesem Arbeitsbuch zugrunde liegende eigene Konzeption entwickelt. Den gegenwärtigen Herausforderungen der elementarpädagogischen Praxis, den Veränderungen im Verständnis von Kindern und von religiöser Identität entspricht am ehesten ein religionspädagogisches Konzept, das auf eine alltagsorientierte Bildung von Kindern im Raum der Kindertagesstätte fokussiert. Religiöse Bildung kommt in dieser Sicht nicht von außen, sondern ist so in den Alltag der KiTa integriert, dass sie in bestimmten Situationen des Zusammenlebens von Kindern und Erwachsenen als eine Dimension durchscheint und, wenn möglich, als vertiefendes religionspädagogisches Angebot explizit gemacht wird. Einige Situationen aus dem Alltag der Kindertagesstätte, in denen die religiöse Dimension aufscheint, werden exemplarisch beleuchtet und als Anregung für eigene Projekte in der Aus- und Fortbildung von Erzieherinnen bearbeitet. Im Blick auf die grundlegende Kompetenzorientierung in diesem Arbeitsbuch scheint es didaktisch angebrachter, religionspädagogische Kompetenzen an »echten« Situationen aus der Praxis von Kindertagesstätten auszubilden als entlang traditioneller religionspädagogischer Themenkomplexe, bei denen der Bezug zur Praxis erst sekundär hergestellt wird.

Im *fünften Kapitel* schließlich werden exemplarisch einschlägige Methoden vorgestellt, die für die religionspädagogische Praxis bedeutsam sind. Damit wird der Einsicht Rechnung getragen, dass neben den personalen, theologischen und didaktischen Kompetenzen gerade auch die methodischen Fähigkeiten die Professionalität einer Erzieherin konstituieren.

Nicht neu in diesem ökumenischen Arbeitsbuch ist die Fokussierung auf den Elementarbereich, da die meisten Erzieherinnen mit dieser Altersgruppe arbeiten. Eine Übertragung auf andere Altersgruppen und Einrichtungsarten ist von der Grundstruktur dieses Arbeitsbuches aber ohne weiteres möglich.

Bewährt hat sich aus der Arbeit mit dem »alten« Arbeitsbuch die Struktur der einzelnen Kapitel. Im Teil A jedes Kapitels werden Grundkenntnisse des jeweiligen Themas vermittelt. Dieser Teil dient der inhaltlichen Orientierung der Lehrenden, kann aber auch von den Lernenden als Überblick gelesen oder auszugsweise im Unterricht verwendet werden. Der Teil B jedes Kapitels gibt konkrete Anregungen, Aufgaben, Diskussionsanstöße und didaktisch-methodische Impulse für die Lerngruppe im Unterricht der Fachschule und Fachhochschule bzw. in Projekten der Fortbildung, die je nach Situation vor Ort ausgewählt oder modifiziert werden können.

In diesem ökumenischen Arbeitsbuch sprechen wir durchweg von den Erzieherinnen in der weiblichen Form, da über 90% der Mitarbeitenden in Kindertagesstätten eben Frauen sind. In Umkehrung des Hinweises, der meistens gegeben wird, wenn ausschließlich die maskuline Form benutzt wird, nämlich dass Frauen sich eingeschlossen fühlen sollten, sagen wir nun: Erzieher, Ihr seid mit gemeint, wenn wir von Erzieherinnen reden!

Für Rückmeldungen, Anregungen, Kritik, die sich aus der Praxis mit diesem ökumenischen Arbeitsbuch ergeben, sind die Herausgeber dankbar.

Koblenz und Münster im Mai 2019
Rainer Möller *Clauß Peter Sajak*

1. Zur Berufsrolle der Erzieherin

Dieter Miedza

A. Einführung

1. Religion gehört dazu

Wer sich heute für den Beruf der Erzieherin entscheidet, erhält eine »Breitbandausbildung«. Immer neue Tätigkeitsfelder mit je eigenen Ansprüchen und Anforderungen tragen zu einem attraktiven Berufsbild bei, in dem unterschiedlichen Interessen an der pädagogischen Arbeit, angefangen in der Vorschulbetreuung, -bildung und -erziehung bis hin zur Erwachsenenbildung nachgegangen werden kann. Der größte Teil der Erzieherinnen findet im Anschluss an die Berufsausbildung aber immer noch eine Anstellung in der Elementarpädagogik.[1]

Hier haben sich die Ansprüche an die frühkindliche Bildung, Betreuung und Erziehung in den vergangenen Jahren verändert. Eine der Ursachen dafür ist die Ausdehnung der Angebote für unterschiedliche Altersgruppen, insbesondere für unter dreijährige Kinder. Ab dem 1. August 2013 besteht ein Rechtsanspruch auf frühkindliche Förderung, u. a. in einer Tageseinrichtung, ab dem ersten Lebensjahr. Diese Vorschrift ergänzt die bereits seit 1996 bestehende gesetzliche Grundlage, Kindern ab dem dritten Lebensjahr und bis zum Eintritt in die Schule einen Platz in einer Tageseinrichtung zu garantieren.[2]

Für Tageseinrichtungen für Kinder bedeuten diese Vorgaben in erster Linie eine Erweiterung ihres Angebots. Neben der Umsetzung der räumlichen und inhaltlichen Notwendigkeiten für die Betreuung von Kindern ab dem 1. Lebensjahr bleibt die »klassische« Aufgabe der Elementarpädagogik für Kinder zwischen 3 und 6 Jahren jedoch bestehen.

Vor diesem Hintergrund der wachsenden und sich ständig verändernden Aufgaben in der Elementarpädagogik erscheint die Überschrift zu diesem Kapitel möglicherweise provokant. Religion und Glaube sind in der postmodernen Gesellschaft

---

1 2018 waren bundesweit ca. 621.000 pädagogische Fachkräfte in Kindertageseinrichtungen tätig, vgl. WEITERBILDUNGSINITIATIVE FRÜHPÄDAGOGISCHER FACHKRÄFTE, So viele Kita-Beschäftigte wie nie zuvor, auf: https://www.weiterbildungsinitiative.de/aktuelles/news/detailseite/data/so-viel-kita-beschaeftigte-wie-nie-zuvor/.
2 Vgl. SEKRETARIAT DER STÄNDIGEN KONFERENZ DER KULTUSMINISTER DER LÄNDER IN DER BUNDESREPUBLIK DEUTSCHLAND, Das Bildungswesen in der Bundesrepublik Deutschland 2015/2016. Darstellungen der Kompetenzen, Strukturen und bildungspolitischen Entwicklungen für den Informationsaustausch in Europa, auf: https://www.kmk.org/fileadmin/Dateien/pdf/Eurydice/Bildungswesen-dt-pdfs/dossier_de_ebook.pdf.

vermeintlich auf dem Rückzug, die großen Kirchen in Deutschland sind eher Zielscheibe vielfältiger Kritik als dass sie als die Gesellschaft stützende und belebende Einrichtungen verstanden werden.

Es gibt allerdings auch zentrale gesellschaftliche Entwicklungen, die Religion und Glaube insbesondere für die Elementarpädagogik in den Blick rücken. Hier ist an erster Stelle der kulturelle und religiöse Pluralismus zu nennen. Was früher ein Merkmal für Ballungsgebiete war, zeigt sich heute in vielen Einrichtungen auch außerhalb großer Städte: Kinder, Eltern und Erzieherinnen unterschiedlicher nationaler und ethnischer Gruppen und oft damit einhergehend unterschiedlicher Religionszugehörigkeiten leben und arbeiten in Tageseinrichtungen für Kinder zusammen. Die religiöse Vielfalt reicht von unterschiedlichen Formen gelebter Religiosität bis zum Fehlen einer konfessionellen Anbindung und eines religiösen Interesses.

Ein weiteres Merkmal der Postmoderne ist die Individualisierung. Sie ist Folge der Tradierungskrise und bezeichnet die in der zweiten Hälfte des vergangenen Jahrhunderts einsetzende radikale Veränderung der »Grundkonstellation für die Weitergabe des Glaubens«[3]. Für Tageseinrichtungen für Kinder bedeutet das, dass bis zur Tradierungskrise davon ausgegangen werden konnte, dass seit der Grundlegung der institutionalisierten Kleinkindpädagogik im 19. Jahrhundert christliche Erziehung und Bildung wesentlicher Bestandteil der Vorschulerziehung war.[4]

Mit dem Wegfall dieser Tradition ging eine in der Gesellschaft akzeptierte Orientierungsmöglichkeit verloren. Heute wird vom Einzelnen zunehmend eine eigenständige Lebensgestaltung und Werteorientierung erwartet.

Als Folge des Pluralismus und Individualismus verschwinden Religion, Glaube und Kirche, wie bereits gesagt, immer mehr aus dem gesellschaftlichen Leben. Damit gibt es einerseits weniger Vorbehalte gegen Religion und religiöse Erziehung als in den 1970 Jahren. Seinerzeit warf man der Religion sogar Normierung und Manipulation vor, die bis hin zu einer gestörten Gottesbeziehung führen konnte. Andererseits führt diese Entwicklung zu einer zunehmenden Bedeutungslosigkeit von Religion für die eigene Lebensgestaltung.[5] Das betrifft natürlich auch die gegenwärtigen Erzieherinnengenerationen, deren Kindheit von einer »religiösen Enthaltsamkeit« (Norbert Mette) geprägt war und die in einer »spirituellen Leere«[6] (hier nimmt Norbert Mette Bezug auf Karl ernst Nipkow) stattfand.

Der Traditionsabbruch und damit das Fehlen eines kirchlichen Milieus, das Bibelwissen, Glaubensgrundlagen und Kirchenverständnis von Generation zu Generation

---

3 GABRIEL, KARL, Art. »Tradierungskrise«, in: LexRP 2 (2001), Sp. 2137.
4 Vgl. LUTTERBACH, HUBERTUS, Kinder und Christentum. Kulturgeschichtliche Perspektiven auf Schutz, Bildung und Partizipation von Kindern zwischen Antike und Gegenwart, Stuttgart 2010, Kapitel 6.
5 Vgl. MIEDZA, DIETER, Kompetent in religiöser Elementarpädagogik. Religionspädagogische Qualifizierung durch kompetenzorientierte Zusatzkurse, Münster 2014, 29.
6 METTE, NORBERT, Religion und Glaube in frühkindlichen Sozialisations- und Bildungsprozessen, in: Mette, Norbert, Praktisch-theologische Erkundungen 2 (TuP 32), Münster 2007, 139 und 141.

tradierte, lässt darüber hinaus auch religiös Interessierte in Unsicherheiten und Unkenntnis zurück.

Vor diesem Hintergrund erscheint die Überschrift zu diesem Kapitel vielleicht doch nicht provokant. Denn es gibt verbindliche Gründe, sich bereits zu Beginn der Ausbildung mit der Frage nach dem »Umgang mit Religion in pädagogischen Prozessen«[7] zu befassen. Dazu gehören die religiösen Dispositionen in unterschiedlichen Konfessionen und Religionen, die unsere Kinder mit in die Einrichtung bringen (vgl. hierzu auch Kapitel 3), aber auch die für den Umgang mit Religion in pädagogischen Prozessen notwendige Reflexion der eigenen Religiosität im Kontext der je eigenen Lebensbiografie. Daneben ist auch ein Blick in die Geschichte der institutionalisierten Kleinkindpädagogik notwendig. Denn christliche und religiöse Erziehung waren nicht nur selbstverständlicher Bestandteil in den pädagogischen Einrichtungen für junge Kinder im 19. Jahrhundert, auch die Initiativen zur vorschulischen Betreuung und Erziehung entsprangen christlicher Motivation.

2. Wie alles begann

Fürstin Pauline zu Lippe-Detmold gründete im Jahre 1802 in Deutschland die erste »Aufbewahrungsanstalt« für kleine Kinder.[8] Inspiriert dazu wurde sie von einem Bericht über Joséphine Bonaparte, die sich in Paris um die Kinder erwerbstätiger Mütter kümmerte. Auch in anderen europäischen Ländern gab es zu dieser Zeit ähnliche Einrichtungen: In den Niederlanden die »Spielschulen«, in denen Kindern im Vorschulalter neben spielerischem Zeitvertreib auch Handarbeiten, Lesen und das Erlernen geistlicher Lieder ermöglicht wurde. Im schottischen New Lanark richtete der britische Unternehmer Richard Owen zu Beginn des 19. Jahrhunderts u. a. eine Kleinkinderschule für die Kinder seiner Arbeiterinnen und Arbeiter ein. Owens Idee führte in weiteren Teilen Englands zur Gründung von Vorschuleinrichtungen.[9]

In Deutschland selbst gab es schon im 18. Jahrhundert vereinzelt Bemühungen um die außerfamiliäre Betreuung von Kindern. Als eine der ersten Initiativen wurde das »Waisenhaus« der überkonfessionellen christlichen Herrnhuter Brüdergemeine gegründet, das in den 20er Jahren des 18. Jahrhunderts in Berthelsdorf in der Oberlausitz eröffnet wurde. Das Waisenhaus war, im Gegensatz zum heutigen Verständnis einer Einrichtung für unversorgte Kinder und Jugendliche mit pädagogischer Betreuung, eine Bildungseinrichtung für Kinder und Jugendliche zwischen dem

---

7 NIPKOW, KARL ERNST, Artikel Religionspädagogik, in LexRP 2 (2001) Sp. 1720. Diese gegenüber »religiöser Erziehung und Bildung« offenere Bezeichnung berücksichtigt, dass die Erzieherinnen in diesem pädagogischen Prozess sowohl in die Einwirkung als auch in die Aneignung mit einbezogen sind.
8 Vgl. FRANKE-MEYER, DIANA, Geschichte der frühkindlichen Bildung in Deutschland, auf: http://www.bpb.de/gesellschaft/bildung/zukunft-bildung/277608/geschichte und BERGER, MANFRED, Geschichte des Kindergartens. Von den ersten Einrichtungen des 18. Jahrhunderts bis zur Kindertagesstätte im 21. Jahrhundert, Frankfurt a.M. 2016, 16.
9 Vgl. FRANKE-MEYER, DIANA, Geschichte der frühkindlichen Bildung in Deutschland.

dritten und zwanzigsten Lebensjahr, die zum Teil in prekären Familienverhältnissen lebten, aber auch – insbesondere die Älteren – eine angemessene Bildung anstrebten. Der Tagesablauf war schulisch geprägt und sah für die Jüngsten zunächst das Sitzen-Lernen vor, bevor nach dem Buchstabieren das Lesen und Schreiben auf dem Stundenplan standen.[10]

In den 90er Jahren des 18. Jahrhunderts gab es im Ursulinenkloster in Straubing schon eine Vorbereitungsschule für vorschulpflichtige Mädchen, um diese vor Verwahrlosung bzw. schlechter Erziehung durch ungeeignete »Kindermägde« zu bewahren. Neben religiöser Erziehung durch biblische Geschichten, Gebet und Gesang standen auch Handarbeitstechniken auf dem Lehrplan.[11]

Mit der Entstehung der institutionellen Kinderbetreuung im 19. Jahrhundert werden heute drei Namen verbunden: Friedrich Fröbel, Theodor Fliedner und Johann Georg Wirth. Fröbel gründete 1840 den ersten Kindergarten und legte damit eine noch heute gültige Bezeichnung »der nebenfamiliären öffentlichen Kleinkinderbetreuung«[12] fest. Fliedner, ein evangelischer Pfarrer, eröffnete 1835 und 1836 in Düsseldorf und Kaiserswerth, heute einem Stadtteil von Düsseldorf, »eine Kleinkinderschule für Kinder aller Konfessionen« sowie »eine ›Pflanzschule für Kleinkindlehrerinnen‹«[13].

Wirth favorisierte mit seinen 1834 gegründeten Kleinkinderbewahranstalten, anders als an einigen Kleinkinderschulen, neben Handarbeiten, das Spiel.[14] Er schreibt selbst:

> Aus ihren Spielsachen, die den Kleinen überlassen werden, bilden sie eine Welt, in der sie als die wichtigsten Bewohner erscheinen. Dort, in der selbst gemachten Welt, machen sie sich im stillen Auftrage ihrer eigenen, kindlichen Schöpfung, zum Herrn aller Dinge, die ihnen gehören, und Niemand wird sie des denkübenden, beschäftigenden Verweilens bei ihren Spielsachen wegen beneiden, sondern sich freuen, und besonders wünschen, daß [sic!] sie den einfachen kindlichen Sinn recht lange behalten möchten! Ihre ganze Thätigkeit [sic!] ist eine Uebertragung [sic!] dessen, was sie im wirklichen Leben gesehen, gehört, erfahren haben, in ihre eigene Welt. Hier soll nun alles vorgesehen, wovon sie sich einen Begriff verschafft haben. Auch die Bewahranstalten mögen nicht störend auf das kindliche Verlangen, spielen zu wollen, einwirken, sondern den Sinn für das Spielen noch mehr zu beleben, sogar die sämtlichen Übungen mehr spielender als ernster Natur erscheinen lassen.
> (Wirth 1838, 263f.).[15]

Gedacht waren die Einrichtungen für die Kinder der arbeitenden Bevölkerung, die sich zum Teil auch als Tagelöhner verdingten. Daneben ging es Wirth aber auch

---

10 Vgl. BERGER, MANFRED, Geschichte des Kindergartens, 17f.
11 Vgl. ebd., 69.
12 Ebd., 23.
13 Ebd., 58.
14 Vgl. ERNING, GÜNTER, Johann Georg Wirth und die Augsburger Bewahranstalten. Ein Beitrag zur Gründungsgeschichte vorschulischer Einrichtungen der Stadt Augsburg, auf: https://opus4.kobv.de/opus4-bamberg/files/49508/GruendungsgeschichteOCR_A3a.pdf.
15 Zit. nach BERGER, MANFRED, Geschichte des Kindergartens, 20–21.

darum, die Kinder aus der Arbeitswelt der Eltern, die ihren Lebensunterhalt als Heimarbeiter verdienten, herauszubringen. Ziel war es, »die Kinder mit Hilfe ständiger Aufsicht vor moralisch-sittlichen Fehlentwicklungen zu bewahren«[16].

Theodor Fliedner, evangelischer Pfarrer, wollte benachteiligten und armen Kindern (Schul-)Bildung ermöglichen. Vorbild dafür waren englische Schulen, die er auf einer Kollektenreise in den 20er und 30er Jahren des 19. Jahrhunderts in England kennengelernt hatte. An ihnen orientiert eröffnete Fliedner 1835 in Düsseldorf die erste Kleinkinderschule in Deutschland.[17]

> Wir haben niemals verkannt, daß [sic!] die Kinder in ihrem zarten Alter am besten in dem häuslichen Kreise, von den Aeltern [sic!], erzogen werden, wenn diese, namentlich die Mutter, die hinreichende Zeit, die rechte Liebe und Weisheit zu ihrer Erziehung besitzen. Aber in hiesiger Stadt gibt es, wie an andern größeren Orten, eine Menge Aeltern, welche durch ihren Broderwerb [sic!], durch Fabrik- und andere Arbeit den größten Theil [sic!] des Tages ausser [sic!] dem Hause zubringen müssen, oder durch strenge Berufsarbeit im Hause von der Pflege und Beaufsichtigung ihrer Kinder abgezogen werden, sodaß [sic!] diese die meiste Zeit sich selbst überlassen bleiben.
> (Fliedner, Theodor (1836): Erster Jahresbericht über die evangelische Kleinkinderschule zu Düsseldorf. Hrsg. von dem dasigen Vereine für evangel. Kleinkinderschulen. Zum Besten der evangel. Kleinkinderschule zu Kaiserswerth. Düsseldorf: Jof. Wolf, 3.)[18]

Mit der Umsetzung seiner Ideen zur Kleinkinderschule reagierte Theodor Fliedner auf die Notwendigkeit, familienergänzende Einrichtungen »zur Pflege, Erziehung und Bildungsförderung von Kindern im Vorschulalter« zu schaffen und »bestimmte die Institutionalisierung der Kleinkindererziehung als eine selbstverständliche kirchliche Aufgabe.«[19]

Während Wirth und Fliedner in erster Linie gegen die Verwahrlosung der Kinder aus Arbeiterfamilien angingen, sich also um das Kindeswohl der arbeitenden Bevölkerung bemühten, verfolgte Friedrich Fröbel von Anfang an eine weiterführende pädagogische Idee. Er wollte durch die Modelleinrichtung des Kindergartens als familienergänzende Einrichtung Familien entlasten. Ziel war es, dadurch das Verhältnis zwischen Kindern und ihren Eltern auf der Beziehungsebene zu unterstützen. Dabei ging es ihm – über die Bewahrung der Kinder hinaus – darum, diesen zu einem altersgerechten Kinderleben zu verhelfen. 1848, also acht Jahre nach Gründung der ersten Einrichtung, erläutert Fröbel seiner späteren Ehefrau Luise Levin, wie ihm der Name »Kindergarten« eingegeben wurde:

> Eine solche Offenbarung nenne ich z.B. den mir im Frühling 1840 auf einer Wanderung von Blankenburg nach Keilhau gekommenen Namen Kindergarten; Garten-Paradies, also Kindergarten, das den Kindern wieder zurückgegebene und gegebene Paradies. Wenn ich sagen soll, wie ich zu demselben gekommen, so weiss [sic!] ich nichts zu sagen, genug, der

---

16 LUTTERBACH, Kinder und Christentum, 83.
17 Vgl. FRANKE-MEYER, DIANA, Geschichte der frühkindlichen Bildung in Deutschland.
18 Zit. nach ebd.
19 LUTTERBACH, Kinder und Christentum, 84.

> Name war wie in einem Nu aus der Seele dar [sic!], so dass mich der Name selbst erst befremdete, dann erfreute, wie er denn auch bald die Teilnahme aller einfachen unbefangenen Menschen erhielt.
>
> (Erning, Günter/Gebel, Michael, 2001, 28)[20]

Sowohl in seiner dargelegten Eingebung zur Namensfindung als auch in seinem Verständnis, dass alle Erziehung religiöse Erziehung sei[21], wird Fröbels pädagogisches Verständnis auf der Grundlage von Religion und Glaube deutlich.

> Darum denn ist es für eine Familie wichtig, dass in allen Gliedern der Familie gleiche Ueberzeugung [sic!] von dem göttlichen Wesen des Menschen sich kund thue [sic!]; dann wird wahre Achtung der Kinder eintreten, es wird das Gewichtige des Anspruchs Jesu: ‚Wer ein Kind ärgert, dem wäre es besser, dass ein Mühlstein an seinem Halse hinge, und er ins Meer gestürzt würde, wo es am tiefsten ist' erkannt werden.[22]

Dennoch darf nicht übersehen werden, dass Fröbel im Laufe der Zeit eine gewisse Distanz zu kirchlichen Lehrinhalten entwickelte[23] und dass auf der anderen Seite der Fröbelsche Kindergarten sowohl von den Trägern der Bewahranstalten und Kleinkinderschulen als auch von kirchlicher Seite kritisch beurteilt wurde. Erst zu Beginn des 20. Jahrhunderts anerkannte z. B. die katholische Kirche Fröbels Kindergarten und sah dessen Pädagogik nicht mehr als Konkurrenz zu den eigenen Initiativen an.[24]

Der Blick auf die Gründungsgeschichte der institutionalisierten Elementarpädagogik in Deutschland macht deutlich, dass die Gründungen der ersten Einrichtungen in der überwiegenden Mehrheit auf die Initiative christlich motivierter Männer und Frauen zurückzuführen sind. Erst später kamen weitere öffentliche Träger hinzu. In dieser Tradition stehend sind auch heute noch die meisten Tageseinrichtungen für Kinder in der Trägerschaft der beiden großen Kirchen in Deutschland.

3. Grundlegende theologisch-didaktische und personale Kompetenzen

Religiöse Erziehung gehört heute zu einem ganzheitlichen Verständnis von Erziehung und Bildung in der Elementarpädagogik. Gibt man ihr keinen Raum, fehlt dem Kind etwas. Daher gehören religiöse und ethische Erziehung mittlerweile in allen Bildungsplänen der Elementarpädagogik zu den Bildungsbereichen und Erziehungsfeldern und damit zu den Inhalten von Aus- und Fortbildungen für den Erzieherinnenberuf. Das ist auch in nichtkonfessionellen Einrichtungen so.

Und natürlich bringen die Kinder ihre Religion und ihre Fragen mit in die Einrichtung. Denn die zunehmende Bedeutungslosigkeit von Glaube und Religion, die

---

20 Zit. nach BERGER, Geschichte des Kindergartens, 22.
21 Vgl. LUTTERBACH, Kinder und Christentum, 82.
22 FRÖBEL, FRIEDRICH, Aufsätze aus dem Jahr 1826, ed. Lange, 1, 2, 342, zitiert bei LUTTERBACH, Kinder und Christentum, 82.
23 Vgl. ebd.
24 Vgl. ebd., Fußnote 385.

fehlende religiöse Prägekraft in der Gesellschaft und die religiöse Sprachlosigkeit der Elterngenerationen gehen *nicht* einher mit einem religiösen Desinteresse bei den Kindern selbst. Sie lassen sich von ihrer Neugier, die der Motor aller frühkindlichen Bildungsprozesse ist, leiten und interessieren sich schon früh für die nicht fassbaren Dinge im Leben. So entwickeln sie z. B. die auch für religiöse Erziehung und Bildung notwendigen anthropologischen Voraussetzungen: die Fähigkeit zum Innehalten, zum Verweilen, zum Staunen. Zu einer ganzheitlichen Erziehung gehört es, diese fragende und suchende Haltung zuzulassen. Diese in einem weiten Sinne verstandene religiöse Dimension findet beispielsweise ihren Ausdruck in Fragen nach Gott, die Kinder an uns richten. Es sind fünf große Fragen, die Friedrich Schweitzer benennt, »die entweder die Kinder an uns richten oder mit denen wir uns selbst bei der Erziehung konfrontiert sehen. Und es sind ›große Fragen‹, weil sie zumindest potentiell nach einer religiösen Antwort verlangen:

- Wer bin ich und wer darf ich sein? Die Frage nach mir selbst.
- Warum musst du sterben? Die Frage nach dem Sinn des Ganzen.
- Wo finde ich Schutz und Geborgenheit? Die Frage nach Gott.
- Warum soll ich andere gerecht behandeln? Die Frage nach dem Grund ethischen Handelns.
- Warum glauben manche Kinder an Allah? Die Frage nach der Religion der anderen.«[25]

Aber auch versteckten religiösen Fragen gilt es mit einer religiösen Sensibilität zu begegnen. Grundlegende Voraussetzung dafür ist die Schaffung einer Atmosphäre, die jedem Kind die »Erfahrung gegenseitiger vorbehaltloser Bejahung und Anerkennung«[26] vermittelt.

Um offene und versteckte Fragen religionssensibel beantworten zu können, sind Kompetenzen in der eigenen, der *christlichen Religion* Voraussetzung. Sie ermöglichen dem Kind u. a. eine Beheimatung in dieser als Herkunftsreligion. Unter dieser Voraussetzung kann die aufgeschlossene und verständnisvolle *Begegnung mit anderen Religionen* gelingen.[27]

Auch die Frage der *didaktischen* und *methodischen Herangehensweise* beim Umgang mit Religion in pädagogischen Prozessen lässt sich in Kompetenzen ausdrücken.

Zu einem Kompetenzmodell gehören außer den theologisch-didaktischen Grundkompetenzen *personale Kompetenzen*, die Kenntnisse, Fähigkeiten und Fertigkeiten zum *Umgang mit (immer wieder neuen) Entwicklungen*, der *praktischen Umsetzung im*

---

25 SCHWEITZER, FRIEDRICH, Das Recht des Kindes auf Religion. Ermutigungen für Eltern und Erzieher, Gütersloh 2000, 28ff.
26 METTE, NORBERT, Religion und Glaube in frühkindlichen Sozialisations- und Bildungsprozessen, 147.
27 Vgl. ENGLERT, RUDOLF, Leben in dieser Gesellschaft. Auswirkungen säkularisierter Lebensstile auf das Empfinden, Denken und Glauben junger Menschen, in KTK (Hg.), Den Glauben neu buchstabieren. Ansätze einer zeitgemäßen Kinderpastoral und einer pluralitätsfähigen Religionspädagogik in Kindertagesstätten und Kirchengemeinden, Freiburg 2004, 64. Als Heimatreligion gilt in diesem Arbeitsbuch die christliche Religion.

Kindergartenalltag, die *grundlegende Beziehungsfähigkeit* untereinander sowie die *notwendige Selbstreflexion* der religionspädagogischen Arbeit betreffen.

Insbesondere die Selbstreflexion geht über die Arbeit in der Taseseinrichtung hinaus und betrifft die lebenslange Entwicklung einer eigenen Religiosität und Verhältnisbestimmung zur eigenen Glaubensentwicklung (vgl. Kap. 2) im Kontext der beruflichen Tätigkeit. Natürlich sollen Unsicherheiten im Umgang mit diesen Anforderungen bei den angehenden Erzieherinnen nicht außer Acht gelassen werden. Hier bietet der schulische Religionsunterricht zunächst einen geschützten Raum zur Umsetzung erster Versuche in Theorie und Praxis.

Kompetenzmodell

Mit Blick auf religionspädagogische Konzepte und die dort noch einmal konkretisierten Kompetenzerwartungen an die Erzieherin (vgl. Kap. 4) ist es sinnvoll, zunächst grundlegende Kompetenzen zu benennen, die für den Umgang mit Religion in pädagogischen Prozessen verlangt werden. Das soll mit Hilfe eines Kompetenzmodells geschehen, das die erwarteten Fähigkeiten, Fertigkeiten und Kenntnisse benennt und strukturiert.

> Das Kompetenzmodell versteht sich ausdrücklich **nicht** als ein in der Ausbildung abzuarbeitendes religionspädagogisches Kompendium, durch das die Erzieherin in die Lage versetzt werden soll, professionell mit Religion in pädagogischen Prozessen umzugehen. Vielmehr geht es darum, Aspekte der elementaren Religionspädagogik ins Bewusstsein zu heben. Und auch hier beansprucht das Modell nicht, die Kompetenzbereiche vollständig abzubilden. Dazu sind die religionspädagogischen Lebenswirklichkeiten – von der Lage der Einrichtung in einer Stadt, in einem Ballungsgebiet oder in ländlicher Umgebung über die materielle und personelle Ausstattung, die Anbindung (bei kirchlichen Trägern) an die (Pfarr-)Gemeinde, bei öffentlichen an die politische oder Ortsgemeinde bis hin zur Größe und Zusammensetzung der Gruppe – zu unterschiedlich.
>
> Die Aufgliederung in Kompetenzbereiche dient einem strukturierten und differenzierten Zugang zu möglichen religionspädagogischen Handlungsfeldern und einer – trotz miteinander verwobenen – sukzessiven Auseinandersetzung mit den daraus erwachsenden Anforderungen.

Aus den genannten Aspekten zur religiösen Erziehung und Bildung lassen sich folgende Anforderungen für den Umgang mit Religion in pädagogischen Prozessen benennen: Die Erzieherin sollte »in der Lage sein,

- durch die Gestaltung von Raum, Zeit und Beziehungen Kindern in ihrer Persönlichkeitsentwicklung zu fördern und eine unbedingte gegenseitige Bejahung und Anerkennung erfahrbar werden zu lassen;
- Kindern die Entfaltung einer eigenen Religiosität zu ermöglichen und die dabei auftauchenden Fragen nach Gott, nach Jesus, nach Gut und Böse, nach gerecht und ungerecht, nach Sterben und Tod aus dem christlichen Glauben und den kirchlichen Lehrüberlieferungen zu beantworten;

- Kindern eine angemessene Begegnung mit biblischen und religiösen Geschichten, mit Brauchtum und Riten zu eröffnen und ihnen eine Beheimatung in ihrem Herkunftsglauben zu ermöglichen;
- Kindern in der und für die Begegnung mit anderen Konfessionen und Religionen das christliche Verständnis einer niemanden ausgrenzenden Gemeinschaft zu verdeutlichen und die konfessions- und religionsbedingten Differenzen altersentsprechend zu integrieren.«[28]

Obwohl in der Praxis später ein gelungenes »Zusammenspiel« aller mit den Anforderungen verbundenen Kompetenzen die Grundlage für einen gelingenden Umgang mit Religion in pädagogischen Prozessen ist, werden die Anforderungen zunächst acht Kompetenzbereichen, vier im Bereich der theologisch-didaktischen und vier im Bereich der personalen Kompetenzen, zugeordnet. Das ermöglicht einen differenzierten Zugang zu den von der Erzieherin erwarteten Kenntnissen, Fähigkeiten und Fertigkeiten.

Der erste Kompetenzbereich ist das *religiöse Grundwissen* und bezieht sich auf die *christliche Religion*. Es soll so angelegt sein, dass es für den Umgang mit Religion in pädagogischen Prozessen eine Auswahlmöglichkeit – z.B. biblischer Geschichten oder christlicher Legenden – beinhaltet, um unterschiedlichen Anforderungssituationen gerecht werden zu können.

Der religiöse Pluralismus, das gemeinsame Aufwachsen mit Kindern und deren Eltern aus unterschiedlichen ethnischen und religiösen Traditionen, verlangt im zweiten Kompetenzbereich ein *religionskundliches Orientierungswissen*. Hier geht es um Kenntnisse über das Menschenbild und die Ethik anderer Religionen, Konfessionen und Weltanschauungen. Es bildet die Grundlage für ein achtsames, wertschätzendes und friedvolles Zusammenleben Aller in der Tageseinrichtung für Kinder.

Im dritten Kompetenzbereich geht es um ein auf den Elementarbereich abgestimmtes *didaktisches Vermittlungswissen*. Gemeint sind damit die für den Umgang mit Religion in pädagogischen Prozessen angemessenen didaktischen Prinzipien, wie z.B. die erzählende und dialogische Auseinandersetzung mit Inhalten und Themen.

Der vierte Kompetenzbereich betrifft das *methodische Gestaltungswissen*, z.B. eine auf die Lebenswirklichkeit abgestimmte Umsetzung religiöser Feiern, Festzeiten oder ein altersentsprechendes Umgehen mit religiösen Fragen und Themen.[29]

Im Bereich der personalen Kompetenzen findet sich zuerst die *Selbstreflexionskompetenz*. Bei ihr geht es sowohl um den Umgang mit der eigenen Religiosität als auch um die Fähigkeit, den Umgang mit Religion in pädagogischen Prozessen und pädagogisches Handeln überhaupt zu reflektieren.

Die kulturelle und religiöse Vielfalt im Alltag der Tageseinrichtung versteht sich fortschreitend und stetig wandelnd. Allein der Zuzug von Familien mit Kindern

---

28 Miedza, Kompetent in religiöser Elementarpädagogik, 136.
29 Vgl. ebd., 141.

im Alter von drei bis sechs Jahren oder die jährlichen Neuaufnahmen verlangen Lernstrategien, um mit neuen Situationen umgehen zu können. Dazu ist eine *Innovationskompetenz* notwendig.

Jedes Kind so anzunehmen, wie es ist, ihm die Entfaltung einer eigenen Persönlichkeit und die Entwicklung einer eigenen Religiosität zu ermöglichen, bedarf einer *Beziehungskompetenz*, die dem Kind vermittelt, sich bedingungslos und uneingeschränkt angenommen zu fühlen. Sie bildet die grundlegende Voraussetzung für einen angemessenen Umgang mit Religion in pädagogischen Prozessen.

Schließlich ist die *Handlungskompetenz* zu nennen. In ihr drückt sich die Fähigkeit aus, die genannten Kompetenzen bezogen auf gegenwärtige und zukünftige Situationen und Erfordernisse, hier auch stellvertretend für das Kind, zu bedenken bzw. umzusetzen.[30]

Die theologisch-didaktischen und personalen Kompetenzen weisen eine gewisse Verknüpfbarkeit untereinander auf.[31] So ist ein religiöses Grundwissen notwendig, um verantwortungsvoll über die eigene Religiosität und den Umgang mit Religion in pädagogischen Prozessen reflektieren und ggf. Ergebnisse kommunizieren zu können.

---

30 Zur folgenden Abb. vgl. ebd., 142–143. Copyright beim Autor.
31 Vgl. für die folgenden Darstellungen ebd., 144–146.

1. Zur Berufsrolle der Erzieherin

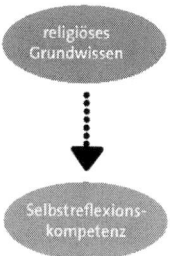

Für die Definition der in der Tageseinrichtung bestehenden religiösen Vielfalt ist ein religionskundliches Übersichtswissen notwendig, um von diesem Status quo notwendige Innovationen vorzunehmen.

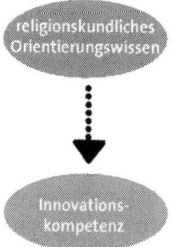

Beziehungen zu Kindern aufbauen, Beziehungen untereinander zu begleiten und unterschiedliche Entwicklungsphasen in der Auseinandersetzung mit der Lebenswelt wahrzunehmen, gehört zur Beziehungskompetenz. Sie bildet die Grundlage für dem Alter der Kinder adäquate Zugänge zu (religiösen) Fragen und Themen, für das ein didaktisches Vermittlungswissen und ein damit verbundenes und auf die Elementarpädagogik ausgerichtetes Repertoire an didaktischen Zugehensweisen notwendig ist.

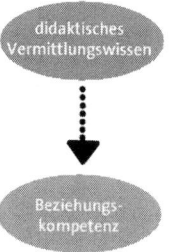

Die Grundlage für eine Handlungskompetenz, mit der z. B. religiöse Feiern und Feste in Tageseinrichtungen geplant und durchgeführt oder Projekte anberaumt werden, bildet ein methodisches Gestaltungswissen und – darüber hinausgehend – die Kompetenz zur Methodenfindung und -erprobung.

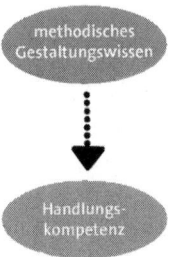

Über die hier dargestellten Affinitäten, die sich nicht als exklusive Zuordnungen verstehen, lassen sich weitere vertikale und horizontale Bezüge zwischen den einzelnen Kompetenzbereichen herstellen.

Kompetenzbereiche[32]
Die im Folgenden aufgeführten Aspekte der einzelnen Kompetenzbereiche verstehen sich als ein Kerncurriculum bzw. als grundlegende Kompetenzen, die in den weiteren Kapiteln dieses Buches erneut aufgegriffen werden. So wird in Kapitel 2 der Blick auf das Kind, in Kapitel 3 der auf die Erzieherin und in Kapitel 4 auf religionspädagogische Konzepte konkretisiert.

Theologisch-didaktische Grundkompetenzen
Religiöses Grundwissen
Ein religiöses Grundwissen über die eigene, hier die christliche Religion, wird mit dem konkreten Blick auf die Elementarpädagogik definiert. In diesem Kompetenzbereich geht es um die Entfaltung der Religiosität des Kindes, um die Beantwortung seiner Fragen nach Gott, Jesus, nach Gut und Böse, Recht und Unrecht, nach Leid, Sterben und Tod im christlichen Verständnis; ebenso um die Begegnung mit biblischen und religiösen Geschichten, mit Brauchtum und Riten, die dem Kind eine Beheimatung im christlichen Glauben ermöglicht.

Dazu sollte die Erzieherin die zentralen Aussagen christlichen Glaubens und christlicher Ethik, die Bibel als Glaubensbuch der Christen und Formen des gelebten Glaubens kennen. Zu den zentralen Aussagen christlichen Lebens und christlicher Ethik gehören

- das christliche Gottesverständnis
- der Glaube an die Auferstehung
- die Gottebenbildlichkeit des Menschen
- das Gebot der Nächstenliebe
- der christliche Gleichheits- und Freiheitsbegriff
- das Verständnis christlicher Gemeinschaft und Solidarität

---

32 Zu den Kompetenzbereichen vgl. die Dimensionen theologisch-didaktischer und personaler Grundkompetenzen in ebd., 158–179.

Die Bibel ist die zentrale christliche Glaubensquelle. Sie enthält im Alten Testament die Urgeschichte der Menschheit, das Heilswirken Gottes dem Volk Israel gegenüber, seine Weisungen, Geschichts- und Lehrbücher, Psalmen und die Bücher der Propheten. Das Neue Testament handelt von Jesu Leben und Wirken, seinem Leiden, Tod und seiner Auferweckung. Von der Ausbreitung des Christentums handelt die Apostelgeschichte, zahlreiche Briefe mit theologischen und ethischen Weisungen wenden sich an die neu gegründeten christlichen Gemeinden und schließlich enthält es die Offenbarung nach Johannes.[33]

Gebete, Patronatsfeste und Gottesdienste sind Beispiele gelebten christlichen Glaubens und gehören ebenfalls zum religiösen Grundwissen. Sie wurzeln in christlicher Tradition und stellen den Gemeinschaftsgedanken des christlichen Glaubens in den Vordergrund. Ebenso können für Kinder im Vorschulalter Zeichen – als zentrales christliches Zeichen das Kreuz – und Symbole wie Weg, Wasser, Berg, Himmel, Wüste anhand biblischer Erzählungen erschlossen werden.

Im Rahmen einer Kirchenraumerkundung ist der Besuch einer Kirche als Raum religiöser Feiern sinnvoll. Aber auch in den Tageseinrichtungen selbst wird das diakonische und pastorale Engagement der Kirchen für die Kinder und ihre Familien deutlich.

Religionskundliches Orientierungswissen
Eine weitere zentrale Herausforderung für die Erzieherin ist das Gestalten des Miteinanders in einer multikulturellen und multireligiösen Gesellschaft. Aufgabe ist es, unsere Kinder »darin [zu] unterstützen, sich von der Pluralität nicht bedroht zu fühlen, sondern von Kindesbeinen an produktiv mit ihr umgehen zu können«[34]. Es geht u. a. darum, dem Kind in der achtsamen und wertschätzenden Begegnung mit anderen Religionen und Konfessionen zu verdeutlichen, dass das christliche Verständnis von Gemeinschaft niemanden ausgrenzt.

Dazu sollte die Erzieherin zentrale Aussagen und Schriften anderer Religionen und Konfessionen sowie deren Alltagsbedeutung und ethischen Forderungen kennen. Das religionskundliche Orientierungswissen sollte sich auf die Konfessionen und Religionen beziehen, die jeweils in der Tageseinrichtung vertreten sind.

Zentrale Aussagen sind z. B. der Glaube und das Menschenbild der Religionen und Konfessionen. Die Heiligen Schriften sind z. B. die jüdische Bibel und der Talmud, der islamische Koran und die Sunna, im Hinduismus die Upanishaden und Puranas sowie im Buddhismus der Pali-Kanon und die Sutras. Im Islam hat zentrale Bedeutung der Prophet Mohammed, im Hinduismus eine Vielzahl von Göttern, an

---

33 Literaturtipp: LEINHÄUPL-WILKE, ANDREAS, Die Bibel als Buch des Lebens entdecken. Basiswissen Bibel für Erzieherinnen, in: Hugoth, Matthias/Bendix, Monika, Religion im Kindergarten. Begleitung und Unterstützung für Erzieherinnen, München 2008, 120–130.
34 GIERDEN-JÜLICH, MARION, »Von Kindesbeinen an: Von der Notwendigkeit, den Umgang mit Pluralität zu erlernen«. Politische Optionen für interkulturelle und interreligiöse Bildung, in: Schweitzer, Friedrich u. a., Mein Gott – Dein Gott. Interkulturelle und interreligiöse Bildung in Kindertagesstätten, Weinheim u. a. 2008, 142–146, hier 145.

deren Spitze Brahma, Wischnu und Schiwa stehen und im Buddhismus der Religionsstifter Siddharta Gaudama.

Für Praxis ist wichtig zu wissen, dass die Alltagsbedeutung des Glaubens häufig in einem deutlichen Bezug zum ethischen Verständnis und Menschenbild der jeweiligen Religion steht. Im Islam sind es z. B. die Fünf Säulen (das Glaubensbekenntnis, das rituelle Gebet, der Fastenmonat, die Almosensteuer und schließlich die Pilgerfahrt nach Mekka). Sie bestimmen zusammen mit dem Einhalten bestimmter Kleidungsgebote und Speisevorschriften den Alltag mit.

Didaktisches Vermittlungswissen
Um dem Kind eine seinem Alter entsprechende Begegnung mit biblischen und religiösen Geschichten, mit Brauchtum und Riten sowie die Möglichkeit, die Persönlichkeitsentwicklung des Kindes durch die Gestaltung von Raum, Zeit und Begegnungen seinem Entwicklungsstand entsprechend zu ermöglichen, sollte die Erzieherin neben didaktischen Prinzipien der Elementarpädagogik, z. B. dem erzählenden Zugang, die Strukturelemente einer didaktischen Analyse kennen. Dazu gehört z. B. »eine auf sinnenhafte Erfahrung ausgerichtete Anschauung und Förderung der Aktivität, das zu wiederkehrenden Festen und Ritualen gehörende Moment der Übung und Wiederholung, die Teilschritte und Teilaufgaben berücksichtigende prozessorientierte Projektarbeit, variabel und abwechslungsreich gestaltete Impulse, Anregungen und Angebote, die die Lebenswirklichkeit der Kinder berücksichtigen sowie eine auf die Kinder abgestimmte Aufbereitung von Inhalten.«[35]

Zu den Strukturelementen einer didaktischen Analyse gehören Umfeld, institutionelle und räumliche Bedingungen der Einrichtung, das Kind, die Gruppe und die Erzieherin – das ist das Bedingungsfeld – sowie Ziele, Inhalte, Methoden und Materialien als Elemente des planerischen Prozesses – das ist das Entscheidungsfeld.

Methodisches Gestaltungswissen
In der methodischen Gestaltung des Umgangs mit Religion in pädagogischen Prozessen konkretisiert sich das didaktische Vermittlungswissen in verschiedenen Tätigkeitsfeldern. Hier geht es um indirekte Methoden, z. B. die Raumgestaltung, die Bereitstellung von Medien und Materialien, und direkte Methoden, z. B. den Einsatz unterschiedlicher Sozialformen oder die von der Erzieherin und dem Kind gemeinsam vorgenommene Planung und Durchführung von Festen und Feiern. Weitere Beispiele finden sich in religionspädagogischen Konzepten für den Elementarbereich (Kap. 4).

---

35 Miedza, Dieter, Kompetent in religiöser Elementarpädagogik, 166. Literaturtipp: Hugoth, Matthias, Handbuch religiöse Bildung in Kita und Kindergarten, Freiburg i. Br. 2012, Kapitel 9: Neue Perspektiven einer Didaktik religiöser Bildung in Kindergarten und Kita, 196–207.

1. Zur Berufsrolle der Erzieherin

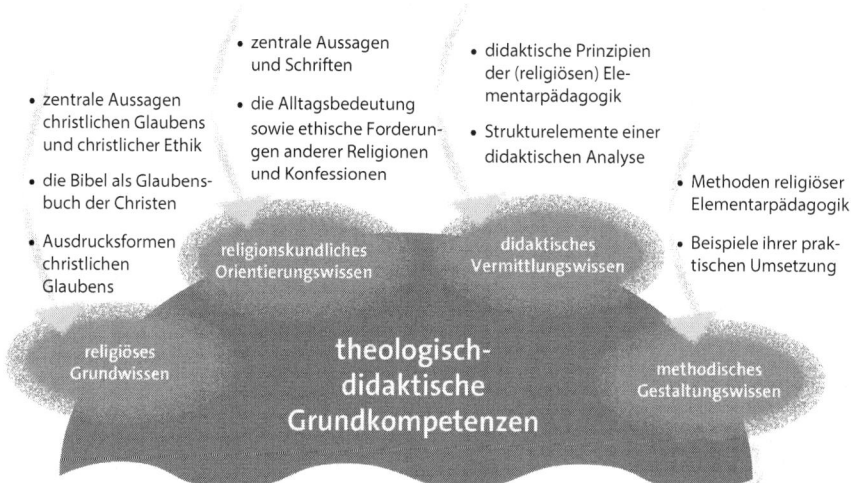

Die grundlegenden personalen Kompetenzen sind ebenfalls in vier Bereiche aufgeteilt. Sie sind handlungsorientiert und bilden zusammen mit den theologisch-didaktischen Grundkompetenzen ein miteinander in Bezug stehendes Kompetenzmodell.

Personale Grundkompetenzen
Selbstreflexionskompetenz
Die Kompetenz zur Selbstreflexion beinhaltet die Fähigkeit zur Unterscheidung von Selbst- und Fremdwahrnehmung und die Reflexion des eigenen Handelns. Dazu sollte die Erzieherin z. B. für die Auswahl von biblischen und religiösen Erzählungen und deren didaktischen und methodischen Zugängen ihre eigene Religiosität definieren, kommunizieren und diese als (subjektive) Norm für ihr religionspädagogisches Handeln erkennen und verstehen können. Außerdem sollte sie dazu in der Lage sein, Strukturen für das Einholen von Feedbacks zu ihrer Arbeit zu entwickeln (z. B. zu religionspädagogischen Projekten, die sie durchgeführt hat).

Innovationskompetenz
Die religionspädagogische Umgebung der Einrichtung ändert sich ständig, z. B. durch den Zuzug neuer Familien. Hier geht es darum, dass die Erzieherin Strategien zur Erfassung religiöser Vielfalt entwickelt, um Veränderungen in die bestehenden Konzepte zu integrieren, z. B. den Besuch eines Glaubensortes der neu hinzugekommenen Religion oder die gemeinsame Vorbereitung von religiösen Festen mit dem Kind und seinen Eltern. Schließlich können, ausgehend von der christlichen Religion, gemeinsame religiöse und ethische Vorstellungen, z. B. des Schöpfungsverständnisses, zum Ausgangspunkt eines Projektes werden.

Beziehungskompetenz
In der Beziehung zu sich selbst, zum Kind, zum Team und zu den Eltern verlässlich, wertschätzend und vorbehaltlos zu sein, gehört zu diesem Kompetenzbereich. Da-

mit wird – mit Blick auf das Kind – dessen Persönlichkeitsentwicklung gefördert. Mit Blick auf die Erzieherin die Sensibilisierung der für die Wahrnehmung religiöser Dimensionen beim Kind und das religionssensible Umgehen in pädagogischen Prozessen. Hilfreich kann es sein, eigene Erfahrungen im Hinblick auf eine positive Achtsamkeit sowie Besonderheiten in der Beziehung zum einzelnen Kind oder zur Gruppe zu protokollieren.

Handlungskompetenz
Hier geht es um die Umsetzung der in den anderen Bereichen genannten Kompetenzen und um eine mögliche Weiterführung, z. B. die eigene Spiritualität und Religiosität in angestrebte mögliche Vertiefungen während der Ausbildung zu integrieren. Ein vertiefender Aspekt kann die Verankerung der eigenen Erfahrungen im Umgang mit Religion in pädagogischen Prozessen im (religions-)pädagogischen Konzept der Tageseinrichtung sein.

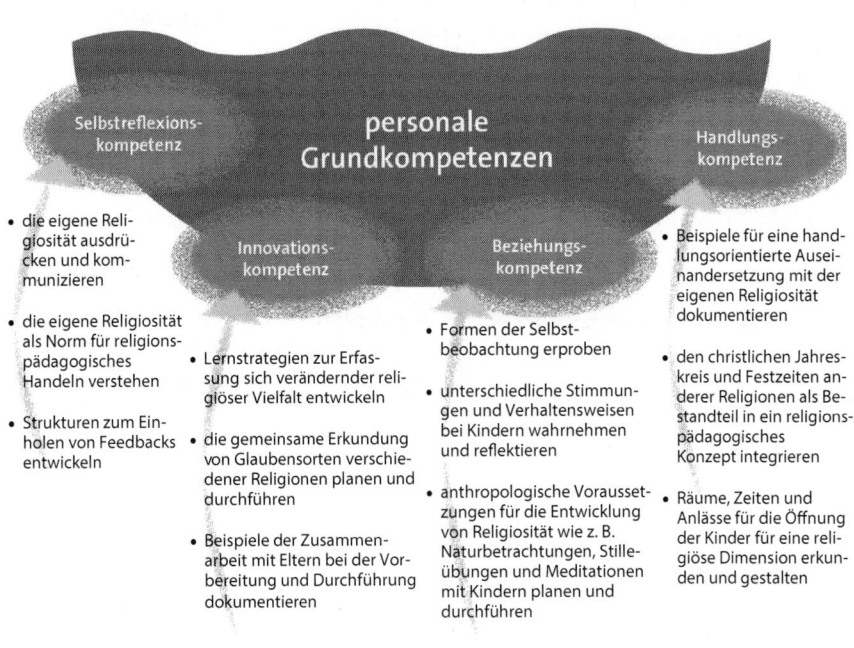

4. Religiosität und Lebensbiografie der Erzieherin

Wie dargestellt spielen heute Religion, Glaube und Kirche in unserer Gesellschaft keine wesentliche Rolle mehr. Viele Eltern fühlen sich daher mit der religiösen Erziehung ihrer Kinder überfordert, nehmen sie aber gern in Anspruch und überlassen sie den »Profis« in den Tageseinrichtungen. Wie sieht es aber mit der Religiosität der Erzieherin selbst aus?[36]

Die Kindheit der gegenwärtigen Erziehergeneration wird zu einem großen Anteil ebenfalls von »religiöser Enthaltsamkeit« (Norbert Mette) und »spiritueller Leere« (Karl Ernst Nipkow) gekennzeichnet gewesen sein. Vielfach spielen Religion und Kirche nur noch bei Kasualien oder, soziologisch ausgedrückt, bei Übergangsriten wie Taufe, Kommunion, Konfirmation, Eheschließung und Beerdigung eine Rolle.

Es kann aber davon ausgegangen werden, dass die angehende Erzieherin vor Beginn ihrer Ausbildung mindestens 10 Jahre Religionsunterricht an der Schule hatte. An der Fachschule bzw. Fachakademie für Sozialpädagogik heißt das Fach dann Religion/Religionspädagogik und zielt damit u. a. auf den Umgang mit Religion in pädagogischen Prozessen und die Umsetzung religionspädagogischer Konzepte in der Tageseinrichtung für Kinder. Aber bereits im Religionsunterricht selbst, der das Ziel hat, zu verantwortlichem Denken und Handeln mit Blick auf Religion und Glaube zu befähigen[37], geht es um die »Frage nach Gott, nach der Deutung der Welt, nach dem Sinn und Wert des Lebens und nach den Normen für das Handeln des Menschen«[38]. Diese Fragen regen zur Reflexion des Lebens und Glaubens an; ein für alle Mal zu beantworten sind sie nicht. Vielmehr können sie im Laufe des Lebens und beeinflusst durch die persönliche Lebensbiografie mit Höhen und Tiefen tiefer durchdrungen und neu bewertet werden. Friedrich Schweitzer stellt in seinem Beitrag »Religiöses lernen – ein Leben lang?«[39] fest, dass das gegenwärtige Verständnis einer existentiellen Bildung sich immer wieder neu aufgeworfenen Fragen, die das Leben mit sich bringt, zu stellen hat. Das gilt auch für die eigene Glaubensentwicklung und Religiosität. Auch Norbert Mette spricht davon, dass es sich bei der Vermittlung des christlichen Glaubens um einen praktischen Transformationsprozess handelt, der alle Beteiligten, auch die Erzieherin selbst, betrifft und Erwachsene grundsätzlich nicht unberührt lässt.[40] Er sieht den Glauben als »Lebenswissen« eng mit der biografischen Entwicklung verwoben. Norbert Mette bezieht sich im Weiteren auf Karl Rahner, der neben einer biologischen und geistigen Entwicklung im Lebensverlauf eben auch eine religiöse feststellt. Rahner unterscheidet zwischen kindlichem, jugendlichem und erwachsenem Zugang zu Glaubenswahrheiten und ordnet diese neben einem jeweils individuellen auch einem altersentsprechenden Verständnis zu.[41]

---

36 Vgl. zum Folgenden MIEDZA, DIETER, Kompetent in religiöser Elementarpädagogik, 198–201.
37 Vgl. SEKRETÄR DER DEUTSCHEN BISCHOFSKONFERENZ (Hg.), Der Religionsunterricht in der Schule. Ein Beschluss der gemeinsamen Synode der Bistümer in der Bundesrepublik Deutschland, Bonn o. J. (1976).
38 Ebd., 29–30.
39 Vgl. SCHWEITZER, FRIEDRICH, Religiöse Bildung – ein Leben lang? Aspekte einer Theorie der religiösen Bildung, auf: http://www.rpi-loccum.de/material/koko/theo_schweitzer.
40 Vgl. METTE, NORBERT, Religionspädagogik, 149.
41 Vgl. ebd., 164–165. Norbert Mette zitiert hier aus RAHNER, KARL, Meßopfer und Jugendszene, in: Rahner, Karl, Sendung und Gnade, Innsbruck 1959, 166.

Auch die Erzieherin steht in einer konkreten Lebensphase, die ihren Zugang zu Religion und Glaube bestimmt. Dabei ist Lebensphase nicht unbedingt gleichzusetzen mit Lebensalter. Vielmehr mit Erfahrungen – auch mit Religion, Glaube und Kirche –, die ihr derzeitiges Leben prägen und sowohl zu einer aktuellen Glaubensnähe als auch Glaubensferne führen können. Das kann z. B. eine – auch für die Erzieherin – erste Begegnung mit dem christlichen Glauben sein, der ihr eine besondere Nähe zur Religion und einen besonderen Zugang zum Umgang mit Religion in pädagogischen Prozessen mit Kindern im Vorschulalter verschafft. Genauso gut kann sie sich in einer Phase der Glaubensferne befinden, z. B. durch erfahrene Enttäuschungen mit Religion und Kirche.

Schließlich ist die hier verwendete Formulierung »Umgang mit Religion in pädagogischen Prozessen« aus dem Grund gewählt worden, weil beide Seiten, die des Kindes und die der Erzieherin, in den Prozess mit einbezogen sind und sich weiterentwickeln. Dabei können sie gemeinsam auf Fragen stoßen, die auch die berufserfahrene Erzieherin nicht beantworten kann. Darin steckt aber die Möglichkeit, sich gemeinsam mit dem Kind auf die Suche nach möglichen Antworten zu begeben und nicht immer ist es Ziel dabei, letztgültige Antworten zu finden.

Leben und Glauben zueinander in Beziehung zu setzen ist eine lebenslange Aufgabe, bei der es in der Verantwortung des Einzelnen liegt, dafür eine Sensibilität zu entwickeln. Diese Aufgabe versteht sich heute mit Blick auf die Pluralität der möglichen Lebensentwürfe als Angebot.

Verbindlicher ist die Aufgabe, sich mit der eigenen Religiosität und dem eigenen Glauben auseinanderzusetzen für Erziehende, die mit Religion in pädagogischen Prozessen umgehen. Denn eine fehlende Weiterentwicklung der persönlichen Religiosität, z. B. das Verharren in einem kindlichen bzw. jugendlichen Zugang zum Glauben, würde zum Verlust der Alltagsbedeutung des Glaubens führen.

Im Religionsunterricht der allgemeinbildenden Schulen spricht man von Korrelation, wenn religiöse Tradition und deren gegenwärtige Bedeutung für die Lebenswirklichkeit zueinander in Beziehung gesetzt werden. Verbunden mit der eigenen voranschreitenden Lebensreife kann eine konstruktive Verbindung von Leben und Glauben möglicherweise zu einer »lebensbezogenen Um- bzw. Neuorientierung« (Friedrich Schweitzer) führen sowie »die Chance neuer Identitätsbildung und wachsender Veränderung in einer mit den Heranwachsenden gemeinsam gestalteten Praxis« (Norbert Mette) eröffnen.

Eine lebenslange Entwicklung der persönlichen Religiosität und des persönlichen Glaubens bringen es mit sich, dass Veränderungen in der Lebensbiografie unbewusst Auswirkungen auf den Umgang mit Religion in pädagogischen Prozessen haben. Diese Veränderungen können sowohl im beruflichen als auch im privaten Umfeld eintreten und sich unmittelbar oder mittelbar auf das pädagogische Handeln auswirken. Ebenso wichtig wie schwierig ist es, diese zu erkennen. In der Regel ist die Erzieherin auf einen »Blick von außen« angewiesen. Für einen ersten selbstreflektierenden Zugang gibt es weitere Möglichkeiten, die im Folgenden an einem Modell aufgezeigt werden sollen, das die berufliche Tätigkeit der Erzieherin in den Kontext von Rahmenbedingungen stellt.

5. Das Habitus-Modell

Spricht man vom Habitus eines Menschen, ist damit sein Auftreten, seine Haltung oder, nach Pierre Bourdieu (1930 – 2002), seine individuelle Art und Weise zu denken und zu handeln, gemeint. Der französische Soziologe Bourdieu hat ein Konzept entwickelt, das den Habitus eines Menschen als Resultat eines das gesamte Leben andauernden Lernprozesses versteht. Dieser Lernprozess ist von biografischer, psychischer, physischer, sozialer und durch Bildung beeinflusster Entwicklung geprägt.[42]

Die Religionspädagogen Hans-Georg Ziebertz, Stefan Heil, Hans Mendl und Werner Simon haben auf der Grundlage dieses Habitus-Begriffs das Modell eines professionellen religionspädagogischen Habitus' entworfen.[43] Im Modell stellen sie die persönlichen und institutionellen Bedingungen sowie die auf beruflichen Erfahrungen beruhenden und notwendigen innovativen Vorgehensweisen – z. B. im Umgang mit religiöser Pluralität – dar, unter denen Religionslehrer ihren Beruf ausüben. Ziebertz et al. geht es darum, die institutionellen, beruflichen und persönlichen Rahmenbedingungen für die Tätigkeit der Religionslehrkraft in Bezug zueinander zu setzen.

Das geschieht durch die als »Handlungs*bedingungen*« gekennzeichneten Faktoren »Schule« und »Kirche« und »Lebens- und Glaubensbiografie« sowie durch die »Handlungs*strukturen*«, denen »Religionspädagogische Routinen« und »Umgang mit religiöser Pluralität« zugeordnet sind. Beide Seiten, Handlungsbedingungen und Handlungsstrukturen, wirken sich auf den zentral gestellten »Professionellen religionspädagogischen Habitus« aus. Bedeutsam sind die darüber hinaus von beiden Seiten kommenden und auf beide Seiten einwirkenden Begriffe »Kompetenzen« und »Reflexivität«. D. h., dass sowohl Kenntnisse, Fähigkeiten und Fertigkeiten den religionspädagogischen Habitus auszeichnen als auch die Reflexion dieser mit Blick auf die Handlungsbedingungen und -strukturen.[44]

---

42 Vgl. zu Bourdieus Habitusbegriff: KRAIS, BEATE/GEBAUER, GUNTER, Habitus, Bielefeld 2002.
43 Vgl. ZIEBERTZ, HANS-GEORG u. a., Religionslehrerausbildung an der Universität. Profession-Religion-Habitus, Münster 2005.
44 Vgl. zur folgenden Abbildung ZIEBERTZ, HANS-GEORG u. a., Religionslehrerbildung an der Universität, 56.

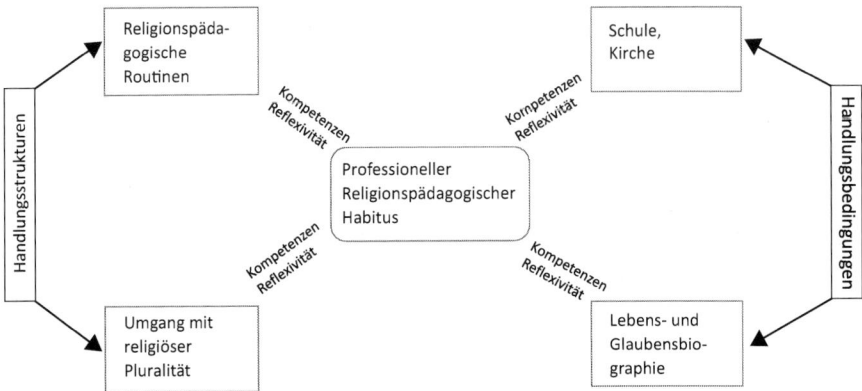

Dieses Modell lässt sich gut auf den Beruf der Erzieherin übertragen, indem anstelle von »Schule und Kirche« bei den Handlungsbedingungen »Einrichtung und Träger« eingesetzt werden.

Die durch die Handlungsstrukturen miteinander verbundenen »Religionspädagogischen Routinen« und der »Umgang mit religiöser Pluralität« sind identisch. Die religionspädagogischen Routinen summieren sich im Laufe des Berufslebens und zeigen sich in einer Verlässlichkeit im Umgang mit Situationen, die bereits mehrfach erlebt worden sind (z. B. die gemeinsam mit den Kindern organisierte Planung und Durchführung von Festen im kirchlichen Jahreskreis). Der Umgang mit religiöser Pluralität kann neben einer erworbenen Routine auch innovative Aspekte enthalten, z. B. wenn durch Neuaufnahmen auch neue Konfessionen und Religionen die Vielfalt in der Einrichtung bereichern. Hier geht es dann darum, die damit verbundenen Möglichkeiten, vielleicht aber auch Hemmnisse in das in der Einrichtung umgesetzte religionspädagogische Konzept zu integrieren.

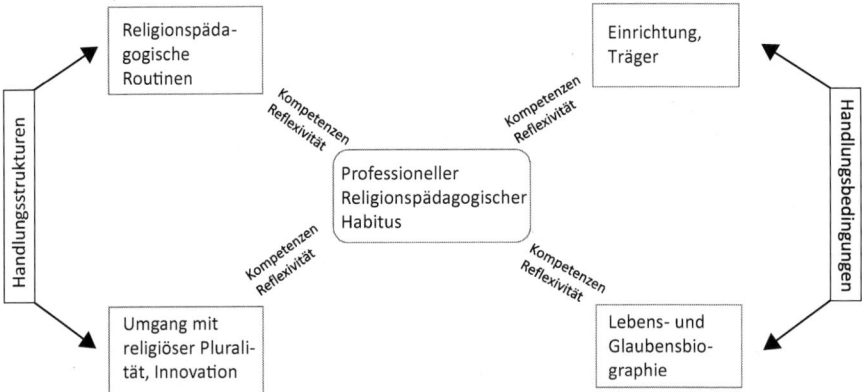

Ein entscheidender Aspekt ist die im Modell benannte Reflexivität. Sie besagt, dass die den Handlungsstrukturen und -bedingungen zugeordneten Handlungs- und Wirkfelder (Träger und Einrichtung) »reflektierbar« sind. Die Reflexion kann im schulischen Rahmen, z. B. im Religionsunterricht, oder in der Praxis, z. B. bei Praxisbesuchen, Portfolioarbeit o. ä., Inhalt und Gegenstand sein. Wie oben erwähnt bietet das Modell aber auch die Möglichkeit einer ersten Selbstreflexion:

- Wie kann ich meine religionspädagogischen Routinen einsetzen?
- Gab es Gelegenheit, innovativ zu arbeiten?
- Wie wirkt sich meine persönliche Lebens- und Glaubensbiografie auf meinen Umgang mit Religion in pädagogischen Prozessen aus?
- Welche Voraussetzungen bieten Träger und Einrichtung für die religionspädagogische Arbeit?

Es bleibt festzuhalten:

Die Ausbildung zur staatlich anerkannten Erzieherin beinhaltet ein großes Spektrum an Handlungsfeldern für die Elementarpädagogik. Dazu gehört auch in der säkularisierten Gesellschaft heute der Umgang mit Religion in pädagogischen Prozessen.

Hier spielt der persönliche Zugang der Erzieherin zu Religion und Glaube eine nicht unerhebliche Rolle. Das bringt mit sich, dass zum Ende der Ausbildung die Erzieherin im Umgang mit Religion in pädagogischen Prozessen noch nicht über die im Kompetenzmodell aufgeführten Kenntnisse, Fähigkeiten und Fertigkeiten verfügen kann. Wie in vielen anderen pädagogischen Bereichen markiert das Ausbildungsende eher den Anfang in einem lebenslangen Lern- und Bildungsprozess.

Für den Umgang mit Religion in pädagogischen Prozessen ist jedoch die Bereitschaft, sich mit seiner eigenen Religiosität auseinanderzusetzen, wesentlich und die Reflexion der eigenen Glaubensentwicklung unverzichtbar.

Im Habitus-Modell für die Erzieherin sind Möglichkeiten zu einer ersten Selbstreflexion für die religionspädagogische Arbeit in der Elementarpädagogik aufgezeigt. Es zeigt neben der Lebens- und Glaubensbiografie als persönlicher Voraussetzung der Erzieherin auch die Handlungsstrukturen und Handlungsbedingungen auf, die den professionellen Umgang mit Religion in pädagogischen Prozessen beeinflussen.

Eine Selbstreflexion macht den Blick von außen auf das eigene Handeln nicht überflüssig, es bereitet es allenfalls vor. Dieser Blick von außen ist während der Ausbildung zu unterschiedlichen o. g. Gelegenheiten möglich.

Für den weiteren Berufsweg als Erzieherin stehen weitere Angebote, z. B. der Supervision, der pastoralen Begleitung durch den Träger oder der beruflichen Fort- und Weiterbildung, zur Verfügung.

B. Methodisch-didaktische Umsetzung

1. Religion gehört dazu – Impulse:

1. Ihre Berufswahlentscheidung liegt noch nicht so lange zurück. Machen Sie sich zu folgenden Fragen einige Notizen, bevor Sie sich mit Ihren Mitschülerinnen austauschen:

- Was war für Sie ausschlaggebend, den Beruf der Erzieherin zu wählen?
- Wie haben Sie sich im Vorfeld über die Anforderungen informiert, mit denen Sie in Ihrem Beruf konfrontiert werden?

- Über welche Anforderungen, die Renate Alf in ihrer Karikatur »Voll der lockere Job« darstellt, waren Sie sich vor Ihrer Berufswahl im Klaren, welche sind für Sie neu?
- Erkennen Sie Situationen, die Sie dem Umgang mit Religion in pädagogischen Prozessen zuordnen würden?
- Welche Anforderungen stellen sich Ihnen darüber hinaus für den professionellen Umgang mit Religion in pädagogischen Prozessen?

2. Diskutieren Sie mit Hilfe einer Pro- und Kontra-Debatte antithetisch über die Notwendigkeit des Umgangs mit Religion in pädagogischen Prozessen heute.

Für eine Pro- und Kontra-Debatte benötigen Sie folgende zu besetzende Rollen:

- Eine Moderatorin
- Vier Sachverständige
- Einen Pro-Anwalt
- Einen Kontra-Anwalt
- Publikum

Das Thema der Pro- und Kontra-Debatte lautet: Ist der Umgang mit Religion in pädagogischen Prozessen heute notwendig oder nicht?

Zur Vorbereitung:
Teilen Sie Ihre Lerngruppe in Befürworterinnen und Gegnerinnen des genannten Themas ein.

Sammeln Sie in den zwei Gruppen entsprechende Argumente für Ihre Auffassung. Versuchen Sie dabei, Ihre konkreten Erfahrungen in Tageseinrichtungen für Kinder zu berücksichtigen.

Wählen Sie aus Ihrer Gruppe zwei Sachverständige und eine Anwältin.

Wählen Sie aus der gesamten Lerngruppe eine Moderatorin; die Aufgabe der Moderatorin besteht darin, die Spielregeln der Debatte zu erläutern, die Debatte zu leiten, auf die Einhaltung der Zeiten zu achten und die Publikumsabstimmungen durchzuführen.

Durchführung	
Begrüßung durch die Moderatorin, Nennung des Themas, Erläuterung der Spielregeln	5 min
Erste Publikumsabstimmung	1 min
Eingangsplädoyer der Pro-Anwältin Eingangsplädoyer der Kontra-Anwältin	1 min 1 min
Befragung der ersten Sachverständigen: Abwechselnd durch beide Anwältinnen. Befragung der zweiten bis zur vierten Sachverständigen nach gleichen Regeln	jeweils 5 min
Schlussplädoyer der Kontra-Anwältin	1 min
Schlussplädoyer der Pro-Anwältin	1 min
Zweite Publikumsabstimmung	5 min
Auswertung der Debatte	20-30 min

2. Wie alles begann – Impulse:

1. Informieren Sie sich über Ihre Einrichtung:
   - Wer ist Träger der Tageseinrichtung?
   - Wann und aus welchem Anlass wurde die Einrichtung gegründet?
   - Nach welchem Konzept wird in der Einrichtung gearbeitet?
2. Im 19. Jahrhundert gründeten Johann Georg Wirth, Theodor Fliedner und Friedrich Fröbel die erste Kleinkinderbewahranstalt, Kleinkinderschule und den ersten Kindergarten. Die pädagogischen Vorstellungen und Absichten der Gründer unterschieden sich voneinander und wurden im vorangegangenen Kapitel zum Teil bis hin zu architektonischen Details dargestellt.
   - Bilden Sie drei Gruppen zu den drei Gründervätern Wirth, Fliedner und Fröbel.

- Erarbeiten Sie in den Gruppen anhand der nachfolgend aufgeführten Informationen und Skizzen[45] sowie der Darstellungen w. o. im Kapitel die jeweiligen pädagogischen Ideen zur Kleinkinderbewahranstalt, Kleinkinderschule und zum Kindergarten.
- Vergleichen Sie die pädagogischen Ideen mit denen der Einrichtung, in der Sie tätig sind.
- Stellen Sie sich die Ergebnisse gegenseitig vor.

Johann Georg Wirth (1807 – 185, Lehrer) gründete 1834 in Augsburg die erste Kleinkinderbewahranstalt für Kinder vom 2. bis zum 6. Lebensjahr. Die Kinder sollten dort »Gebete im Chor, Erzählungen aus der heiligen Geschichte, Übungen im Nachsprechen, Vorzeigen und Beschreiben eines Tieres, einer Pflanze, das Eins und Eins, Buchstabenkenntnis, Bewegung, Stricken, Schreibübungen …« erlernen. In seinem Handbuch zur Pädagogik der Bewahranstalten, dem ersten in Deutschland, das Wirth 1838 herausgab, schreibt er selbst: »Die Kleinen sollten hier eigentlich nicht lernen, sondern leben, sie sollen für das, was Schule und Leben verlangt, vorbereitet, für alles Gute empfänglich gemacht, zu nützlicher Thätigkeit (sic!) angehalten und angeleitet werden«.

Die bauliche Gestaltung seiner Einrichtung entwarf Wirth detailliert:
»Aufenthaltszimmer, Speise- und Spielzimmer, Schlafzimmer, Küche, einige Kammern zum Abstellen und ggf. als Schlafstellen für Wartfrauen oder Mägde zu nutzen, Abtritte sowohl in der Nähe der Zimmer als auch dem Spielplatz, geräumiger Spielplatz und Garten. Die Räume sollten ebenerdig, hell, geräumig, freundlich und dabei von einer Höhe sein, welche die Gesundheit der Pfleglinge nicht benachteiligen« (Wirth, 1838).

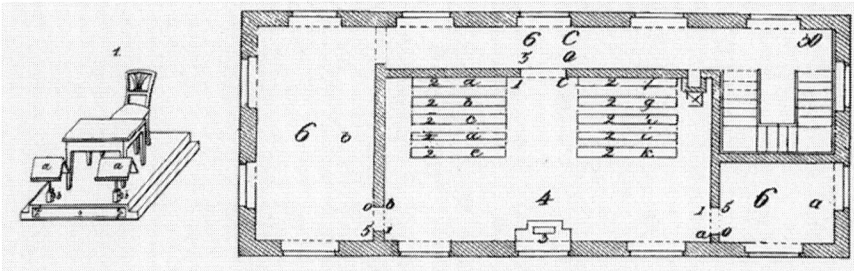

»Der Tisch des Lehrers mit zwei Pulten zur Auslage von Büchern«; Grundriss der Kleinkinderbewahranstalt nach J. G. Wirth (ERNING, 1997, 17).

---

45 Informationen, Skizzen und Zitate für die folgenden Aufgaben stammen von: 10. Historische Synopsis PDF, auf: https://duepublico.uni-duisburg-essen.de/servlets/DerivateServlet/Derivate-32446/Histor-Synop.pdf, 241–247. Die in diesem Beitrag enthaltenen Skizzen zur Kleinkinderbewahranstalt sind entnommen aus: Erning, Günter, Geschichte der öffentlichen Kleinkindererziehung – von der Bewahranstalt zur Bildungsanstalt, in: Liedtke, Max (Hg.), Handbuch der Geschichte des Bayerischen Bildungswesens, Bd. 4, Zweiter Teil, II, Bad Heilbrunn/Obb., 1997.

1. Zur Berufsrolle der Erzieherin 37

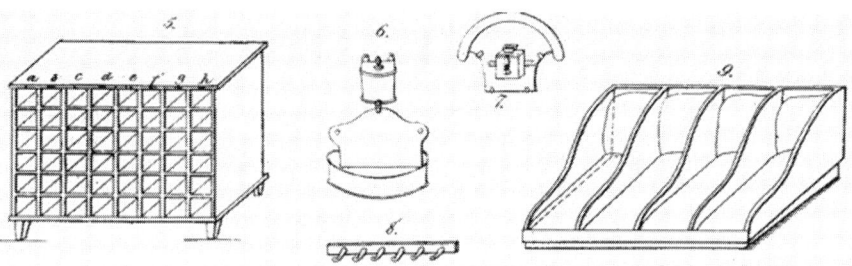

Links außen: »Ein Schrank zur Aufbewahrung der von den Kindern mitgebrachten Brote« rechts außen: »Ein Bettgestell für den Mittagsschlaf der Kinder« (ERNING, 1997, 17).

Theodor Fliedner (1800–1864, Pfarrer) eröffnete 1835 die Kleinkinderschule in Kaiserswerth bei Düsseldorf für Kinder vom 2. Lebensjahr bis zur Einschulung. In der für alle Konfessionen offenen Einrichtung gab es für die Kinder religiöse, soziale und allgemein-pädagogische Aufgaben und eine Vorbereitung für die Schule, wobei Fliedner in der religiösen Erziehung das Ziel seiner Erziehungsarbeit sah.

Zeitgenössische Darstellung des Spielplatzes der Kleinkinderschule von Fliedner in Kaiserswerth

»Rechts von dem wandelnden Kreis siehst du eine frohe Schaar an der sogenannten schottischen Schaukel hängen, deren Dach sich von selbst dreht, wenn man eine Weile an den herunterhängenden Seilen herumgelaufen ist. Man wird recht müde von solcher Schaukel. Ein Theil (sic!) unserer Kinder ist's schon geworden, sie sitzen nun beim Sandhügel lins und messen Sand und singen dabei wie die Kinder im Kreise: Ich fröhlicher Mann, was fang ich an? Ich will mir Freude machen, so lange als ich kann.« (Christlicher Volkskalender 1850).

Friedrich Fröbel (1782–1852, Pädagoge, Schüler von Johann Heinrich Pestalozzi) begründete 1840 den »Allgemeinen Deutschen Kindergarten« Blankenburg in Thüringen, wofür ihm die Stadt Blankenburg einen Raum im »Haus über dem Keller« zur

Verfügung stellte. Die Einrichtung war für Kinder im vorschulfähigen Alter bestimmt. Fröbels Idee entsprang der romantisch-philosophischen Idee der ganzheitlichen und naturverbundenen Erziehung. Fröbel hatte zum Ziel, das von ihm als Individuum erkannte Kind orientiert an seinen je eigenen Anlagen in die Gesellschaft einzuführen. Einfluss auf seine pädagogischen Ideen hatte sicherlich sein einige Semester währendes Baukunststudium. So verwendete er für Spiel und Beschäftigung und für die Gemüts- und Geistesbildung »Spielgaben« wie Kugel, Würfel, Würfeleinteilungen, Fläche, Linie und Punkt.

Für die naturverbundene Erziehung entwarf Fröbel einen Gartenplan, der sich wie folgt gliederte:

a) »Bewegungs- und Laufspielplatz«
b) »Bauspielplatz – Platz zu den Nachahmungs- u. Lebensspielen«
c) »Mit Platten bedeckter Platz für besuchende Eltern und Kinderfreunde«
d) »Beete und Pflanzungen – Kindergärtchen – zu allgemeiner Besorgung«
e) »Übungsplatz für kleinere Kinder zu Blankenburg« (die offensichtlich nicht zum Kindergarten gehörten).

Links: Der erste »Kindergarten« der Welt in Blankenburg/Thüringen. Das sog. »Haus über dem Keller.« Rechts: Ansicht vom »Garten für die Kinder« in Blankenburg.

3. Grundlegende theologisch-didaktische und personale Kompetenzen – Impulse:

1. Während zur Gründungszeit der institutionellen Kindesbetreuung die religiöse Erziehung fraglos einen zentralen Raum in den Einrichtungen eingenommen hat, ist heute eine Verständigung auf notwendige Kompetenzen für den Umgang mit Religion in pädagogischen Prozessen nicht einfach. Was gehört Ihrer Meinung nach zur religiösen Erziehung und Bildung heute? Bitte bearbeiten Sie folgende Aufgaben:

Theologisch-didaktische Grundkompetenzen

Aufgabe A

1. Bilden Sie Gruppen zu dritt oder viert. Entscheiden Sie sich innerhalb der Gruppe für einen Kompetenzbereich, zu dem Sie mit Hilfe der Placemat-Methode erarbeiten. Gruppieren Sie sich so um Ihren Tisch, dass jedes Gruppenmitglied ein freies Feld vor sich hat.

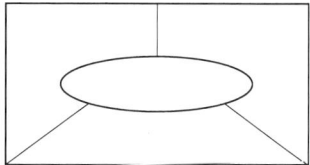 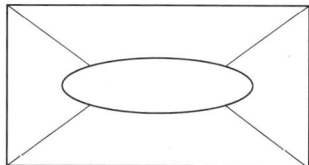

2. Zum Kompetenzbereich, beispielsweise »Für mich gehört zu einem religiösen Grundwissen ...« notieren Sie innerhalb einer vorgegebenen Zeit Ihre Gedanken und Ergebnisse. Dazu können auch Fragen, Unklarheiten, Querverweise oder Widersprüche gehören.
3. In der nächsten Phase tauschen Sie Ihre Ergebnisse mit den anderen Gruppenmitgliedern aus, indem Sie das Plakat im Uhrzeigersinn um eine Schreibfläche drehen. Wiederum in vorgegebener Zeit erweitern, kommentieren und ergänzen Sie die bereits festgehaltenen Gedanken. Wiederholen Sie das so oft, bis Sie Ihr eigenes Feld wieder vor sich haben. Einigen Sie sich auf zwei oder drei zentrale Aussagen oder Thesen, in denen sich die Gruppenmeinung wiederfindet und notieren Sie diese im zentralen Feld des Plakats.
4. In der letzten Phase präsentieren die Gruppen ihre Ergebnisse im Plenum. Nutzen Sie dabei als Hilfestellung Ihre zentralen Aussagen oder Thesen. Im optimalen Fall lässt sich das zentrale Feld jedes Placemats zu einer Mind-Map zusammenstellen, in der Bezüge zu den einzelnen Kompetenzbereichen hergestellt werden können.

Aufgabe B
Die Erinnerung an große und wichtige Erzählungen und Geschichten droht immer mehr in Vergessenheit zu geraten. Dazu gehören auch die biblischen Erzählungen und christlichen Legenden. An welche Erzählungen können Sie sich erinnern? Welche Bedeutung haben diese heute (noch) für Sie?

Aufgabe C
Der religiöse Pluralismus zeigt sich in den Tageseinrichtungen für Kinder im Zusammenleben verschiedener Konfessionen und Religionen.

- Erkunden Sie, welche Religionen und Konfessionen in Ihrer Einrichtung vertreten sind.

- Halten Sie in Stichworten fest, was Sie über die bei Ihnen vertretenen Religionen und Konfessionen wissen.
- Wie zeigt sich die Präsenz der anderen Religionen und Konfessionen im Alltag (z. B. bei der Verpflegung in der Einrichtung, beim gemeinsamen Feiern religiöser Feste, bei der Elternarbeit)?
- Erstellen Sie in Ihrer Lerngruppe Mind-Maps für die bei Ihnen vertretenen Religionen und Konfessionen und notieren Sie in die Mind-Map Ihr gemeinsames Wissen.

Personale Grundkompetenzen

Selbstreflexions-, Innovations-, Beziehungs- und Handlungskompetenz können auf unterschiedliche Weise im Rahmen der Ausbildung thematisiert werden.

- Legen Sie ein Praxistagebuch an, in das Sie regelmäßig Ereignisse notieren, die für Sie religionspädagogisch relevant sind.
- Machen Sie bei einer Teambesprechung den Umgang mit Religion in pädagogischen Prozessen zum Thema.
- Fordern Sie Feedback zu Ihrem Handeln von Teamkolleginnen oder im Rahmen der Praxisbesuche ein.
- Legen Sie einen Beobachtungsbogen für ein Kind Ihrer Gruppe an und werten Sie es, allein oder gemeinsam mit einer Teamkollegin, aus.

4. Religiosität und Lebensbiografie der Erzieherin – Impulse:

1. Tauschen Sie sich in Ihrer Lerngruppe über besondere Ereignisse in Ihrem Leben aus. Kategorisieren Sie diese nach nichtreligiösen und religiösen Anlässen.

Zur Selbstvergewisserung
Lebens- und Glaubensentwicklung sind eng miteinander verwoben. Dabei ist die Glaubensentwicklung oft an besondere religiöse Ereignisse, z. B. Kommunion, Konfirmation, Firmung oder auch an besondere Lebenssituationen gebunden.

Notieren Sie in einem Koordinatensystem Ihre »Linie der eigenen Religiosität«, die von heute bis zu Ihrer Geburt zurückreicht.

Nutzen Sie die x-Achse für Ihren Lebenslauf und die religiösen oder besonderen Ereignisse, die diesen geprägt haben.

Nutzen Sie die y-Achse, um eine besondere Glaubensnähe oder eine besondere Glaubensferne festzuhalten.

1. Zur Berufsrolle der Erzieherin 41

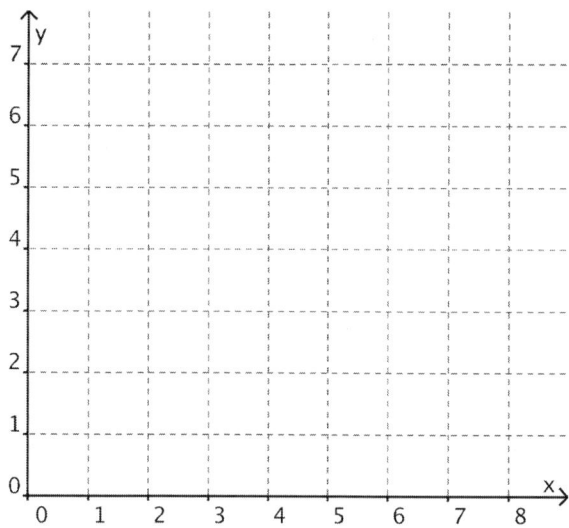

2. Meine Zukunftsvision
   - Arbeiten Sie in Gruppen zu drei oder vier Gruppenmitgliedern.
   - Notieren Sie in einem Koordinatensystem eine von heute in eine unbestimmt lange Zukunft reichende Religiositätslinie, auf der Sie mögliche
     - besondere religiöse Ereignisse
     - besondere Lebenssituationen notieren.
   - Prognostizieren Sie mögliche Zusammenhänge mit Ihrer Tätigkeit als Erzieherin bzw. sich auf Ihren Beruf auswirkende Folgen der besonderen religiösen Ereignisse bzw. Lebenssituationen.

5. Das Habitus-Modell – Impulse:

1. Das Habitus-Modell bietet neben der Möglichkeit der Selbstreflexion religionspädagogischer Arbeit die Möglichkeit, sich in der Lerngruppe über die Handlungsbedingungen und Handlungsstrukturen, unter denen Sie in Ihrer Einrichtung arbeiten, auszutauschen.
   Bitte gehen Sie in diesem Fall achtsam mit Ihren persönlichen Voraussetzungen, die sich in der Lebens- und Glaubensbiografie zeigen, um. Es besteht durchaus die Möglichkeit, bei einer gemeinsamen Reflexion dieses Feld auszusparen.
   Nutzen Sie die unter Handlungsbedingungen und Handlungsstrukturen aufgezeigten Handlungs- und Wirkfelder als Struktur für Ihre Überlegungen.
   Führen Sie in größeren Gruppen oder im Plenum ein Brainstorming zu religionspädagogischen Routinen durch, die Sie in Ihren Einrichtungen erlebt haben.
   Erheben Sie in gleicher Art und Weise innovative Situationen. Diese müssen sich nicht auf den Umgang mit religiöser Pluralität beschränken, sie können auch als »religionspädagogisch neu« von Ihnen erfahren worden sein.

Versuchen Sie in einem nächsten Schritt beide Bereiche zu sortieren bzw. zu kategorisieren.
2. Tauschen Sie sich über die Rahmenbedingungen zur religionspädagogischen Arbeit in Ihren Einrichtungen und Ihren Trägerschaften aus.
   - Welchen Stellenwert hat religionspädagogische Arbeit in der Einrichtung? Z. B. Kooperation mit der Kirchengemeinde, regelmäßige religiöse und religionspädagogische Veranstaltungen (Kinderbibeltage, Feiern im kirchlichen Jahreskreis) Kooperation mit anderen Konfessionen und Religionen
   - Gibt es Unterstützungen durch den Träger? Welcher Art sind diese (z. B. Fortbildungen, pastorale Begleitung, räumliche Besonderheiten, Fachberatungen)?

Literatur

BERGER, MANFRED, Geschichte des Kindergartens. Von den ersten Einrichtungen des 18. Jahrhunderts bis zur Kindertagesstätte im 21. Jahrhundert, Frankfurt a. M. 2016.

ENGLERT, RUDOLF, Leben in dieser Gesellschaft. Auswirkungen säkularisierter Lebensstile auf das Empfinden, Denken und Glauben junger Menschen, in: KTK (Hg.), Den Glauben neu buchstabieren. Ansätze einer zeitgemäßen Kinderpastoral und einer pluralitätsfähigen Religionspädagogik in Kindertagesstätten und Kirchengemeinden, Freiburg 2004.

ERNING, GÜNTER, Johann Georg Wirth und die Augsburger Bewahranstalten. Ein Beitrag zur Gründungsgeschichte vorschulischer Einrichtungen der Stadt Augsburg, auf: https://opus4.kobv.de/opus4-bamberg/files/49508/GruendungsgeschichteOCR_A3a.pdf.

FRANKE-MEYER, DIANA, Geschichte der frühkindlichen Bildung in Deutschland, auf: http://www.bpb.de/gesellschaft/bildung/zukunft-bildung/277608/geschichte.

GABRIEL, KARL, Art. »Tradierungskrise«, in: LexRP 2 (2001).

GIERDEN-JÜLICH, MARION, »Von Kindesbeinen an: Von der Notwendigkeit, den Umgang mit Pluralität zu erlernen«. Politische Optionen für interkulturelle und interreligiöse Bildung, in: Schweitzer, Friedrich u. a., Mein Gott – Dein Gott. Interkulturelle und interreligiöse Bildung in Kindertagesstätten, Weinheim u. a. 2008, 142–146.

HUGOTH, MATTHIAS, Handbuch religiöse Bildung in Kita und Kindergarten, Freiburg i. Br. 2012.

KRAIS, BEATE/GEBAUER, GUNTER, Habitus, Bielefeld 2002.

LEINHÄUPL-WILKE, ANDREAS, Die Bibel als Buch des Lebens entdecken. Basiswissen Bibel für Erzieherinnen, in: Hugoth, Matthias/Bendix, Monika, Religion im Kindergarten. Begleitung und Unterstützung für Erzieherinnen, München 2008, 120–130.

LUTTERBACH, HUBERTUS, Kinder und Christentum. Kulturgeschichtliche Perspektiven auf Schutz, Bildung und Partizipation von Kindern zwischen Antike und Gegenwart, Stuttgart 2010.

METTE, NORBERT, Religionspädagogik, Düsseldorf 2006.

METTE, NORBERT, Religion und Glaube in frühkindlichen Sozialisations- und Bildungsprozessen, in: Mette, Norbert, Praktisch-theologische Erkundungen 2 (TuP 32), Münster 2007.

MIEDZA, DIETER, Kompetent in religiöser Elementarpädagogik. Religionspädagogische Qualifizierung durch kompetenzorientierte Zusatzkurse, Münster 2014.

NIPKOW, KARL ERNST, Artikel Religionspädagogik, in LexRP 2 (2001).

RAHNER, KARL, Meßopfer und Jugendszene, in: Rahner, Karl, Sendung und Gnade, Innsbruck 1959.

SCHWEITZER, FRIEDRICH, Das Recht des Kindes auf Religion. Ermutigungen für Eltern und Erzieher, Gütersloh 2000.

SCHWEITZER, FRIEDRICH, Religiöse Bildung – ein Leben lang? Aspekte einer Theorie der religiösen Bildung, auf: http://www.rpi-loccum.de/material/koko/theo_schweitzer.

SEKRETÄR DER DEUTSCHEN BISCHOFSKONFERENZ (Hg.), Der Religionsunterricht in der Schule. Ein Beschluss der gemeinsamen Synode der Bistümer in der Bundesrepublik Deutschland, Bonn o.J. (1976).

SEKRETARIAT DER STÄNDIGEN KONFERENZ DER KULTUSMINISTER DER LÄNDER IN DER BUNDESREPUBLIK DEUTSCHLAND, Das Bildungswesen in der Bundesrepublik Deutschland 2015/2016. Darstellungen der Kompetenzen, Strukturen und bildungspolitischen Entwicklungen für den Informationsaustausch in Europa, auf: https://www.kmk.org/fileadmin/Dateien/pdf/Eurydice/Bildungswesen-dt-pdfs/dossier_de_ebook.pdf eingesehen am 22.12.2018.

WEITERBILDUNGSINITIATIVE FRÜHPÄDAGOGISCHER FACHKRÄFTE, So viele Kita-Beschäftigte wie nie zuvor, auf: https://www.weiterbildungsinitiative.de/aktuelles/news/detailseite/data/so-viel-kita-beschaeftigte-wie-nie-zuvor/.

ZIEBERTZ, HANS-GEORG/HEIL, STEFAN/MENDL, HANS/SIMON, WERNER, Religionslehrerausbildung an der Universität. Profession-Religion-Habitus, Münster 2005.

2. Kinder verstehen lernen

Clauß Peter Sajak

A. Einführung

1. Die Kindheit heute

Unter Kindheit wird in der Regel der Lebensabschnitt eines Menschen zwischen der Geburt und der Geschlechtsreife bezeichnet. Dabei soll aber nicht unerwähnt bleiben, dass es im Kontext der Debatte um Schwangerschaftsabbruch und pränatale Eingriffe auch die begründete Auffassung gibt, dass das menschliche Leben bereits vor der Geburt einsetzt und die Kindheit deshalb auch vor die eigentliche Geburt ausgeweitet werden muss. Auch die UN-Kinderrechtskonvention aus dem Jahre 1989 postuliert entsprechend einen »angemessenen rechtlichen Schutz vor und nach der Geburt«[1] als ein Grundrecht jedes Kindes.

Kindheit ist heute Familienbiografie: Die Monate vor und die Jahre nach der Geburt werden in der Regel im Kreise der Familie verbracht, hier wächst das Kind heran, erfährt seine Sozialisation und wird in unterschiedlicher Weise, aber doch letztendlich unabdingbar von Eltern und Verwandten erzogen. Dabei ist das heutige Ideal von Familien die gutbehütete Kindheit, in der ein Kind getragen von Liebe und Geborgenheit sorgenlos aufwachsen kann. Diese idealen Vorstellungen von Kindheit reichen weit über das bürgerliche Milieu hinaus und werden von den meisten Müttern und Vätern in Deutschland geteilt. In der Familie soll das Kind Aufmerksamkeit, Förderung und Bestärkung erfahren, um so im Schonraum der engsten Verwandten für das Leben Zurüstung zu erfahren. Damit wird die Familie auch zum entscheidenden Ort und zur Schlüsselinstitution für die weiteren Lebenschancen des Kindes.[2]

Dies wiegt in diesem Land besonders schwer, da im internationalen Bildungsvergleich das Schulsystem der Bundesrepublik Deutschland durch einen besonders ausgeprägten Zusammenhang von Bildungsniveau des Elternhauses und Bildungserfolg der Kinder gekennzeichnet ist. Unabhängig davon, welche Ursachen man im hochdifferenzierten und äußerst formalisierten deutschen Bildungswesen für diesen Missstand ausmacht, muss man einräumen, dass die Kindheit zwar nicht nur Famili-

---

1 UNICEF (Hg.), Konvention über die Rechte des Kindes, Köln 2011, 6.
2 Vgl. KULD, LOTHAR, Gott im Leben von Kindern, in: Kuld, Lothar, Gott und das Leben, Stuttgart 2018, 83–130, hier 84.

en-, sondern auch Schulbiografie ist, letztere aber weniger prägend und ausschlaggebend für den weiteren Weg des Menschen über die Kindheit hinaus ist.

Über die Situation von Kindern und Familien in der Bundesrepublik Deutschland liegen zahlreiche empirische Studien mit umfangreichem Datenmaterial vor. Sie zeichnen ein Bild, das den Schlagzeilen in den Medien zu widersprechen scheint.[3] So wachsen immer noch 70 % der Kinder in Deutschland nicht in Patchwork- oder prekären Familienverhältnissen auf, sondern in vollständigen, klassischen Familienkonstellationen mit Mutter und Vater als verheirateten Eltern.[4] Dabei gilt auch weiterhin, dass in der Regel der Vater die klassische Ernährerrolle hat, während die Mutter in Teilzeit arbeitet und sich in der restlichen Zeit den Familien- und Erziehungsaufgaben widmet. Dieses klassische Modell, das im Kontext der Partizipation und Gleichberechtigungsdebatte wie auch unter den Vorzeichen einer auf Gendersensibilisierung zielenden politischen Öffentlichkeit als altmodisch und überholt erscheint, findet aber unter den Kindern eine große Akzeptanz und Zustimmung. Die World-Vision-Studie von 2013 zeigt auf, dass die überwiegende Mehrheit der Kinder in Deutschland mit ihrem Leben zufrieden ist:[5] So sehen 91 % der sechs- bis elfjährigen Kinder in Deutschland ihr Leben als sehr positiv oder positiv, 8 % als neutral und nur 1 % als negativ. Dabei verwundert es nicht, dass Kinder aus der Ober- und Mittelschicht ihr Leben besonders positiv beurteilen (95 % bzw. 92 %). Kinder, die aus der Unterschicht stammen, bewerten dagegen ihr Leben nur zu 72 % als zufriedenstellend bzw. 28 % beurteilen ihre Lebenssituation als neutral oder sogar ausdrücklich negativ. Daraus lassen sich zwei Trends erkennen: Zum einen ist die Lebenszufriedenheit von Kindern in der Bundesrepublik Deutschland insgesamt sehr hoch und ausgeprägt, zum anderen spielen aber die Schichtzugehörigkeit und die ökonomischen Ressourcen der Eltern eine wichtige Rolle bei der Beurteilung der eigenen Zufriedenheit.

Die letztgenannten Trends verweisen auf die Tatsache, dass neben der großen Mehrheit von Kindern, die ihre Kindheit selber als positiv erfahren, es auch eine Vielzahl von Kindern in Deutschland gibt, die in dieser Lebensphase hilflos körperlicher Gewalt, Misshandlungen und sexuellem Missbrauch ausgesetzt sind. Auch die zunehmende Schere zwischen arm und reich im Zuge einer vom Neoliberalismus befeuerten kapitalistischen Wirtschaftsentwicklung wird in Zukunft dazu führen, dass immer mehr Kinder ihre Kindheit nicht als glücklich und behütet erfahren, sondern als eine Zeit der Armut, Bedürftigkeit und Ausgrenzung.[6] Auf der anderen Seite geht mit dem zunehmenden Reichtum, den immer weniger Familien in immer größeren Mengen anhäufen, auch ein Phänomen einher, das als Wohlstandsver-

---

3 Vgl. grundsätzlich BÜHLER-NIEDERBERGER, DORIS, Lebensphase Kindheit. Theoretische Ansätze, Akteure und Handlungsspielräume, Weinheim 2011, 13–43.
4 Vgl. WORLD VISION DEUTSCHLAND E.V. (Hg.), Kinder in Deutschland 2018. 4. World Vision Kinderstudie, Weinheim/Basel 2018, 54–56, hier 55.
5 Da dieses Item 2017 nicht mehr erfasst wurde vgl. zu diesen Zahlen WORLD VISION DEUTSCHLAND E.V. (Hg,), Kinder in Deutschland 2013. 3. World Vision Kinderstudie, Weinheim/Basel 2013, 50–53.
6 Vgl. WORLD VISION DEUTSCHLAND E.V. (Hg.), Kinder in Deutschland 2018, 64–69.

wahrlosung beschrieben werden kann. Hierzu gehört die unreflektierte Erfüllung aller Wünsche und Bedürfnisse der Kinder, vor allem in einem materiellen Sinne, und eine zunehmende Vernachlässigung der Kinder in Familien, bei denen beide Partner sich vor allem der beruflichen Karriere und dem wirtschaftlichen Erfolg verschreiben. Auch der zunehmende Medienkonsum, der inzwischen durch die digitalen Möglichkeiten der sog. sozialen Medien und der Kommunikationsdienste weiter an Gewicht gewonnen hat, wirkt sich zunehmend negativ auf das Erleben und Erfahren von Kindheit aus. Dazu gehören auch die aus medizinischer Perspektive beobachteten Veränderungen von Kindern heute, deren Leben vor allem durch zu wenig Bewegung, zu wenig echter Spielzeit und zu wenig Aufenthalt im Freien gekennzeichnet ist. Auch die überdurchschnittliche Gewichtszunahme von Kindern nicht nur in Deutschland, sondern in allen westlichen Gesellschaften, zeigt auf, dass der materielle Reichtum nicht immer einhergehen muss mit einer geglückten und nachhaltigen Zurüstung des Kindes für das weitere Leben.

2. Die Entwicklung der Kindheit

Die Kindheit als eine entscheidende Lebensphase in der Biographie eines Menschen ist aus wissenschaftlicher Sicht in unterschiedlicher Weise gelesen und gedeutet worden. Auf der einen Seite gibt es Entwürfe, in der die Rolle des Kindes durch die Epochen hindurch als eine Verfallsgeschichte gedeutet wird, die von einer freien Kindheit im Mittelalter, in dem das Kind als Erwachsener behandelt wurde und entsprechend weder behütet noch bevormundet war, hin zu einer Kindheit in der Moderne reicht, in der das Kind der fürsorglichen Kontrolle durch die Institutionen der Familie und der Schule unterworfen worden ist. Eine klassische Darstellung dieser Lesart von Kindheitsgeschichte als Verfallsprozess stammt von dem französischen Historiker Philippe Ariés (1914–1984)[7]; sie erfreut sich aber auch wieder in jüngster Zeit zunehmender Beliebtheit. Schließlich gibt es heute eine neue Form der Fremdbestimmung und Bevormundung von Kindern, nämlich die durch den Konsum und die digitalen Medien. Diese Sichtweise hat z. B. besonders prominent der amerikanische Kommunikationswissenschaftler Neil Postman (1931–2003) vertreten.[8] Immer auch hat es aber eine gegenläufige Interpretation der Kindheit gegeben, in welcher der Emanzipationsprozess des Kindes von einem rechtlosen Mängelwesen in der Antike über einen erwachsenenähnlichen Status im Mittelalter hin zu einer neuzeitlichen Behandlung des Kindes reicht: Hier wird die besondere Beachtung, Bedeutung und Würde, die dem Kind in der Moderne – verbunden mit besonderen Rechten und Sicherheiten – zugewachsen ist, nun progressiv und positiv bewertet.[9]

---

7 Vgl. ARIÉS, PHILIPPE, Geschichte der Kindheit, München ^{16}2007.
8 Vgl. POSTMAN, NEIL, Das Verschwinden der Kindheit, Frankfurt a. M. ^{18}1987.
9 Vgl. DEMAUSE, LLOYD (Hg.), Hört die Kinder weinen, Frankfurt a. M. 1992 und CUNNINGHAM, HUGH, Die Geschichte des Kindes in der Neuzeit, Düsseldorf 2006.

Auch in Religion und Theologie ist das Kind und die Phase der Kindheit in ganz unterschiedlicher Weise gedeutet worden. So sah man in der griechischen und römischen Antike das Kind in erster Linie als ein unvollkommenes Wesen, in dessen Seele die Vernunft noch nicht ausgebildet ist und das deshalb vor allem durch sein Begehren, also seinem Streben nach Lustbefriedigung angetrieben wird. In der Seelenlehre des Aristoteles (384–322) hat das Kind zwar die vegetative und animalische Seele ausgebildet, doch fehlt ihm noch das genuin Menschliche, nämlich das Vernünftige in seinem Seelen- und Geistesleben.[10] Diese defizitäre Sicht auf das Kind wurde in der Patristik, also der Zeit der Kirchenväter im Übergang vom römischen Reich hin zum christlichen Mittelalter, noch verstärkt. Im Kontext der sog. Erbsündenlehre des Kirchenvaters Augustinus (354–430) verlor das Kind im doppelten Sinne seine Unschuld. Wie jedes menschliche Wesen, so Augustinus, sei dem Kind durch den Geschlechtsakt der Eltern bereits die Erbsünde von Adam und Eva weitergegeben worden: »Es trägt deshalb von Anbeginn das Mal der Verdammung, die Natur ist verderbt und strebt zum Bösen. Das Dichten und Trachten des menschlichen Herzen ist böse vom Anfang her«[11]. Entsprechend gilt: »Die Erbsünde zeigt sich als Ursache für das Böse schon im Kinde. Mit dieser belastet ist es in der Sünde gezeugt und getragen, bleibt die kindliche Seele mit allem Schlechten behaftet«[12].

Diese negative Sicht auf das Kind als defizitäres, sündhaftes Wesen veränderte sich erst im Zuge der Aufklärung, also zur Mitte des 18. Jahrhunderts hin. Vor allem Jean-Jacques Rousseau (1712–1778) hatte daran großen Anteil. Für Rousseau war der Mensch ein durch Sozialisation und Zivilisation mit den Jahren verdorbenes Wesen, der zu den Ursprüngen seiner Existenz, also in die Kindheit zurückgelangen musste, um zum eigentlichen Menschsein vorzudringen. Damit wurde im Kontext der Rousseauschen Anthropologie das Kind zu jenem Idealbild, das der Mensch anstreben muss, will er sich einer von Macht, Gewalt und Gier korrumpierten Menschheit entziehen, um zu seinem eigentlichen idealen Urzustand zurückzukehren.[13] Der Satz »retourner à la nature«, der zwar nirgendwo belegt, aber als das Programmwort Rousseaus bekannt geworden ist, bezieht sich eben gerade auch auf das Kind: Die Rückkehr zum natürlichen Urzustand des Menschen heißt, den Rückweg einzuschlagen hin zur heilen Welt der Kindheit. Trotz dieser Idealisierung war Rousseau kritisch, was das religiöse Denken des Kindes anging.[14] Indem er, ähnlich wie die Reformpädagogen später, die Eigenart des kindlichen Denkens aufdeckte und erklärte, setzte er sich auch schonungslos und kritisch mit den religiösen Vorstellungen des Kindes auseinander. Für einen Philosophen im Zeitalter der Aufklärung, die maßgeblich von den Vorstellungen einer Vernunftreligion und eines deistischen Schöpfergottes geprägt war, musste das kindliche Denken mit seinen

---

10 Vgl. Lassahn, Rudolf, Pädagogische Anthropologie. Eine historische Einführung, Heidelberg 1983, 28–32.
11 Ebd., 32.
12 Ebd., 33.
13 Vgl. ebd., 42–45.
14 Vgl. Rosseau, Jean-Jacques, Emil oder Über die Erziehung, Paderborn u. a. [12]1998, 264–274.

Anthropomorphismen, seinen magischen und mythischen Vorstellungen sowie seinen phantastischen Ausgeburten eine Form des Götzendienstes und der Lästerung Gottes darstellen. In Sachen Religion hielt Rousseau also paradoxerweise das Kind gerade nicht für das Ideal, sondern für ein Wesen, das durch Aufklärung zu reifen und erwachsenen Vorstellungen von Gott hin zu erziehen ist. Im Kontext moderner entwicklungspsychologischer Modelle verwundert es nicht, dass Rousseau die Zeit des Jugendalters für die ideale Phase im Leben hielt, um den Menschen über die wahren Gottesvorstellungen aufzuklären.

Rousseau ist von großem Einfluss für das Denken auch in Klassik, Romantik und Realismus geworden. Gerade die Romantiker sahen im Kind das von Natur aus begabte und reine Wesen, dessen natürliche Religiosität sie zunehmend als reizvoll empfanden. Im Kontext der romantischen Metaphysik bekam das mythische Denken des Kindes sogar einen geradezu exotischen Reiz. Eine Hochschätzung des Kindes und seines religiösen Denkens setzte sich entsprechend bei großen christlichen Pädagogen auch des frühen 20. Jahrhunderts fort, allen voran bei Maria Montessori (1970-1952), die die Eigenart des kindlichen Denkens wie keine andere Reformpädagogin in den Mittelpunkt ihres pädagogischen Konzepts stellte. Auch Ellen Key (1849-1926) ist als eine Pädagogin zu nennen, die das Kind als eigenständige Persönlichkeit wertgeschätzt und in ihren Konzeptionen berücksichtigt hat.[15]

Von den Reformpädagogen des frühen 20. Jahrhunderts führt ein direkter Weg zu Jean Piaget, der zu dieser Zeit vor dem Horizont der genetischen Epistemologie die psychologische Teildisziplin der Entwicklungspsychologie begründete.

3. Das Weltbild des Kindes

Der Schweitzer Jean Piaget (1896-1980) war ursprünglich Biologe und ist durch seine Studien über das Weltbild des Kindes sowie dessen Entwicklung in der Auseinandersetzung mit der Umwelt zum Begründer der kognitiven Entwicklungspsychologie geworden. Zwischen Jean Piaget und Jean-Jacques Rousseau gibt es einige Gemeinsamkeiten, u. a. die Herkunft aus der französischsprachigen Schweiz. Auch ihr Interesse an Kindern und deren Weltverständnis ist ein gemeinsames Motiv. Beide gelangten zu ihren Theorien über das Kind, indem sie sich von den eigenen Kindern inspirieren ließen. Während dies bei Rousseau allerdings dazu führte, dass dieser seine Kinder in ein Waisenhaus zur Pflege gab, stellte Piaget durch Beobachtungen an den eigenen Kindern Theoriegebäude zum Weltverständnis des Kindes auf, die für die Nachwelt sowohl im kulturwissenschaftlichen als auch im naturwissenschaftlichen Zusammenhang größte Bedeutung bekommen haben. Sowohl bei Rousseau als auch bei Piaget liegt der Fokus der Theorie auf der Andersartigkeit des Kindes, dessen Wesen und Geist von denen Erwachsener zu unterscheiden ist. Bei Jean Piaget bedeutet dies, dass in den Jahren der Kindheit der junge Mensch sich in einer bestimmten Weise mit seiner Umwelt auseinandersetzt, die zu einer von der Erwach-

---

15 Vgl. Kuld, Gott im Leben von Kindern, 81f.

senenperspektive zu unterscheidenden sinnesmäßigen Abbildung und verstandesgemäßen Durchdringung der Wirklichkeit führt. Mit dieser Grundidee, dass Kinder anders denken, fügt sich Piaget in die große Epoche der Reformpädagogik zu Beginn des 20. Jahrhunderts ein, die vor allem auf dem Motiv der Andersartigkeit von Kindern aufbaute, so z. B. wie erwähnt bei Maria Montessori und Ellen Key.[16]

Piaget veröffentlichte bereits als Kind verschiedene biologische Aufsätze und war auch in seinen ersten Jahren als Student und Wissenschaftler mit Leidenschaft Biologe. In einer seiner ersten Forschungsarbeiten verfolgte er die Frage, »warum die verschiedenen Arten von Muscheln und Schnecken in den Schweizer Seen ganz unterschiedliche Formen ausprägen – je nachdem, ob sie in ruhigen Buchten oder an einem Ufer, das Wind und Wellen ausgesetzt ist, leben, je nachdem, ob sie in Ufernähe, in 20 m Tiefe oder ganz am Grund des Sees zu finden sind«[17]. Für Piaget liegt die Erklärung dieses Phänomens im Prozess der Adaption, »d. h. aus wechselseitig sich beeinflussenden Anpassungsvorgängen zwischen dem Organismus und seiner Umwelt. Diese Adaption vollzieht sich in einer ständigen Konstruktion neuer Formen«[18]. Diese Vorstellung einer Anpassung des Organismus an seine Umwelt hat als Grundmotiv das gesamte biologische Denken Piagets bestimmt. In seinen psychologischen Studien bezeichnete er diese Idee als sog. Adaption, als Anpassung der Intelligenz beim Aufbau ihrer Wahrnehmungs- und Denkstrukturen. Konkret bedeutet dies, dass für Piaget der Mensch vom Moment seiner Entstehung im Mutterleib bis ins hohe Alter hinein durch die ständige Auseinandersetzung mit Reizen aus seiner Umwelt – sei es im Bauch der Mutter, sei es als Kleinkind in der Familie, sei es als Kind beim Spiel mit Altersgenossen, sei es als Jugendlicher in der Peergroup usw. – seine Denkstrukturen ständig weiterentwickelt. Der Schlüssel zum Aufbau und zur Weiterentwicklung der Erkenntnisstrukturen ist das Wechselspiel von Assimilation und Akkumulation.[19] Unter Assimilation versteht Piaget das Einpassen von Umweltreizen in bekannte Denkschemata, also z. B. das Greifen und In-den-Mund-Führen von verschiedenen Obststücken. Gelangt das Kind nun zu einem Punkt, wo es z. B. ein Obststück aufgrund seiner Größe nicht in den Mund einführen kann, ist es gezwungen, dieses zu zerkleinern, d. h. seine Denkvorstellung weiterzuentwickeln und sein Handlungsschema zu modifizieren. Indem das Kind z. B. versucht, das Obststück zu zerteilen, ggf. sogar bereits mit einem Werkzeug wie einem Kindermesser oder einem Löffel, vollzieht es den Schritt der Akkumulation, d. h. also der Anpassung der eigenen Denkschemata auf die Herausforderungen der Umwelt. Nach Piaget ist das gesamte Leben ein Lernprozess, der sich in der Balance von Assimilation und Akkumulation abspielt und der somit eine Adaption des Individuums an die ihn umgebende Wirklichkeit möglich macht.

---

16 Zu Piagets Leben und Werk vgl. FATKE, REINHARD, Einführung, in: Piaget, Jean, Meine Theorie der geistigen Entwicklung, Weinheim u. a. 2003, 7–37.
17 FATKE, Einführung, 11.
18 Ebd.
19 Vgl. zum Folgenden PIAGET, JEAN, Meine Theorie der geistigen Entwicklung, Wein-heim u. a. 2003, 53–62.

Über die Lebensalter unterscheidet Piaget zwischen vier Phasen der kognitiven Entwicklung, in denen sich die Adaption in kategorial unterschiedlichen Denkformen fortentwickelt.[20] Diese sog. Stadientheorie umfasst eine sog. *sensomotorische Phase*, in der von der Geburt bis ins zweite Lebensjahr hinein die Zentrierung des Subjekts auf den eigenen Körper erfolgt und die praktische Intelligenz den Bedingungen des Raums und der Umwelt angepasst wird. Es folgt die *voroperative Phase*, die in der Regel vom zweiten bis zum siebten Lebensjahr reicht und in der die Vorstellungen von Klassen, Relationen und Zahlen an konkrete Objekte gebunden sind. Abstraktion ist in dieser Phase in der Regel nicht möglich. Ein anfanghaftes Symbolverständnis und damit verbunden auch die Entwicklung von Sprache als artikuliertem und gedeutetem Zeichensystem beginnt dann in der *Phase der konkreten Operation*. Die vierte und letzte Phase ist die sog. *Periode der aussagenlogischen bzw. formalen Operationen*. In dieser Phase nun ist das heranwachsende Kind bzw. der Jugendliche nun zu hypothetisch-logischem Denken in der Lage, d.h., dass er bzw. sie von konkreten Gegenständen und Anschauungen absehen und rein geistige Operationen im Bereich von Logik und Hermeneutik vollziehen kann.

Die Stadien der Denkentwicklung nach Jean Piaget	
Die senso-motorische Phase	Geburt bis 2. Lebensjahr
Die vor-operationale Phase	2. bis 7. Lebensjahr
Die konkret-operationale Phase	7. bis 11. Lebensjahr
Die formal-operationale Phase	ab dem 11. Lebensjahr

In seinem Werk »Das Weltbild des Kindes« hat Jean Piaget selber 1926 ausführlich beschrieben, wie sich das kindliche Denken im sensomotorischen Stadium, vor allem aber in der vor-operativen Phase, die von Piaget auch die Periode der Vorstellungsintelligenz genannt wird, auf die Weltwahrnehmung und das Weltbild des Kindes auswirkt.[21] Ein genauer Blick in dieses Werk macht rasch deutlich, dass die Art und Weise, wie Kinder die Welt wahrnehmen, in diesem Alter von Grund auf religiös ist und somit eine hohe Relevanz hat für alle Fragen weiterer religiöser Entwicklung. Nach Piaget ist der Dreh- und Angelpunkt des kindlichen Weltbildes in der frühen Kindheit der sog. Egozentrismus. Mit diesem Begriff bezeichnet Piaget das Unvermögen des Kindes, zwischen dem eigenen Ich und den Dingen der Umwelt klar zu differenzieren. Natürlich können drei- bis neunjährige Kinder im Bereich der sinnlichen Wahrnehmung und des sensomotorischen Handelns unterscheiden, welche Tätigkeit von ihnen selbst ausgeht und ausgeübt wird und was auf der anderen Seite zum Bereich der Umwelt gehört. In unserem Beispiel kann ein Kind bereits zwischen der eigenen Tätigkeit, das Obststück zu ergreifen und in den Mund zu führen, und der Umwelt der Obststücke des Tellers und des Werkzeugs

---

20 Vgl. PIAGET, Meine Theorie der geistigen Entwicklung, 63–72.
21 Vgl. ausführlich PIAGET, JEAN, Das Weltbild des Kindes, München [8]2005, 43–338.

unterscheiden. Aber es ist offensichtlich, dass dies im Bereich der psychologischen Prozesse und der nicht konkreten Lebenszusammenhänge, auf die das Kind keinen eigenen Einfluss hat, nicht der Fall ist, also z. B. bei der Erfahrung mit Wind, Regen, Dunkelheit oder Helligkeit: Hier verschwimmen die Grenzen zwischen Subjekt und Objekt. Entsprechend bringt das Kind alle diese äußeren Erscheinungen mit sich selbst in einen kausalen Zusammenhang. Daraus entstehen für Piaget sog. Äußerungsformen des Egozentrismus, nämlich der kindliche Realismus, der Animismus, der Anthropomorphismus, der Artifizialismus und schließlich der Finalismus.

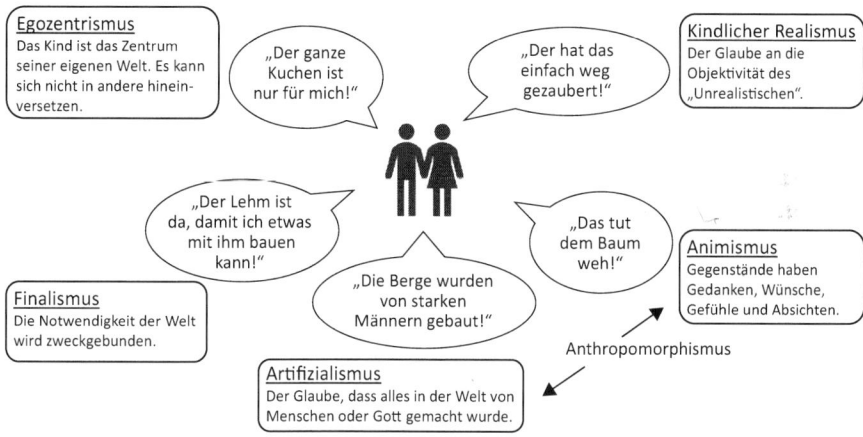

Das Weltbild des Kindes nach Jean Piaget

Mit kindlichem Realismus wird deshalb die Vorstellung beschrieben, dass Phantastisches, Magisches und Mystisches real ist, also für das Kind Wirklichkeit hat.[22] Damit wird bei Piaget der Begriff des Realismus genau gegensätzlich zu seiner sonstigen Verwendung im Kontext von Kunst und Kulturgeschichte verstanden: Hier ist Realismus ja eine Epoche im 19. Jahrhundert, in der die Dinge besonders genau und exakt, ja geradezu fotografisch abgebildet und nachgebildet wurden. Bei Piaget bedeutet Realismus die Wirklichkeit und Wirksamkeit von Dingen für das Kind, die eben nicht real sind, sondern nur in der Phantasie des Kindes existieren. In diesen kindlichen Realismus lassen sich jetzt die weiteren Begriffe einordnen.

Mit Animismus (von lateinisch »anima« = die Seele) wird die Vorstellung bezeichnet, dass Sachen und Gegenstände, die keine Lebewesen sind, trotzdem eine Seele besitzen und ein Bewusstsein haben. Entsprechend sagen Kinder z. B. »Der Stuhl hat mir weh getan«, wenn sie sich gestoßen haben.[23] Mit Anthropomorphismus (von griechisch »anthropos« = der Mensch, und »morphae« = die Form) wird das kindliche Denkschema bezeichnet, in dem menschliche Eigenschaften auf Tiere, Götter oder übernatürliche Gewalten übertragen werden. Ausdruck dieses Schemas

---

22 Vgl. PIAGET, Das Weltbild des Kindes, 43–46.
23 Vgl. PIAGET, Das Weltbild des Kindes, 157f.

ist das klassische Bild von Gott als einem älteren Mann auf einer Wolke oder zumindest jenseits des irdischen Bereichs, der auf den Menschen herunterschaut.

Unter Artifizialismus wird die Vorstellung verstanden, dass nichts existiert, was nicht von Menschenhand oder eben von Gott als dem anderen Handelnden im Weltbild des Kindes geschaffen worden ist (von lateinisch »artefact« = kunstvoll Gemachtes). Entsprechend existiert in dieser Welt nichts, was zufällig oder natürlich entstanden ist. Alles ist Teil eines Plans, den Menschen oder aber eben Gott verfolgt. Entsprechend lässt sich auch der Begriff des Finalismus einordnen (von lateinisch »final« = auf ein Ziel bezogen). Für ein Kind haben alle Bewegungen in der Natur eine Absicht und sind mit einem Zweck verbunden, so wie das Kind menschliches Handeln bereits kennen und deuten gelernt hat. Regelmäßige Bewegungen und Abläufe in der Natur sind also nicht Teil von naturgesetzlichen Zusammenhängen und Konstellationen, sondern stets Ausdruck eines absichtsvollen Handelns.[24] Wird das Kind in einem Regenschauer nass, so wird das nicht als Zufall oder mit meteorologischen Ursachen erklärt, sondern damit, dass Gott oder eine andere Macht das Kind und die Mutter haben nass machen wollen. Entsprechend ist das Denken des Kindes und das daraus entwickelte Weltbild in einer natürlichen Weise und einer immanenten Logik religiös. Dabei bleibt es aber nicht: Im weiteren Verlauf der Kindheit und der Jugend entstehen durch die veränderten Wahrnehmungs- und Denkstrukturen auch Weiterentwicklungen im Bereich des Weltbildes. Und damit ist der Bereich der religiösen Entwicklung des Kindes beschrieben.

4. Die religiöse Entwicklung des Kindes

Jean Piagets Theorie der geistigen Entwicklung ist in den folgenden Jahren von verschiedenen Religionspsychologen auf die Entwicklung des Gottesbildes von Kindern übertragen und entfaltet worden. Der amerikanische Entwicklungspsychologe Ronald Goldman verband bereits in den 1960-er Jahren die Stadientheorie mit einer Theorie zur Entwicklung des religiösen Denkens: Indem er die vor- und die konkretoperative Phase in Anlehnung an Piagets ursprüngliches Modell zusammenführte, konnte er drei Stadien der kognitiven Entwicklung als Grundmodell verwenden. Diesen drei Stadien nach Piaget ordnete er nun analoge Stufen religiöser Entwicklung zu, die er durch eine empirische Studie mit Menschen unterschiedlicher Altersgruppen gewonnen hatte.[25] Dafür hatte er den Probanden biblische Geschichten vorgelegt (Mose am brennenden Dornenbusch, Ex 3; Mose erhält die Zehn Gebote, Ex 20; die Versuchung Jesu in der Wüste, Mk 1), die diese im Rahmen von Interviews interpretieren sollten. Die Antworten kategorisierte er nach Komplexitätsstufen religiöser Weltdeutung, die er an Piagets Stadienbeschreibung anlehnte. Folgendes Schema ergab sich daraus:

---

24 Vgl. ebd., 306–338.
25 Vgl. GOLDMAN, RONALD, Religious Thinking from Childhood to Adolescence, New York 1964.

Ronald Goldmans Modell religiöser Entwicklung[26]

Stadien nach Piaget	Stadien der religiösen Kognition nach Goldman
Präoperatorisch	*Intuitives religiöses Denken* Religiöse Inhalte werden »fragmentarisch«, »unsystematisch« und »simplifizierend« verstanden. Die symbolische Struktur religiöser Sprache wird nicht durchschaut, Gott menschengestaltig (anthropomorph) aufgefasst. Häufig transduktive (d. h. eine Beziehung zu bekannten Sachverhalten herstellende) Schlüsse: »Warum wollte Jesus, als er in der Wüste hungerte, nicht Steine in Brot verwandeln?« – »Weil er Brot nicht mag!«
Konkretoperatorisch	*Konkretes religiöses Denken* Magische, animistische und anthropomorphe Elemente verschwinden; die Repräsentation religiöser Inhalte erhält mehr Kohärenz und Objektivität. Symbolische Sprache wird aber nach wie vor konkret wortwörtlich verstanden: »Nur Mose konnte Gott reden hören; die Leute neben ihm konnten ihn nicht hören, denn Gott hat ganz leise gesprochen.«
Formaloperatorisch	*Abstraktes religiöses Denken* Die symbolisch-metaphorische Struktur religiöser Rede wird durchschaut; auch das religiöse Denken ist »hypothetisch« und »zusammenhängend«: »Der brennende Dornbusch ist ein Symbol und bedeutet für Mose, dass er nicht auf diesen Platz gehen soll.«

Es ist deutlich erkennbar, wie dem vor-operatorischen Stadium das intuitiv religiöse Denken, dem konkret-operatorischen das konkret religiöse Denken und dem formaloperatorischen Denken das abstrakt religiöse Denken zugeordnet ist. Weil die drei Stufen religiösen Denkens mit dem Alter regelmäßig abnehmend auftraten, konnte der Wissenschaftler zeigen, dass sich analog zur kognitiven Entwicklung auch das religiöse Denken über die Lebensalter von einem intuitiven hin zu einem abstrakten Denken entwickelt.

Ein ähnliches Stufenmodell entwickelten die Schweizer Religionspsychologen Fritz Oser und Paul Gmünder zwanzig Jahre später, nämlich Mitte der 1980er-Jahre.[27]

> **Stufe 1 Orientierung an absoluter Heteronomie (Deus ex machina)**
> Gott ist aktiv und greift unvermittelt in die Welt ein. Der Mensch kann nur reagieren: Er steht deshalb unter Erwartungsdruck. Auch hier herrscht Artifizialismus vor.

---

26 Nach OSER, FRITZ/BUCHER, ANTON, Religion – Entwicklung – Jugend, in: Oerter, Rolf/Montada, Leo (Hg.), Entwicklungspsychologie. Ein Lehrbuch, Weinheim ⁴1995, 1045–1055, hier 1047.
27 Vgl. OSER, FRITZ/GMÜNDER, PAUL, Der Mensch – Stufen seiner religiösen Entwicklung. Ein strukturgenetischer Ansatz, Gütersloh 1984; insbes. 80.

> **Stufe 2 Orientierung an »Do ut des«**
> Gott wird immer noch immer als Gegenüber und als allmächtig gesehen: Er straft oder belohnt.
> Gott ist nun aber beeinflussbar. Der Mensch kann nun vorbeugend auf ihn einwirken. Der Mensch hat somit zumindest eine beschränkte Autonomie.

> **Stufe 3 Orientierung an absoluter Autonomie (Deismus)**
> Gott wird aus der Welt gedrängt, Transzendenz (Jenseits) und Immanenz (Diesseits) werden als voneinander getrennt gesehen.
> Der Mensch ist autonom und selbstverantwortlich für die Welt und sein Leben. Oftmals werden religiöse und kirchliche Autorität abgelehnt: »Hier stehe ich, ich kann nicht anders!« Betonung der Ich-Identität, Ablösung von den Erziehungsmächten der Eltern und Lehrerinnen bzw. Lehrer.

> **Stufe 4 Orientierung an vermittelter Autonomie und Heilsplan**
> Gott wird mit dem Diesseits wieder vermittelt, sei es als Ermöglichungsgrund, sei es als Chiffre des »self«. Mannigfaltige Formen von Religiosität, wobei aber Ich-Autonomie vorausgesetzt und nicht mehr in Frage gestellt wird: Naturfrömmigkeit, Kontemplation, gesellschaftliches Engagement, in dem Gott Ereignis wird. Der Mensch gibt seinen Anspruch auf, alles aus sich selbst heraus leisten zu können, vertraut aber wieder Gott oder einem göttlichen Prinzip. »Gottesbilder« existieren nun vor allem als Symbole oder universale Prinzipien.

> **Stufe 5 Orientierung an religiöser Intersubjektivität**
> Völlige Vermitteltheit von Gott, dem menschlichen Dasein und der Welt. Unbedingte Religiosität. Der Mensch nimmt einen ganz und gar religiösen Standpunkt ein und braucht sich nicht mehr an einen Heilsplan, eine religiöse Gemeinschaft etc. zurückzubinden, sondern erfährt sich als immer schon und unbedingt angenommen. Verschiedene Ausprägungen: unbedingte Intersubjektivität, unio mystica, Boddhi usw.

Sie konzentrierten sich dabei auf die Frage, wie sich das religiöse Urteil bei Kindern und Jugendlichen in den verschiedenen Entwicklungsstufen und Altersstufen entwickelt. Zu diesem Zweck legten sie in Anlehnung an Lawrence Kohlberg (vgl. 2.5.) ihren Versuchspersonen eine Dilemma-Geschichte vor: Im sogenannten »Paul-Dilemma« verspricht ein Arzt in der Extremsituation eines Flugzeugabsturzes Gott, seine Karriere aufzugeben und als Entwicklungshelfer nach Afrika zu gehen, sollte er überleben. Paul überlebt tatsächlich den Absturz und muss nun entscheiden, wie verpflichtend sein Versprechen gegenüber Gott sein soll. Aus den Antworten der Probanden entwickelten die beiden Wissenschaftler dann ihr Stufenmodell.

Für die Arbeit mit Kindern in der Elementarphase sind vor allem die ersten beiden Stufen in diesem Modell von Bedeutung, denn sie entsprechen der Altersspanne zwischen Kleinkind und älterem Kind, also ungefähr zwischen dem zweiten und zwölften Lebensjahr. Sie decken sich damit mit der vor-operationalen und der konkret-operationalen Phase bei Piaget und enthalten entsprechend gut erkennbar Merkmale des kindlichen Weltbildes (vgl. 2.3.).

Die erste Stufe überschreiben Oser/Gmünder mit *Orientierung an absoluter Heteronomie (Deus ex machina)*. Das Kind empfindet sich als Gott ausgeliefert und von diesem fremdbestimmt (gr. hetero-nomos = von anderen das Gesetz bekommen), denn dieser ist aktiv und greift unvermittelt in die Welt ein. Der Mensch kann nur reagieren: Er steht deshalb unter dem Erwartungsdruck, Gott zu gehorchen und zu gefallen. Im Falle seines Versagens kann Gott jederzeit ›auf der Bühne erscheinen‹ (so wie der Deus ex machina, der in der griechischen Tragödie aus der Kulisse auf die Bühne rollte – deshalb »Maschinengott«) und sein Urteil sprechen. Entsprechend sind hier Artifizialismus und Anthropomorphismus erkennbar. Auf der zweiten Stufe, die mit *Orientierung an ›Do ut des‹* (lat. für »Ich gebe, damit Du gibst«) überschrieben ist, wird Gott zwar immer noch immer als allmächtig gesehen und als Gegenüber, das straft oder belohnt. Doch Gott ist nun beeinflussbar: Der Mensch kann nun vorbeugend auf ihn einwirken, in dem er mit ihm gemäße dem Tauschprinzip Do-ut-des handelt, indem er Gebete, Wohlverhalten oder Opfer als Preis für die göttliche Gunst anbietet. Der Mensch hat somit zumindest eine beschränkte Autonomie.

Es ist charakteristisch für das durch Pubertät und Adoleszenz geprägte Jugendalter, dass Gott nun aus der Welt gedrängt wird, denn der junge Mensch will jetzt autonom und selbstverantwortlich für die Welt und sein Leben sein. Typischerweise werden religiöse und kirchliche Autorität abgelehnt, aber auch die Erziehungsmächte der Eltern und Lehrerinnen bzw. Lehrer verlieren an Einfluss. Die Sphären von Transzendenz (Jenseits) und Immanenz (Diesseits) werden als voneinander getrennt gesehen. Oser/Gmünder haben für diese dritte Stufe die Überschrift *Orientierung an absoluter Autonomie (Deismus)* genannt: Mit Deismus wird eine Gottesvorstellung in der Philosophie der französischen Aufklärung bezeichnet, in der Gott die Welt zwar geschaffen hat, in diese seitdem aber nicht mehr eingreift. So verhält es sich auch mit Gott aus der Perspektive der Jugendlichen.

Wird der Deismus des Jugendalters erfolgreich überwunden, kann der Mensch eine Form der mündigen und reflektierten Gottesbeziehung entwickeln, in der er um seine Autonomie, aber auch um deren Geschenkcharakter weiß: Er ist frei, aber diese Freiheit ist nicht selbstverständlich, sondern von Gott gegeben. Deshalb lautet der Schlüsselbegriff für die vierte Stufe *vermittelte Autonomie und Heilsplan*. Gott wird mit dem Diesseits wieder vermittelt, nämlich als Ermöglichungsgrund der eigenen Freiheit. Der Mensch gibt seinen Anspruch auf, alles aus sich selbst heraus leisten zu können, vertraut aber wieder Gott und seinem Heilsplan, den er für den einzelnen Menschen macht.

Nur wenige Menschen erreichen schließlich die fünfte Stufe *der Orientierung an religiöser Intersubjektivität*, auf der Gott, das menschliche Dasein und die Welt zusammenfallen. Ein Mensch, der diese Stufe erreicht hat, nimmt einen ganz und gar religiösen Standpunkt ein und braucht sich nicht mehr an einen Heilsplan, eine religiöse Gemeinschaft etc. zurückzubinden, sondern erfährt sich als immer schon und unbedingt angenommen. Oser/Gmünder selbst haben als Beispiel für eine

Person auf dieser Stufe die Heilige Mutter Teresa (1910–1997) angeführt, weil in ihrer bedingungs- und selbstlosen Liebe zu den Armen in den Slums Kalkuttas die Gottesbegegnung im Zwischenmenschlichen konkret und erfahrbar geworden ist.

Auch Oser/Gmünder bleiben damit insofern an dem Grundmodell der geistigen Entwicklung bei Jean Piaget orientiert, als sie ihre Stufenmodelle von einer Phase der Heteronomie (Fremdbestimmung) hin zu einer erwachsenen Zielstufe der Autonomie (Selbstbestimmung) entwickeln und skalieren.

Der Religionspädagoge Lothar Kuld hat in verschiedenen Veröffentlichungen religiöse Bildung als die Aufgabe definiert, Kindern und Jugendlich durch Impulse und Anregungen die Entwicklung vom intuitiv-religiösen über das konkret-religiöse hin zum formal-religiösen Denken zu ermöglichen. Dieses Programm hat er mit dem Dreischritt *Körper – Sage – Seele* überschrieben.[28] Damit will Kuld zum Ausdruck bringen, dass die Vorstellung eines göttlichen Wesens sich in der frühen Kindheit vor allem anthropomorph gestaltet, Gott also mit *Körper* menschenförmig als allmächtiger und magisch wirkender »Bestimmer« verstanden wird. Diese Phase bezeichnet Kuld auch als *Mystizismus*, weil hier ein phantastisch geheimnisvolles Gottesbild entwickelt wird, das auch die Elemente des Artifizialismus und des Finalismus aufweist: »›Der liebe Gott kocht, putzt den Boden und bringt den Müll runter.‹ (...) Und er sorgt dafür, dass sich die Kinder freuen. Er schickt den Schnee, sagt die fünfjährige Noemi, damit sie sich freut. Ihr Kommentar zu [... einem] Schneebild lautet: ›Gott ist im Himmel.‹ Dort wohnt Gott. Und von dort kommt der Schnee. Der Schnee, sagt sie, kommt von Gott!«[29]

Bereits im Übergang von der Kindertageseinrichtung zur Grundschule entwickeln viele Kinder dann eine *realistische Vorstellung* vom Übernatürlichen, die sich an sog. literarischen Gottesbildern, in der Regel aus biblischen Geschichten gewonnen, festmacht. Lothar Kuld wählt für diese Phase den Begriff der *Sage*, weil hier religiöse Ereignisse, Personen und Wirkungen in den logischen Zusammenhang von Berichten und Erzählungen gefasst sind. So formuliert der zehnjährige Sascha, »dass die Geschichten von Gott gar nicht so gemeint sind, wie sie dastehen. Zuerst war Gott auch für Sascha wohl wie ein Mensch über den Wolken, dann kein Mensch, aber ›fast wie ein Mensch‹, dann ›ein Geist‹, jetzt ›eine Sage‹. Eine Sage kann man sich wie einen Geist, wie einen Menschen über den Wolken, denken, aber man kann diese Wirklichkeit der Sage nicht sehen. Gott ist eine große Erzählung.«[30] Entsprechend kann davon ausgegangen werden, dass ein Zusammenhang von religiöser Bildung und Erziehung an den Texten der Bibel bzw. durch religiöse Gespräche und Diskussionen die Fortentwicklung vom mystischen zum realistischen Gottesbild nachdrücklich unterstützt.

---

28 Vgl. KULD, LOTHAR, Das Entscheidende ist unsichtbar. Wie Kinder und Jugendliche Gott verstehen, München 2001, hier im Besonderen 74–78.
29 KULD, Das Entscheidende ist unsichtbar, 35, erstes Zitat im Zitat von Lindinger, Susanne, Was hat das Weltgericht mit der Familie zu tun?, in: Freiburger Materialdienst für Gemeindepastoral 3 (2000), 3–6.
30 Ebd., 61.

Die dritte Phase überschreibt Kuld mit dem Begriff *Seele*: Sie bezeichnet ein Stadium, das von den meisten Menschen im Jugendalter erreicht werden kann, wenn es darum geht, kindliche Vorstellungen von Gott und seinem Wirken in der Welt in eine angemessene und vernünftige Form zu überführen. Kuld spricht hier von den sog. *psychologischen Gottesbildern*, in denen Gott jetzt nicht mehr als Gegenüber in einem anderen Wirklichkeitsbereich wie dem Himmel oder als Person, die in der Geschichte wirkt, verstanden wird, sondern als ein Gefühl, eine Ahnung oder eine unsichtbare Wirklichkeit, die uns trägt und die meist im Bereich der Seele oder im Inneren des Menschen verortet wird. So sagt die zwölfjährige Edith: »Später dann, als ich die Kinderbibel ziemlich durchhatte, da ist mit klar geworden, dass Gott eigentlich jemand ist, zu dem man alles sagen kann, also dass Gott einfach ist wie eine große Kraft, die alles wieder gutmachen kann.«[31]

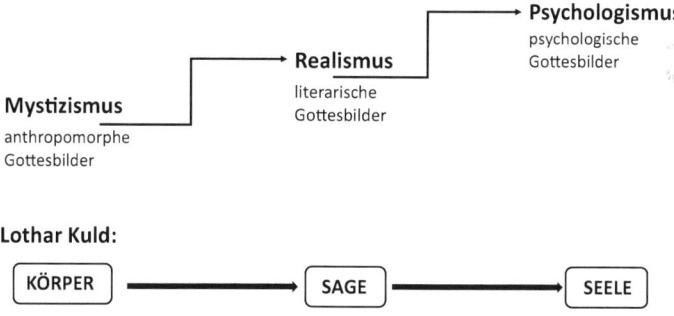

Religiöse Entwicklung nach Lothar Kuld

Für Kuld ist der Dreischritt Körper – Sage – Seele, also vom Mystizismus über den Realismus hin zum Psychologismus, das Ergebnis einer gelungenen Bearbeitung der sog. Unsichtbarkeitsproblematik, die Kinder über die ersten zehn Lebensjahre hin bewältigen müssen, schließlich ist der Gott der christlichen, aber auch der jüdischen und muslimischen Tradition ein Gott, der sich unseren sinnlichen Erfahrungen und handelnden Zugriffen entzieht und immer unverfügbar und unsichtbar bleibt. Von kindlichen Vorstellungen menschenähnlicher Götter hin zu einem erwachsenen Verständnis von Gott als einem unsichtbaren Urgrund unserer Wirklichkeit zu gelangen, ist nach Kuld entsprechend das Ziel einer angemessenen religiösen Bildung und Erziehung im Kindesalter.

5. Die moralische Entwicklung des Kindes

Schon Jean Piaget hatte in seinen frühen Studien die Konsequenzen der geistigen Entwicklung mit der Frage nach der Entwicklung des moralischen Bewusstseins im Kindesalter verbunden. Der amerikanische Erziehungswissenschaftler Lawrence

---

31 Ebd., 70.

Kohlberg (1927–1987) baute auf diese ersten Überlegungen zur moralischen Entwicklung auf und entwickelte über zwei Jahrzehnte eine komplexe Theorie zur Psychologie der Moralentwicklung, die bis heute Maßstäbe und Begriffe setzt, auch wenn es durchaus Kritik an dieser gibt. Dabei arbeitete Kohlberg seine entwicklungspsychologische Theorie – in Anlehnung wiederum an Piaget – in Form von Moralstufen aus, wobei er von der Annahme ausgeht, dass ohne eine Entwicklung des logischen Denkens auch das moralische Bewusstsein und Urteil keinen Fortschritt erfahren kann.[32] Kohlberg begriff also die kognitive Entwicklung, den Fortschritt im logischen Denken, als notwendige Voraussetzung für eine Entwicklung von moralischem Bewusstsein. Sie ist aber dennoch keine hinreichende Bedingung; es ist also durchaus denkbar, dass jemand zwar eine höhere kognitive, aber nicht die parallele moralische Stufe erreicht. Eine hohe kognitive Entwicklungsstufe bietet folglich keineswegs die Sicherheit einer hohen moralischen Stufe. Dagegen ist laut Kohlberg die Umkehrung kaum zu beobachten: Äußerst selten befinde sich jemand auf einer höheren moralischen als kognitiven Stufe. Neben den Stufen der kognitiven Entwicklung sah Kohlberg einen Zusammenhang zwischen den Moralstufen und den Stufen der sozialen Wahrnehmung bzw. der sozialen Rollen- und Perspektivenübernahme, wie er sie bei seinem Kollegen Robert Selman[33] in Harvard kennenlernte. Entsprechend integrierte er die Theorie des Perspektivwechsels in seine Definition der Moralstufen. Das Datenmaterial zur Begründung seiner Theorie gewann Kohlberg anhand von klinischen Interviews, sogenannten »Moral Judgement Interviews«. Die Interviewten wurden hierzu zu Dilemma-Geschichten befragt, von denen das bekannteste wohl das Heinz-Dilemma ist: Ein Mann namens Heinz steht vor dem Dilemma, dass seine krebskranke Frau ein teures Medikament benötigt, das aber seine Krankenkasse nicht bezahlt. Da er es sich auch nicht leisten kann, steht er vor der Frage, ob er in die benachbarte Apotheke einbrechen soll. Über Urteile und Aussagen in Bezug auf diese und andere Dilemma-Geschichten fand Kohlberg schließlich zu seiner sechsstufigen Abfolge der moralischen Entwicklung.

Die sechs Stufen des Modells zur Moralentwicklung ordnete Kohlberg drei moralischen Niveaus zu: Auf dem *präkonventionellen Niveau* befinden sich Kohlbergs Modell nach die meisten Kinder bis zu einem Alter von neun Jahren. Gesellschaftliche Konventionen werden nur in geringem Umfang verstanden, soziale Normen und Erwartungen sind noch nicht verinnerlicht. Laut Kohlberg erreichen die meisten Jugendlichen und Erwachsenen das *konventionelle Niveau*. Sie entsprechen also, wie es dem Begriff bereits zu entnehmen ist, den Regeln und Erwartungen der Gesellschaft. Diese Regelkonformität entwickelt sich aus der Überzeugung, dass die Kon-

---

32 Vgl. KOHLBERG, LAWRENCE, Essays on Moral Development. Vol. 2, San Francisco 1984. In Übersetzung zugänglich als KOHLBERG, LAWRENCE, Die Psychologie der Moralentwicklung, Frankfurt a. M. 1996.
33 Vgl. SELMAN, ROBERT, Die Entwicklung des sozialen Verstehens. Entwicklungs-psychologische und klinische Untersuchungen, Frankfurt a. M. 1984.

ventionen der Gesellschaft als die Übereinkünfte, die sie eben sind, geachtet und verinnerlicht werden müssen. Für eine Minorität von Erwachsenen verhält es sich anders: Sie erreichen das *postkonventionelle Niveau* und verstehen und akzeptieren die gesellschaftlichen Regeln grundsätzlich. Dieses grundsätzliche Einverständnis beruht jedoch vor allem darauf, dass die den Regeln der Gesellschaft zugrundeliegenden moralischen Prinzipien anerkannt werden. Mögliche Konflikte zwischen diesen Prinzipien und gesellschaftlichen Regeln werden dann zugunsten des Prinzips und gegen die Konvention entschieden.

Lawrence Kohlbergs Modell der Moralentwicklung[34]

Präkonventionelles Niveau	**1. Stufe** urteilt nach Gesichtspunkten von Lohn und Strafe und unter dem Aspekt physischer Konsequenzen.
	2. Stufe urteilt nach dem Schema »Jedem das seine«, »Wie du mir, so ich dir«. Es ist eine Austauschansicht, in der Verdienste eine Rolle für Gerechtigkeit spielen.
Konventionelles Niveau	**3. Stufe** urteilt nach dem Prinzip der goldenen Regel: »Was du nicht willst, das man dir tu', das füg' auch keinem andern zu!« Rücksicht auf die Gruppe und die Gruppenmehrheit.
	4. Stufe urteilt nach für alle in gleicher Weise gültigen gesellschaftlichen Rechten und Pflichten. Gesetze werden wichtig, weil sie garantieren, dass jeder vor dem Gesetz gleich ist.
Postkonventionelles Niveau	**5./6 Stufe** Stufe des Sozialvertrags, des sozialen Nutzens und der individuellen Rechte (»Gerechtigkeit bedeutet, dass Menschen ihre fundamentalen Rechte wahrnehmen können«). Stufe der universalen ethischen Prinzipien; der Gesellschaft vorgeordnete Perspektive bzw. Perspektive eines »moralischen Standpunkts«, von dem sich gesellschaftliche Ordnungen herleiten.

Wenn man die drei Niveaus an drei unterschiedliche Typen von Beziehungen zwischen der Person und den gesellschaftlichen Regeln und Erwartungen knüpft, ergibt sich laut Kohlberg folgendes Bild: Der Person im präkonventionellen Niveau bleiben soziale Normen und Erwartungen äußerlich, sie befindet sich also noch vor jeder Verinnerlichung der gesellschaftlich üblichen Vereinbarung. Die Person auf konventionellem Niveau identifiziert sich dagegen nun mit den Regeln und Erwartungen anderer bzw. internalisiert diese, sie hält sich also ganz an Übereinkünfte. Die Person auf postkonventionellem Niveau schließlich steht ›über‹ den Vereinba-

---

34 Nach OSER, FRITZ/ALTHOF, WOLFGANG, Moralische Selbstbestimmung. Modelle der Entwicklung und Erziehung im Wertebereich, Stuttgart ³1997, 54.

rungen (lat. post = dahinter, darüber/lat. conventiuo = Übereinkunft/Vereinbarung): Sie kennt zwar die Erwartungen und Regeln anderer, doch muss sie sich mit diesen nicht identifizieren. Vielmehr hat sie eine gewisse Unabhängigkeit davon ausgebildet. Für die eigene Wertebildung bieten nun selbstgewählte, übergeordnete Prinzipien die nötige Orientierung: Mit Hilfe dieser prüft und bewertet sie die Regeln der Gesellschaft. Solche übergeordneten Prinzipien müssen ›universal‹, also allgemeingültig sein, d. h. sie müssen immer und für alle Menschen Gültigkeit haben. Dies schränkt die Zahl dieser Prinzipien stark ein. Kohlberg selbst nennt als Beispiel für solche Prinzipien die sog. Goldene Regel, die sich in den meisten religiösen Traditionen findet (»Behandle andere so, wie du von ihnen behandelt werden willst«), und den von Immanuel Kant (1724–1804) entwickelten kategorischen Imperativ (»Handle nur nach derjenigen Maxime, durch die du zugleich wollen kannst, dass sie ein allgemeines Gesetz werde«).

In Anlehnung an das Konzept der Rollenübernahme nach Selman postuliert Kohlberg unterschiedliche Sozialperspektiven als Charakteristikum der jeweiligen Niveaus: Auf präkonventionellem Niveau wird eine konkret-individuelle Perspektive eingenommen, während auf konventioneller Ebene die Gemeinschaft in den Blick gerät und das Individuum die Perspektive eines Mitglieds der Gesellschaft innehat. Auf dem postkonventionellen Niveau schließlich positioniert sich das Individuum reflektiert und begründet zu den gesellschaftlichen Regeln und Normen, in dem es diese mit Hilfe universaler Prinzipien prüft und bewertet.

Die sechs Stufen auf den drei Niveaus beschreibt Kohlberg im Einzelnen wie folgt:[35]

Die erste Stufe, welche dem präkonventionellen Niveau zuzuordnen ist, wird mit dem Begriff »Heteronome Moralität« bezeichnet. Ihren Urteilen legen Personen, die sich auf dieser Stufe befinden, Regeleinhaltung und Gehorsam zugrunde. Die Schädigung von Personen oder Sachen wird vermieden. Motiviert ist der Regelgehorsam vor allem durch die Angst vor Bestrafung und die Macht von Autoritäten. Es wird ein egozentrischer Standpunkt eingenommen, der die Interessen anderer entweder nicht erkennt oder unberücksichtigt lässt.

»Individualismus, Zielbewusstsein und Austausch« kennzeichnen für Kohlberg die Stufe 2. Regelbefolgung geschieht in diesem Kontext vor allem interessengeleitet, die eigene Bedürfnisbefriedigung steht im Vordergrund. Die Interessen anderer werden jedoch auch anerkannt. Gerechtigkeit wird oft mit einem gleichwertigen Handel identifiziert. Das Einnehmen einer konkret-individualistischen Perspektive ermöglicht bereits die Einsicht, dass verschiedene individuelle Interessen existieren und miteinander in Konflikt geraten können. Dieses Bewusstsein selbstständiger Sichtweisen einzelner Individuen verändert die Einschätzung des Verhaltens anderer. Gerechtigkeit wird als relativ begriffen.

Erreicht man die dritte Stufe, befindet man sich auf konventionellem Niveau. Mit den Begriffen »Wechselseitige Erwartungen, Beziehungen und interpersonelle

---

35 Vgl. ausführlich und erläuternd OSER/ALTHOF, Moralische Selbstbestimmung, 53–68.

Konformität« überschreibt Kohlberg diese Stufe. Das Urteil ist geprägt von der Bemühung, den Erwartungen anderer zu entsprechen. ›Gut zu sein‹ erscheint als erstrebenswert und bedeutet, Beziehungen zu pflegen und ehrenwerte Absichten zu hegen. Die Gründe für moralisches Verhalten gestalten sich recht vielfältig, doch hängen sie eng mit der Konvention zusammen: Man möchte in den Augen anderer Menschen als gut erscheinen, wünscht sich ihre Zuneigung und glaubt an die »Goldene Regel«. Außerdem erhofft man sich, dem Stereotyp guten Verhaltens entsprechende Regeln und Autoritäten zu erhalten. Es wird die Perspektive eines Individuums eingenommen, das sich in einem Beziehungsgeflecht versteht. Gruppenintern entsteht ein Bewusstsein gemeinsamer Gefühle und Erwartungen, die den individuellen Interessen vorgeordnet werden.

Auf der vierten Stufe stehen das »Soziale System und Gewissen« im Fokus. Moralisch rechtens ist es, die übernommenen Pflichten zu erfüllen. Gesetze werden befolgt, solange sie nicht sozialen Verpflichtungen widersprechen. Das Recht ist auch im Dienste der Gesellschaft zu verstehen. Zwar weist diese Stufe Ähnlichkeiten zur vorangegangenen auf, doch ist hier weniger der Glaube an Regeln und Autoritäten entscheidend, sondern vielmehr die Unterstützung des Systems, dessen Zusammenbruch vermieden werden soll. Auch dem eigenen Gewissen soll Genüge getan werden. Eingenommen wird in diesem Kontext als Mitglied der Gesellschaft der Standpunkt des Systems.

Auf postkonventionellem bzw. prinzipien-geleitetem Niveau befindet sich, wer die fünfte Stufe erreicht, die »Stufe des sozialen Kontrakts bzw. der gesellschaftlichen Nützlichkeit, zugleich die Stufe individueller Rechte«. Kennzeichnend ist für diese Stufe das Bewusstsein eines Werte- und Meinungspluralismus sowie eines gewissen Relativismus von Werten in Form gruppenspezifischer Gebundenheit. Grundsätzlich sollen diese ›relativen‹ Regeln im Interesse der Gerechtigkeit und im Sinne des sozialen Kontrakts befolgt werden. Kontextunabhängig jedoch gilt es, einige absolute Werte und Rechte zu respektieren. Gesetze werden aus Pflichtgefühl gegenüber dem Schutz der Menschenrechte eingehalten, auch freiwillige Bindungen an Vereinbarungen werden im Rahmen von Familie, Freundschaft und Arbeit eingegangen. Ein eher utilitaristisches Interesse motiviert dazu, das moralisch Richtige zu tun: Rechte und Pflichten werden im Sinne des höchstmöglichen Gesamtnutzens verteilt. Die soziale Perspektive ist auf dieser Stufe der Gesellschaft vorgeordnet. Das Individuum ist sich Werten bewusst, die wichtiger sind als soziale Bindungen und Verträge. Moralische und rechtliche Position müssen nicht miteinander identifiziert werden, sodass moralische und legale Gesichtspunkte sogar miteinander in Konflikt geraten können.

Die Stufe 6 ist jene »der universalen ethischen Prinzipien«. Wer diese erreicht, folgt selbstgewählten ethischen Richtlinien. Gesellschaftliche Konventionen werden durchaus als gültig erachtet, solange sie von universalen Gerechtigkeitsprinzipien (bspw. Menschenrechte und Menschenwürde) abgeleitet werden. Begründet wird dieses Verhalten im Glauben an die Gültigkeit universaler moralischer Prinzipien. Es entsteht ein persönliches Pflichtgefühl diesen gegenüber. Bei der Einnahme einer solchen prinzipienorientierten moralischen Position erscheint der Mensch als Zweck an sich selbst.

Kohlberg konkretisierte mit seinem Modell den strukturgenetischen Ansatz Piagets. Er hat maßgeblich Einfluss auf Fritz Oser und Paul Gmünder bei der Konzeption ihrer Theorie zur religiösen Urteilsentwicklung gehabt. Wie alle Stufenmodelle ist auch die Theorie Kohlbergs kontrovers diskutiert und in diesem Zusammenhang kritisiert worden. So wurde zum Beispiel diskutiert, inwiefern sein strukturgenetischer Ansatz angesichts denkbarer Regressionen – z. B. im fortgeschrittenen Lebensalter – und Sprüngen – z. B. durch biografische Krisenerfahrung – haltbar ist. Ebenso kann das methodische Vorgehen mit guten Gründen hinterfragt werden. Außerdem bleibt Empathie als möglicherweise wichtige Komponente moralischen Verhaltens unberücksichtigt, was der Dominanz der kognitiven Perspektive geschuldet ist. Dabei darf aber nicht aus dem Blick geraten, dass letztlich jedes Modell unweigerlich zur Selektion und Komplexitätsreduktion gezwungen ist. Gewichtiger bleibt die Kritik von Gertrud Nunner-Winkler, die resümiert, dass Kohlbergs Beschreibung des kindlichen Moralverständnisses als rein instrumentalistisch – also nur auf Strafvermeidung und Austausch angelegt – inzwischen widerlegt sei: »Bereits früh erwerben alle Kinder ein Wissen um die intrinsische Gültigkeit moralischer Normen.«[36] Aber auch Nunner-Winkler betont, dass mit Blick auf die Entwicklung des Diskurses der Moralpsychologie sein Beitrag eine epochale Leistung darstellt: »Gleichwohl bleibt Kohlbergs kognitive Wende für die Moralforschung zentral«[37].

Auch für die Praxisarbeit im Kontext ethischer Bildung spielt Lawrence Kohlberg und seine Theorie der Moralpsychologie weiterhin eine unverzichtbare Rolle. Denn von Anfang an ist es ein zentrales Motiv und Anliegen in seinem Werk gewesen, die Entwicklung eines moralischen Bewusstseins und moralischer Urteilsfähigkeit zu beschreiben, sondern auch einen Beitrag zur Moralpädagogik und zum ethischen Lernen zu leisten. Sein didaktischer Ansatz wird heute in der Regel als Werteentwicklung bezeichnet. Denn Kohlbergs Überzeugung war es, Kinder, Jugendliche, aber auch Erwachsene in ihrer moralischen Urteilsfähigkeit zu fördern und damit auf ein höheres moralisches Niveau zu bewegen, also ihre Entwicklung in Sachen moralischer Reflexion zu fördern. Deshalb fordert sein Modell die intensive Auseinandersetzung mit sog. Dilemma-Situationen in der Praxis von Familie, Kindertageseinrichtung, Schule und Universität: Nur so können die Lernenden verschiedene Werte immer wieder gegeneinander abwägen und zu reiferen moralischen Urteilen kommen. Die kontinuierliche Auseinandersetzung mit moralischen Fragestellungen im Sinne von Konflikten und deren gemeinsame Diskussion fördert nach Kohlberg eine entsprechende Entwicklung des moralischen Bewusstseins und der ethischen Urteilsfähigkeit.[38]

---

36 NUNNER-WINKLER, GERTRUD, Moral, in: Schneider, Wolfgang/Lindenberger, Ulman (Hg.), Entwicklungspsychologie, Weinheim [7]2012, 5251–541, hier 535.
37 Ebd.
38 Vgl. SAJAK, CLAUß PETER, Ethisches Lernen, in: Sajak, Clauß Peter (Hg.), Christliches Handeln in Verantwortung für die Welt. Theologie studieren – Modul 12, Paderborn 2015, 275–296.

B. Methodisch-didaktische Umsetzung

1. Die Kindheit heute – Impulse:

1. Alle Autorinnen und Autoren, die im Abschnitt »Die Kindheit heute« zu Wort kommen, beschreiben die Situation der meisten Kinder heute als durchweg positiv. Diskutieren Sie miteinander, ob diese Analyse Ihren eigenen Erfahrungen entspricht:
   - Wie haben Sie die Lebenswelt von Kindern heute erlebt?
   - Was halten Sie für typische Kindheitserfahrungen heute?
   - Wie unterscheidet sich die Kindheit von Kindern heute von Ihrer eigenen Kindheit?
2. Lesen Sie bitte den folgenden Text von Charmaine Liebertz:

Die neue Kindheit – ihre Chancen und Gefahren![39]

Wie hat sich Kindheit verändert?
»Das gab es bei uns nicht!« Immer wenn Sie in die Versuchung kommen, diesen Spruch zu äußern, dann bedenken Sie bitte: Jede heranwachsende Generation hat ihre ganz spezifischen Chancen und Probleme. Die Lebensbedingungen der Kinder haben sich heute allerdings so grundlegend verändert, dass zwischen unserer alten und der neuen Kindheit kaum noch Gemeinsamkeiten bestehen.

Da hilft kein wehmütiger Blick in vergangene Zeiten. Vielmehr müssen wir die neue Kindheit analysieren und uns mit den aktuellen Zahlen auseinandersetzen (diese Zahlen beziehen sich auf Kinder aus deutschen Großstädten und Ballungszentren):

- 25 % Rechtschreib- und Leseschwäche
- 30 % Wahrnehmungsdefizite
- 34 % Sprachstörungen
- 35 % Rechenschwäche
- 38 % psychosomatische Erkrankungen

Hinter diesen erschreckenden Zahlen verbirgt sich das größte Problem der neuen Kindheit: Die Unausgewogenheit. Wir bieten den Kindern

- zu viele künstliche Welten; zu wenig reale Erfahrungsräume,
- zu viel Passivität, zu wenig Bewegung und Eigentätigkeit,
- zu viele Seh- und Hörreize, zu wenig andere Sinneseindrücke,
- zu viele Informationen aus zweiter Hand, d. h. aus den Medien, zu wenig Primärerfahrungen aus der realen Welt,
- zu viel Konsum, zu wenig Kreativität.

---

39 LIEBERTZ, CHARMAINE, Die neue Kindheit – ihre Chancen und Gefahren! (2003), auf: http://kindergartenpaedagogik.de/fachartikel/soziologie/934.

In diese Falle der unausgewogenen Entwicklungskost geraten heute immer mehr Kinder. Sie leiden an Bewegungs-, Wahrnehmungs- und Konzentrationsstörungen, klagen über Kopfschmerzen, Nervosität und Schlaflosigkeit. »Sie zahlen für die fortgeschrittene Industrialisierung und Urbanisierung einen hohen Preis, der sich in körperlichen, psychischen und sozialen Belastungen ausdrückt«, meint der Pädagoge Klaus Hurrelmann (1990, S. 58).

In der neuen Kindheit spiegeln sich die Vor- und Nachteile unserer Informationsgesellschaft wider. Unsere Kinder werden sich keine handgeschriebenen Briefe mehr schicken, sie werden die Kurzsprache des Emails und Internets perfekt beherrschen. Sie werden über weite Distanzen in kurzer Zeit mit dem globalen Weltdorf multimedial vernetzt sein und mit Informationen aus den Medien überrollt werden. Heute schon beträgt der durchschnittliche Fernsehkonsum von 4- bis 14-Jährigen vier Stunden täglich! Und wer viel fernsieht, hat wenig Zeit für Gespräche. In immer weniger Familien gibt es Gespräche, in denen Einschätzungen und Meinungen über das reale Leben ausgetauscht werden. Eine neue Studie des Familienministeriums meldet Erschreckendes: 3 Stunden und 35 Minuten sind Eltern täglich mit ihren Kindern zusammen, davon eine Stunde vor dem Fernseher. Für Gespräche bleiben täglich ganze 19 Minuten! Wen wundert's da noch, dass der Anteil sprachgestörter Kinder im Alter von drei bis vier Jahren seit 1982 von 4 % auf heute 34 % gestiegen ist?

Bei allem Fortschrittsglauben sollten wir daher nicht vergessen: Die Kinder dieser Mediengeneration werden zwar mehr kommunizieren, aber sich immer weniger begegnen! Sie werden im Computer- und Gameboyspiel unschlagbar sein, vereinzelt in ihren Zimmern eine hochtechnisierte Scheinkommunikation führen – aber ihre sozialen Kompetenzen wie Teamfähigkeit und Mitverantwortung drohen dabei auf der Strecke zu bleiben. Kommunikation und Begegnung, Information und Erfahrung, Wissen und Fertigkeiten sind eben nicht das Gleiche!

Arbeitsaufträge:

- Fassen Sie die Aussage des Textes zusammen.
- Diskutieren Sie, ob Sie den Thesen der Autorin zustimmen können.
- Sammeln Sie Ideen, welche Angebote Kindern heute gemacht werden sollten, um den beschriebenen Gefahren vorzubeugen.

2. Die Geschichte der Kindheit – Impulse:

Diego Velásquez, Príncipe Baltasar Carlos (Museo del Prado, 1634–35)

1. Betrachten Sie das Bild von Diego Velásquez und bedenken Sie dabei folgende Aspekte:
   - Wie ist der fünfjährige spanische Thronfolger auf dem Gemälde dargestellt?
   - Wie wirkt das Bild auf Sie als Betrachter bzw. Betrachterin?
   - Unterscheidet sich die Darstellung des Prinzen von heutigen Porträts royaler Thronfolger in den Medien? Suchen Sie entsprechende Bilder in den Medien und vergleichen Sie!
2. Lesen Sie bitte den folgenden Text von Johannes Kückens:

Rousseau: Entdecker der Kindheit[40]

Am Ende des Jahres 1759 hat Jean-Jacques Rousseau sein Opus magnum endlich vollendet. 20 Jahre Nachdenken und drei Jahre Arbeit sind in die 1000 Manuskriptseiten des Romans »Émile« geflossen. Den Großteil hat Rousseau auf dem Gut des Herzogs von Luxembourgh niedergeschrieben, ein paar Kilometer nördlich von Paris. Die Herzogin liebt es, wenn der 47-jährige Philosoph aus seinen Werken rezitiert. Doch diesmal ist sie enttäuscht: Sie hat eine mitreißende Liebesgeschichte

---

[40] KÜCKENS, JOHANNES, Rosseau: Entdecker der Kindheit, mit freundlicher Genehmigung entnommen aus: GEOkompakt Nr. 17 »Kindheit« (12/2008), S. 88-89, © Picture Press/Geo Kompakt/Johannes Kückens.

erwartet, so leidenschaftlich wie Rousseaus letzter großer Roman »Julie oder Die Neue Héloïse«. Sein neues Werk wirkt dagegen hölzern, belehrend, ja zuweilen langatmig.

Es ist die fiktive Geschichte des Knaben Émile, der nach dem frühen Tod des Vaters bei einem Lehrmeister auf dem Land aufwächst. Fernab von städtischem Leben und gesellschaftlichen Zwängen verbringt Émile seine Kindheit. Dabei lässt man ihm vor allem eines: Freiheit zur Selbstentfaltung. Der Junge lernt nicht durch Belehrung oder Strafe – sondern durch Spielen, Toben, Faulenzen.

»Émile« ist weit mehr als bloß ein pädagogisches Traktat, das scheint der Herzogin zu entgehen. Nicht nur entwirft der Dichter ein völlig neuartiges Erziehungskonzept: Er hat für das Kind auch ein nie zuvor für möglich gehaltenes Verständnis. Und so geht »Émile« als Großtat in die Geschichte der Pädagogik ein. Erstmals sieht jemand in der Kindheit eine schützenswerte Lebensphase.

[...]

»Die Natur will, dass die Kinder Kinder sein sollen«, schreibt Jean-Jacques Rousseau. Ein Mensch also, der eine ganz eigene Art habe zu sehen, zu denken und zu empfinden. Ein Mensch, der von Natur aus gut sei und dessen Welt sich nicht einfach so in die Welt der Erwachsenen übersetzen lasse. »Keiner von uns ist ein so großer Philosoph, dass er sich an die Stelle eines Kindes versetzen könnte.« Doch nur in der Kindheit könnten die Grundlagen für ein glückliches Leben gelegt werden. Es sei vermutlich sogar die beste Zeit des Lebens. Auf dieser Gewissheit fußt Rousseaus Erziehungsideal. In »Émile« präsentiert er es als Gedankenexperiment: Ein Knabe darf unter Aufsicht eines wohlwollenden Erziehers seinen Interessen nachgehen – behütet und gefördert, aber frei in seiner Entfaltung. Dieser pädagogische Ansatz verlangt einen radikalen Perspektivwechsel: Erstmals wird Erziehung aus Sicht des Kindes betrachtet – und für das Wohl des Kindes.

Rousseau wird so zum Urvater der antiautoritären Bewegung. Bereits kurz nach Erscheinen des »Émile« versuchen Eltern, ihre Kinder nach seinen Prinzipien zu erziehen. In den Jahrzehnten darauf werden allein in England etwa 200 Abhandlungen über Erziehung veröffentlicht, allesamt von Rousseau beeinflusst. In den USA kommt die Mode auf, Kleinkinder möglichst »natürlich« aufwachsen zu lassen, statt sie wie bis dahin üblich möglichst rasch zu einer aufrechten Körperhaltung zu bringen, um so vermeintlich die Entwicklung zum erwachsenen Menschen zu beschleunigen.

Später greifen die bedeutenden Pädagogen Maria Montessori, Célestin Freinet und Johann Heinrich Pestalozzi auf Rousseau zurück. Pestalozzi gründet 1775 sogar eine Schule, in der die Kinder nach den Ideen des großen Theoretikers erzogen werden.

Rousseaus eigene fünf Kinder indes kommen nicht in den Genuss einer behüteten, glücklichen Kindheit. Kurz nach ihrer Geburt gibt ihr Vater sie in ein Findelhaus. Er nennt als Grund seine Armut, denn er könne nicht dichten, wenn er wisse, die Nachkommen seien nicht versorgt. Der Versuch der Herzogin von Luxembourg, die Kinder später zu finden, bleibt erfolglos. »Émile«, das meistgelesene Erziehungsbuch der Weltliteratur: Es stammt aus der Feder eines Mannes, der selbst nie ein Kind großgezogen hat.

Johannes Kückens

Diskutieren Sie folgende Fragen:
- Worin liegt das Besondere von Rousseaus »Émile« und was hat den enormen Erfolg dieses Buches ausgemacht?
- Stimmen Sie dem Satz zu: Die Kindheit »sei vermutlich sogar die beste Zeit des Lebens«? Wie ist Ihre Einschätzung?
- »Der Junge lernt nicht durch Belehrung oder Strafe – sondern durch Spielen, Toben, Faulenzen.« – Was halten Sie von einer solchen Erziehung? Ist dies ein tauglicher Ansatz für die Erziehung von Kindern heute?

3. Das Weltbild des Kindes – Impulse:

1. Analysieren Sie das unten abgebildete Bild und den dazu gehörigen Interviewtext mit dem siebenjährigen Christian. Folgende Fragen können Ihnen dabei helfen:
   - Sammeln Sie aus Abschnitt 2. A 3. die für das Weltbild des Kindes charakteristischen Merkmale, die Piaget in seiner Theorie zusammengestellt hat.
   - Zeigen Sie an Christians Bild und Interviewaussagen, dass auch hier die klassischen Merkmale des kindlichen Weltbildes nach Piaget zu finden sind.

Gott, gemalt von Christian, 7 Jahre[41]

Interview 6: Christian (C)
C: Gott sitzt auf einer Wolke im Himmel. Und da sagt er, was er immer will. Der will keinen Krieg, sondern Frieden, hier will er keine Waffen, hier will

---

41 Bild wie Interview stammen aus einem Forschungsprojekt am Lehrstuhl für Religionspädagogik und Didaktik des Religionsunterrichts an der Katholisch-Theologischen Fakultät der Westfälischen Wilhelms-Universität Münster.

> er, dass sich alle vertragen und dass alle fröhlich sind. Und hier, das hat er ja alles erschaffen, die Blumen, die Tiere und die Menschen. Die beten Gott an, das sind auch Heilige und das sind so Strahlen, damit die Menschen besser werden, Liebesstrahlen. Das ist der Heiligenschein von Gott und das Herzen für seine Liebe.
> V: Was hat Gott an?
> C: Ein gelbes Gewand.
> V: Wie funktioniert das mit den Strahlen?
> C: Gott sagt das und durch die Strahlen kommt das auf die Erde und dann machen das die Menschen.
> V: Du meinst also, die Menschen machen all das, was Gott sagt?
> C: Ja, die hören das nicht, die machen das, durch die Strahlen.
> V: Machst du auch immer das, was durch die Strahlen kommt?
> C: Ja, aber ich bete nicht immer.
> V: Gehst du denn manchmal in die Kirche?
> C: Nein, eigentlich nur ganz selten.

2. Sammeln Sie in Ihrer Lerngruppe selber Kinderbilder von Gott ein und bringen Sie diese in den Unterricht mit.
   - Vergleichen Sie die Bilder und benennen Sie Gemeinsamkeiten und Unterschiede.
   - Überprüfen Sie, ob sich die von Piaget genannten Elemente des kindlichen Weltbildes in den Bildern finden lassen. Wie lautet das Ergebnis Ihrer kleinen empirischen Studie?

4. Die religiöse Entwicklung des Kindes – Impulse:

1. Stellen Sie die Stufen der Glaubensentwicklung nach Oser/Gmünder dar.
2. Lesen Sie bitte den folgenden Text von Susanne Kilian:

Frau Bertolds wechselhafte Beziehung zum lieben Gott[42]

Als Frau Bertold ein kleines Mädchen war und noch Lotte Gerhard hieß, waren ihre Beziehungen zum lieben Gott gut. Überhaupt stellte sie ihn sich so vor: erst mal und vor allen Dingen lieb. Als alten weißhaarigen Mann mit ebenso weißem Rauschebart. Irgendwie ähnelte das Bild, das sie sich von ihm machte, ein wenig dem Weihnachtsmann.

Dass er auch zornig sein konnte, erfuhr sie später. Als sie in den Kommunionunterricht ging und lernte, dass Sünden, wie zum Beispiel das Lutschen eines geklauten Bonbons oder das Essen von Fleisch an einem Freitag, gebeichtet und gesühnt werden müssen.

---

42 KILIAN, SUSANNE, Die Stadt ist groß, Weinheim/Basel 1976.

2. Kinder verstehen lernen

Da fingen ihre Beziehungen zum lieben Gott an, wechselhaft zu werden.

Manchmal liebte sie ihn: wenn sie in der Kirche war, und der Weihrauch duftete und der Kirchenchor sang, und alles war festlich und feierlich im Flackern der Kerzen und Murmeln der Gebete.

Manchmal fürchtete sie ihn: wenn sie ihre kleinen Kindersünden beichten musste und sie sich schon im Fegfeuer büßen sah wegen einer ungehorsamen Antwort gegen die Mutter. Oder noch viel schlimmer: sich in der Hölle in einem großen Topf braten sah. (Jedenfalls stellte sie sich das damals so vor.) Besonders schwere Strafe für besonders schwere Vergehen.

Trotzdem. Lotte Gerhard war nicht gerade ein frommes Kind. Zu ihrer Zeit ging man eben jeden Sonntag in die Kirche. Das gehörte sich so. Und dass man zur Kommunion oder Konfirmation zu gehen hatte, verstand sich auch von selbst. Da wurde nicht viel gefragt. Schon gar nicht die Kinder.

Und als aus Lotte Gerhard Frau Berthold wurde – klar, nicht nur Standesamt, nein: weiße Hochzeit mit Schleier, Myrtenkranz und allem Drum und Dran in der Kirche.

Nun war Frau Berthold erwachsen. Der liebe Gott ihrer Kindheit rückte in immer fernere Himmel. Sonntags hatte sie keine Zeit mehr, in die Kirche zu gehen. Das Essen war zu kochen. Da waren die kleinen Kinder, die sie versorgen musste. Ihre Beziehungen zum lieben Gott schliefen ein bisschen ein. Ein Kirchbesuch zu Weihnachten, mal einer zu Ostern. Hier und da ein bittendes Gebet, wenn sie gar nicht weiter wusste. Manchmal dann, wenn das Übel vorbei war, ein Dankgebet. Voll schlechten Gewissens, weil sie so wenig an Gott dachte.

Aber ihre Kinder waren getauft. Sie gingen jeden Sonntag zur Kirche. Das gehörte sich so. Das musste sein. »Also, was ihr später macht, das ist eure Sache. Aber solange ihr Kinder seid, habt ihr jeden Sonntag in die Kirche zu gehen. Das schadet euch nicht. Das kann euch nur nützen«, pflegte sie zu ihren Kindern zu sagen, wenn die maulten. Ja.

Je älter Frau Berthold wurde, desto blasser und blasser wurde das Bild, das sie sich vom lieben Gott machte. Überhaupt, lieb war er schon lange nicht mehr für sie. Er war einfach Gott. Und es war ihr sehr, sehr zweifelhaft, ob es ihn überhaupt gab. Da brauchte sie nur an das schreiende Unrecht und die schweren Schicksale zu denken, die es überall in der Welt gibt. Wenn es einen lieben Gott gäbe, dann dürfte er so etwas überhaupt nicht zulassen.

Jedem, der es hören wollte, sagte sie: »Also, nehmen Sie doch mal unsere Kirche. Da bezahlen wir Kirchensteuer. Und was machen sie damit? Paläste von Kirchen bauen sie. Immer neue. Und der Bischof läuft rum, behängt von oben bis unten mit Zierrat und Gold. Und in den Kirchen ist auch ein Reichtum wie Gott weiß was! Und die Armen? Würden sie lieber für die was tun! Schließlich ist unser Herr Jesus in 'nem ärmlichen Stall geboren. Ohne Prunk und Pracht. Wenn der gewusst hätte, was die mal für 'nen Protz draus machen! Nein, nein, die ganze Kirche mit allem, was dazugehört, kann mir gestohlen bleiben. Das ist meine Meinung! Jawoll!«

Für eine Zeitlang war Gott aus dem Leben Frau Bertholds ganz verschwunden. Später waren ihre Kinder verheiratet. Der Sohn in Amerika. Die Tochter in einer anderen Stadt. Alle beide weit, weit weg von ihr. Sie hatte Enkelkinder. Aber die kannte sie fast nur von Fotos.

Da starb ihr Mann. Sie war allein. Ganz allein.

Und dann wurde sie auch noch krank. So, dass sie sich nicht mehr allein versorgen konnte und in ein Pflegeheim musste. Es war ein preiswertes, von Nonnen geleitetes Heim. Ein anderes hätte sie sich gar nicht leisten können. Und überall hingen Heiligenbilder und Kreuze, und eine Kapelle gab es auch. Jeden Sonntag wurde dort eine Messe gelesen für die Kranken. Ausschließen konnte sie sich da nicht. Auch nicht, wenn morgens, mittags und abends vor und nach dem Essen gebetet wurde. Das ging einfach nicht. Die Nonnen waren so nett. Und Frau Berthold mochte sie nicht kränken und außerdem: Sie war jetzt so allein. Und einsam.

Manchmal, in der Nacht, wenn sie wach lag und nicht wieder einschlafen konnte, quälte sie der Gedanke, dass sie nicht mehr gesund werden würde. Dass sie bald sterben müsste. Der Tod machte ihr solche Angst. Sie fühlte sich schwach und hilflos wie ein winziges Kind. Und hoffte nur eins: Es gibt ihn, den lieben Gott. Er wird mir verzeihen, dass ich eine Zeitlang ungläubig war. Er wird mich hoffentlich in den Himmel kommen lassen. Wird er das?

Der Gedanke an den allesverzeihenden, lieben, gütigen Gott ihrer Kindertage in einem hellen, lichten, fröhlichen Himmel war ihr einziger Trost. Für Frau Berthold gab es ja sonst nichts mehr.

Ihre Beziehungen zum lieben Gott, einmal wieder aufgenommen, wurden so gut wie niemals zuvor. Jedenfalls von ihrer Seite.

1. Versuchen Sie, die fünf Glaubensstufen nach Oser/Gmünder den verschiedenen Lebensphasen von Frau Berthold zuzuordnen.
2. Überlegen Sie, welche Phasen der Gottesbeziehung von Frau Berthold Sie aus Ihrem Leben kennen.
3. Diskutieren Sie, inwieweit Sie die Geschichte von Susanne Kilian für zutreffend halten: Werden hier tatsächlich in zutreffender Weise die Phasen religiöser Entwicklung im Lebenslauf geschildert?

5. Die moralische Entwicklung des Kindes – Impulse:

1. Lesen Sie den folgenden Text. Er beschreibt das sogenannte Heinz-Dilemma, das Kohlberg seinen Versuchspersonen in Interviews vorgelegt hat, um deren moralische Urteilsfähigkeit zu analysieren.

Heinz-Dilemma[43]

Eine todkranke Frau litt an einer besonderen Krebsart. Ein einziges Medikament könnte nach Ansicht der Ärzte ihr Leben retten. Ein Apotheker in der Stadt hatte es gerade entdeckt. Wenn auch das Medikament in der Herstellung teuer war, ver-

---

43 Nach Oser/Althof, Moralische Selbstbestimmung, 44–47.

langte der Apotheker dennoch ein Vielfaches des Preises. Heinz, der Ehemann der kranken Frau, brachte trotz großer Anstrengung das Geld nicht zusammen. Nach ergebnislosen Verhandlungen mit dem Apotheker ist Heinz ganz verzweifelt und überlegt, ob er in die Apotheke einbrechen und das Medikament stehlen soll.

Fragen an die Versuchspersonen:

- Soll Heinz in die Apotheke einbrechen?
- Warum (nicht)?
- Macht es einen Unterschied, ob Heinz seine Frau liebt oder nicht?
- Warum (nicht)?
- Angenommen, die Person, die im Sterben liegt, ist ein Fremder: Sollte Heinz das Medikament dann stehlen?
- Warum (nicht)?

2. Beantworten Sie die Fragen zum Text aus Ihrer Perspektive.
3. Tauschen Sie sich über Ihre Antworten in der Gruppe aus: Welche Begründung überzeugt Sie, welche nicht?
a) Diskutieren Sie, inwieweit die Dilemma-Methode von Kohlberg für den Einsatz in der Schule brauchbar erscheint.
b) Entwickeln Sie Vorschläge, wie ethisches Lernen und Entwicklung der moralischen Urteilskraft in der Kindertageseinrichtung gefördert werden kann.

Literatur

ARIÉS, PHILIPPE, Geschichte der Kindheit, München ¹⁶2007.
BÜHLER-NIEDERBERGER, DORIS, Lebensphase Kindheit. Theoretische Ansätze, Akteure und Handlungsspielräume, Weinheim 2011.
CUNNINGHAM, HUGH, Die Geschichte des Kindes in der Neuzeit, Düsseldorf 2006.
DEMAUSE, LLOYD (Hg.), Hört die Kinder weinen, Frankfurt a. M. 1992.
GOLDMAN, RONALD, Religious Thinking from Childhood to Adolescence, New York 1964.
KOHLBERG, LAWRENCE, Essays on Moral Development. Vol. 2, San Francisco 1984.
KOHLBERG, LAWRENCE, Die Psychologie der Moralentwicklung, Frankfurt a. M. 1996.
KULD, LOTHAR, Das Entscheidende ist unsichtbar. Wie Kinder und Jugendliche Gott verstehen, München 2001.
KULD, LOTHAR, Gott und das Leben, Stuttgart 2018.
LASSAHN, RUDOLF, Pädagogische Anthropologie. Eine historische Einführung, Heidelberg 1983.
LINDINGER, SUSANNE, Was hat das Weltgericht mit der Familie zu tun?, in: Freiburger Materialdienst für Gemeindepastoral 3 (2000), 3–6.
OSER, FRITZ/ALTHOF, WOLFGANG, Moralische Selbstbestimmung. Modelle der Entwicklung und Erziehung im Wertebereich, Stuttgart ³1997.
NUNNER-WINKLER, GERTRUD, Moral, in: Schneider, Wolfgang/Lindenberger, Ulman (Hg.), Entwicklungspsychologie, Weinheim ⁷2012, 521–541.
OSER, FRITZ/BUCHER, ANTON, Religion – Entwicklung – Jugend, in: Oerter, Rolf/Montada, Leo (Hg.), Entwicklungspsychologie. Ein Lehrbuch, Weinheim ⁴1995, 1045–1055.
OSER, FRITZ/GMÜNDER, PAUL, Der Mensch – Stufen seiner religiösen Entwicklung. Ein strukturgenetischer Ansatz, Gütersloh 1984.
PIAGET, JEAN, Meine Theorie der geistigen Entwicklung, Weinheim u. a. 2003.

Piaget, Jean, Das Weltbild des Kindes, München ⁸2005.
Postman, Neil, Das Verschwinden der Kindheit, Fischer, Frankfurt a. M. ¹⁸1987.
Rosseau, Jean-Jacques, Emil oder Über die Erziehung, Paderborn u. a. ¹²1998.
Sajak, Clauß Peter, Ethisches Lernen, in: Sajak, Clauß Peter (Hg.), Christliches Handeln in Verantwortung für die Welt. Theologie studieren – Modul 12, Paderborn 2015, 275–296.
Selman, Robert, Die Entwicklung des sozialen Verstehens. Entwicklungspsychologische und klinische Untersuchungen, Frankfurt a. M. 1984.
Unicef (Hg.), Konvention über die Rechte des Kindes, Köln 2011.
World Vision Deutschland e.V. (Hg,), Kinder in Deutschland 2013. 3. World Vision Kinderstudie, Weinheim/Basel 2013.
World Vision Deutschland e.V. (Hg.), Kinder in Deutschland 2018. 4. World Vision Kinderstudie, Weinheim/Basel 2018.

Perspektivwechsel: »(…) dass Du mir nahe bist, macht mich stark.«[44] (Ps 18, 36) – Resilienz in der Kindheits- und Religionspädagogik

Eva Hoffmann-Stakelis

A.   Einführung

1.   Resilienz in der Kindheitspädagogik

Der Begriff Resilienz ist aus dem Englischen abgeleitet und meint »Spannkraft, Widerstandsfähigkeit, Elastizität«[45]. Die Bezeichnung wird in der werkstofflichen Physik verwendet und dient dort zur Bezeichnung hochelastischer Materialien oder für Stoffe, die nach Verformungen ihre ursprüngliche Form wieder annehmen.[46]

Im deutschsprachigen Raum ist die Definition von Corinna Wustmann anerkannt, die sowohl externale als auch internale Kriterien umfasst, also Anpassungsleistungen an die soziale Umwelt ebenso berücksichtigt wie die inneren Befindlichkeiten der jeweiligen Personen.[47] Laut Wustmann meint Resilienz »eine psychische Widerstandsfähigkeit von Kindern gegenüber biologischen, psychologischen und psychosozialen Entwicklungsrisiken.«[48] Resilienz ist dabei nicht als ein angeborenes Persönlichkeitsmerkmal zu verstehen, sondern vielmehr als eine Fähigkeit, die sich in Interaktion zwischen Individuum und Umwelt entwickelt. Sie ist variable, d. h. die Ausprägung der

---

44 Gute Nachricht Bibel, auf: https://www.bibleserver.com/text/GNB/Psalm18.
45 Wustmann, Corina, Resilienz. Widerstandsfähigkeit von Kindern in Tageseinrichtungen fördern, Berlin u. a. 2004, 18.
46 Vgl. Rothenbusch, Nina, Förderung von Resilienz bei Kindern und Jugendlichen in Bildungseinrichtungen, in: Theo-Web. Zeitschrift für Religionspädagogik 17 (2018), 52–65, hier 53.
47 Vgl. Fröhlich-Gildhoff, Klaus/Rönnau-Böse, Maike, Resilienz, München ³2014, 9.
48 Wustmann, Resilienz, 18.

Resilienz kann im Lebensverlauf unterschiedlich stark ausgeprägt sein. Und sie ist situationsspezifisch, d. h. sie kann in spezifischen Lebensbereichen (z. B. Schule) vorhanden sein, in anderen hingegen nicht oder nur ansatzweise. Insgesamt kann festgehalten werden, dass aufgrund von Resilienz Krisen im Lebenszyklus gemeistert und als Anlass für die weitere Entwicklung genutzt werden.[49] So verstanden liegt Resilienz dann vor, wenn eine Risikosituation positiv bewältigt wurde und zwar positiver bewältigt wurde, als unter den gegebenen Bedingungen zu erwarten war. Im Interesse der Forschungsaktivitäten rund um das Thema »Resilienz« steht die Frage, wie eine positive, gesunde Entwicklung trotz andauernden, hohen Risikobedingungen (z. B. psychische Erkrankung eines oder beider Elternteile, niedriger sozioökonomischer Status, chronische familiäre Disharmonie) und eine positive und schnelle Erholung von traumatischen Ereignissen ermöglicht werden kann. Mittels einer regen Forschungstätigkeit in den letzten Jahrzehnten[50] wurden zunächst Risiko- und Schutzfaktoren identifiziert, die die Entwicklung von Resilienz maßgeblich beeinflussen. Anschließend gerieten mehr die dynamischen Entwicklungsprozesse und spezifischen Wirkmechanismen beim Zusammenspiel von Risiko- und Schutzmechanismen in den Blick der Forschung, um aus diesen Forschungsergebnissen Konsequenzen im Hinblick auf Fördermöglichkeiten zu ziehen.[51]

Gerade im Hinblick auf die Frage, inwiefern Resilienz, auch im religionspädagogischen Kontext, gefördert werden kann, interessiert hier vor allem, welche Schutzfaktoren für eine erfolgreiche Bewältigung von Lebensbelastungen förderlich sind und zur Entwicklung von Resilienz beitragen. Wustmann unterscheidet in ihrer Zusammenstellung solcher protektiven Faktoren personale und soziale Ressourcen. Als personale Ressourcen bezeichnet sie mit Bezug zu zahlreichen empirischen Forschungsbefunden zum einen »kindbezogene Faktoren«[52], wie positive Temperamentseigenschaften, die bei den Betreuungspersonen zu sozialer Unterstützung und Aufmerksamkeit führen, intellektuelle Fähigkeiten, die Tatsache, als erstgeborenes Kind auf die Welt gekommen zu sein, sowie (in der Kindheit) das weibliche Geschlecht. Zum anderen gehören zu den personalen Ressourcen die so genannten »Resilienzfaktoren« wie Problemlösefähigkeiten, Selbstwirksamkeitserfahrungen, positives Selbstkonzept, Selbstvertrauen, hohes Selbstwertgefühl, Fähigkeit zur Selbstregulation, internale Kontrollüberzeugung, realistischer Attribuierungsstil, hohe Sozialkompetenz, aktives und flexibles Bewältigungsverhalten, sicheres Bindungsverhalten, Lernbegeisterung/schulisches Engagement, eine optimistische zuversichtliche Lebenseinstellung, religiöser Glaube und das Gefühl von Sinnhaftigkeit, Talente, Interessen und Hobbys, Zielorientierung und Planungskompetenz, Kreativität und körperliche Gesundheitsressourcen.[53] Außerdem benennt Wustmann zahlreiche soziale Ressourcen innerhalb der Familie (wie z. B. min-

---

49 Vgl. FRÖHLICH-GILDHOFF, Resilienz, 10.
50 Gute Überblicke finden sich in Fröhlich-Gildhoff, Resilienz, Wustmann, Resilienz, und aktueller in Rothenbusch, Förderung von Resilienz.
51 Vgl. ROTHENBUSCH, Förderung von Resilienz, 53.
52 WUSTMANN, Resilienz, 115.
53 Vgl. ebd.

destens eine stabile Bezugsperson, autoritativer/demokratischer Erziehungsstil, Zusammenhalt und Stabilität in der Familie), in den Bildungsinstitutionen (u. a. klare transparente und konsistente Regeln, wertschätzendes Klima, hoher, aber angemessener Leistungsstandard, positive Peerkontakte) und im weiteren sozialen Umfeld (z. B. kompetente und fürsorgliche Erwachsene außerhalb der Familie, die Vertrauen und Sicherheit gewähren und als positive Rollenmodelle dienen).

Mittlerweile sind zahlreiche Förderprogramme für Kinder unterschiedlichen Alters entwickelt worden. Alle Programme arbeiten mit verschiedenen Einheiten und verknüpfen dabei die Ebenen des Kindes, der Eltern, der Erziehenden und vereinzelt auch das soziale Umfeld miteinander.[54]

2. Resilienz im religionspädagogischen Kontext

Ein religiöser Glaube in der Familie mit einer sinnstiftenden Wirkung wurde bereits in der Kauai-Studie als protektiver Faktor innerhalb der Familie angesehen. So schreibt Werner (2007): »Eine religiöse Überzeugung ist ebenfalls ein Schutzfaktor im Leben von Risikokindern. Sie gibt den widerstandsfähigen Jungen und Mädchen Stabilität, das Gefühl, dass ihr Leben Sinn und Bedeutung hat und den Glauben, dass sich trotz Not und Schmerzen die Dinge am Ende richten werden. Diese Überzeugung spielte eine große Rolle im Leben der japanischen, hawaiianischen und philippinischen Kinder in Kauai, ganz gleich ob sie Buddhisten, Mormonen, Katholiken oder Protestanten waren.«[55] Auch gelten Spiritualität und religiöse Systeme als bedeutsam für die Entwicklung von Resilienz.[56] Ausgehend von diesen Forschungsergebnissen sollen im Folgenden Dimensionen religionspädagogischen Handelns benannt werden, die die Entwicklung von Resilienz unterstützen bzw. eine Resilienz fördernde Wirkung entfalten könnten. Dabei handelt es sich um theoretische Annahmen, deren empirische Überprüfung durch die Forschungscommunity weitestgehend noch zu erbringen ist!

Dimension »Gottesbeziehung«

Rogge widmet sich bereits 2004 der »Religion als Grundlage von Widerstandsfähigkeit (Resilienz)«[57]. In Anlehnung an Eriksons Theorie der psychosozialen Entwicklung beschreibt er die entstehende Gottesbeziehung bei Kindern als Spiegelung der liebenden Zuwendung der Eltern zum Kind. Während der Loslösung des Kindes aus

---

54 Vgl. ROTHENBUSCH, Förderung von Resilienz, 58–60. Für einen Überblick s. FRÖHLICH-GILDHOFF, Resilienz.
55 WERNER, EMMY E., Entwicklung zwischen Risiko und Resilienz, in: Opp, Günther/Fingerle, Michael (Hg.), Was Kinder stärkt. Erziehung zwischen Risiko und Resilienz, München 2007, 20–31, hier 24.
56 Vgl. MASTEN zit. nach WUSTMANN, Resilienz, 117.
57 ROGGE, RALF, Elementarpädagogik und Religion. Ein Streifzug durch die gegenwärtige Diskussion, in: Loccumer Pelikan 3 (2004), 115–119, hier 118.

der symbiotischen Elternbeziehung kann Gott, so auch schon die Erkenntnis von Rizzuto, zu einer Art »Übergangsobjekt« oder »Phantasiebegleiter« werden, dem sie sich anvertrauen und auf dessen Hilfe sie vertrauen. Inwiefern dieser Phantasiebegleiter in der Phantasie des Kindes gedacht wird, hängt, so Rogge, von der sozialen und religiösen Umwelt des Kindes ab, genauer von Reflexionen der Gottesbeziehung in Interaktion mit anderen wichtigen Menschen um das Kind herum, von seinen Empfindungen und den Impulsen, die das Kind erfährt.[58] Die Entwicklung von Resilienz ist für Rogge ohne eine ihn tragende Gottesvorstellung kaum denkbar. Er konstatiert: »In der Gottesbeziehung finde ich ein Bindungselement vor, das sich auch in Krisensituationen bewährt.«[59] Die Bestrebung von Kindern, Gott als einen sie schützenden und hilfsbereiten Begleiter in ihrer Phantasie auszumalen und mit ihnen über ihre Vorstellungen ermutigend und stärkend ins Gespräch zu kommen, scheint daher eine wichtige Dimension Resilienz fördernder Religionspädagogik zu sein.

Dimension »Kindertheologie«

In diesem Kontext sei insbesondere auf die Kindertheologie hingewiesen. Bei diesem religionspädagogischen Ansatz geht es vor allem um die Wahrnehmung, Würdigung und Anregung theologischer Überlegungen von Kindern und um ein Theologisieren von, mit und für Kinder (s. Beitrag in diesem Buch zur Kindertheologie). In ihrer Bachelorarbeit zu »Religion und Resilienz« erläutert Vetter, dass insbesondere im Hinblick auf den Aspekt der Theologie von Kindern »mögliche resilienzförderliche Aspekte erahnt werden«[60] können. Dadurch, dass Kinder hier die Möglichkeit erhalten, eigenständig ins Nachdenken zu kommen, eigene Beiträge zu formulieren und diese wertgeschätzt werden, kann dieser Aspekt zur Entwicklung von Selbstvertrauen, einem Selbstwertgefühl und zu einem positiven Selbstkonzept führen, welche Wustmann als protektive Faktoren innerhalb der Resilienzentwicklung ausweist (s. o.).[61]

Auch der Resilienzfaktor »Problemlösefähigkeiten« kann mit dem Theologisieren von Kindern und dem eigenständigen Suchen nach Problemlösungen im kindertheologischen Gespräch in Verbindung gebracht werden. In der Interaktion mit Erwachsenen beim Theologisieren mit Kindern entsteht darüber hinaus die Möglichkeit, ein wertschätzendes Klima, das durch »Wärme, Respekt und Akzeptanz gegenüber dem Kind«[62] gekennzeichnet ist, zu erleben und damit eine »soziale Ressource« innerhalb der Resilienzentwicklung zu nutzen. Über das Theologisieren für Kinder und das Angebot von weiterführenden Impulsen können Kinder auf

---

58 Vgl. ebd.
59 Ebd.
60 VETTER, LARA MARIA, Religion und Resilienz. Sicher, stark und selbstbewusst! Wie religiöse Bildung in der Kita Kinder stark macht, Bachelorarbeit 2015, auf: https://kidoks.bsz-bw.de/files/796/Bachelorarbeit_Lara_Maria_Vetter.pdf, 36.
61 Vgl. WUSTMANN, Resilienz, 115.
62 Ebd., 116.

Resilienz förderliche Geschichten stoßen. Diesem Aspekt widmet sich die folgende Dimension.

Dimension »Geschichten«

In der Fachliteratur zum Thema »Resilienz« ist unbestritten, dass anhand bestimmter Geschichten »resiliente Verhaltensweisen auf natürliche Weise im pädagogischen Alltag gefördert werden können.«[63] Märchen und Geschichten sind nach Wustmann (in Anlehnung an Joseph 1994) dafür besonders geeignet, weil sie Resilienz förderliche Verhaltensweisen modellhaft veranschaulichen und ermöglichen, verschiedene Perspektiven und Problemlösestrategien kennen zu lernen bzw. durchzuspielen. Außerdem wirken sie entlastend, da in der Zeit des Erzählens oder Vorlesens andere Gedanken als die alltäglichen und/oder sorgenvollen eine Rolle spielen.[64] Als förderliche Merkmale für Resilienz fördernde Märchen und Geschichten gelten nach Wustmann folgende:

- Die Geschichte fokussiert die Lösung und/oder die Bewältigung eines Problems.
- Die Lösung wird durch den/die Protagonist/in eigenaktiv gelöst, nicht durch die Umstände oder eine andere Person.
- Der/die Protagonist/in verantworten das, was geschieht.
- Er/sie selbst glaubt daran, dass er/sie die Fähigkeit besitzt, die Herausforderung zu bewältigen.
- Aufgrund einer optimistischen und hoffnungsvollen Lebenseinstellung werden Rückschläge in Kauf genommen und überwunden.
- Der/die Protagonist/in verfügt über ein positives Bild von sich selbst und damit über ein gutes Selbstwertgefühl. Soziale Beziehungen können dementsprechend konstruktiv aufgebaut und soziale Unterstützung herbeigeführt werden.
- Außerdem zeigt sich diese/r Protagonist/in hilfsbereit und pflichtbewusst gegenüber anderen.[65]

Als Beispiele nennt Wustmann u. a. »Die Bremer Stadtmusikanten« oder »Ronja Räubertochter«. Bei der Auseinandersetzung mit den Märchen oder Geschichten kommt es ihr besonders darauf an, dass die Kinder zum eigenen Nachdenken und Problemlösen angeregt werden, indem z. B. mit den Kindern gemeinsam über Verhaltensmöglichkeiten, Alternativen oder auch Ähnlichkeiten zwischen Protagonist/in und dem Kind bzw. Kindern nachgedacht wird. Geschichten aus religiösen Traditionen erwähnt Wustmann nicht.

Hier denkt Rupp weiter und verbindet Überlegungen zur Resilienz mit biblischen Erzählungen.[66] Er berichtet diesbezüglich von ersten Forschungsaktivitäten. In zwei

---

63 Ebd., 129.
64 Vgl. ebd., 129f.
65 Vgl. ebd., 130.
66 RUPP, HARTMUT, Resilienz und Theologisieren, in: Bucher, Anton A. u. a. (Hg.), »In der Mitte ist ein Kreuz«. Kindertheologische Zugänge im Elementarbereich (Jahrbuch für Kindertheologie 9), Stuttgart 2010, 76–91, hier 81ff.

Kindertagesstätten wurden im Sommer 2009 je elf bzw. neun Kindern die Mose-Geschichten (Ex 1–3) erzählt und mit ihnen in Anlehnung an die Überlegungen Wustmanns zum Umgang mit Resilienz fördernden Geschichten in der pädagogischen Praxis gesprochen. Es sollten Reaktionen der Kinder auf erzählte schwierige Lebenssituationen eingefangen, die wechselnden Protagonisten bzw. Protagonistinnen in den Blick genommen werden, verschiedene Perspektiven und Lösungsmöglichkeiten durchdacht, »die Bedeutung des Glaubens an Gott für die Widerstands- und Bewältigungsfähigkeit vor Augen gestellt«[67] und herausgefunden werden, wie sich der Umgang mit Geschichten im Kontext von Resilienzförderung gestaltet. Auch sollten Kinder aus unterschiedlichen Lebensverhältnissen einbezogen werden; so lag die eine Kindertagesstätte in einem bürgerlichen Umfeld und die andere in einem so genannten sozialen Brennpunkt. Nach der Durchsicht der beiden Gespräche hält Rupp als Ertrag fest, dass die Kinder Problemlösestrategien entwickeln, weitere Perspektiven und Modelle kennen lernen, individuelle Erfahrungen mit Problemen und Stress zur Sprache bringen und vor allem »die grundlegenden Vorstellungen von Gott, dem Selbst, der Welt und einem guten Leben in Blick nehmen und zum Gegenstand nachdenklicher Gespräche machen können.«[68] Auch Müller-Langsdorf kommt zu einem ähnlichen Schluss. Für sie sind die Mose-Geschichten und weitere ausgewählte biblische Geschichten »voller Binsenkörbchenerfahrung und bergen zugleich das Wissen um die Kraft des Glaubens, der ›Berge versetzen kann‹. Glaube an die Kraft, die in Menschen steckt, an die eigene Kompetenz, an Wert und Würde des Ich und die Angewiesenheit auf ein Du, – Menschen und Gott.«[69]

Dimension »Symbole und Rituale«

Resilienzfördernde Kraft kann auch von Symbolen ausgehen. So weisen Schweitzer/Biesinger darauf hin, dass religiöse Symbole und Bilder oft Grundambivalenzen des Lebens veranschaulichen und als »verdichtete Darstellungen von Trost und Geborgenheit«[70] Hoffnung und Zuversicht ausstrahlen können. Sie »geben Grunderfahrungen zwischen Angst und Hoffnung, Zuversicht und Verzweiflung eine Sprache und helfen dem Kind, elementare Gefühle und Erlebnisse zum Ausdruck zu bringen«[71] oder sich durch innere Vorstellungen dieser zu stärken.

Rituale sind »Handlungen, die etwas Tieferes zum Ausdruck bringen als nur die Handlung selbst, nämlich Handlungen mit Symbolwert, die sich immer wiederholen.«[72] Sie widmen sich einer wiederkehrenden Situation oder Thema und ermögli-

---

67 Ebd., 83.
68 Ebd., 91.
69 MÜLLER-LANGSDORF, SABINE, Überleben im Binsenkörbchen. Religiöse Bilder und seelische Widerstandskraft, in: TPS 05 (2004), 33–35, hier 35.
70 BIESINGER, ALBERT/SCHWEITZER, FRIEDRICH, Religionspädagogische Kompetenzen. Zehn Zugänge für pädagogische Fachkräfte in Kitas, Freiburg i. Br. 2013, 43f.
71 Ebd., 44.
72 Ebd., 79.

chen, eine klare Struktur, verlässliche Kommunikation und Stabilität in unruhige Lebenssituationen oder -verhältnisse zu bringen. Rituale sind sowohl aus kindheits- wie auch aus religionspädagogischer Sicht von Bedeutung. Sie geben Kindern Sicherheit, Kraft, ein Verbundenheitsgefühl mit anderen und können damit in gewisser Weise identitätsstiftend und Resilienz fördernd wirken. Religionspädagogisch ist bedeutsam, dass Rituale Gelegenheit bieten, eine mögliche Gottesbeziehung zu thematisieren und ggf. zu leben. »In einem täglich realisierten Morgenritual können die Kinder Vertrauen zu Gott erfahren – sie haben ein Grundvertrauen, dass sie von Gott geliebt sind und er sie im Leben begleitet.«[73] Elemente von Ritualen oder auch das Ritual selbst können Gebete, Segenszusprüche oder auch Lieder sein. Je nach Auswahl können auch über diese Formen Resilienz fördernde Erfahrungen gesammelt werden.[74]

Beck weist in diesem Zusammenhang auf die »Ausdrucksfähigkeit« als wichtiges Element im Rahmen der Resilienzentwicklung hin. »Wer es aber auf diese Weise lernt, seinen Gedanken und Gefühlen Sichtbarkeit zu verschaffen, der ist auch in der Lage, von ihnen Abstand zu nehmen, sie aus der Distanz noch einmal genauer betrachten und dabei eine Ordnung schaffen zu können, die auch anderen zugänglich wird. Deshalb spielen Malen, Gesang, Pantomime, Tanz, das Legen von Bildern mit Materialien, das Rollenspiel und ähnliche Formen eine große Rolle in der Religionspädagogik der Kindheit.«[75]

B. Methodisch-didaktische Umsetzung – Impulse

1. Reflektieren Sie, über welche protektiven Faktoren Sie selbst zurzeit verfügen, und tauschen Sie sich darüber mit Ihrem/r Nachbar/in aus.
2. Recherchieren Sie Material (Geschichten, Symbole, Bilder, Gebetstexte, Segenssprüche, Lieder etc.), das in einem religionspädagogischen Kontext Resilienz fördernd eingesetzt werden könnte und diskutieren Sie dieses in Kleingruppen.

Literatur

Beck, Annegret, Du schaffst meinen Schritten weiten Raum (Ps 18). Der Beitrag religiöser Bildung zur Ausprägung sozialer Resilienz, auf: http://www.kjp-muehlhausen.de/download/ABeck.pdf.

Biesinger, Albert/Schweitzer, Friedrich, Religionspädagogische Kompetenzen. Zehn Zugänge für pädagogische Fachkräfte in Kitas, Freiburg i. Br. 2013.

Fröhlich-Gildhoff, Klaus, Rönnau-Böse, Maike, Resilienz, München ³2014.

Müller-Langsdorf, Sabine, Überleben im Binsenkörbchen. Religiöse Bilder und seelische Widerstandskraft, in TPS 05 (2004), 33–35.

---

73 Ebd., 81.
74 Für Beispiele vgl. Vetter, Religion und Resilienz, 39–41.
75 Beck, Annegret, Du schaffst meinen Schritten weiten Raum (Ps 18). Der Beitrag religiöser Bildung zur Ausprägung sozialer Resilienz, auf: http://www.kjp-muehlhausen.de/download/ABeck.pdf.

Rogge, Ralf, Elementarpädagogik und Religion. Ein Streifzug durch die gegenwärtige Diskussion, in: Loccumer Pelikan 3 (2004), 115–119.

Rothenbusch, Nina, Förderung von Resilienz bei Kindern und Jugendlichen in Bildungseinrichtungen, in: Theo-Web. Zeitschrift für Religionspädagogik 17 (2018/1), 52–65.

Rupp, Hartmut, Resilienz und Theologisieren, in: Bucher, Anton A./Büttner, Gerhard/Freudenberger-Lötz, Petra/Schreiner, Martin (Hg.), »In der Mitte ist ein Kreuz«. Kindertheologische Zugänge im Elementarbereich (Jahrbuch für Kindertheologie, 9), Stuttgart 2010, 76–91.

Vetter, Lara Maria, Religion und Resilienz. Sicher, stark und selbstbewusst! Wie religiöse Bildung in der Kita Kinder stark macht, Bachelorarbeit 2015, auf: https://kidoks.bszbw.de/files/796/Bachelorarbeit_Lara_Maria_Vetter.pdf.

Werner, Emmy E., Entwicklung zwischen Risiko und Resilienz, in: Opp, Günther/Fingerle, Michael (Hg.), Was Kinder stärkt. Erziehung zwischen Risiko und Resilienz, München 2007, 20–31.

Wustmann, Corina, Resilienz. Widerstandsfähigkeit von Kindern in Tageseinrichtungen fördern, Berlin u. a. 2004.

3. Wie hältst Du's mit Religion? – Religion und religiöse Identität in der modernen Gesellschaft

Karolin Thater

A. Einführung

1. Der Begriff »Religion«

Die Ausbildung einer religiösen Identität gilt als Zieldimension religionspädagogischen Handelns, stellt jedes Subjekt der Identitätsbildung unabhängig vom Alter aber vor komplexe Anforderungen. Zeitgleich sind Religion und Identität im Einzelnen Begrifflichkeiten bzw. Begriffskomplexe, die einer definitorischen Klärung bedürfen, da sie im wissenschaftlichen Diskurs ebenso wie der Begriff der religiösen Identität nicht einheitlich gefasst werden.[1]

Daher gilt es zunächst eine Klärung und Differenzierung der im Folgenden verwendeten Begrifflichkeiten vorzunehmen.

Ebenso elementar wie problematisch ist die aus gesellschaftlicher Perspektive intendierte Unterscheidung zwischen Religion und Nicht-Religion.

Häufig erleben oder praktizieren Menschen Dinge, die den Anschein eines religiösen Bezugs haben, die aber sowohl im religiösen als auch in einem weltlichen Kontext verortet werden können (z.B. Meditation). Handelt es sich also um eine Praxis, die einer Religion entstammt – also religiös ist – oder etwa nicht?

Bis heute ist keine allgemeingültige Definition von Religion oder Nicht-Religion existent, da alle bisherigen Versuche entweder auf ein sehr weites oder ein sehr enges (z.B. explizit auf eine Religionsgemeinschaft zugeschnittenes) Verständnis von Religion abzielen. Letzteres berücksichtigt dann vor allem die Lehren und Ausdrucksformen einer bestimmten Religion und steht im Kontext der gesellschaftlichen und kulturellen Prägung in der diese Religion vorwiegend vertreten ist. Dieser enge Religionsbegriff hätte aber eine zu geringe Reichweite, da bereits individuell religiöse Ausdrucksformen hier aus der Definition fallen würden.

Der weit gefasste Begriff der Religion, wie z.B. der des evangelischen Theologen Paul Tillich, impliziert, dass jeder Mensch Religion in sich trägt:

> Viele Menschen sind von etwas ergriffen, was sie unedingt angeht; aber sie fühlen sich jeder konkreten Religion fern, gerade weil sie die Frage nach dem Sinn ihres Lebens ernst nehmen. Sie glauben, dass ihr tiefstes Anliegen in den vorhandene Religionen nicht zum Ausdruck gebracht wird und so lehnen sie Religion ab ›aus Religion‹. Diese Erfahrung lehrt

---

1 Vgl. Pirker, Viera, Fluide und fragil – Identität als Grundoption zeitsensibler Pastoralpsychologie, Ostfildern 2013, 11–17.

uns zu unterscheiden, zwischen Religion als Leben in der Dimension der Tiefe und den konkreten Religionen in deren Symbolen und Einrichtungen das religiöse Anliegen des Menschen Gestalt gewonnen hat. Wenn wir die Situation des heutigen Menschen verstehen wollen, müssen wir von dem Wesensbegriff der Religion ausgehen und nicht von einer spezifischen Religion, auch nicht dem Christentum.[2]

Diese Auffassung, Religion sei eher so etwas wie ein existentielles Gefühl des Menschen, vertritt bereits Schleiermacher, der davon ausgeht:

> Religion ist nur das unmittelbare Gefühl der Abhängigkeit des Menschen von Gott (...) Daher muss alles Handeln und Thun ein religiöses werden. Die Offenbarung ist keine von obenher gekommene, ausserordentliche Mittheilung, sondern das Bewusstwerden des eigenen innersten Lebens und einer neuen Anschauung des Unendlichen.[3]

Die Theologin Dorothee Sölle appelliert in ähnlicher Weise. Von einem menschlichen Bedürfnis herrührend legt sie dar, dass Religion die Antwort auf die menschliche Heils-Suche sei:

> Wonach sehnen sich Menschen? Es ist der Wunsch, ganz zu sein, das Bedürfnis nach einem unzerstückten Leben. Das alte Wort der religiösen Sprache »Heil« drückt genau dieses Ganz-Sein, Unzerstückt-Sein, Nicht-kaputt-Sein aus. (...) Es ist zugleich der Wunsch nach einem Leben ohne Berechnung und ohne Angst, ohne äußere oder bereits verinnerlichte Erfolgskontrolle, ohne Absicherung,. Vertrauen können, hoffen können, glauben können – alle diese Erfahrungen sind mit einem intensiven Glücksgefühl verbunden, und eben um dieses Glück des Ganz-Seins geht es in der Religion.[4]

Hieraus ergeben sich zum einen eine schwierige Offenheit, weil sie keine Begriffsschärfe bringt, und zum anderen das Problem, dass die Annahme, dass Religion eine anthropologische Eigenschaft darstellt, das Negieren von Religion durch ein Individuum unmöglich macht.[5]

Neben dem engen und dem weiten Religionsbegriff lassen sich weitere Bestimmungsversuche des Begriffs *Religion* ausmachen.

Der *Religionsbegriff* lässt sich zum einen *substantiell* im Sinne einer gegenständlichen Klärung des Wesens der Religion oder *funktional* mit Blick auf die Relevanz von Religion im Leben des Individuums definieren.

Der *substantielle Religionsbegriff* beschreibt inhaltliche Merkmale von Religion, die sich auf das Heilige, das Transzendente, das Absolute, das Numinose oder das Allumfassende beziehen.

Rudolf Otto, ein lutherischer Religionswisssenschaftler zu Beginn des 20. Jahrhunderts, vertrat diese Definition. Religion sei die Auseinandersetzung des Men-

---

2 TILLICH, PAUL, Die Frage nach dem Unbedingten. Schriften zur Religionsphilosophie (Gesammelte Werke Bd. V), Stuttgart ²1978, 44.
3 SCHLEIERMACHER, FRIEDRICH, Über die Religion. Reden an die Gebildeten unter ihren Verächtern (1799). Berlin/New York 2001.
4 SÖLLE, DOROTHEE, Die Hinreise. Zur religiösen Erfahrung – Texte und Überlegungen, Stuttgart 1975, 167.
5 Vgl. KÖNEMANN, JUDITH, Art. »Religion« in: WiReLex (2015), auf: https://www.bibelwissenschaft.de/stichwort/100075/.

schen mit dem Heiligen, das zugleich exemplarisch für das Geheimnis des Überweltlichen steht. Er kritisierte zugleich den Religionsbegriff Schleiermachers, dem er in der Auffassung, Religion sei ein Gefühl, zustimmte, ihm jedoch vorhielt, dass er das spezifisch Religiöse zu wenig benenne. Das spezifisch Religiöse beschreibt Otto vor allem in der konkreten Begegnung mit dem Heiligen, dem von ihm benannten Numinosen. Religion wird also in der Wahrnehmung von Gegensätzen, dem Abhängigkeitsgefühl in religiöser Dimension, greifbar: zwischen unendlich und endlich, sakral und profan, transzendent und immanent, absolut und kontingent.[6]

Der *funktionale Religionsbegriff* fasst Religion als Hilfsmittel, dass bei der Lösung verschiedener Anforderungen und Herausforderungen unterstützt (funktioniert). Funktionen, die Religion übernehmen kann, sind z. B. die Welterklärung, Orientierung und Identitätsstiftung (Kaufmann), die Handlungsführung (Weber), die Kontingenzbewältigung (Lübbe, Luhmann) oder die gesellschaftliche Integration (Durkheim) als Antwort auf die verschiedenen Anforderungen im Leben eines Individuums.[7]

Auch dieser Ansatz wird jedoch kritisch gesehen, da Religion hier auf eine instrumentalisierte Funktion reduziert wird, die neben Religion immer auch von nicht-religiösen Instrumenten übernommen werden können. So kann gesellschaftliche Integration durch Religion gelingen, wird aber auch durch Teilhabe am Arbeitsleben ermöglicht.

Abschließend sei noch der Ansatz der *Dimensionierung von Religion* als Vorschlag zur Definition benannt, die der amerikanische Soziologe Charles Y. Glock besonders geprägt hat.

Er beschreibt in diesem Ansatz durch die Differenzierung von fünf Dimensionen das Wesen der Religion. Er bestimmt eine inhaltlich-ideologische, die Glaubenslehre betreffende, eine intellektuelle, das Wissen über die Religion betreffende, eine rituelle, auf den Vollzug religiöser Praktiken bezogene, eine Dimension subjektiver Erfahrung und eine Dimension, die sich auf die Konsequenzen für das Alltagshandeln auf der Grundlage der religiösen Normen und Werte bezieht.[8]

---

6 Vgl. WENDEL, SASKIA, Religionsphilosophie, Stuttgart 2010.
7 Vgl. KÖNEMANN, Art. »Religion« in: WiReLex (2015).
8 Vgl. GLOCK, CHARLES YOUNG, Über die Dimensionen der Religiosität, in: Matthes, Joachim. (Hg.), Kirche und Gesellschaft. Einführung in die Religionssoziologie II, Reinbek 1969, 150–168.

3. Wie hältst Du's mit Religion?

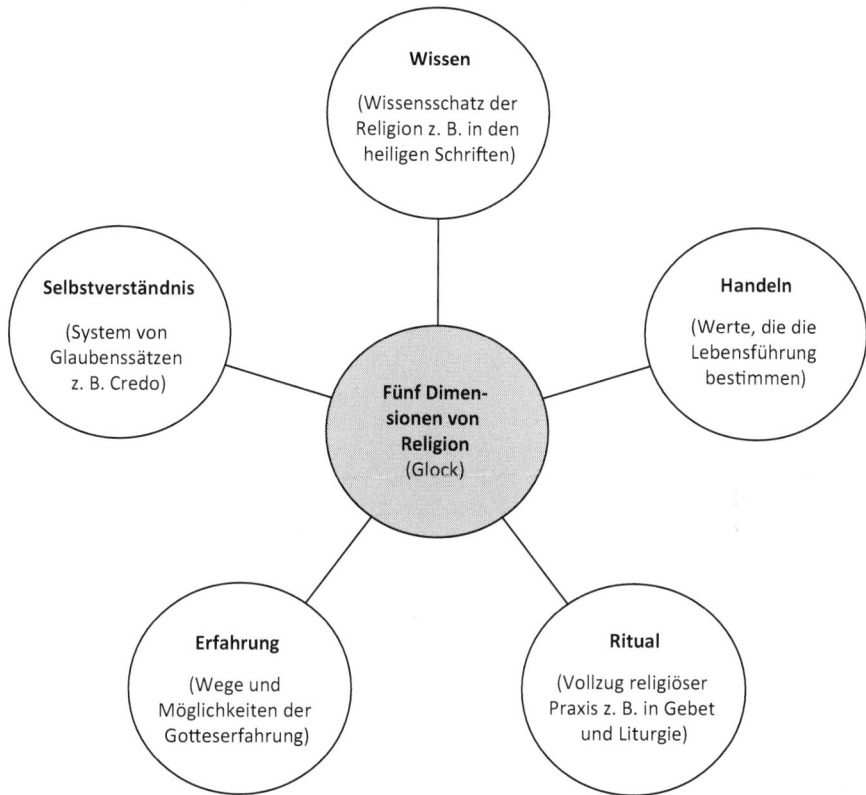

Alle bisherigen Bemühungen, den Religionsbegriff einheitlich zu fassen haben gezeigt, dass eine universale Bestimmung des Begriffs nie absolut gelingen kann, sondern sie stets der jeweiligen Perspektive, Ausgangslage und dem jeweiligen Kontext wie z.B. Innen- oder Außenperspektive auf Religion, vorherrschendes Kirchenbild, kulturelle und historische Position, gesellschaftliche und politische Perspektive, Unterschiedlichkeit der Inhalte und Traditionen verschiedener Religionen unterliegt.

1.1. Religion, Religiosität, Spiritualität

Begriffe, die in diesem Diskurs ähnlich oder gar synonym verwendet werden, sind *Religiosität, Glaube und Spiritualität*.

Religion wird etymologisch auf *religio* (lat. Besorgnis, Gewissen), stärker jedoch auf die Verben *relegere* (lat. wieder lesen, genau beachten) oder *religare* (lat. rückbinden) zurückgeführt. Die Begriffe *Religion und Religiosität* werden in ihrer Gegenüberstellung oftmals darin unterschieden, wie mit ihnen verfahren wird. Während *Religion* ein System von Glaubenssätzen- und lehren umfasst und deshalb auch die *gelehrte Religion* genannt wird, ist Religiosität die subjektive Aneignung und das

Praktizieren dieser Glaubenslehren im Sinne der *gelebten Religion*.⁹ Religiosität ist häufig auch ein Terminus, der in vielfältiger Weise auch da Zuspruch findet, wo Kirche eher abgelehnt wird, aber dennoch eine Zuwendung zu bestimmten Glaubensinhalten stattfindet (wie z. B. »Jesus ja, Kirche nein«). Sie ermöglicht scheinbar bei gleichzeitiger Ablehnung der Kirche (häufig liegt ein institutionalisiertes Verständnis zugrunde) die Befürwortung des Glaubens mit Blick auf die Sinndeutung des eigenen Lebens.

Glauben wird im deutschen Sprachgebrauch mehrdeutig verwendet. Es meint zum einen das im Englischen verwendete Wort *faith*, was den Glauben als Haltung oder Beziehung zu einer Gottheit charakterisiert. Anderseits lässt sich Glauben mit *belief* übersetzen, was den Glauben an die Lehre und die Weltanschauung, die eine Religion vermittelt, fasst.

Zudem zeichnet sich eine weitere Trennlinie ab, nämlich jene, die Religion, Religiosität und Spiritualität voneinander zu unterscheiden versucht.

Während Religion sich anlehnt an (Institution) Kirche oder eine Glaubensgemeinschaft und die dort vollzogene und gelebte Form und Haltung (kirchlich bzw. glaubensgemeinschaftlich gebundene) Religiosität meint, geht man beim Begriff der *Spiritualität* von einer ungebundenen Form der Religiosität aus.

Religion bietet ein konkretes Sinndeutungssystem, das den Menschen als auf eine andere Wirklichkeit bezogenes Wesen versteht und das Ressource für das eigene Leben, die Bewältigung von existenziellen Erfahrungen, Übergängen und Brüchen im eigenen Leben sein kann (Unbedingtes, Letztgültiges, Selbst- und Weltdeutung).[10]

Religiosität wirft im Kontrast dazu stärker einen Blick auf die subjektive Sinngebung und Praxis vor dem Hintergrund eigener biographischer Verläufe. Das eigene Leben, die eigene Biographie ist hierbei stets eng verbunden mit der Sinnfrage.

Spiritualität mutet im Kontrast zu Religiosität modern an und prägt zugleich stark die Gegenwartsreligion.[11] Jugendkirchen und junge Erwachsenenseelsorge folgen dieser Sehnsucht nach »Spirit«. Der Begriff lässt vermuten, dass das, was dort angeboten wird, etwas Ungezwungenes, etwas Individuelles ist, ein freies Angebot, eine Erfahrung zu machen fernab antizipierter kirchlicher Gebundenheit oder Tradition. Spiritualität betont vordergründig eher eine (vermeintlich offene, undefinierte) Transzendenzerfahrung zu einem über die eigene Gegenständlichkeit Hinausverweisenden. Sie findet vor allem Anklang beim modernen Menschen, der sich nach Einklang von Körper und Geist sehnt, da ihr konkreter als der Religiosität beispielsweise eine *leiblich-körperlich-emotionale* Dimension[12] inne liegt. Spiritualität kann, muss aber eben nicht an Religion gebunden sein, sodass diese Dimension beispielsweise bei einem

---

9 Vgl. Könemann, Art. »Religion« in: WiReLex (2015).
10 Vgl. Könemann, Judith, Religion als Differenzkompetenz eigenen Lebens. Zur Bedeutung religiöser Bildung in pluraler Gesellschaft, in: Zeitschrift für Katholische Theologie 133 (2011), 71.
11 Vgl. Knoblauch, Hubert, Einleitung. Soziologie der Spiritualität, in: Zeitschrift für Religionswissenschaft 13 (2005), 123–131, hier 123.
12 Vgl. Könemann, Art. »Religion« in: WiReLex (2015).

Taizé-Besuch aber eben auch (in Auszügen) zumindest in einer Ayurveda-Anwendung erfüllt werden kann. Und auch im Sport lassen sich Parallelerfahrungen ausmachen. Fragt man beispielsweise begeisterte Fußballfans bei einem emotionalen und mitreißenden Stadionbesuch nach leiblich-körperlich-emotionalen Erfahrungen in den vergangenen 90 Minuten, werden sich viele ähnliche Äußerungen feststellen lassen, wie bei einer spirituellen Erfahrung. Spiritualität ist kein exklusiv religiöses Element, da andere Bereiche diese Funktion auch erfüllen.[13]

1.2. Perspektive Kind und Religion

Das Ergebnis einer britischen Kinderspiritualitäts-Studie zeigte, dass Spiritualität eine natürliche Ressource und ein natürliches Vermögen des Kindes von Geburt an ist. Es wird in diesem Kontext auch als Bewusstsein und Fähigkeit beschrieben, sich selbst in seinem Verhältnis zu anderen, zu sich selbst, zur Umwelt und einer größeren Wirklichkeit zu sehen. Die Entwicklung einer Religion bzw. einer Religiosität ist der Studie nach zufolge immer abhängig davon, ob sie von der Lebenssituation ausgehend mit der individuellen Spiritualität in Berührung kommt, ansonsten sei sie nicht authentisch und nicht wirklich relevant für das Kind.[14]

Religion und Religiosität lassen sich bei Kindern also nicht initiieren, sondern müssen an der individuellen Spiritualität des Kindes anknüpfen.

Religion im Sinne eines Sinndeutungsangebots, an das sich das Kind zurückbinden kann, von dem Sicherheit und Halt ausgehen, bedarf zunächst einer Erfahrung, die diese Beziehung einleitet. Neben Beziehungserfahrungen die selbst gemacht werden spielt eine ebenso wichtige Rolle, dass die Kinder erleben was ältere Kinder oder Erwachsene tun, um sich emotional ansprechen und anstecken zu lassen, und dann infolge ähnliche Handlungen zu einer eigenen Erfahrung werden zu lassen. Religiosität braucht also Beziehung, Erfahrung und Vorbilder und muss sich an der kindlichen Spiritualität orientieren, um Relevanz für die kindliche Entwicklung zu haben.

2. Religion und Gesellschaft

Hinter den Fragen nach dem Wesen der Religion in Unterscheidung zu Spiritualität bleibt immer auch zu fragen, inwiefern Religion noch unbedingtes und prägendes

---

13 Vgl. SLOTERDIJK, PETER, Du musst Dein Leben ändern. Über Anthropotechnik, Frankfurt a. M. 2012, 147.
14 Vertiefend setzt sich die Längsschnitt-Fallstudie von Agnes Wuckelt und Viola Fromme-Seifert mit der kindlichen Spiritualität auseinander. Auch diese stützt die Annahme, dass Religionspädagogik an lebenswelt- und subjektorientiert gestaltet sein muss, um die kindliche Spiritualität anzusprechen. Vgl. hierzu WUCKELT, AGNES/FROMME-SEIFERT, VIOLA, Abschlussbericht »Religionspädagogik im Elementarbereich« zum Forschungsprojekt Religionspädagogik im Elementarbereich – Eine Längsschnitt-Fallstudie zur religiösen Entwicklung junger Kinder sowie zur religionspädagogischen Professionalität pädagogischer Fachkräfte. Paderborn 2016, auf: https://www.katho-nrw.de/fileadmin/primaryMnt/Lehrende/Abschlussbericht_Religionspaedagogik_im_Elementarbereich.pdf.

Thema der Gesellschaft von heute ist. Dafür gilt es zunächst einen Blick auf Gesellschaft und die sich in ihr vollziehenden Veränderungen zu richten.

2.1. Leben in der Postmoderne

Die kulturelle und gesellschaftliche Lebenswirklichkeit der Menschen verändert sich stetig und zunehmend. Soziologen bezeichnen das gegenwärtige Zeitalter als Postmoderne, das modernen wissenschaftlichen Strömungen, veränderten Lebenseinstellungen, Ideologien, Lebensstilen und Werthaltungen unterliegt. Standen zuvor Verbindlichkeit, Eindeutigkeit, Klarheit und Beständigkeit für die Leitgrößen der alten Gesellschaft, treten nun neue Werte wie Wandel, Flexibilität, Subjektivität, Unabhängigkeit und Selbstbestimmung und Beliebigkeit an deren Stelle.

Auch religiöses Leben unterliegt in der Gesellschaft von heute starken Veränderungen. Zwar zeigen Mitgliedszahlen der Kirchen, dass es noch gewisse Mehrheiten in Bezug auf die Zugehörigkeit zum Christentum gibt, dennoch lässt sich eine zunehmend geringere Präsenz und Relevanz im gesellschaftlichen Miteinander beobachten. Die Wahl der Weltanschauung erfolgt zunehmend durch das Individuum selbst, ohne dass sich diese wie in den vergangenen Generationen durch Tradition oder kindliche, von Eltern initiierte Taufe, orientiert. Zeitgleich lässt sich in verschiedenen Studien zur Sozialisation von Jugendlichen und jungen Erwachsenen ablesen, dass »Jugendliche zeigen, dass sie weder religionslos noch hoffnungslos sind«[15], so ist in der Folge davon auszugehen, dass es nicht zu dem oft befürchteten und konstatierten Werteverfall kommt, sondern sich ein Wertewandel vollzieht.

Es lässt sich eine zunehmende Privatisierungstendenz beobachten, indem Religion weniger etwas ist, das im Umgang und im Austausch miteinander Thema ist, als vielmehr etwas, das intimes Anliegen in der absoluten Privatsphäre ist. Zeitgleich lässt sich eine Tendenz der Patchwork-Religion erkennen, indem viele Menschen die Grundhaltung vertreten »Ich glaub das, was mir etwas bringt.«. Religion wird den eigenen Bedürfnissen angepasst und so nicht nur privatisiert, sondern auch in gewisser Weise egoistisch funktionalisiert.

Mögliche Gründe für diese Beobachtungen lassen sich aus einem veränderten Lebenszyklus der Gesellschaft ableiten. Einige Vertreter der Religionssoziologie formulieren die Anforderungen an den Menschen durch die moderne Welt im Zusammenhang mit Religiosität sogar sehr radikal, sich nahezu ausschließend: »Man kann eigentlich nicht gleichzeitig ›religiös‹ und ›modern‹ sein, oder jedenfalls nur auf Grund eines individuellen Balanceaktes. Die Denkhorizonte des Religiösen und des Modernen scheinen sich irgendwie auszuschließen, wenigstens für das zeitgenössische Bewusstsein.«[16]

---

15 GRONOVER, MATTHIAS/OBERMANN, ANDREAS, Von der Konfessionalität des Religionsunterrichts, in: Theo-Web. Zeitschrift für Religionspädagogik 13 (2014), 218–234, hier 229.
16 KAUFMANN, FRANZ-XAVER, Religion und Modernität. Sozialwissenschaftliche Perspektiven, Tübingen 1989, 1.

Einflussgrößen, die das Leben in der *Postmoderne* kennzeichnen, sind die Pluralisierung, die Individualisierung, die Privatisierung und die Globalisierung im Kontext des privaten Umfelds.[17]

(1) Die durch *Pluralisierung* geprägte Gesellschaft bietet dem Individuum etymologisch betrachtet eine Vielfalt an Möglichkeiten, das eigene Leben auszugestalten, Lebensformen zu wählen. Das bedeutet auch, dass es zur Ausdifferenzierung der Gesellschaft in Subsysteme kommt. Die eine Gesellschaft als soziale Bezugsgröße differenziert sich in kleinere Gruppierungen, die in ihrem Zusammenspiel dennoch Gesellschaft sind. Pluralität kann aber nicht nur Zuordnung zu und Identifikation mit der eigenen Gruppierung bedeuten, sondern fordert initiativ auch die Präsenz der Gruppe nach außen zu zeigen, andere Gruppierungen einzuladen, Begegnung zu stiften, die sich aus der eigenen Anschauung heraus bestimmt.

(2) *Individualisierung* hingegen bietet jedem Individuum die Freiheit, aber auch die Pflicht zur Wahl. Der Einzelne muss sich entscheiden und positionieren und kann sich nicht mehr auf vorgegebene Strukturen verlassen. Das bedeutet für viele Menschen eine Überforderung. Jeder ist herausgefordert, ein eigenes Lebenskonzept zu entwerfen unabhängig von gültigen Weltanschauungen, Welterklärungstheorien oder Religionen.

Es lässt sich in der Gesellschaft dabei eine Tendenz der Unverbindlichkeit ablesen, die darauf abzielt, sich möglichst viele Optionen offen zu halten und sich eben nicht allzu schnell auf einen Weg festzulegen. Interesse wird bekundet, aber die letztgültige Entscheidung bleibt oft aus. Diese Zögerlichkeit erscheint eine Gegenwirkung zur Forderung von Individualität zu sein. Für die Religion und Religiosität bedeutet das, dass sie nun eine von vielen Sinndeutungsangeboten ist und dass es vermeintliche Interessenten gibt, die zunächst nur einen Teil des umfassenden Ganzen rezipieren ohne sich letztgültig dafür oder dagegen entscheiden wollen oder nur das in ihr Lebensprofil aufnehmen, was gut zu ihnen passt.

Pluralismus und Individualismus stellen eine große, sich aus dem historischen Kontext der Befreiung aus der Ständewirtschaft ergebende Freiheit für den Einzelnen dar und fordern ihn zeitgleich aber zu einer aktiven Stellungnahme im interkulturellen Zusammenleben heraus.

(3) Die *Privatisierung* oder auch Vereinzelung beschreibt in diesem Kontext nicht die Umwandlung gesellschaftlich-öffentlichen Vermögens in privates Eigentum, sondern den Rückgang der Bedeutung von Gesellschaft als Gruppe. Das eigene Handeln wird vornehmlich auf sich selbst und nicht auf das Wohl der Gesamtgemeinschaft hin ausgerichtet. Sie beschreibt eine Innenorientierung der Lebensperspektive. Jeder lebt auf sich und einen engen sozialen bzw. familiären Kreis bezogen, was gravierende Auswirkungen auf die Einrichtungen des gemeinschaftlich-öffentlichen

---

17 Vgl. SCHWEITZER, FRIEDRICH, Postmoderner Lebenszyklus und Religion – Eine Herausforderung für Kirche und Theologie, Gütersloh 2003, 13–24.

Lebens durch eine radikale Abnahme von institutionell eingebundenen Menschen in der Bevölkerung (z. B. in Vereinen, Verbänden, Parteien, Gewerkschaften, Kirchen). Kirchlich bzw. gemeindlich gelebter Glaube verliert zugunsten privat gelebter Religion an Bedeutung. Dies hat wiederum zur Konsequenz, dass einerseits kirchliche Veranstaltungen weniger besucht werden und andererseits privatisierte Religion unabhängig vom Einfluss von Theologie und Bekenntnisüberlieferung besteht. Die kirchliche Lehrmeinung verliert zunehmend an Bedeutung und individuelle bzw. private Überzeugungen, die mitunter nicht-religiös beeinflusst sind, drohen indifferent oder gar konturlos zu verschwimmen.

Mit Blick auf Religion lässt sich beobachten, dass Religion weniger etwas ist, das im Umgang und im Austausch miteinander Thema ist, als vielmehr etwas, das intimes Anliegen in der absoluten Privatsphäre ist. Religion wird privatisiert und zeitgleich lässt sich eine Tendenz der Patchwork-Religion erkennen, indem viele Menschen die Grundhaltung vertreten: »Ich glaube das, was mir etwas bringt.«. Religion wird den eigenen Bedürfnissen angepasst und so nicht nur privatisiert, sondern auch in gewisser Weise egoistisch funktionalisiert und individualisiert.

(4) Unter dem Begriff der *Globalisierung* lassen sich verschiedene Einflüsse fassen. Es handelt sich hierbei nicht (ausschließlich) um wirtschaftliche Veränderungen, sondern um die Veränderungen im privaten Umfeld wie beispielsweise der religiösen Globalisierung im Sinne heterogener Durchmischung von Kulturen.

Einen markanten Einfluss auf die Dynamik von Globalisierungsprozessen haben das vorherrschende Zeitverständnis und die Technisierung, der Menschen ausgesetzt sind.

Zeit als determinierender Faktor von Gesellschaft ist seit Jahrhunderten Maßstab für Struktur und Gelingen. Schon in den Klöstern nutzte man Gebetszeiten zur Strukturierung des Tages und auch heute werden Kinder immer früher an Zeiteinheiten gewöhnt (z. B. im Kinderbuch Momo). Dem Paradigma der gelingenden Work-Life-Balance folgend gewinnen zudem bewusst gesetzte Auszeiten zunehmend an Bedeutung. Zeiten, in denen nichts kreiert oder produziert wird, sondern Zeiten, um bewusst zu entspannen werden jedoch in fast widersprüchlicher Weise zeitlich begrenzt in den Tagesablauf eingeplant. Zeit bedeutet zum einen Struktur und Ordnung für uns, andererseits aber auch eine Einschränkung, mit Blick auf die Endlichkeit. Ausgehend von der Endlichkeit des Augenblickes, den es zu nutzen gilt, hin zur Endlichkeit des eigenen Daseins. Eine weitere Einflussgröße auf die globalisierte Gesellschaft, ist eine zunehmende Technisierung. In ihr verbirgt sich Chance und Risiko zugleich. Zum einen ermutigen die Möglichkeiten, die durch Technisierung geschaffen werden, beispielsweise in der Therapie schwerwiegender Erkrankungen immer weiter auf Heilung zu hoffen und an ihr zu arbeiten. Ungleich schwerer fällt es, wenn Menschen Situationen ertragen müssen, in denen auch fortschrittlichste Entwicklung keinen Ausweg ermöglicht. Die Grenze des Möglichen ist dadurch noch schwerer zu ertragen. Ein weiteres Risiko ist das der Legitimation. Darf der Mensch alles, nur weil es ihm möglich ist? Diese Fragen stellen sich beispielsweise bei Themen wie der Pränataldiagnostik und der Abtreibungsproblematik.

Die mobile Gesellschaft, in der wir leben, unterliegt einer extremen Beschleunigung des Lebenswandels, was Ankommen und Stabilität bedeutend erschwert. Zugleich erwirkt sie eine enorme Flexibilität und Anpassungsfähigkeit was mit Blick auf den Kontext von Bildung und Durchlässigkeit von Bildungssystemen einen Gewinn darstellen kann.

Ebenso stark prägt die Medialisierung unsere Gesellschaft maßgeblich. In der medialen Gesellschaft treten Erfahrungen aus zweiter Hand, also über Medien rezipierte Berichte über Erfahrungen anderer vielfach an die Stelle eigener Erfahrungen. Häufig ersetzen Medien auch ein in Beziehung treten durch Austausch, indem bei Fragen jeglicher Art die gängigen Suchmaschinen befragt werden, bevor man sich anderweitig Rat einholt. Zudem hat der Mensch mit einer Zunahme an Informationen zu tun, die es zu verarbeiten gilt. Problematisch ist dieses Phänomen, wenn es dazu führt, dass soziale Beziehungen vernachlässigt werden, die Zunahme an Informationen zu einer inflationären, überfordernden Größe anwachsen und die Identifikation von Vertraulichkeit und Verbindlichkeit zur Bewertung von Informationen entfällt.[18]

Der Wertewandel steht für Weiterentwicklung von Gesellschaft, aber auch für die Herausforderung, die es für jeden einzelnen zu bewältigen gilt. Sich in einem gesellschaftlichen System der Pluralisierung und gleichzeitiger Individualisierung zu verorten, bedarf einer reflexiven Auseinandersetzung mit der eignen Identität und dem eigenen Lebenswandel. Wonach man strebt und woran man sein »Herz« hängt, erscheint elementar für die Gestaltung eigenen Lebens.[19]

Einige Vertreter der Religionssoziologie formulieren angesichts der Anforderungen an den Menschen durch die moderne Welt im Zusammenhang mit Religiosität sogar sehr radikal:

»Modernes Leben – Man kann eigentlich nicht gleichzeitig ›religiös‹ und ›modern‹ sein, oder jedenfalls nur auf Grund eines individuellen Balanceaktes. Die Denkhorizonte des Religiösen und des Modernen scheinen sich irgendwie auszuschließen, wenigstens für das zeitgenössische Bewusstsein.«[20]

2.2. Studien zur Lebenswelt junger Menschen in der Gesellschaft von heute

Wie stellt sich nun der Wertewandel in der Welt Jugendlicher und junger Erwachsener dar?

Mit Blick auf Religion und Religiosität vor dem Hintergrund des gesellschaftlichen Wandels formulieren Jugendliche und junge Erwachsene Studien zufolge

---

18 Vgl. Hugoth, Matthias, Handbuch religiöse Bildung in Kita und Kindergarten, Freiburg i. Br. 2012, 31–33.
19 Eine vertiefende Betrachtung von Religion und Identität in Zeiten des kulturellen und religiösen Gesellschaftswandels bietet Hämel, Beate-Irene, Textur-Bildung – Religionspädagogische Überlegungen zur Identitätsentwicklung im Kulturwandel, (Zeitzeichen, Bd. 19), Ostfildern 2007.
20 Kaufmann, Religion und Modernität, 1.

eine gewisse Sehnsucht nach dem Letztgültigen, die Suche nach Orientierung und Halt und konkretisieren diese zumeist in einem Verlangen nach spirituellen Erfahrungen. Die Frage nach konkreten religiösen, aber auch spirituellen Erfahrungen, bleibt dabei allerdings häufig vage oder gar unbeantwortet. Fraglich bleibt dabei auch, ob das Verständnis von religiösen und spirituellen Erfahrungen auf Seiten der Jugendlichen dem entspricht, was die Glaubensgemeinschaften vertreten.[21]

Beispiele für Studien, die unter anderem auch die Entwicklung religiöser Werte in der Welt von Jugendlichen untersucht haben, sind die SINUS-Milieu- und die Shell-Studien.

Die SINUS-Milieu-Studie wird jährlich erhoben und erforscht die aktuellen Trends und Bewegungen in der Gesellschaft und interpretiert sie in Milieus. Dabei ist es ihr Anliegen, die Orientierung und Haltung der Menschen, Lebensstile und deren sozialen Hintergrund in den Blick zu nehmen und zu kategorisieren.

War in vergangenen Zeiten noch von verschiedenen gesellschaftlichen Schichten die Rede, so ist an dieser Stelle heute die Rede von gesellschaftlichen Milieus getreten, die nicht mehr scharf voneinander zu trennen und in keinster Weise vertikal auszurichten sind. Vielmehr beschreiben diese Milieus die soziale Lage in Zusammenschau mit Werten, die in diesen vertreten oder befürwortet werden.

Es werden drei Grundorientierungen unterschieden, die die horizontale Achse des Koordinatensystems bilden, in dem sich die Milieus anordnen lassen: (1) Tradition, (2) Modernisierung/Individualisierung und (3) Neuorientierung.

Auf der vertikalen Achse werden verschiedene soziale Lagen unterschieden: (I) untere Mittelschicht/Unterschicht, (II) mittlere Mittelschicht und (III) obere Mittelschicht/Oberschicht.

Kirchlich bzw. christlich-religiös geprägte Milieus lassen sich vor allem im Sektor der Grundorientierung der *Traditionsverwurzelung* und der *Modernisierten Tradition* finden. Die modernen Milieus mit gleichzeitig höherer Bildung formulieren dagegen einen kritischen Blick auf (die Institution) Kirche. Bei den Angehörigen dieser Milieus, die Kirche nicht gänzlich in ihrem Leben ausschließen, zeichnet sich dort der Trend zur Inanspruchnahme von punktuell ausgewählten Angeboten ab. Religiöse Sozialisation vollzieht sich hier nur dann, wenn sie als situativ bereichernd empfunden wird. Darüber hinaus eint die Milieus höherer Bildung die Zuwendung zu neuen Formen von Spiritualität und der gezielten Suche nach für individuell relevanten Aspekten in fremden Religionen. Vor allem aber verdeutlichen die SINUS-Studien, dass die meisten bildungsfernen Milieus eine große Distanz und Ablehnung von Religion und Kirche aufweisen. Sinnstiftende Bedürfnisse werden hier in der Regel mit materiellem Konsum zu erfüllen versucht. Im Verlauf der Jahre und Jahrzehnte lässt sich in den SINUS-Studien eine deutliche Verschiebung der Milieus zugunsten der Grundorientierung der *Modernisierung* und der *Neuorientie-*

---

21 Vgl. KÖNEMANN, JUDITH u. a., Einflussfaktoren religiöser Bildung. Eine qualitativ-explorative Studie, Bielefeld 2016, 190.

rung vermerken, was die Beobachtung der veränderten Rolle von Religion in der Gesellschaft untermauert.[22]

Eine weitere Studie, die sich explizit mit der Jugendwelt auseinandersetzt, ist die Shell-Studie. Die letzte vollzogene Shell-Studie stammt aus dem Jahr 2015. Da dort Religion nicht als explizite Fragekategorie vorgesehen ist, sind besonders die Ergebnisse der *Wertorientierungen Jugendlicher* zu betrachten.

Religion stellt nach wie vor eine konstante Größe in der Wertorientierung Jugendlicher dar, wenngleich sie nicht im Zentrum des Wertesystems steht. Den *Glauben an Gott* gab immerhin jeder Dritte der Befragten als wichtig an.

Was christliche Jugendliche anbelangt, so lässt sich seit längerer Zeit dort ein Rückgang der Religiosität und der Bedeutungsbeimessung des Glaubens verzeichnen. Jugendliche, die anderen Religionen angehören scheinen eine stärkere Bindung an Religion und Glauben zu haben, so legen 76 Prozent der befragten muslimischen Jugendlichen besonders viel Wert auf den Glauben an Gott. Unsicherheiten traten vor allem bei inhaltlichen Fragen zum Glauben auf: 29 Prozent glauben an einen persönlichen Gott, 17 Prozent an »eine überirdische Macht«, 26 Prozent glauben weder an das eine, noch an das andere und 23 Prozent geben zu: »Ich weiß nicht richtig, was ich glauben soll«.

Auch die Shell-Studie untermauert, was die Befunde der veränderten Gesellschaft vermuten ließen: Ein Großteil der Jugendlichen verfügt über eine Patchwork-Religion.[23]

Diese Tendenz zeichnete sich auch in der Tübinger Studie »Jugend – Glaube – Religion« aus dem Jahr 2018 ab. Sie belegt, dass die *Individualisierung* Ausprägungen auf Religion und Glauben hat: Jugendliche und junge Erwachsene haben das Bestreben den eigenen Glauben in Frage zu stellen, eine Entscheidung zu treffen.

Das dort erfragte Gottesbild ist geprägt von abstrakten Vorstellungen und vor allem von den durch das Gottesbild erfüllten Bedürfnissen. So formuliert nahezu die Hälfte der Befragten, dass Gott etwas sei, das Sicherheit gebe und mit dem man sprechen könne. Gott (und Religion) ist also relevant als Gegenüber im In-Beziehung-treten. Auch die Fragen nach der Gebetspraxis, dem Leben nach dem Tod oder dem Kirchenbild geben Anlass zur Annahme, dass Religion durchaus eine Rolle im Leben junger Menschen und damit in unserer modernen Gesellschaft spielt.[24]

Die hier aufgeführten Studien verdeutlichen alle, dass Religion in der heutigen postmodernen Gesellschaft durchaus eine Relevanz bei Jugendlichen und jungen Erwachsenen hat. Gleichwohl zeigen sich ein deutlicher Rückgang des tradierten Verständnisses von Religion und eine zunehmende Zuwendung zu individualisierten Formen von Religion, Religiosität und Spiritualität.

---

22 Vgl. Sinus Markt- und Sozialforschung GmbH, SINUS-Milieus in Deutschland 2018, auf: https://www.sinus-institut.de/sinus-loesungen/sinus-milieus-deutschland/.
23 Vgl. Shell Deutschland, Woran Jugendliche Glauben – 3 religiöse Kulturen, 16. Shell-Jugendstudie 2010.
24 Vgl. Schweitzer, Friedrich u. a., Jugend – Glaube – Religion. Eine Repräsentativ-studie zu Jugendlichen im Religions- und Ethikunterricht, Münster 2018, 20–23.

3. Religiöse Sozialisation – Bin ich religiös geprägt?

Auf die Frage, was in der eigenen religiösen Sozialisation als besonders prägend empfunden wurde, nannten Erzieherinnen und Erzieher drei Hauptbereiche: (1) positive Erfahrungen mit Religion in der Familie und kirchlichen Zusammenhängen im Kindesalter, (2) schwierige Lebensphasen und (Um-)Brüche im eigenen Leben sowie (3) Beziehungen zu anderen Menschen.[25]

Oft wird Jugendlichen und jungen Erwachsenen in der heutigen Zeit eine sehr geringe christliche Sozialisation attestiert. In verschiedenen (Bildungs-)Kontexten wird in dieser Weise zudem argumentiert, dass christliche Sozialisation heute nicht mehr als gegeben vorausgesetzt werden kann.

Wie aber vollzieht sich christliche bzw. religiöse Sozialisation unter den Voraussetzungen einer postmodernen Gesellschaft? Bleibt dieser Prozess tatsächlich aus oder verläuft er in sich verändernder Weise?

Sozialisation bezeichnet den Prozess der *Persönlichkeitsentwicklung* und unterliegt den *Einflüssen* und Eindrücken der Umwelt auf das Subjekt der Sozialisation. Sie unterliegt also auch den bereits im vorangegangenen Kapitel skizzierten Veränderungen des sozialen Umfelds und damit der Gesellschaft wie der Pluralisierung und Individualisierung.

Religiöse Sozialisation bezeichnet entsprechend die Entwicklung des religiösen Menschen in der Auseinandersetzung mit durch religiöse Institutionen vermittelten Normen, Werte, Lehren und Überzeugungen.[26]

Man unterscheidet zwischen der Sozialisation in verschiedenen Lebensphasen, die jeweils durch bestimmte dort gemachte Erfahrungen bzw. Themen geprägt sind:

- *primäre Sozialisation*, die sich auf die Entwicklung in früher Kindheit bezieht (Prägung vornehmlich durch enge Bezugspersonen)
- *sekundäre Sozialisation*, die sich im Kindes- und Jugendalter vollzieht (Prägung durch Familie, Bildungseinrichtungen und Peer-Groups)
- *tertiäre Sozialisation*, die sich im Erwachsenenalter vollzieht (Prägung durch Arbeit oder beispielsweise Familiengründung)
- *quartäre Sozialisation*, die sich im Seniorenalter vollzieht (Prägung durch Ruhestand, Fragen nach Gesundheit und Tod).[27]

Neben den verschiedenen Altersstufen der Sozialisation lassen sich zudem verschiedene Akteure unterscheiden, die die religiöse Sozialisation in besonderer Weise beeinflussen: Familie, Gemeinde, Schule und Medien.

---

25 Vgl. RUPP, THOMAS, Religiöse Bildung in katholischen Kindertagesstätten zwischen Theorie und Praxis. (Tübinger Perspektiven zur Pastoraltheologie und Religionspädagogik, Bd. 55), Berlin 2018, 141.
26 Vgl. RIEGEL, ULRICH, Art. »religiöse Sozialisation« in: WiReLex (2018), auf: https://www.bibelwissenschaft.de/stichwort/200373/.
27 Vgl. HURRELMANN, KLAUS, Sozialisation. Das Modell der produktiven Realitätsverarbeitung, Weinheim 2012, 68–70.

Religiöser Erziehung und religiöser Praxis in der Familie kommt eine elementare Funktion in der religiösen Sozialisation zu, jedoch zeigt sich dieser Bereich als zunehmend wenig relevant, da sich viele Eltern nicht kompetent genug fühlen, durch die eigene, in Teilen stark verunsicherte religiöse Praxis, eine religiöse Sozialisation zu forcieren. Auch die Sorge vor der Verletzung der Religionsfreiheit des Kindes führt bei Eltern oft zur Entscheidung, keine religiöse Sozialisation innerhalb der Familie anzubahnen, sodass in beiden Fällen die religiöse Praxis in diesem Bereich quasi verschwunden und häufig nur punktuell (z. B. Übergangsgestaltung, Sakramente) wahrnehmbar ist.[28] Zudem erscheint das gemeinsame Zeitfenster von Eltern und Kindern heute deutlich geringer, da nur die wenigsten Kinder zu Hause betreut werden und in immer jüngerem Alter und über längere Zeit am Tag in Betreuungs- und Bildungseinrichtungen verweilen.

Ähnliches gilt für Gemeinde als Akteur religiöser Sozialisation. Hier werden Wissen, Überzeugung und Praxis in formalen und informellen Kontexten erlebbar. Diese sind allerdings nur noch einer sehr kleinen Gruppe vorbehalten, so schlussfolgert die Evangelische Kirche in Deutschland (EKD) in ihrer fünften Kirchenmitgliedschaftsstudie, dass lediglich 13 Prozent der evangelischen Christen in ihrer Gemeinde aktiv sind.[29]

Eine tragende Rolle in der religiösen Sozialisation im Kindes- und Jugendalter nimmt dagegen die Schule ein. Neben dem Religionsunterricht mit klar definierten Zielen, der Wissen sowie Dialog- und Urteilsfähigkeit vermitteln will,[30] kommt hier der Religionslehrperson eine prominente Rolle zu, der auch in den kirchlichen Dokumenten besondere Aufmerksamkeit geschenkt wird. Ähnliches lässt sich für weitere Bildungseinrichtungen wie beispielsweise die Kindertagesstätte sagen, wo den pädagogischen Fachkräften eine ähnliche Bedeutung beizumessen ist.[31] Ein weiterer einflussnehmender Faktor auf religiöse Sozialisation im Bereich der Schule kann Schulpastoral als erlebte Seelsorge und religiöse Praxis im Raum der Schule z. B. in Gottesdiensten, Frühschichten oder einem Raum der Stille sein.[32] Mit zunehmendem Aufkommen von Ganztagsschulen wird auch dort der Dienst der Kirchen möglicherweise zu einem religiösen Erfahrungsraum. Die Übernahme der Übermittags- und Hausaufgabenbetreuung oder beispielsweise die Kooperation mit kirchli-

---

28 Vgl. ZIEBERTZ, HANS-GEORG/RIEGEL, ULRICH, Letzte Sicherheiten. Eine empirische Untersuchung zu Weltbildern Jugendlicher, Gütersloh/Freiburg 2008, 154f.
29 Vgl. POLLACK, DETLEF u. a., Intensive Mitgliedschaftspraxis, in: Kirchenamt der EKD (Hg.), Engagement und Indifferenz. Kirchenmitgliedschaft als soziale Praxis. 5. EKD-Erhebung über Kirchenmitgliedschaft, Hannover 2014, 43–49.
30 Vgl. SEKRETARIAT DER DEUTSCHEN BISCHOFSKONFERENZ, Der Religionsunterricht vor neuen Herausforderungen, Die Deutschen Bischöfe 80, Bonn 2005, 18–30 und KIRCHENAMT DER EKD (Hg.), Religiöse Orientierung gewinnen. Evangelischer Religionsunterricht als Beitrag zu einer pluralitätsfähigen Schule, Gütersloh 2014, 42–45.
31 Vgl. SEKRETARIAT DER DEUTSCHEN BISCHOFSKONFERENZ, Der Religionsunterricht vor neuen Herausforderungen, 34–36; KIRCHENAMT DER EKD (Hg.), Religiöse Orientierung gewinnen, 50–53 und KÖNEMANN u. a., Einflussfaktoren religiöser Bildung, 92–96.
32 Vgl. KAUPP, ANGELA, Handbuch Schulpastoral. Für Studium und Praxis, Freiburg 2016.

chen Jugendverbänden ermöglicht Kindern und Jugendlichen hier einen niedrigschwelligen Kontakt zu religiösen Angeboten. Die Medialisierung prägt die Gesellschaft und gewinnt zunehmend an Relevanz in allen Lebensbereichen, so auch für religiöse Sozialisation. Die Rezeption religiöser Darstellungen allerdings geschieht vornehmlich unbewusst und in der medialen Kommunikation untereinander kommt Religion kaum eine Bedeutung zu.[33]

Akteur	Familie	Gemeinde	Schule	Medien
Einfluss durch ...	Rel. Erziehung, Rel. Praxis, Menschliche Grunderfahrungen	Institution christlicher Praxis und Wissens,[34] Formal und informell	Religionsunterricht, Religionslehrperson, Schulpastoral, Rel. Schulleben, Dienst der Kirchen (z. B. Übermittags-angebote)	Rezeption religiöser Symbole, Erzählungen und Motive in Unterhaltungs-medien, Darstellung von Religion in Informationsmedien

Religiöse Sozialisation wird darüber hinaus nicht nur durch agierende Personen oder Institutionen, sondern auch durch gegebene Faktoren wie das *Geschlecht* sowie *Milieu- und Religionszugehörigkeit* beeinflusst.

Je nachdem, wie in der Sozialisationstheorie generell angenommen, ob man als weiblich oder männlich angesehen wird, werden nach wie vor stereotype Vorstellungen mit der jeweiligen Rolle verbunden. So wird beispielsweise die Rolle der Frau stark mit Familie assoziiert, was bestimmte stereotype Aufgabenzuschreibungen mit sich bringt. Frauen, so die Zuschreibung, wird die Zuständigkeit für die frühe Erziehung und Bildung der Kinder und so im religiösen Kontext auch für die erste religiöse Sozialisation attestiert.[35]

Wie bereits in der Analyse der Studien zur Lebenswelt junger Menschen und besonders der SINUS-Studie ausgeführt, wird davon ausgegangen, dass die Menschen, die einem Milieu angehören, ähnliche Erfahrungen wertschätzen und eine ähnliche Lebensgestaltung präferieren. So ist in der Interpretation der Milieus und deren Grundorientierung abzuleiten, dass die katholische Kirche vor allem im wertkonservativen Spektrum mit höherer Bildung verankert ist. Religiöse Sozialisation vollzieht sich zudem vor allem in Milieus mit höherer Bildung. Bei zunehmender Orientierung an Selbstverwirklichung und Offenheit für Neues, desto mehr nehmen spirituelle Alternativen den Platz von Religion im Sozialisationsprozess ein.

---

33 Zur folgenden Tabelle vgl. Schmälzle, Udo, Religiöse Erziehung in der Familie, in: Ziebertz, Hans-Georg/Simon, Werner (Hg.), Bilanz der Religionspädagogik, Düsseldorf 1995, 370–382, hier 376–380.
34 Vgl. Grethlein, Thomas, Religionspädagogik, Berlin 1998, 311.
35 Vgl. Riegel, Religiöse Sozialisation.

3. Wie hältst Du's mit Religion?

Angesichts der zunehmenden religiösen Pluralität spielt die Religionszugehörigkeit eine besonders relevante Rolle in der religiösen Sozialisation. So lassen sich beispielsweise bei Menschen, die in der Diaspora leben, besondere und in Teilen intensivere und bewusstere Sozialisationsprozesse ausmachen als bei Menschen, die mit ihrer Religionszugehörigkeit der Mehrheit einer Bevölkerung angehören.

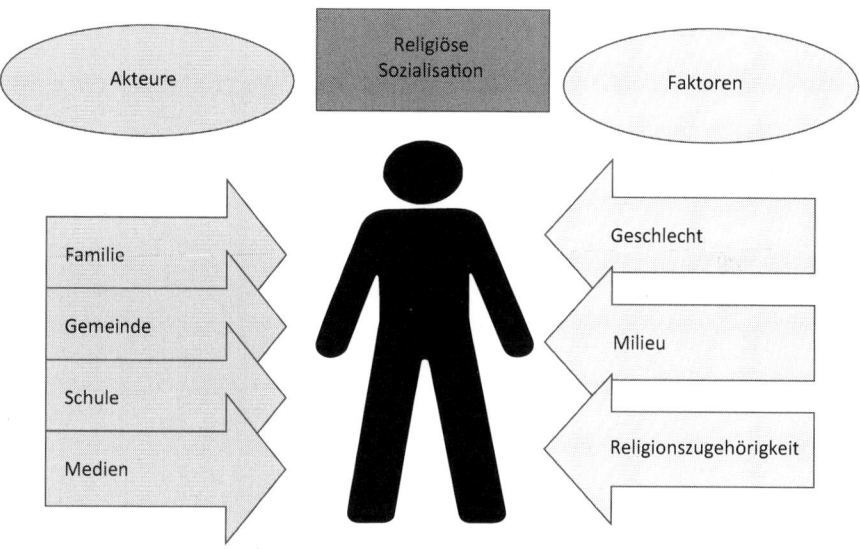

Religiöse Sozialisationsprozesse sind von Kindesbeinen an angelegt und vollziehen sich bis ins hohe Alter. Sie beeinflussen als komplexes Gewebe unterschiedlichster Akteure und Faktoren die individuelle Entwicklung des Individuums.

Mit Blick auf gesellschaftliche Veränderungen findet religiöse Sozialisation zunehmend selbstbestimmt in Umfeldern statt, die kaum oder nur wenig durch institutionalisierte Religiosität geprägt werden. Die Frage danach, ob Jugendliche (noch) an Religion interessiert sind, deutet auf einen fast sprichwörtlichen Verweis auf nachlassende religiöse Sozialisation hin. Wird religiöses Interesse engeführt und am Interesse an der Institution Kirche z. B. durch Teilnehmerzahlen von Gemeindegottesdiensten bemessen, so lässt sich diese Beobachtung ggf. stützen. Um eine authentische und umfassende Antwort auf die Frage zu erhalten, braucht es jedoch eine differenziertere Betrachtung von Religion und Religiosität. Der ausschlaggebende Messwert kann und darf nicht ausschließlich die Beteiligung an Gottesdienst/Liturgie sein – wie die Studien zur Lebenswelt junger Menschen belegen.

4. Religiöse Identität – Bin ICH religiös?

Die Frage nach religiöser Identität ist ähnlich wie die nach religiöser Sozialisation vor sich verändernden gesellschaftlichen Kontextfaktoren zu betrachten.

Der Identitätsbegriff zielt in der Elementarpädagogik in der Regel auf religiöse Identifikationsprozesse beim Kind ab. Diese Prozesse jedoch setzen erfolgte Identifikationsprozesse bei ihren Bezugspersonen voraus – im Sinne der Aussage »Entwicklungsarbeit verlangt Selbstentwicklung«[36]. In der Folge ist die berufliche Identität von Erzieherinnen und Erziehern stets mit der persönlichen Identität sehr eng verbunden. Es gilt deshalb immer wieder, das konkrete Verhalten im Alltagsgeschehen im Spiegel der eigenen Lebensgeschichte zu betrachten und durch diesen immer wiederkehrenden Prozess der ganzheitlichen Selbstreflexion Klärungsprozesse der Identität anzustoßen.

Ziel der Identitätsbildung ist dabei Persönlichkeitsbildung, die herausfordert, alle Talente und Potentiale voll zu entfalten. »Wer ist der Mensch, der ich bin?«[37] – Diese reflexive Herausforderung unterliegt dem sozial-kulturellen Wandel der Zeit und fordert aufgrund der Ablösung tradierter und strukturierter Rollensysteme der Vergangenheit den modernen Menschen besonders heraus. Die Pluralisierung hat neben einer radikalen Freiheit und zahlreichen Wahlmöglichkeiten eben auch dazu geführt, dass Sicherheiten, die sich aus Beruf und Tradition ergeben, die sich durch Kultur, Religion oder politischen Positionen ergeben, zunehmend verschwinden und für eigene Identifikationsprozesse als Schablone nicht mehr nutzbar sind. Die zentrale Frage danach, wer man selbst ist, wo man sich verankert und wonach man strebt, muss also zunehmend in einem individualisierten Projekt des Einzelnen beantwortet werden und fordert das Individuum durch mannigfaltige Angebote in einem Entscheidungsdilemma immer wieder neu heraus.

Der eigene Lebensentwurf unterliegt Flexibilität und Wandelbarkeit und fußt zunehmend weniger auf Vorhersehbarkeit und Verlässlichkeit. Plötzliche Brüche im Leben, fehlende Kontinuität und wandelbare Strukturen führen zu Orientierungslosigkeit und halten das Individuum auf einer permanenten Suche nach den richtigen Entscheidungen. Dabei unterliegt es den gesellschaftlichen Leitbildern, die zur Selbstbestimmung, Selbstverwirklichung und Freiheit auffordern und das Individuum geradezu in problematischer Weise verpflichten.

Dabei fehlen identitätssichernde und entlastende Strukturen und Orientierungen, die beispielsweise bei der Berufswahl unterstützen können. Zahlreiche Jugendliche und junge Erwachsene sind am Ende ihrer Regelschulzeit nicht wirklich sicher, welches berufliche, konkrete Ziel sie verfolgen wollen. Die Berufspädagogik spricht heute vom zunehmenden Phänomen der diskontinuierlichen Berufsbiographie. Neben ökonomischen Hintergründen spielen hier vor allem sozial-gesellschaftliche Veränderungen und Anforderungen des Individuums eine Rolle, sodass es üblich ist, nicht im ursprünglich erwählten oder erlernten Beruf zu verweilen, sondern eine Weiterqualifizierung anzugehen (auch im Zuge zunehmender Akademisierung) oder aber zu einem späteren Zeitpunkt einen völlig anderen Beruf zu erlernen.

---

36 KRENZ, ARMIN, Die Persönlichkeit der Erzieherin: Dreh- und Angelpunkt jeder »guten« Pädagogik, in: Krenz, Armin (Hg.), Kindorientierte Elementarpädagogik, Göttingen 2010, 198–206, hier 199.
37 PIRKER, Fluide und fragil, 11.

3. Wie hältst Du's mit Religion?

Identität ist also eher als »Patchwork« zu verstehen, das aus mehreren zu Identitätsfragmenten besteht, die durch die individuelle Sinnstiftung zusammengefügt und -gehalten werden. Die Zusammensetzung der Patchwork-Identität wird dabei durch Einflüsse von außen und die Ressourcen des Individuums kontinuierlich beeinflusst und überarbeitet.

Der Diskurs um den Identitätsbegriff hat eine lange Tradition und wird von verschiedenen Wissenschaftsdisziplinen unterschiedlich gefasst. Jürgen Habermas, Philosoph und Soziologe, vertritt die Überzeugung, dass Identitätsentwicklung in Stufen verläuft. Ausgehend von der ersten Stufe, einer natürlichen quasi angeborenen Identität, verlaufend über die Ausbildung einer Rollenidentität, die das Individuum durch Traditionen, Rollen und Normen einer bestimmten Gruppe rückbindet und schließend mit einer Ich-Identität, die für eine adoleszente und reflektiert wahrgenommene und gestaltete Identität steht.[38] Vor dem Kontext aktueller gesellschaftlicher Veränderungen bleibt fraglich, inwiefern und vor allem in welcher Weise die Rollenidentität mit Blick auf religiöse Identität (z. B. durch die Zugehörigkeit zu einem Milieu, einer Kirchengemeinde etc.) maßgeblich geprägt und ausgebildet wird, oder ob es nicht vielmehr darauf ankommt, eine Identität in Differenz zu einer vorbestimmten Rolle auszubilden.

Aber vor allem die Ich-Identität ist für die Frage nach religiöser Identität ausschlaggebend. So geht der Theologe und Religionspädagoge Friedrich Schweitzer davon aus, dass ohne Ich-Identität eine religiöse Identität nicht denkbar ist, da es einer reflektierten Übernahme von Überzeugungen bedarf, was sich durch die Aussagen zu den entwicklungspsychologischen Grundlagen von Religion und Glaube (vgl. Kap. 2) manifestieren lässt.

Von einer religiösen Identität ist in dieser Folge nur zu sprechen, wenn im Sinne einer religiösen Ich-Identität die durch Herkunft und Sozialisation bedingte Prägung verfügbaren religiösen Orientierungen in reflexiver Form angeeignet werden.[39]

Was genau aber ist unter einer religiösen Identität zu fassen? Und stellt diese das Ergebnis religiöser Bildungsprozesse dar oder ist sie als Grundlage dieser zu verstehen?

Die Problematik der Fassung eines einheitlichen Religionsbegriffs überträgt sich auf das Verständnis religiöser Identität.[40] Es kann zudem nicht von Identitätskonstruktionen ausgegangen werden, die auf der Identifikation mit einer konkreten Religionsgemeinschaft fußen, sondern im Kontext der skizzierten gesellschaftlichen Veränderungen erscheint auch religiöse Identität zunehmend pluralisiert, privatisiert und individualisiert. Es ist vielmehr davon auszugehen, dass zunehmend interreligiöse und interkulturelle Überzeugungen und Haltungen in den Identitätsbil-

---

38 Vgl. HABERMAS, JÜRGEN, Zur Rekonstruktion des Historischen Materialismus, Frankfurt a. M. 1976, 94 und 99–101.
39 Vgl. SCHWEITZER, FRIEDRICH, Religiöse Identitätsbildung, in: Schreiner, Peter u. a. (Hg.), Handbuch Interreligiöses Lernen, Gütersloh 2005, 294–303, hier 299.
40 Vgl. PIRKER, Fluide und fragil. 11–17.

dungsprozess einfließen und sich religiöse Identität in Form eines Gewebes[41] bzw. Patchworks darstellt.

Zudem vollzieht sich Identitätsbildung im Abgleich von Selbst- und Fremdwahrnehmung. Eine *religiöse Identität* wird identifiziert, wenn das Individuum sich selbst oder andere dem Individuum religiöse Aspekte zuschreiben. Dies kann in der Außenwirkung (1), beispielsweise durch das Tragen religiöser Symbole, Kleidung und in rituellen Handlungen erkannt werden, es kann sich im Gefühl (2) des Individuums widerspiegeln, indem es sich einer Glaubensgemeinschaft bzw. Gott zugehörig fühlt oder beispielsweise ein religiös geprägtes Urvertrauen hat und es kann sich im Denken und Erzählen (3) ausprägen, indem beispielsweise eigene Erfahrungen auf Gott hingedeutet werden oder religiöse Traditionen Einzug in die individuelle Lebensdeutung erhalten.[42]

Neben der Selbst- und Fremdwahrnehmung unterscheidet der Humanwissenschaftler Jörg Zirfas zwei weitere Dimensionen der Wahrnehmung, indem er jeweils Wirklichkeit und Anspruch von Selbst- und Fremdwahrnehmung differenziert.[43]

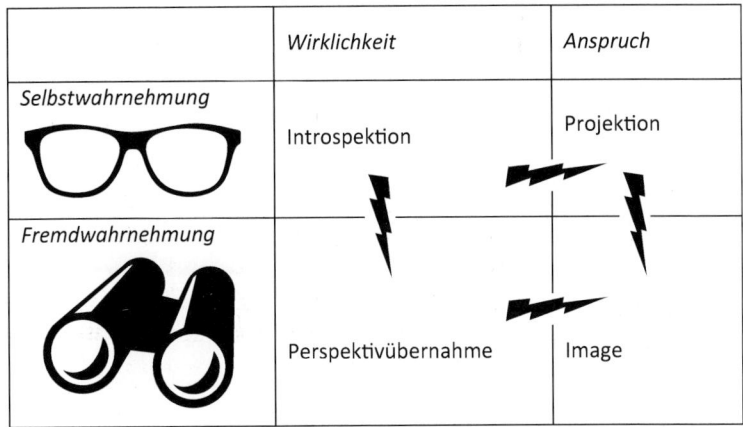

⚡ = mögliche auftretende Spannungen durch Differenzen zwischen Fremd- und Selbstwahrnehmung, Anspruch und Wirklichkeit

Treten Differenzen zwischen Selbst- und Fremdwahrnehmung bzw. zwischen Wirklichkeit und Anspruch auf, muss das Individuum diese Spannungen bewältigen und aushandeln.[44] Ob und in welcher Weise eine Person also über eine religiöse Identi-

---

41 Vgl. ZIEBERTZ, HANS-GEORG, Religion, Christentum und Moderne. Veränderte Religionspräsenz als Herausforderung, Stuttgart u. a. 1999, 70f.
42 Vgl. ALTMEYER, STEFAN, Art. »religiöse Identität«, in: WiReLex 2016, auf: https://www.bibelwissenschaft.de/stichwort/100197/.
43 Vgl. ZIRFAS, JÖRG, Identität, in: Wulf, Christoph/Zirfas, Jörg (Hg.), Handbuch Pädagogische Anthropologie, Wiesbaden 2014, 567–577, hier 572–574.
44 Vgl. PIRKER, Fluide und fragil, 25.

tät verfügt, liegt nicht nur in der Eigenwahrnehmung, sondern wird in nicht unerheblichem Maße durch die Wahrnehmung des Umfeldes beeinflusst. Der Rosenkranz beispielsweise ist ein zutiefst religiöses Symbol für einen Gebetsritus. Legt eine Person diesen Rosenkranz an, kann sie dies als Ausdruck einer ausgeprägten religiösen Identität tun (Introspektion). Es wäre aber auch denkbar, dass dies lediglich aus dem Anspruch geschieht, nach außen den Schein einer religiösen Identität zu vermitteln, die nicht zwangsläufig vorliegt (Projektion). Weiter besteht die Möglichkeit, dass der Rosenkranz beispielsweise aus ästhetischen Gründen angelegt wird, also als reines Schmuckstück ohne religiöse Absichten. Deuten Außenstehende diese Symbolik als Ausdruck religiöser Identität, so schreiben sie der Person vermeintliche Eigenschaften einer religiösen Identität zu (Image). Wissen Außenstehende hingegen darum, dass die Person mit dem Rosenkranz eine eigene religiöse Erfahrung oder ein religiöses Bedürfnis verbindet, so entspricht das religiöse Symbol dem Ausdruck einer religiösen Identität (Perspektivübernahme).

Schlussendlich braucht die Verständigung über religiöse Identitätsbildung sowohl eine reflektierte Innenperspektive als auch eine reflektierte Außenperspektive. Zudem muss religiöse Identität immer auch vor den sozialen, gesellschaftlichen und kulturellen Kontextfaktoren betrachtet werden, die Einfluss auf die Entwicklung eines Individuums nehmen. Wichtig dabei ist, dass Identität nicht als starres Gebilde, sondern als fluides, nicht abgeschlossenes Konglomerat im Sinne eines prozesshaften Geschehens zu verstehen ist.

Damit steht dieses moderne Verständnis von Identität dem tradierten Identitätsverständnis von Erikson gegenüber, der seinerseits von einer stufenhaften Identitätsentwicklung in verschiedenen Altersstufen ausging und die Annahme vertrat, dass Identität im Erwachsenenalter abgeschlossen sei.[45]

Eine besondere Bedeutung ist der Frage nach religiöser Identität im zunehmenden Diskurs des interreligiösen Lernens zuzuschreiben. Die Frage, die in diesem Zusammenhang aufgeworfen wird, ist, inwiefern religiöse Identität eine notwendige Grundlage interreligiösen Lernens darstellt, weil sie in der Begegnung mit dem Fremden erkennbar wird und die Perspektive schärft oder ob religiöse Identität unabhängig von interreligiösen Lernprozessen zu betrachten ist. Aktuell wird diese Frage auch im Zusammenhang mit dem Konfessionell-Kooperativen Religionsunterricht diskutiert, dessen Anliegen es ist, auf der Grundlage einer konfessionellen Identität durch Begegnung mit einer anderen Konfession interkonfessionelle Lernprozesse anzustoßen und die eigene religiöse Identität zu schärfen.[46]

5. Braucht religiöse Kompetenz eine religiöse Identität?

»Religiöse Kompetenz« setzt sich im pädagogischen Kontext aus mehreren Bestandteilen zusammen. Sie vereint religiöses und theologisches Hintergrundwissen sowie

---

45 Vgl. SCHWEITZER, Religiöse Identitätsbildung, 295.
46 Vertiefende Literatur zu diesem Thema: KIEßLING, KLAUS u. a., Machen Unterschiede Unterschiede? Konfessioneller Religionsunterricht in gemischten Lerngruppen, Göttingen 2018.

die Reflexion religiöser Inhalte und Vollzugsformen, wie beispielsweise Kenntnisse zur Christologie und deren Bedeutung für die Glaubensgrundlagen des Christentums. Zudem umfasst religiöse Kompetenz die persönliche Auseinandersetzung mit Inhalten und Vollzugsformen zugunsten einer Habitusbildung (vgl. Kap. 1) und Eloquenz zu religiösen Themen sowohl im Gespräch mit Erwachsenen als auch gegenüber Kindern.[47]

Rainer Möller spricht von einem Dreieck der Kompetenzbereiche Wollen (innere Haltung, Habitus), Wissen (Kenntnisse, religiöses Hintergrundwissen) und Können (religionspädagogische Fähigkeiten und Fertigkeiten), die sich immer wieder aufeinander beziehen und miteinander verschränken sollen, um zu einer umfassenden religionspädagogischen Handlungskompetenz zu erwachsen.[48]

Von Erzieherinnen wird einerseits erwartet, dass sie Religiöses und religiöse Bedürfnisse im Alltag der ihnen anvertrauten Kinder entdecken, was eine enorme Reflexivität und Deutungskompetenz braucht. Andererseits werden Erzieherinnen nicht nur im Privatleben und der eigenen Sozialisation, sondern vor allem im beruflichen Alltag mit einer zunehmenden religiös-weltanschaulichen Pluralität konfrontiert. Dabei gilt es Tag für Tag diese Pluralität im Kontext der elementarpädagogischen Bildungsprozesse nicht auszuklammern, sondern sie bewusst zum Gegenstand werden zu lassen. Diese Herausforderung setzt eine klare Selbstvergewisserung voraus, die durch selbstreflexive Prozesse in den Bereich religiöser Identitätsbildung einfließen. Diese sind regelrecht ergebnisoffen und nicht endgültig abschließend zu verstehen, sondern unterliegen den verschiedenen Einflussfaktoren wie beispielsweise Brüchen im eigenen Leben, die sich auf die religiöse Identitätsbildung auswirken können.

Um dem religiösen Bildungsauftrag nachkommen zu können, werden darüber hinaus religionspädagogische Kompetenzen benötigt, die neben reinem Methodenwissen, vertiefte Kenntnisse von Glaubenswissen und Kenntnisse über die religiöse Entwicklung von Kindern (Vgl. Kap. 2) voraussetzen.

Gilt, dass es im derzeitigen gesellschaftlichen Wandel keine starre religiöse Sozialisation und Identität vorausgesetzt werden sollte, so ist dennoch davon auszugehen, dass diese Prozesse dennoch elementar dafür sind, dass religionspädagogische Kompetenz ausgebildet und wirksam werden kann:

> »Wer keinerlei Bezug zur Welt des Glaubens hat, wer nicht zu verstehen sucht, was seine Botschaften beinalten und was sie denjenigen bedeuten, die sich zu diesem Glauben bekennen, der wird kaum religiöse Bildungsarbeit wahrhaftig praktizieren können. Es sei denn, die religiöse Bildungsarbeit beschränkt sich auf die Anwendung eines angeeigneten religionspädagogischen Methodenrepertoires.«[49]

---

47 Vgl. Hugoth, Handbuch religiöse Bildung, 243–246.
48 Vgl. Möller, Rainer, Ausbildung von Erzieherinnen und Erziehern. Ein religionspädagogisches Kompetenzmodell, in: Helmchen-Menke, Heike, Kita als pastoraler Ort. Rahmenbedingungen, Praxisbausteine, Perspektiven. Ein Handbuch, Ostfildern 2016, 199–205, hier 201f.
49 Hugoth, Handbuch religiöse Bildung, 242.

B. Methodisch-didaktische Umsetzung

1. Der Begriff »Religion« – Impulse:

1. Die Frage danach, was »Religion« meint und umfasst, hat eine lange Tradition. Zahlreiche Antwortversuche aus verschiedenen Wissenschaftsdisziplinen haben diesen Diskurs geprägt.
   Wählen Sie einen der im Folgenden angeführten Antwortversuche aus und beziehen Sie Stellung:
   - Warum haben Sie diese Antwort auf die Frage, was Religion ist, ausgewählt?
   - Stimmen Sie der Antwort zu?
   - Was sehen Sie kritisch an diesem Antwortversuch?
   - Auf welche Beispiele und Bereiche Ihres Arbeitsfeldes lässt sich diese Definition anwenden, wo ggf. nicht?

Antwortversuche:

- Dorothee Sölle: »Religion ist das Bedürfnis nach Ganz-Sein, Unzerstückt-Sein, Nicht-kaputt-Sein.«
- Johann Baptist Metz: »Die kürzeste Definition von Religion ist ›Unterbrechung‹.«
- Friedrich Schleiermacher: »Der Mensch wird mit der religiösen Anlage geboren wie mit jeder andern, und wenn nur sein Sinn nicht gewaltsam unterdrückt […] wird […], so müsste sie sich auch in jedem unfehlbar auf seine eigne Art entwickeln.«
- Paul Tillich: »Religion ist im weitesten und tiefsten Sinne des Wortes das, was uns unbedingt angeht. Religiös sein bedeutet, leidenschaftlich nach dem Sinn unseres Lebens zu fragen und für Antworten offen zu sein, auch wenn sie uns tief erschüttern.«
- Albert Einstein: »Wissenschaft ohne Religion ist lahm, Religion ohne Wissenschaft ist blind.«
- Immanuel Kant: »Es ist nur eine Religion, aber es kann vielerlei Arten des Glaubens geben.«
- Kurt Tucholsky: »Der Mensch hat zwei Beine und zwei Überzeugungen: eine, wenn's ihm gut geht und eine, wenn's ihm schlecht geht. Die letzte heißt Religion.«
- Karl Marx: »Die Religion ist der Seufzer der bedrängten Kreatur, das Gemüt einer herzlosen Welt, wie sie der Geist geistloser Zustände ist. Sie ist Vertröstung aufs jenseits, ist das Opium des Volkes.«

2. Sammeln Sie im Plenum Begriffe, die mit Religion zu tun haben.
3. Ballonreise (in Einzelarbeit): Stellen Sie sich vor, Sie seien auf einer Ballonreise. Der Korb des Ballons ist gefüllt mit den an der Tafel gesammelten Begriffen. Ihr Ballon verliert an Auftrieb, Sie müssen Begriffe über Bord schmeißen, die Sie für nicht zu wichtig halten. Streichen Sie nun alle gesammelten Begriffe, die Sie über Bord werfen würden, bis lediglich 4 Begriffe übrig sind. Formulieren Sie aus den verbliebenen Begriffen eine eigene Definition von »Religion«.

Vergleichen Sie Ihre Definitionen von Religion untereinander und mit den Definitionen berühmter Persönlichkeiten auf der Vorseite.

Befragen Sie nun Menschen aus Ihrem Arbeitsumfeld (Aussagen von Kindern, Kollegen, Eltern) zu deren Religionsverständnis.

Welche Gemeinsamkeiten und Unterschiede lassen sich ablesen?

Welche Religionsverständnisse bilden sich ab?

4. Lesen Sie nun den Text »Dreistufiger Religionsbegriff« und diskutieren Sie, welche Stufe des Religionsbegriffs Sie bei sich selbst, Kolleginnen und Kollegen, Kindern, Eltern und Großeltern erleben.

Erinnern Sie sich an religiöse Angebote, die Sie selbst erlebt oder aktiv gestaltet haben. Welcher Stufe lassen sich diese Angebote zuordnen?

Dreistufiger Religionsbegriff[50]

Der Religionspädagoge *Martin Lechner* entwickelte einen dreistufigen Religionsbegriff, der von der Annahme ausgeht, dass viele Jugendliche und junge Erwachsene grundsätzlich ein Streben nach Religiosität besitzen, hierfür aber oft nicht sprachfähig sind.

So nennt er die erste Stufe der Religiosität als *Existenz- oder Lebensglaube* und bezieht sich dabei auf an den Religionsbegriff von Paul Tillich: »Religion ist im weitesten und tiefsten Sinne des Wortes das, was uns unbedingt angeht«. Religion beinhaltet demnach eine Form des Urvertrauens auf unbedingt Erwünscht-, Geliebt- und Gehaltenseins.

Die zweite Stufe des Religionsbegriffs fasst die Religiosität schon konkreter als *Transzendenz- oder Gottesglaube.* Die Welt wird als eine Wirklichkeit verstanden, die sich nicht selbst geschaffen haben kann, sondern auf eine andere Wirklichkeit zurückzuführen ist. Diese andere Wirklichkeit (Transzendenz) kann als höhere Macht oder Kraft, als Heiliges oder auch als Gott ausgelegt werden.

In der dritten Stufe differenziert sich dieser Glaube nun ganz konkret als *Konfessions- oder Gemeinschaftsglaube* aus. Christlich gedeuteter Gemeinschaftsglaube spricht beispielsweise von Gott, der in den drei Personen Vater, Sohn und Heiliger Geist existiert. Dieser Glaube bietet dem Individuum eine soziale Dimension des Eingebundenseins in eine Glaubensgemeinschaft.

5. Religiöse und spirituelle Erlebnisse werden zunehmend weniger im Kontext von Religion und Kirche reflektiert. Neben der Wellnes-Bewegung wird häufig auch der Sport – besonders häufig »Fußball« – als Ort spiritueller Erfahrungen benannt. »Jeder Glaube hat seine Rituale« – so lautete der Werbeslogan einer gemeinsamen Werbeinitiative von DFB und Mercedes-Benz im Vorfeld der Fußball-WM in Südafrika 2010.

Immer wieder werfen Medien heute die Frage auf, inwiefern weltliche Angebote wie z. B. Fußball Religion ersetzen können.

---

50 Text in Anlehnung an Lechner, Martin, Der Religionsbegriff des Forschungsprojektes, in: Lechner, Martin/Gabriel, Angelika (Hg.), Religionssensible Erziehung. Impulse aus dem Forschungsprojekt »Religion in der Jugendhilfe« (2005–2008), München 2009, 159–176.

3. Wie hältst Du's mit Religion?

Diskutieren Sie:

- Kann Sport (Fußball) Religion ersetzen?
- Inwiefern ist Sport (Fußball) Religion oder Glaube?
- Inwiefern spielt der funktionale Religionsbegriff bei dieser Fragestellung Ihrer Meinung nach eine Rolle?

Tipps zur Vertiefung:

- Film Gott und die Welt – »11 Götter sollt ihr sein: Fußball als Ersatzreligion« (Radio Bremen-Film von János Kereszti)
- Reportage: Leuchte auf, mein Stern Borussia (WDR-Dokumentation aus dem Jahr 1997)
- Internetpräsenz des Arbeitskreises der EKD »Kirche und Sport« https://www.kirche-und-sport.de/

2. Religion und Gesellschaft – Impulse:

1. Der gesellschaftliche Wandel der Postmoderne stellt den Menschen vor neue Herausforderungen. Besonders junge Erwachsene sind mit diesen Anforderungen konfrontiert, da sie im Übergang von einer durch Eltern und Schule geprägten und maßgeblich mitgestalteten Lebensphase hin zu Selbstständigkeit und Selbstverantwortung für das eigene Leben stehen.
    - Diskutieren Sie in Kleingruppen:
      Welche konkreten Vorteile und Herausforderungen ergaben bzw. ergeben sich für Sie in Ihrem Privat- und Berufsleben durch
        - Pluralisierung
        - Individualisierung
        - Privatisierung
        - Globalisierung?
    - Welche Rolle spielt Religion mit Blick auf diese Herausforderungen (1) für Sie selbst (als Privatmensch), (2) für Sie in der Berufsrolle und (3) für die Ihnen anvertrauten Kinder und Jugendlichen?
    - Welche Konsequenzen hat der gesellschaftliche Wandel und die mit ihm einhergehenden Veränderungen für Ihr (religions-)pädagogisches Arbeiten?
    - Ziehen Sie in Ihrer Kleingruppe nacheinander eine der Impulskarten. Lesen Sie die Aussage/Frage kurz vor und bitten Sie jemanden aus der Runde darauf zu antworten.

Manchmal wünsche ich mir ein »Navi« für mein Leben, das mir den Weg zeigt, der für mich richtig ist.	Ohne Zeit würden wir im Chaos leben. Doch im Alltag habe ich immer die Zeit im Nacken – ich fühle mich gehetzt. Manchmal sehne ich mich nach Auszeiten für meine Seele.

Ich bestehe aus tausend kleinen Fragmenten, aus unzähligen kleinen Scherben und Flicken – nicht immer ergeben die aber auch ein stimmiges Bild. Was würde ich gern vervollständigen oder zusammenfügen?

Oft suche ich im Alltag nach einem Leuchtturm, der mir auch wenn es dunkel wird, die Richtung weist und mir ein Lichtblick ist.

Ohne Trinken und Essen verdursten und verhungern wir. Sie sind lebensnotwendig für den Organismus. Sie sind aber nicht das einzige (Lebens-)»Mittel«, das ich zum Leben brauche.

Ein prächtiger Baum braucht starke Wurzeln. Wo bin ich verwurzelt?

3. Religiöse Sozialisation – Impulse:

1. Die religiöse Sozialisation eines Menschen wird durch verschiedene Akteure und Faktoren beeinflusst.
   Die folgenden Thesen können helfen, über die eigenen Sozialisationsfaktoren ins Gespräch zu kommen. Die Thesen werden nach und nach vorgelesen und die Teilnehmenden positionieren sich auf einer imaginären Linie zwischen den zwei Polen »Ich stimme voll zu« und »Ich stimme gar nicht zu«.
   - Ich glaube auf meine ganz eigene Art und Weise, weder Familie, Schule, Kirchengemeinde oder Medien haben mich da beeinflusst.
   - Man sollte nicht nur auf Unterschiede schauen, sondern Gemeinsamkeiten finden.
   - Glauben ist eine Frage des Alters – Je älter man wird, umso mehr reflektiert man und denkt darüber nach.
   - Glaube spielt bei mir zu Hause (k)eine Rolle.
   - Sonntags ausschlafen und Heiligabend gibt's direkt Geschenke – der Kirchbesuch ist für uns da nicht wichtig.
   - Der Glaube hilft mir, in schwierigen Zeiten nicht den Mut zu verlieren.
2. Albert Schweitzer hat einmal gesagt: »Wer glaubt, ein Christ zu sein, weil er die Kirche besucht, irrt sich. Man wird ja auch kein Auto, wenn man in die Garage geht.«
   Beziehen Sie kritisch Stellung:
   - Was oder welche Haltung kritisiert Schweitzer mit seiner Aussage?
   - Wie stehen Sie zu dieser Aussage?
   - Welche Rolle spielt die Kirche im Leben von Christen heute?
   - Was unterscheidet Christen von nicht gläubigen oder nicht religiösen Mitmenschen?

3. Religionszugehörigkeit

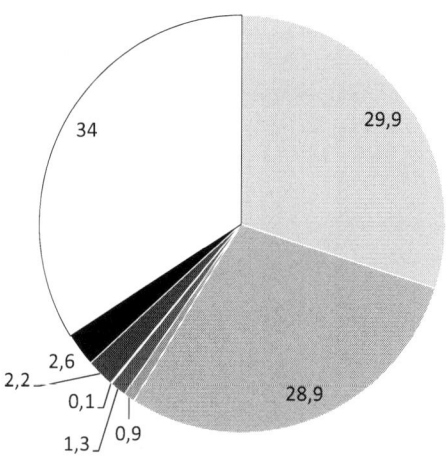

Ordnen Sie folgende Religionsgruppen den im Diagramm dargestellten Prozentzahlen zu:[51]

- Römisch-katholische Kirche
- Evangelische Kirche
- Evangelische Freikirchen
- Orthodoxe Kirchen
- Jüdische Gemeinden
- andere
- Muslime
- konfessionslos

Vergleichen Sie Ihre Zuordnung untereinander und vergleichen Sie diese dann mit der Lösung.

- Wo hat es Abweichungen gegeben?
- Wie erklären Sie sich diese Fehleinschätzungen?
- Welche Rückschlüsse lässt das auf religiöse Sozialisation durch Religionszugehörigkeit zu?
- Woran machen wir Religionszugehörigkeit im Alltag fest bzw. wodurch ordnen wir sie zu?

---

51 Quellen: Statistisches Bundesamt, EKD, DBK, Jüdische Gemeinden, Veröffentlichungen weiterer Religionsgemeinschaften; Darstellung nach: Forschungsgruppe Weltanschauungen in Deutschland, Religionszugehörigkeit Bevölkerung Deutschland, 2014, auf: https://publikumskonferenz.de/blog/wp-content/uploads/2015/03/Religionszugehoerigkeit_Bevoelkerung_Deutschland_2014.pdf (Stand 8.6.2019).

Stellen Sie eine Vermutung an, wie das dargestellte Diagramm in 10 Jahren aussehen wird!

Stellen Sie die Religionszugehörigkeiten Ihrer Lerngruppe fest, indem sich Lernende gleicher Religion/Konfession zusammenfinden. Entspricht die Verteilung in etwa den Angaben im Diagramm? Warum/Warum nicht?

Diskutieren Sie in diesen Gruppen, welche Bedeutung die Religionszugehörigkeit für Ihr persönliches Leben und für Ihren beruflichen Alltag hat!

Lösung:[52]

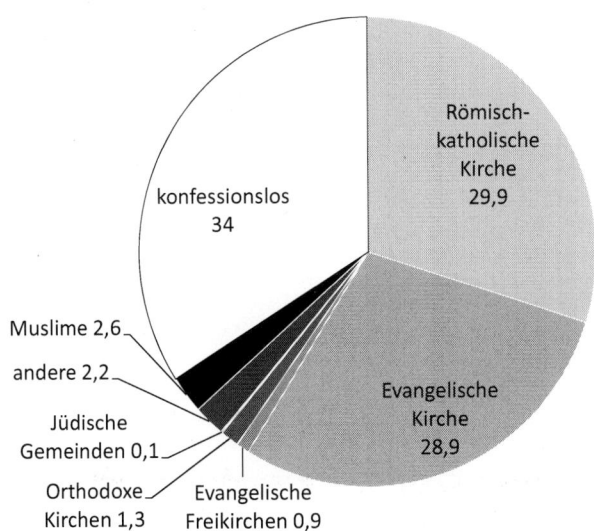

4. Religiöse Identität – Impulse:

1. Zur Entwicklung religiöser Kompetenz bedarf es Berührungen und einer reflektierten Auseinandersetzung mit religiösen Erfahrungen in der eigenen Biographie.

Variation 1: Mein Weg
Gestalten Sie zeichnerisch:

- Wie sieht Ihr (Glaubens- und) Lebensweg bisher aus?
- Wo kommen Sie her, was in Ihrem Leben hat Sie geprägt?

---

52 Quellen: Statistisches Bundesamt, EKD, DBK, Jüdische Gemeinden, Veröffentlichungen weiterer Religionsgemeinschaften; Darstellung nach: FORSCHUNGSGRUPPE WELTANSCHAUUNGEN IN DEUTSCHLAND, Religionszugehörigkeit Bevölkerung Deutschland, 2014, auf: https://publikumskonferenz.de/blog/wp-content/uploads/2015/03/Religionszugehoerigkeit_Bevoelkerung_Deutschland_2014.pdf (Stand 8.6.2019).

3. Wie hältst Du's mit Religion?

- Welche Stationen und Umbrüche hat es gegeben?
- Wie nah/fern stehen Sie Glauben/Religion/Kirche?
- Woran messen Sie das?
- Welche Menschen auf Ihrem Weg haben Sie inspiriert?
- Wer oder was »begeistert« Sie?

Variation 2: Mein Leben am Maßband
Jede erhält einen Papierstreifen, der 1 Meter lang ist oder ein Maßband aus Papier ca. 2,5 cm breit. Diese 100 cm stehen für Ihr gesamtes Leben von der Geburt bis zum Tod.

Tragen Sie nun wichtige Etappen, Lebensabschnitte, Umbrüche und prägende Momente in Ihrem Leben auf dem Maßband ein.

Überlegen Sie in einem zweiten Schritt, welche Rolle der Glaube bei diesen Etappen und Lebensabschnitten für Sie gespielt hat.

2. »In dir muss brennen ...«

»In dir muss brennen, was du in anderen entzünden willst.« Heiliger Aurelius Augustinus (Theologe und Philosoph der christlichen Spätantike)

Dieses Zitat findet noch heute häufig Gebrauch im Diskurs über die Glaubensweitergabe und religiöse Bildung in verschiedenen Zusammenhängen (Elementarpädagogik, Schulische Bildung, Erwachsenenbildung, Katechese etc.).

Besprechen Sie in Murmelgruppen:

- Welcher Funke brennt in mir? Wofür brenne ich?
- Was würde ich gerne in anderen entzünden?
- Was sind meine spirituellen Quellen?
- Welchen religiösen oder spirituellen Funken übertrage ich an andere? (im Privatleben und im Beruf)
- Was erzähle ich anderen über meine spirituellen und religiösen Erfahrungen und Überzeugungen?

Literatur

ALTMEYER, STEFAN, Art. »religiöse Identität«, in: WiReLex 2016, auf: https://www.bibelwissenschaft.de/stichwort/100197/.

GLOCK, CHARLES YOUNG, Über die Dimensionen der Religiosität, in: Matthes, Joachim (Hg.), Kirche und Gesellschaft. Einführung in die Religionssoziologie II, Reinbek 1969, 150–168.

GRETHLEIN, THOMAS, Religionspädagogik, Berlin 1998.

GRONOVER, MATTHIAS/OBERMANN, ANDREAS, Von der Konfessionalität des Religionsunterrichts, in: Theo-Web. Zeitschrift für Religionspädagogik 13 (2014), 218–234.

HABERMAS, JÜRGEN, Zur Rekonstruktion des Historischen Materialismus. Frankfurt a. M. 1976.

HÄMEL, BEATE-IRENE, Textur-Bildung – Religionspädagogische Überlegungen zur Identitätsentwicklung im Kulturwandel, (Zeitzeichen, Bd. 19), Ostfildern 2007.

HUGOTH, MATTHIAS, Handbuch religiöse Bildung in Kita und Kindergarten. Freiburg i. Br. 2012.

HURRELMANN, KLAUS, Sozialisation. Das Modell der produktiven Realitäts-verarbeitung, Weinheim 2012.

KAUFMANN, FRANZ-XAVER, Religion und Modernität. Sozialwissenschaftliche Perspektiven, Tübingen 1989.

KAUPP, ANGELA, Handbuch Schulpastoral. Für Studium und Praxis, Freiburg 2016.

KIESSLING, KLAUS u. a., Machen Unterschiede Unterschiede? Konfessioneller Religionsunterricht in gemischten Lerngruppen, Göttingen 2018.

KIRCHENAMT DER EKD (Hg.), Religiöse Orientierung gewinnen. Evangelischer Religionsunterricht als Beitrag zu einer pluralitätsfähigen Schule, Gütersloh 2014.

KNOBLAUCH, HUBERT, Einleitung. Soziologie der Spiritualität, in: Zeitschrift für Religionswissenschaft 13 (2005), 123–131.

KÖNEMANN, JUDITH, Art. »Religion« in: WiReLex (2015), auf: https://www.bibelwissenschaft.de/stichwort/100075/.

KÖNEMANN, JUDITH, Religion als Differenzkompetenz eigenen Lebens. Zur Bedeutung religiöser Bildung in pluraler Gesellschaft, in: Zeitschrift für Katholische Theologie 133 (2011).

KÖNEMANN, JUDITH u. a., Einflussfaktoren religiöser Bildung. Eine qualitativ-explorative Studie, Bielefeld 2016.

KRENZ, ARMIN, Die Persönlichkeit der Erzieherin: Dreh- und Angelpunkt jeder »guten« Pädagogik, in: Krenz, Armin (Hg.), Kindorientierte Elementarpädagogik. Göttingen 2010, 198–206.

MÖLLER, RAINER, Ausbildung von Erzieherinnen und Erziehern. Ein religionspädagogisches Kompetenzmodell, in: Helmchen-Menke, Heike, Kita als pastoraler Ort. Rahmenbedingungen, Praxisbausteine, Perspektiven. Ein Handbuch, Ostfildern 2016, 199–205.

PIRKER, VIERA, Fluide und fragil – Identität als Grundoption zeitsensibler Pastoralpsychologie, Ostfildern 2013.

POLLACK, DETLEF u. a., Intensive Mitgliedschaftspraxis, in: Kirchenamt der EKD (Hg.), Engagement und Indifferenz. Kirchenmitgliedschaft als soziale Praxis. 5. EKD-Erhebung über Kirchenmitgliedschaft, Hannover 2014.

RIEGEL, ULRICH, Art. »religiöse Sozialisation« in: WiReLex (2018), auf: https://www.bibelwissenschaft.de/stichwort/200373/.

RUPP, THOMAS, Religiöse Bildung in katholischen Kindertagesstätten zwischen Theorie und Praxis. (Tübinger Perspektiven zur Pastoraltheologie und Religionspädagogik, Bd. 55), Berlin 2018.

SCHLEIERMACHER, FRIEDRICH, Über die Religion. Reden an die Gebildeten unter ihren Verächtern (1799). Hrsg. Von Günter Meckenstock. Berlin/New York 2001.

SCHMÄLZLE, UDO, Religiöse Erziehung in der Familie, in: Ziebertz, Hans-Georg/Simon, Werner (Hg.), Bilanz der Religionspädagogik, Düsseldorf 1995, 370–382.

SCHWEITZER, FRIEDRICH u. a., Jugend – Glaube – Religion. Eine Repräsentativ-Studie zu Jugendlichen im Religions- und Ethikunterricht, Münster 2018.

SCHWEITZER, FRIEDRICH, Postmoderner Lebenszyklus und Religion – Eine Herausforderung für Kirche und Theologie, Gütersloh 2003.

SCHWEITZER, FRIEDRICH, Religiöse Identitätsbildung, in: Schreiner, Peter u. a. (Hg.), Handbuch Interreligiöses Lernen, Gütersloh 2005, 294–303.

SEKRETARIAT DER DEUTSCHEN BISCHOFSKONFERENZ, Der Religionsunterricht vor neuen Herausforderungen, Die Deutschen Bischöfe 80, Bonn 2005.

SHELL DEUTSCHLAND, Woran Jugendliche Glauben – 3 religiöse Kulturen, 16. Shell-Jugendstudie 2010.

SINUS MARKT- UND SOZIALFORSCHUNG GMBH, SINUS-Milieus in Deutschland 2018, auf: https://www.sinus-institut.de/sinus-loesungen/sinus-milieus-deutschland/.

SLOTERDIJK, PETER, Du musst Dein Leben ändern. Über Anthropotechnik, Frankfurt a. M. 2012.

SÖLLE, DOROTHEE, Die Hinreise. Zur religiösen Erfahrung – Texte und Überlegungen, Stuttgart 1975.

TILLICH, PAUL, Die Frage nach dem Unbedingten. Schriften zur Religionsphilosophie (Gesammelte Werke Bd. V), Stuttgart ²1978.

WENDEL, SASKIA, Religionsphilosophie, Stuttgart 2010.

FROMME-SEIFERT, VIOLA/WUCKELT, AGNES, Abschlussbericht zum Forschungsprojekt Religionspädagogik im Elementarbereich – Eine Längsschnitt-Fallstudie zur religiösen Entwicklung junger Kinder sowie zur religionspädagogischen Professionalität pädagogischer Fachkräfte, Paderborn 2016, auf: https://www.katho-nrw.de/fileadmin/primaryMnt/Lehrende/Abschlussbericht_Religionspaedagogik_im_Elementarbereich.pdf.

ZIEBERTZ, HANS-GEORG/RIEGEL, ULRICH, Letzte Sicherheiten. Eine empirische Untersuchung zu Weltbildern Jugendlicher, Gütersloh/Freiburg 2008.

ZIEBERTZ, HANS-GEORG, Religion, Christentum und Moderne. Veränderte Religionspräsenz als Herausforderung, Stuttgart u. a. 1999.

ZIRFAS, JÖRG, Identität, in: Wulf, Christoph/Zirfas, Jörg (Hg.), Handbuch Pädagogische Anthropologie, Wiesbaden 2014, 567–577.

Perspektivwechsel: Wie hältst Du's mit Religion? – Religion und religiöse Identität in der modernen Gesellschaft. Ein muslimischer Kommentar

Naciye Kamcili-Yildiz

A. Einführung

1. Religiöse Pluralität in Deutschland

Wenn man in Deutschland Nicht-Musliminnen und Nicht-Muslime danach fragt, wie Musliminnen und Muslime ihrer Meinung nach ihren Glauben leben, kommen häufig solche Aussagen wie »Die leben ihren Glauben richtig krass«, »Sie ziehen es durch mit ihrem Glauben. Sie beten immer zu Allah. Sie fasten und essen und trinken gar nichts dabei«.

In diesem Text soll daher der Frage nachgegangen werden, welche kulturellen und religiösen Besonderheiten die muslimische Bevölkerung hat und wie in der Kita damit umgegangen werden kann.

2. Deutschland und seine Musliminnen und Muslime

»Deutschland ist religiös betrachtet ein buntes Land!« Diese Aussage trifft zumindest für große Teile Deutschlands wie etwa Ballungsgebiete oder Großstädte absolut zu.

In den letzten 50 Jahren hat sich die religiöse Landschaft in Deutschland stark verändert. Neben den beiden großen christlichen Kirchen und dem wachsenden Anteil konfessionell ungebundener Menschen ist vor allem durch die Migration von Musliminnen und Muslimen die Gesellschaft religiös wie weltanschaulich vielfältiger geworden.

Nach Berechnungen leben in Deutschland zwischen 4,7 und 5,4 Millionen Musliminnen und Muslime. Da die Zugehörigkeit zu dieser Religionsgemeinschaft nicht wie bei den christlichen Kirchen systematisch erfasst wird, können keine genauen Zahlen vorgelegt werden. Die Zahlen beziehen sich daher auf Personen, die selbst oder deren Eltern aus einem muslimisch geprägten Herkunftsland stammen. Man kann daraus ableiten, dass es bei der Zahl der Musliminnen und Muslime nicht darum geht, dass diese Menschen tatsächlich gläubig sind, sondern allein die Herkunft entscheidet, ob sie als Musliminnen und Muslime gezählt werden.

Bedingt durch die verschiedenen Einwanderungsgründe leben in Deutschland Musliminnen und Muslime aus vielen unterschiedlichen Herkunftsländern:

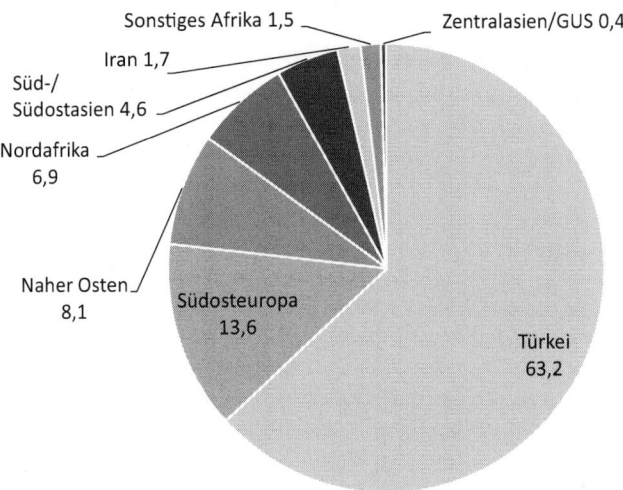

Muslime nach Herkunftsregionen (in %)[53]

---

53 Abb nach: Deutsche Islam Konferenz (Hg.), Muslimisches Leben in Deutschland, Berlin 2008, 96.

Perspektivwechsel: Wie hältst Du's mit Religion?

In Deutschland bilden die aus der Türkei stammenden Musliminnen und Muslime die größte Gruppe, da sie in den 60er und 70er Jahren zunächst als Gastarbeiter nach Deutschland kamen und im Laufe der Jahrzehnte zu Mitbürgern des Landes geworden sind. Weitere Einwanderungsgründe in den 90er Jahren sind u. a. der Balkankrieg oder später der Krieg im Nahen Osten, die dazu führten, dass Menschen ihre Heimatländer verlassen mussten.

So vielfältig wie die kulturellen Hintergründe der Musliminnen und Muslime in Deutschland sind auch ihre religiösen Zugänge zum Islam. Exemplarisch lässt sich das an dem rituellen Gebet zeigen. Das rituelle Gebet gehört zu den fünf Säulen des Islam und ist damit einer der Grundsätze der religiösen Praxis der Musliminnen und Muslime. Die mit der rituellen Religionsausübung verbundene Anbetung Gottes ist ein wesentlicher Bestandteil des Glaubens.

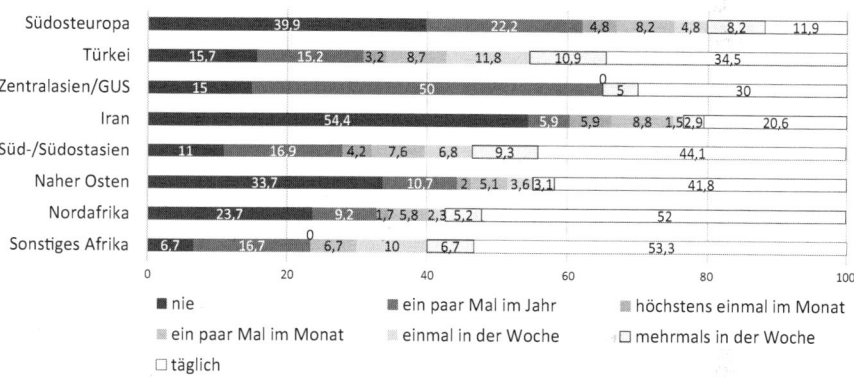

Gebetshäufigkeit der befragten Muslime nach Herkunftsregion (in %)[54]

Der Blick auf die Gebetshäufigkeit in Verbindung mit den Herkunftsregionen zeigt ein ambivalentes Bild: Zunächst muss festgehalten werden, dass der Umgang mit dem rituellen Gebet äußerst heterogen ist. Die Grafik bildet alle Bereiche von nie betenden wie regelmäßig betenden Musliminnen und Muslimen ab. Danach ist der Anteil der regelmäßig am Tag betenden Musliminnen und Muslime mit Wurzeln in Nordafrika mit 52 % am höchsten und aus Südeuropa mit 11,9 % am geringsten. Anders herum ist der Anteil der nie Betenden unter den Musliminnen und Muslimen aus dem Iran am höchsten.

---

54 Abb nach: DEUTSCHE ISLAM KONFERENZ (Hg.), Muslimisches Leben in Deutschland, 148.

3. Religiöse Identität unter muslimischen Jugendlichen

Wie halten es nun junge Musliminnen und Muslime mit ihrer Religion?

Alle empirischen Untersuchungen, in denen muslimische Jugendliche nach ihrer Religiosität befragt wurden, zeigen ein ähnliches Bild: Für muslimische Jugendliche hat die Religion insgesamt einen höheren Stellenwert als für christliche. Beispielhaft können folgende Ergebnisse den Studien zugeordnet festgehalten werden:

Glaube an Gott
In der *Shell-Jugendstudie* (s. Kap. 3) gaben 76 % der befragten muslimischen Jugendlichen an, dass ihnen der Glaube an Gott für die Lebensführung wichtig ist, während dieser Anteil bei Katholiken z. B. bei 45 % liegt. Eine Ablehnung gaben nur 10 % der befragten Jugendlichen an.[55]

Identifikation mit der Religionsgemeinschaft
Für die Sinus-Jugendstudie »Wie ticken Jugendliche 2016?«[56] wurden mit 72 Jugendlichen im Alter zwischen 14 und 17 Jahren Interviews zu ihren Einstellungen geführt. In den Ergebnissen zeigen die muslimischen Jugendlichen eine deutlich stärkere aktive Bindung an die Religionsgemeinschaft als dies bei christlichen Jugendlichen der Fall ist. Als Beispiele für die aktive Mitwirkung an ihrer Glaubensgemeinschaft werden u. a. der Koran-Unterricht, regelmäßige Gebete, der Ramadan, das Zucker- und Opferfest genannt. Zudem zeigen sie eine selbstbewusste, positive und zweifelsfreie Identifikation mit ihrem Glauben, der sehr stark im sozialen Zusammenhang mit der Familie gelebt wird. Insofern besitzt für Musliminnen und Muslime die religiöse Gemeinschaft als soziale Gruppe eine höhere Relevanz als für Christen.

So wie für die meisten christlichen Jugendlichen ist auch für die muslimischen die religiöse Praxis überwiegend anlassbezogen und findet zu spezifischen Zeiten im Jahresverlauf, z. B. beim Zuckerfest, statt. Jedoch spielt bei ihnen der regelmäßige Besuch der Moschee eher eine untergeordnete Rolle, da die Moschee normalerweise an Feiertagen besucht wird.

Religion als Identitätsmarker
Eine Studie unter Türkeistämmigen wurde von Detlef Pollack an der Universität Münster durchgeführt. Nach diesen Ergebnissen lässt bei der zweiten und dritten Generation zum einen die religiöse Praxis nach. So sinkt etwa der Besuch der Moschee von 32 % auf 23 % und das Gebet von 55 % auf 35 %. Paradox erscheint hierbei die religiöse Selbsteinschätzung, ob sie religiös sind; diese liegt bei der jüngeren Generation mit

---

55 Vgl. SHELL-DEUTSCHLAND-HOLDING (Hg.), Jugend 2015. Eine pragmatische Generation im Aufbruch, Frankfurt a. M./Hamburg 2015.
56 POLLACK, DETLEF u. a., Integration und Religion aus der Sicht von Türkeistämmigen in Deutschland. Repräsentative Erhebung von TNS Emnid im Auftrag des Exzellenz-Clusters »Religion und Politik« der Universität Münster, Münster 2016.

72 % im Vergleich zu 62 % in der ersten Generation deutlich höher. Diese Diskrepanz liegt für die Autoren der Studie weniger in der »tatsächlich gelebten« Religiosität als vielmehr im demonstrativen Bekenntnis zur eigenen kulturellen Herkunft. Eine weitere Begründung können die Zuschreibungen der Mehrheitsgesellschaft sein, für die oft die ethnische Herkunft gleichgesetzt wird mit der religiösen Zugehörigkeit.

Hinzu kommt das schlechte Bild des Islam in den Medien, wenn Islam und Terror im selben Zusammenhang genannt werden. 83 % der Befragten geben in der Studie an, dass dies sie wütend mache. Die große Zustimmung der Probanden, die sogar deutlich höher als die Selbsteinschätzung mit 72 % liegt, zeigt ein grundlegendes Problem: Die Probanden fühlen sich genötigt, die religiöse Herkunft bzw. Zugehörigkeit gegenüber der Fremddarstellung zu verteidigen, obwohl manche von ihnen anscheinend gar keinen Bezug zum Islam haben. Darin liegt allerdings das Problem, dass die Probanden sich stigmatisiert fühlen und eine Verteidigerrolle einnehmen, die dazu führt, dass sie sich stärker mit dem Islam identifizieren, als es der Wirklichkeit entspricht. Der französische Soziologe Amin Maalouf beschreibt diese Referenzverschiebung zutreffend: »Wenn ich das Gefühl habe, dass meine Sprache verachtet, meine Religion verspottet, meine Kultur herabgewürdigt wird, dann reagiere ich damit, dass ich die Attribute meiner Andersheit demonstrativ zur Schau trage.«[57]

4. Zusammenfassung der Ergebnisse

Die Ergebnisse der vorgestellten Studien zeigen, dass es *den Muslim* an sich nicht gibt. Sowohl die muslimische Gesamtbevölkerung als auch die Kinder und Jugendlichen zeigen sowohl horizontal wie vertikal eine große Heterogenität. Das Spektrum reicht wie in allen Religionen von religionsfern bis zu dogmatisch-strenggläubig. Auch wenn die religiöse Praxis tendenziell zurückgeht, spielt sie bei Musliminnen und Muslime in Deutschland eine weitaus größere und positivere Rolle als in der Gesamtbevölkerung. Der Islam stellt für viele Gläubige immer noch eine Orientierung und eine Sinnstiftung dar.

Die starke Identifikation mit dem Islam als religiöse Zugehörigkeit und die tatsächliche religiöse Praxis zeigen die Diskrepanz, dass trotz der religionsfernen Lebensentwürfe eine gefühlte Nähe zum Glauben weiterhin besteht. Dass der Rückgang der persönlichen Bedeutung nicht automatisch zur Distanzierung vom Islam führt, kann als Indikator dafür dienen, dass in der Migrationssituation Säkularisierungs- und Individualisierungsprozesse zum Teil anders als in der christlichen Mehrheitsgesellschaft verlaufen, da Religion für Muslime eine starke soziale Bedeutung zu übernehmen scheint. Auch wenn die persönlich gelebte Religiosität unter der muslimischen Bevölkerung von Generation zu Generation tendenziell abnimmt, ist sie gerade im Bereich der Identifikation mit der Gemeinschaft am stärksten erkennbar.

---

57 MAALOUF, AMIN, Mörderische Identitäten, Frankfurt a. M. 2000, 42–43.

Daher kann man den Musliminnen und Muslimen in Deutschland, die die ausgeprägte Vielfalt einer Weltreligion repräsentieren, mit pauschalisierenden Aussagen nicht gerecht werden.

Für den Kita-Bereich heißt das, dass jede Familie, jedes Kind eine eigene Geschichte, einen eigenen Zugang mitbringt, die individuell wahrgenommen werden sollten.

Um Unklarheiten und dadurch bedingte Konfliktsituationen in der Kita zu vermeiden, helfen Fragen an die Eltern, z. B. beim Aufnahmegespräch, in dem man über den konkreten Umgang der Familie mit bestimmten Bereichen spricht. Allerdings müssen sich diese Fragen tatsächlich auf Aspekte des Kita-Alltags, wie etwa Speisegewohnheiten, Erziehung zu Hause oder Umgang mit den Festen im Alltag, beziehen. Ansonsten läuft man Gefahr, in die Privatsphäre der Familie einzudringen.

B. Methodisch-didaktische Umsetzung – Impulse

1. Jeder Mensch hat in seiner kulturellen wie religiösen Familientradition regelmäßig wiederkehrende Bräuche, die einen starken Identifikationscharakter besitzen.
   - Erstellen Sie ein Plakat mit Bildern von Utensilien, die Sie mit religiösen Anlässen in ihrer Familie in Verbindung bringen, z. B. Adventskalender, Taufkleid etc.
   - Erzählen Sie im Plenum von deren Bedeutungen für Sie.
   - Vergleichen Sie im Plenum Ihre Ergebnisse. Welche Unterschiede erkennen Sie?
   - Diskutieren Sie im Plenum, inwieweit Bräuche insbesondere in der Migrationssituation oder Minderheitensituation identitätsstiftend wirken können.
2. Der Publizist Navid Kermani ist als Kind iranischer Eltern in Deutschland aufgewachsen. Er beschreibt in dem Textauszug seine Erfahrungen, als Kind in zwei Welten zu leben.

> »Gut kann ich mich an den kleinen Grenzverkehr meiner Kindheit erinnern. Auf dem Berg, auf dem wir lebten, war ich, soweit ich es wahrnahm, der einzige Ausländer. Es gab außer meinem Namen und meinen schwarzen Haaren nichts, was mich im Kindergarten oder in der Grundschule, auf der Straße und unter Freunden als Fremden markiert hätte. Sogar mein Deutsch hatte die Melodie und das rollende R unserer Mittelgebirgslandschaft.
> Wenn ich jedoch nach Hause kam, war es, als ob ich eine Grenze überschritten hätte. Von einem Schritt auf den anderen wechselte die Sprache, änderten sich meine Verhaltensweisen, folgte ich anderen Benimmregeln und war, ohne es zu reflektieren oder gar als problematisch zu empfinden, umgeben von Formen, Gerüchen, Geräuschen, Menschen und Farben, die es jenseits der Türschwelle nicht gab. Für mich war sie so gewöhnlich wie meine eigene Haut, aber auf meine Freunde übte diese Welt, wenn ich mich nicht täusche, eine Faszination aus, die sich darin äußerte, dass sie es in der Regel vorzogen, bei uns zu spielen (...).
> Nun waren die Welten nicht so streng geschieden, wie man vermuten könnte. Es gab Einschulungen und Kindergeburtstage, Elternsprechtage und Besuche meiner Eltern auf dem Fußballplatz, und bei all diesen Gelegenheiten waren die Trennlinien aufgehoben, ich sprach Deutsch und im nächsten Satz, wenn ich mich zu meinen Eltern wandte, Persisch mit meinem siegerländisch-isfahanischen Akzent.
> Gelegentlich war das ein bisschen komisch, aber für mich eben dennoch normal: Zum Beispiel sieze ich meine Eltern auf Persisch, was im Deutschen nicht mehr möglich ist,

ohne sich lächerlich zu machen. Also versuchte ich damals schon zu vermeiden, meine Eltern auf Deutsch anzusprechen; ich sprach zwar, wenn meine Freunde dabei waren und es sein musste, mit ihnen deutsch, aber ich redete sie nicht an; ich suchte andere, indirekte Formulierungen, denn andernfalls hätte ich sie duzen müssen, und das wäre mir unangenehm gewesen. Aber siezen konnte ich sie natürlich auch nicht, zumal nicht im Beisein von meinen Freunden. Wie hätten sie mich denn angeschaut, wenn ich gesagt hätte: »Vati, bitte holen Sie mich um drei vom Fußballplatz ab?« Es war nicht, dass ich es als Zwang empfand, meine Eltern zu siezen, dass ich sie duzen wollte, es aber nicht gedurft hätte. Es war für mich so normal, wie es normal ist, zum Schlafengehen einen Schlafanzug anzuziehen. Es war mir auch nicht peinlich, und so habe ich kein Geheimnis daraus gemacht, dass ich meine Eltern siezte; ich kann mich erinnern, es ein paar Mal meinen Freunden erzählt zu haben, als Kuriosität, nicht als Geständnis. [...]

Ich will nicht behaupten, dass ich meine Fremdheit niemals als Problem empfunden hätte. Aber es war, wenn überhaupt, kein besonders großes Problem. So war ich beispielsweise niemals so ordentlich wie die anderen Kinder, und das hatte etwas mit meinen Eltern zu tun, das spürte ich. Mein Ranzen zum Beispiel war niemals so systematisch gepackt wie die Ranzen der anderen Kinder, meine Hefte waren nicht so sorgsam gepflegt, und niemals hatte ich so schöne Brotdosen wie meine deutschen Freunde. Mein Butterbrot hatte meine Mutter immer in kleine Plastiktüten gepackt, die sie vom Einkaufen mitgebracht hatte, also zum Beispiel aus der Apotheke oder der Drogerie.

Ich erwähnte bereits, dass wir zu Hause keinen so minutiös geregelten Alltag hatten wie meine Freunde, und was ich normalerweise gut fand, dass ich nämlich mehr Freiheiten hatte als sie, das empfand ich gelegentlich auch als Nachteil. Ich hätte auch gern so ordentlich geschmierte, wie mit dem Lineal abgeschnittene Butterbrote und nagelneue Brotdosen gehabt, aber das von meiner Mutter zu erwarten war völlig unrealistisch, und das hatte wohl auch damit zu tun, dass wir aus einer anderen Kultur stammen, in der eine solche Ordnung und Ordentlichkeit, diese klinische Reinlichkeit und feste Regelung des Tagesablaufs unbekannt sind. Es gab also durchaus Momente, in denen mir mein Fremdsein als etwas Hinderliches auffiel, doch waren sie nicht sonderlich gravierend. Als Siebenjähriger hielt ich die Geometrie von Butterbroten für wichtig, aber nicht für existenziell. [...]«[58]

Mögliche Weiterarbeit mit dem Text:

- Arbeiten Sie die Besonderheiten der beiden »Welten« heraus, die Kermani in dem Textauszug beschreibt.
- Wie erlebt Kermani diese beiden Welten? Erarbeiten Sie seine Wahrnehmung sowie sein Umfeld.
- Welche kulturell-religiösen Unterschiede nehmen Sie im Kita-Alltag im Umgang mit muslimischen Kindern wahr?
- Diskutieren Sie darüber, inwieweit diese Unterschiede im Kita-Alltag hinderlich sind oder auch als Ressource wahrgenommen werden können. Sammeln Sie dazu Ihre Ideen und diskutieren Sie über deren Umsetzbarkeit.
3. Zeichnen Sie auf ein leeres DIN-A4-Blatt ein Haus mit einem Dach. Stellen Sie sich vor, in diesem Haus wohne »ihre« Religion.[59]

---

58 KERMANI, NAVID, Wer ist wir? Deutschland und seine Muslime, München 2009, 9–12.
59 Abb. in Anlehnung an: KINDERMISSIONSWERK »DIE STERNSINGER« (Hrsg.): Weit-sicht – Weltsicht, interreligiöser Dialog, Seminarkonzept für die Aus- und Weiterbildung von Erzieher/innen, Aachen 2013, 18.

- Schreiben Sie in das Haus, was Ihnen persönlich zu den einzelnen Bereichen besonders wichtig ist.
- Vergleichen Sie Ihre Häuser im Galerie-Gang miteinander.
- Was fällt Ihnen dabei auf? Diskutieren Sie darüber.

Wenn in ihrer Gruppe keine Musliminnen und Muslime sind: Wie könnte so ein Haus für eine muslimische Person aussehen? Gestalten Sie ein solches Haus und besprechen Sie im Plenum, warum Sie sich für diese Aspekte entschieden haben.
- Vergleichen Sie im Anschluss das muslimische Haus mit einem christlichen Haus. Diskutieren Sie über die verbindenden und die trennenden Elemente.

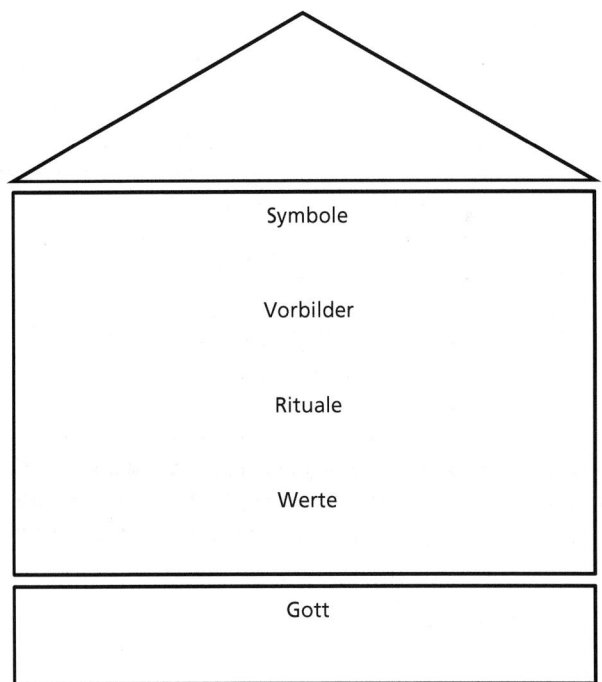

Literatur

DEUTSCHE ISLAM KONFERENZ (Hg), Muslimisches Leben in Deutschland, Berlin 2008.

CALMBACH, MARK u. a., Wie ticken Jugendliche 2016? Lebenswelten von Jugendlichen im Alter von 14 bis 17 Jahren in Deutschland, Berlin 2016.

KERMANI, NAVID, Wer ist Wer ist wir? Deutschland und seine Muslime, München 2009.

KINDERMISSIONSWERK »DIE STERNSINGER« (Hrsg.): Weit-sicht- Welt-sicht, interreligiöser Dialog, Seminarkonzept für die Aus- und Weiterbildung von Erzieher/innen, Aachen 2013.

SHELL-DEUTSCHLAND-HOLDING (Hg.), Jugend 2015. Eine pragmatische Generation im Aufbruch, Frankfurt a. M./Hamburg 2015.

POLLACK, DETLEF u. a., Integration und Religion aus der Sicht von Türkeistämmigen in Deutschland, Repräsentative Erhebung von TNS Emnid im Auftrag des Exzellenz-Clusters »Religion und Politik« der Universität Münster, Münster 2016.

4. Konzeptionelle Grundlagen religionspädagogischer Arbeit

Rainer Möller

A. Einführung

1. Konzeptionen sind notwendig

Jede Tageseinrichtung für Kinder muss ihre Arbeit transparent machen. Eltern, Träger und die Öffentlichkeit haben ein Recht darauf zu erfahren, *was* die Erzieher/innen tun, *warum* sie es tun und *welche Ziele* sie in ihrer Einrichtung verfolgen. Darum entwickelt das Team der Erzieher/innen – evtl. mit Hilfe von außen (Fachberatung, Träger, Supervisor/in) – eine Konzeption, in der es das spezifische Profil seiner Einrichtung, die Bedingungen, unter denen die pädagogische Arbeit geschieht, so wie die pädagogischen Ziele beschreibt. Die Konzeption hat zwei Stoßrichtungen: *nach außen* dient sie der Offenlegung der in der Einrichtung geleisteten Arbeit, *nach innen* bietet sie den Erzieher/innen immer wieder die Möglichkeit der Selbstvergewisserung: Haben wir die Ziele erreicht, die wir in der Konzeption festgeschrieben haben? Passen unsere Methoden, die Raumgestaltung, der Tagesablauf, die angebotenen Projekte zu unseren pädagogischen Zielvorstellungen? Haben sich möglicherweise die Rahmenbedingungen unserer Arbeit geändert und müssen wir von daher unsere Konzeption fortschreiben? Die Konzeption ist insofern ein wichtiges pädagogisches Instrument, um die eigene Arbeit zu überprüfen, zu korrigieren und weiter zu entwickeln, oder anders gesagt: ein Instrument der *Qualitätssicherung* und *-entwicklung* einer Einrichtung.

Dass eine Tageseinrichtung für Kinder eine pädagogische Konzeption braucht, ist weitgehend unstrittig. Aber braucht sie auch eine *religionspädagogische* Konzeption? Diese Frage wird in den Einrichtungen unterschiedlich beantwortet. Es lassen sich drei Richtungen ausmachen, in denen eine Antwort gesucht wird.

Antwort 1: Ausblenden
Manche Kindertagesstätten blenden den Aspekt der religiösen Bildung und Erziehung einfach aus. Dafür gibt es mehrere Gründe. Entweder haben die Erzieherinnen selbst keine religiöse »Antenne« oder sie verstehen sich selbst als atheistisch. Vielleicht halten sie aber auch religiöse Bildung angesichts der religiösen und weltanschaulichen Pluralität in ihrer Kindergruppe für zu komplex und schwierig und verzichten deshalb ganz darauf. Auch dieses Ausblenden des religiösen Bereichs ist, wenn man so will, eine *konzeptionelle Entscheidung*, denn sie betrifft grundlegend die Gestaltung des Alltags einer Einrichtung: Religion kommt nicht vor und soll nicht vorkommen. Übersehen wird dabei allerdings, dass Kinder religiöse Erfahrun-

gen, Fragen und Erlebnisse immer schon in die Einrichtung mitbringen und darum ein Recht darauf haben, auch in diesem Bereich ihrer Persönlichkeit gehört und gefördert zu werden. Kinder wollen sich mitteilen, z. B. wenn sie an einem Gottesdienst teilgenommen haben, wenn ihre Eltern den Fastenmonat Ramadan halten oder wenn sie durch die Geburt eines Geschwisters oder den Tod der Oma zu existentiellen Fragen angeregt werden. Religion in der Kindertagesstätte konzeptionell auszublenden bedeutet den Kindern in einer bestimmten Sphäre ihrer Wirklichkeitswahrnehmung nicht gerecht zu werden.

Antwort 2: Auslagern
Manche Teams von Erzieherinnen blenden zwar den religiösen Bereich nicht völlig aus, fühlen sich selbst dafür aber nicht zuständig. Sie delegieren die Aufgabe der religiösen Bildung und Erziehung nach außen, in der Regel an eine Theologin/einen Theologen der Kirchengemeinde. Diese Person kommt dann ein oder zweimal in der Woche in die Einrichtung, um mit den Kindern ein religiöses Angebot (biblische Geschichten, Gebete, Lieder, religiöse Feste) durchzuführen. Auch dieses Auslagern ist eine konzeptionelle Entscheidung, die ein bestimmtes Verständnis von religiöser Bildung impliziert. Religiöse Erziehung kommt in diesem Konzept gewissermaßen von außen, sie ist ein Fremdkörper im Alltag der Einrichtung. Sie wird als eine schwierige Aufgabe empfunden, die man lieber den Experten überlässt, die das Fach studiert haben. Dahinter steckt die oft nicht weiter reflektierte Ansicht, dass religiöse Erziehung primär auf die Vermittlung fester religiöser Traditionsbestände ziele, oder ein Akt der Verkündigung, der katechetischen Unterweisung sei. Die Situation der Kinder, ihre Fragen und aktuellen Erlebnisse spielen dabei jedenfalls eine untergeordnete Rolle.

Antwort 3: Ausarbeiten
Erzieherinnenteams, die in dieser Richtung denken, halten es für notwendig, auch eine *religionspädagogische Konzeption* für ihre Einrichtung auszuarbeiten. Sie verstehen sich im Unterschied zu den oben erwähnten Kolleginnen durchaus als religionspädagogische »Fachleute«, eben weil sie die Experten für die Kinder sind. Sie beobachten die Kinder in ihrem Spiel, in ihren Gesprächen, im Morgenkreis, bei den Mahlzeiten etc. und nehmen dabei auch wahr, was sie an religiösen Fragen und Bedürfnissen verbal oder nonverbal äußern. Aus diesen Beobachtungen entwickeln sie religionspädagogische Angebote, die sie organisch in den Tagesablauf ihrer Gruppe integrieren. Ihre Überlegungen und Vorgehensweisen halten sie in der Konzeption ihrer Einrichtung fest und geben damit Auskunft über den religionspädagogischen Ansatz in ihrer Arbeit.

2. Die Aufgaben religiöser Bildung und Erziehung

Was soll religiöse Bildung in der Kindertagesstätte leisten und welche Ziele verfolgt sie? Diese Frage wurde und wird je nach geschichtlicher Situation und Kontext unterschiedlich beantwortet. Im 19. Jahrhundert zum Beispiel wurde religiöse Erziehung in erster Linie als moralische Erziehung verstanden: Man wollte Kinder zu anständigen, »sittlichen«, frommen und gehorsamen Untertanen formen. Heute wird mehr der Aspekt der Bildung betont. Religiöse Bildung soll dazu beitragen, dass sich Kinder und Jugendliche zu selbstständigen, mündigen und sozial verantwortlichen Subjekten entwickeln und auch in religiöser Hinsicht fähig werden eigenständig zu denken und zu handeln.

Unsere Zeit ist geprägt von raschem Wandel, insbesondere im technologischen Bereich, und einer Vielgestaltigkeit von Lebensformen und Lebensentwürfen. Entsprechend vielseitig sind auch die gegenwärtigen Aufgaben und Herausforderungen der religiösen Bildung und Erziehung in der Kindertagesstätte. Als Vorschlag zur Strukturierung werden im Folgenden vier Aufgabenbereiche differenziert.

1. Bereich: Atmosphäre der Geborgenheit schaffen

Grundlegend geht es in der religiösen Bildung und Erziehung darum, eine soziale und räumliche Atmosphäre in der Kindertagesstätte zu schaffen, in der sich die Kinder geborgen, angenommen und zugehörig fühlen. Das Vertrauen des Kindes darauf, dass es unbedingt erwünscht und akzeptiert ist, bildet die Grundvoraussetzung für die Entwicklung eines religiösen Selbstverständnisses und ist gleichzeitig der Beginn der religiösen Erziehung. Hier wird die in vielen Religionen geglaubte Zuwendung Gottes zum Menschen im alltäglichen Zusammenleben erfahrbar, ohne dass das Wort »Gott« überhaupt ausgesprochen wird. Was können Erzieherinnen in diesem grundlegenden Bereich religiöser Erziehung tun? Einige Beispiele:

- Sie überlegen, wie die Räume gestaltet sein sollten, damit sich die Kinder in der Einrichtung wohlfühlen;
- Sie überlegen, wie der Tagesablauf strukturiert sein sollte, damit sich die Kinder aufgehoben und sicher fühlen;
- Sie denken darüber nach, wie sie bei der Begrüßung und Verabschiedung auf die einzelnen Kinder eingehen können, damit sie sich beachtet und akzeptiert fühlen;
- Sie entwickeln Regeln und Rituale für das alltägliche Zusammenleben, damit alle Kinder zu ihrem Recht kommen und niemand diskriminiert wird.

Erzieherinnen bringen in die religiöse Erziehung immer auch ihre eigene Persönlichkeit mit ein. Gerade in diesem Bereich religiöser Erziehung, in dem es um grundlegende menschliche Erfahrungen von Geborgenheit und Vertrauen geht, ist es wichtig, dass sich Erzieherinnen über ihr eigenes Leben, ihre eigenen Erlebnisse, Gefühle und Ansichten klarwerden. Sie müssen lernen, über sich selbst nachzudenken und sich mit anderen über wichtige Fragen des Lebens und des Glaubens auszutauschen. Der Religionsunterricht in der Ausbildung bietet einen geschützten Raum um solche intimen und persönlichen Fragen zu besprechen. Fragen könnten zum Beispiel sein:

- Kann ich persönlich wirklich jedes Kind so annehmen, wie es ist?
- Woher nehme ich die Kraft, die Kinder zu akzeptieren, die mir unsympathisch sind oder mir Schwierigkeiten machen?

- Fühle ich mich selbst in dieser Welt geborgen und aufgehoben?
- Wem vertraue ich selbst und bei wem fühle ich mich geborgen?
- Woher nehme ich den Mut und das Vertrauen in das Leben?
- Welche Rolle spielen Gott und Glauben in meinem Leben?

2. Bereich: Spirituelle Erfahrungen ermöglichen

Spirituelle Erfahrungen sind solche Erfahrungen, die die Oberflächlichkeit der Alltagswahrnehmung durchbrechen und einen Blick auf die Wirklichkeit jenseits der Alltagsrealität ermöglichen. Kinder haben für Einblicke in die tieferen Dimensionen des Lebens durchaus ein Gespür. Sie können sich konzentriert und beinahe meditativ in eine Tätigkeit versenken und darüber Zeit und Raum vergessen – eine Beobachtung, die Maria Montessori Anfang des 20. Jahrhunderts bei ihrer Arbeit in Kinderhäusern und Schulen machte. Vieles, was Kindern in dieser Welt begegnet, erscheint ihnen noch geheimnisvoll und wunderbar, es lässt sie staunen und ergriffen sein und erfüllt sie mit tiefer Dankbarkeit und Freude.

Spirituelle Erfahrungen bereichern das Leben und vertiefen die Wahrnehmungsfähigkeit. Darum sollten in der Kindertagesstätte gezielt solche Erfahrungsräume eröffnet werden. Dabei geht es noch nicht um konkrete Religionen oder Konfessionen, sondern ganz allgemein darum, *anthropologische Grundkräfte* im Kind zu fördern, die im üblichen Alltag oft nicht angeregt werden. Franz Kett, der mit seinem symboldidaktischen Ansatz und insbesondere mit seinen Legematerialien ganz wesentlich die religionspädagogische Praxis in Kindertagesstätten inspirierte, sagt dazu: Es ist Aufgabe religiöser Bildung und Erziehung, »den Menschen zu befähigen, der Welt *ganzheitlich* zu begegnen; d. h. sich über das rationale Weltbegreifen hinaus von ihr ergreifen, treffen, betroffen machen zu lassen, in ihr Schichten, Dimensionen zu erfahren, die Staunen, Verwunderung, Freude, aber auch Mitleid, Trauer auslösen.«[1]

Was können Erzieherinnen in diesem Aufgabenbereich praktisch tun? Sie können zum Beispiel

- mit den Kindern Stilleübungen durchführen, mit denen die Hektik des Alltags ein Stück angehalten und durchbrochen wird und in denen die innere Welt des Kindes geordnet wird;
- Übungen zur Sensibilisierung der Sinne, zum Tasten, Riechen, Schmecken, Lauschen und Sehen anbieten, damit die Kinder die sie umgebende Wirklichkeit intensiver wahrnehmen können;
- mit den Legematerialien von Franz Kett zur Förderung der anthropologischen Grundkräfte in den Kindern arbeiten;
- Übungen zur Körperwahrnehmung anbieten, damit die Kinder sich selbst intensiver kennenlernen;
- Phantasiereisen und Einheiten zum meditativen Malen und Tanzen anbieten.

---

1 Kett, Franz (Hg.), RPP 1 (1978), 3.

Die religionspädagogische Praxis in diesem Bereich bewegt sich auf einer basalen, erfahrungsbezogenen Ebene. Rationale und verbale Elemente stehen hier nicht im Vordergrund. Darum ist dieser Bereich wichtig für eine *inklusive* Religionspädagogik, die auch mit Kindern arbeitet, deren Denk- und Sprachfähigkeiten aus welchen Gründen auch immer eingeschränkt sind.

3. Bereich: Religiöse Kommunikation fördern

Kinder kommen jeden Tag mit einer großen Menge an Fragen in die Tagesstätte, weil sie damit beschäftigt sind, sich die Welt mit allen ihren Geheimnissen, Widersprüchen und Unklarheiten zu erschließen. Dazu gehören auch religiöse und existentielle Fragen nach Gott, nach dem Ursprung und Ende desLebens, nach Unendlichkeit, Tod und Trauer, nach Einsamkeit und Freundschaft, Liebe und Eifersucht, auch nach Glauben und Zweifel. Um in der Klärung ihrer vielen Fragen voran zu kommen, brauchen Kinder aufmerksame Zuhörer und Zuhörerinnen und sensible Gesprächspartner. Erzieherinnen sind in dieser Hinsicht für Kinder wichtig, weil sie Erwachsene sind, sich aber doch von den Eltern unterscheiden und in das Gespräch evtl. auch andere Perspektiven und Ansichten einbringen. Dabei ist es nicht in erster Linie Aufgabe der Erzieherin Antworten zu geben, sondern die Fragehaltung und die Neugier der Kinder wachzuhalten und zu fördern.

Eine sensible Gesprächspartnerin hört genau hin, was die Kinder ihr sagen wollen. In den Gesprächen und Fragen der Kinder entdeckt sie, vielleicht manchmal verborgen oder unbeholfen formuliert, auch religiöse und existentielle Horizonte. Aber nur, wenn sie sich darauf einlässt. Wenn ihr selbst das Gespräch über Religion fremd oder gar peinlich oder zu schwierig ist, wird sie auch in den Äußerungen der Kinder nichts Religiöses oder Existentielles entdecken. Und im Gegenzug merken auch Kinder sehr schnell, welchen Themen Erwachsene ausweichen und welche Fragen sie nicht hören möchten. Und dann fragen Kinder eben nicht mehr.

Religiöse Kommunikation wird nicht von außen, etwa von der Kirche oder den Pfarrern und Pfarrerinnen in die Einrichtung hineingetragen, sondern wird von den Kindern selbst eingefordert. Das bedeutet nun aber nicht, dass die Erzieherinnen nur dem zuhören, was die Kinder von sich aus einbringen. Kinder brauchen von Seiten der Erzieherin auch religionspädagogische Angebote, damit sie in ihrem Nachdenken weiterkommen. Sie brauchen dazu *religiöse Sprachhilfen*, mit denen sie ihre eigenen Fragen und Erfahrungen zum Ausdruck bringen und deuten können. Solche Sprachhilfen können religiöse Erzählungen, biblische Geschichten, Symbole oder Lieder sein, die die Erzieherin je nach Situation auswählt und bereitstellt. Religiöse Sprachhilfen sind offene Deutungsangebote für die Kinder, mit denen sie eine Zeitlang leben, die sie aber auch hinterfragen und ablegen können.

Was können Erzieherinnen in diesem Bereich tun? Sie können zum Beispiel

- aufmerksam wahrnehmen, wenn sich ein Kind mit einer im weitesten Sinne religiösen Frage beschäftigt und ihm spontan eine Gesprächssituation eröffnen;
- einer Gruppe von interessierten Kindern gezielt *kindertheologische* und *-philosophische* Gespräche anbieten, in denen die Kinder als eigenständige »Theologen«

und »Philosophen« verstanden werden, die in der Kommunikation mit den Erzieherinnen zu konstruktivem Weiterdenken angeregt werden;
- religiöse Erzählungen und Symbole auswählen und z. B. im Morgenkreis oder zu anderen Gelegenheiten anbieten, mit denen Kinder ihre religiösen und existentiellen Fragen und Erfahrungen zum Ausdruck bringen können;
- größere religionspädagogische Projekte anbieten und durchführen, in denen sie sich z. B. mit der Welt als Gottes Schöpfung auseinandersetzen und die verschiedenen Facetten des Themas (Freude an der Schöpfung und Dankbarkeit, aber auch Verantwortung für die Umwelt etc.) kindgerecht erarbeiten.

4. Bereich: Vielfalt gestalten

Kindertagesstätten sind heute in vielfacher Hinsicht bunt. Die Kinder kommen aus Familien mit unterschiedlichen kulturellen, ethnischen und auch religiösen Wurzeln. Die Familienformen (traditionelle Kleinfamilie, Alleinerziehende, Regenbogenfamilie, Großfamilie etc.) sind ebenso unterschiedlich wie die soziale und ökonomische Situation in der Familie und deren Erziehungsstile. Die Kinder selbst bringen verschiedenartige Vorkenntnisse, Begabungen, Fähigkeiten, Interessen und Vorlieben ein. Die Kindertagesstätte ist oftmals der erste Ort, an dem die Kinder diesen unterschiedlichen Verschiedenheiten begegnen und diese verarbeiten müssen. Aufgabe der Erzieherinnen ist es, ihnen dabei zu helfen und die Entwicklung von gegenseitigem Verständnis, Toleranz und Konfliktfähigkeit zu fördern.

Speziell im religiösen Bereich begegnen die Kinder anderen Religionen und religiösen Traditionen, aber auch unterschiedlichen Formen gelebten Glaubens und unterschiedlichen Ausprägungen von Nähe und Distanz zu Glauben und Religion. Manche Familien sind tief verwurzelt in ihrem Glauben und ihrer religiösen Tradition, anderen ist die Religion eher gleichgültig oder sie stehen ihr gar ablehnend gegenüber. In dieser Situation von *Diffusität* und *Diversität* befinden sich die Kinder. In der Kindertagesstätte haben sie die Chance zu lernen, in einem überschaubaren Lebensbereich mit der Pluralität von Religionen und religiösen Vorstellungen zurecht zu kommen. Dies ist eine wichtige Grundlage für ihre weitere Entwicklung als Mensch in einer globalen, offenen, bunten und toleranten Gesellschaft.

Was können die Erzieherinnen in diesem Bereich tun, um Vielfalt zu gestalten? Sie können zum Beispiel

- die unterschiedlichen kulturellen Wurzeln und religiösen Traditionen der Kinder und ihrer Familien schon in der Raumgestaltung sichtbar werden lassen;
- die religiösen Feste, die in den Familien gefeiert werden, in der Einrichtung aufgreifen und damit ihre Wertschätzung allen religiösen Traditionen gegenüber zum Ausdruck bringen;
- Gesprächsrunden arrangieren, in denen sich die Kinder themenbezogen über ihre unterschiedlichen religiösen und weltanschaulichen Vorstellungen austauschen;
- Exkursionen zu »heiligen Orten« (Kirchen, Moscheen, Synagogen) organisieren und die Kinder über ihre vielfältigen Erfahrungen dort ins Gespräch bringen;

- Eltern über ihre Religion, ihren Glauben, ihre Bräuche und religiös-kulturellen Familientraditionen erzählen lassen.

3. Religionspädagogische Konzeptionen im Wandel

Ebenso wie sich die Aufgaben der religiösen Erziehung und Bildung im Laufe der Zeiten verändern, wandeln sich auch die religionspädagogischen Konzeptionen, die diese Aufgaben strukturieren und pädagogisch, theologisch und religionspädagogisch begründen. Ältere religionspädagogische Konzeptionen sind sehr stark stoff-, traditions- und zielorientiert. So steht z. b. in dem Konzept des katholischen Religionspädagogen Johann Hofmeier die »Glaubenserziehung« im Mittelpunkt der religiösen Erziehung in der Kindertagesstätte.[2] Ziel religiöser Erziehung ist es seiner Meinung nach, den Kindern ein zutreffendes, an der christlichen und biblischen Tradition ausgewiesenes Gottesverständnis nahe zu bringen. Problematisch ist dabei, dass das Kind lernen soll, was der Erwachsene im Vorhinein für es ausgewählt hat. Das Kind ist insofern nicht Subjekt seines eigenen Lernens, sondern Adressat der Bildungsintentionen von Erziehenden.

Konkret sieht das in diesen Konzeptionen oft so aus, dass nach dem Kriterium der »Kindgemäßheit« biblische Geschichten ausgewählt und nach einem festgelegten Plan regelmäßig in der Einrichtung erzählt werden. Die Kinder hören zunächst nur zu und erarbeiten sich dann die Geschichte nacherzählend, spielend oder musikalisch. Dabei wird der Bezug zur Situation der Kinder höchstens indirekt hergestellt. Primär geht es darum, die biblische Tradition zu Gehör zu bringen und »nachklingen« zu lassen in der Hoffnung, in den Kindern Glauben zu wecken und sie zu adäquatem Handeln zu motivieren.

Als Mitte der 1970er Jahre der sog. Situationsorientierte Ansatz aufkam und sich in der Elementarpädagogik durchsetzte, veränderten sich auch die religionspädagogischen Konzeptionen für die Kindertagesstätte. Pädagogische Arbeit nach dem Situationsansatz bezieht sich, kurz gesagt, auf die reale Lebens- und Erfahrungswelt von Kindern. Eine Einrichtung, die nach dem Situationsansatz arbeitet, will Kinder dazu befähigen, *gegenwärtig herausfordernde Lebenssituationen sachgemäß zu bewältigen*. Dazu müssen in einem ersten Schritt die Situationen, die die Gruppe oder einzelne Kinder wirklich und ernsthaft beschäftigen, von den Erzieherinnen z. B. durch Beobachtung oder zielgerichtete Gespräche identifiziert werden. Daraufhin beginnt ein offen gestalteter Lernprozess, in dem die Kinder in unterschiedlichen Projekten und Angeboten jene Kompetenzen erwerben, die sie zur Bewältigung der jeweiligen Situation benötigen. Dazu zählen sowohl personale als auch soziale und sachliche Kompetenzen. Es ist deutlich, dass diesem Ansatz ein anderes Lernverständnis zugrunde liegt als z. B. dem traditionellen schulischen Lernen, das sich an einzelnen Fächern und abgegrenzten Wissensbereichen orientiert.

---

2 Vgl. HOFMEIER, JOHANN, Religiöse Erziehung im Elementarbereich. Ein Leitfaden, München 1987.

Die Orientierung an realen Lebenssituationen nach dem Situationsansatz hat Konsequenzen für die Organisation des Alltags in der Kindertagesstätte. Das Anregungspotential, das in den alltäglichen Abläufen steckt, wird pädagogisch für das Lernen genutzt. Entsprechend sind die Räume der Kindertagesstätte so gestaltet, dass sie die Kinder anregen, ihren Interessen und Bedürfnissen selbsttätig nachzugehen. Starre Gruppenzugehörigkeiten und Ablaufschemata lösen sich auf, der Tagesablauf wird flexibel gestaltet und gemeinsam von den Erzieherinnen und den Kindern geplant. Mit den Worten von Armin Krenz, einem der führenden Vertreter dieses Konzepts, will der Situationsansatz den Kindern »die Möglichkeit geben, Lebensereignisse und erlebte Situationen, die die Kinder beschäftigen, nachzuerleben (auf der emotionalen Ebene), diese zu verstehen (auf der kognitiven Ebene) und aufzuarbeiten bzw. zu verändern (Handlungsebene), damit sie die Erfahrung machen, gegenwärtiges Leben zu verstehen und praktische Situationen bewältigen zu können.«[3]

In der konstruktiven Auseinandersetzung mit dem Situationsorientierten Ansatz rückt nun in den religionspädagogischen Konzeptionen das Kind in den Mittelpunkt der Aufmerksamkeit. Religiöse Erziehung leitet sich demnach nicht mehr aus einem vorgegebenen Kanon religiöser und biblischer Inhalte ab, sondern orientiert sich an dem, *was das Kind braucht*. Damit ergibt sich eine neue Perspektive für die religiöse Bildung und Erziehung. Gleichzeitig erweitert und vertieft die Religionspädagogik den Situationsorientierten Ansatz: aus religiöser Perspektive braucht das Kind nämlich nicht nur technische und praktische Fähigkeiten um Lebenssituationen zu bewältigen, wie es der Situationsansatz anfänglich behauptete, sondern auch die tiefere Auseinandersetzung mit menschlichen Grunderfahrungen, die in solchen Situationen aufscheinen (wie Angst, Vertrauen, Mut, Sehnsucht, unversehrt zu bleiben, Hoffnung etc.). Als offenes Angebot zum Verständnis und zur Deutung menschlicher Grunderfahrungen, die in realen Lebenssituationen aufbrechen, haben jetzt auch religiöse Traditionen, biblische Geschichten, Gebete etc. ihren Platz in der religiösen Erziehung: Sie helfen dem Kind auf einer tieferen Ebene bei der Bewältigung gegenwärtiger Lebenssituationen.

In den neueren religionspädagogischen Konzepten geht es grundlegend darum, die *Situation* der Kinder (die lebensweltlichen Herausforderungen, Probleme und Konflikte) und die *Tradition* (die religiösen Erzählungen, Bilder, Gebete, Lieder etc.) so aufeinander zu beziehen, dass den Kindern daraus eine Hilfe zur Bewältigung ihrer Lebenssituationen erwächst. Dabei geht man davon aus, dass sich die gegenwärtigen Erfahrungen und die religiösen Überlieferungen wechselseitig durchdringen und erhellen. Die »Situation« ist der Kontext, in dem religiöse Traditionen für uns heute überhaupt erschlossen werden können, die »Tradition« hilft dabei, gegenwärtige Erfahrungen zu verstehen und zu deuten. Das folgende Beispiel zeigt, wie die *Situation* »Neu im Kindergarten« mit biblischen Texten (*Tradition*) verknüpft wird.[4]

---

3 KRENZ, ARMIN, Der »situationsorientierte Ansatz« im Kindergarten, Freiburg i. Br. 2005, 84.
4 Aus EVANGELISCHER LANDESVERBAND FÜR KINDERTAGESSTÄTTEN IN WÜRTTEMBERG, Biblische Texte und Kindersituationen, Stuttgart 1985, 22 (leicht gekürzt).

4. Konzeptionelle Grundlagen religionspädagogischer Arbeit

Situation: Neu im Kindergarten Elemente der Situation:	Tradition: Biblische Texte Ausgewählte Passagen:
Von den vertrauten Bezugspersonen getrennt, auf sich allein gestellt sein.	Gott zeigt Abraham den Sternenhimmel (Gen 15,1–6)
Von anderen nicht beachtet, angenommen, abgelehnt werden.	Hand, die hält (Ps 73,23f.)
Eröffnung neuer Erfahrungsfelder (Räume, unterschiedliche Erziehungsstile etc.)	Die Segnung der Kinder (Mk 10,13–16)
Sich fremd fühlen, das Ganze nicht überschauen können, neugierig, fasziniert sein; Angst haben, sich freuen.	Der gute Hirte (Joh 10,11.27–29)

Dieses Beispiel macht deutlich, wie eine typische Situation – der Eintritt in den Kindergarten und die möglichen Erfahrungen, die Kinder dabei machen – mit biblischen Überlieferungen zusammengebracht wird. Die konkrete Situation ist Ausgangspunkt und Horizont der religiösen Erziehung. Die biblischen Geschichten werden nicht als Selbstzweck eingebracht, sondern als Orientierungs- und Lebenshilfe für die Kinder angeboten. In diesem Sinne ist religiöse Erziehung in den neueren religionspädagogischen Konzeptionen kein Sonderbereich in der Kindertagesstätte, sondern vielfältig verflochten mit der übrigen pädagogischen Arbeit und integriert in den gesamten Bildungs- und Erziehungsprozess der Einrichtung.

In den aktuellen religionspädagogischen Konzepten wird religiöse Erziehung und Bildung allerdings nicht auf die situationsorientierte Beschäftigung mit biblischen Texten, wie es im Beispiel oben deutlich wurde, beschränkt. Religiöse Erziehung betrifft vielmehr *alle Dimensionen* in der Kindertagesstätte, also auch Dimensionen wie Raum und Zeit, Kunst und Kinderkultur, Spiel, Körper und Sinne, Gemeinwesen und Gemeinde und andere. Dieses Anliegen verfolgt der »dimensionale Ansatz« der Religionspädagogik, der von evangelischen Religionspädagogen um Friedrich Schweitzer und Christoph Scheilke entwickelt wurde.[5] Die Herausgeber sagen zu ihrem Konzept: »Religiöse Erziehung, wie wir sie verstehen, beginnt bereits etwa beim Umgang mit der Zeit und mit den Zeiten des Lebens, bei der Gestaltung der Räume und des Lebensraumes Kindertagesstätte. Jede Gestaltungsdimension des Kindergartens hat Folgen für die religiöse Erziehung, und aus der religiösen Erziehung ergeben sich Anstöße für die Gestaltung der Einrichtung.«[6] Damit ist eine Ausweitung religiöser Bildung und Erziehung in den *gesamten Alltag* der Kindertagesstätte intendiert.

Ein ähnliches Ziel verfolgt das Konzept der religionssensiblen Bildung, das ursprünglich im Bereich der Jugendhilfe entwickelt wurde und dann von Judith Weber

---

5 Vgl. SCHEILKE, CHRISTOPH TH./SCHWEITZER, FRIEDRICH (Hg.), Kinder brauchen Hoffnung. Religion im Alltag des Kindergartens, Münster 2006.
6 Ebd., 12.

auf den Bereich der Kindertagesstätten übertragen wurde.[7] Dieses Konzept versteht den Umgang mit Religion als Bestandteil der pädagogischen Arbeit in der Kindertagesstätte. Es geht davon aus, dass in den Alltagserfahrungen von Kindern immer auch schon religiöse Aspekte mitschwingen, die von den Erzieherinnen entdeckt und pädagogisch thematisiert werden müssen. »Religionssensibilität« ist insofern eine berufliche Kompetenz, über die alle Erzieherinnen, gleichgültig ob sie sich als religiös oder nicht religiös ansehen, verfügen sollten. Diese Kompetenz, die u. a. durch professionelle Selbstreflexion und Nachdenken über die eigene Religiosität (oder Nicht-Religiosität) erworben wird, zielt auf eine »Feinfühligkeit für Religiöses«, die die Fachkräfte in die Lage versetzt, »die Signale der Kinder wahrzunehmen, zu interpretieren sowie prompt und angemessen zu reagieren.«[8] Religionssensibilität als berufliche Kompetenz setzt nicht voraus, dass die Erzieherin eine aktive Christin oder aktive Muslima ist, aber wohl, dass sie offen ist für möglicherweise unausgesprochene religiöse Aspekte in der Erfahrungen und Äußerungen von Kindern. Denn: »Religiöse Themen und Fragen zeigen sich demnach nicht nur in expliziten Fragen nach Gott oder religiösen Festen, sondern auch in allgemeinen Fragen nach dem Leben, nach Sinn und Werten. Dies schließt Themen und Lebensfragen nach Gut und Böse, Gerechtigkeit und Ungerechtigkeit, Freude und Leid, Leben und Tod mit ein.«[9]

4. Das Konzept der alltagsorientierten religiösen Bildung

Viele Aspekte der oben erwähnten neueren religionspädagogischen Ansätze so wie das Grundanliegen des Situationsorientierten Ansatzes in der Sozialpädagogik gehen in das Konzept der alltagsorientierten religiösen Bildung ein, das von einem Team um den katholischen Religionspädagogen Clauß Peter Sajak entworfen wurde und in dem Band »Religion in allen Dingen« vorgestellt wird.[10] Im Mittelpunkt dieser Veröffentlichung stehen typische Alltagssituationen aus dem Leben der Kindertagesstätte, deren Anregungspotential für das Lernen der Kinder herausgearbeitet wird. So werden 15 Alltagssituationen aus allen Bereichen der Kindertagesstätte exemplarisch beschrieben und mithilfe pädagogischer und religionspädagogischer Überlegungen bearbeitet. Zu Anfang jedes Kapitels steht ein konkretes Situationsbeispiel (»Erlebt«). Danach folgt eine wissenschaftsbasierte pädagogische Analyse dieses Beispiels (»Nachgedacht«) und unter dem Stichwort »Weitergedacht« eine

---

7 Vgl. LECHNER, MARTIN/GABRIEL, ANGELIKA (Hg.), Religionssensible Erziehung. Impulse aus dem Forschungsprojekt »Religion in der Jugendhilfe« (2005–2008), München 2009 und WEBER, JUDITH, Religionssensible Bildung in Kindertageseinrichtungen. Eine empirisch-qualitative Studie zur religiösen Bildung und Erziehung im Kontext der Elementarpädagogik, Münster 2014.
8 WEBER, JUDITH, Religionssensible Bildung in Kindertageseinrichtungen, 81.
9 Ebd.
10 Vgl. SAJAK, CLAUß PETER (Hg.), Religion in allen Dingen. Alltagsintegrierte religiöse Bildung in der Kita. Ein Praxis- und Methodenbuch für Aus- und Fortbildung, München 2016.

Reflexion der theologischen und religionspädagogischen Dimension dieser Situation. Nach diesen sachbezogenen Überlegungen werden jeweils die Kompetenzen beschrieben, die eine Erzieherin benötigt, um die entsprechende Situation sachgemäß zu bewältigen. Zum Schluss geben die Autoren und Autorinnen einige praktische Anregungen für den Unterricht an der Fachschule. Folgende Alltagssituationen werden in dieser Weise bearbeitet:

- Übergänge gestalten
- Zum Umgang mit Natur und Umwelt anleiten
- Erfahrungen von Leid und Tod begleiten
- Entdecken und Staunen anregen
- Bindung und Exploration fördern
- Zu Empathie anleiten
- Zum Umgang mit religiöser Heterogenität ermutigen
- Umgang mit Diversität einüben
- Zur-Ruhe-Kommen ermöglichen
- Mut machen
- Kritisches Hinterfragen anregen
- Versöhnung möglich machen
- Kreativität fördern
- Gebrauch von Technik anleiten
- Umgang mit Medien einüben

Diese 15 Alltagssituationen lassen sich drei Dimensionen zuordnen, in denen sich das Kind seine Wirklichkeit in Zeit und Raum erschließt. Die erste Dimension betrifft die Beziehung des Kindes zu sich selbst (dazu gehören Alltagssituationen wie »Übergänge gestalten« oder »Zur-Ruhe-Kommen ermöglichen«); die zweite Dimension bezieht sich auf die Interaktion des Kindes mit anderen Kindern und Erwachsenen (z. B. »Versöhnung möglich machen« oder »Umgang mit Diversität einüben«) und die dritte Dimension umgreift die Beziehung des Kindes zur Umwelt (Situationen wie »Zum Umgang mit Natur und Umwelt anleiten« oder »Umgang mit Medien einüben«). Zwischen den drei Dimensionen sind Situationen wie »Erfahrungen von Leid und Tod begleiten« oder »Kritisches Hinterfragen anregen« angesiedelt, die letztlich alle drei Dimensionen berühren. Die Dimensionen der Welterschließung über das Selbst, die Interaktion mit anderen Menschen und die Begegnung mit der Umwelt sind nur dann vollständig erfasst, wenn auch grundlegende religiöse Fragen und Perspektiven mit bedacht werden – dies ist das Grundanliegen des Konzepts.

Die Übersicht über die 15 Alltagssituationen zeigt, dass die religiöse Dimension dem Konzept der alltagsorientierten religiösen Bildung zufolge tatsächlich alle Bildungsbereiche der Kindertagesstätte durchdringt. Auch Bereiche wie Technik, Umgang mit Medien und Kreativitätsförderung haben nach diesem Konzept eine religiöse Komponente, die in der pädagogischen Arbeit berücksichtigt und ausgearbeitet werden muss. Religion ist gewissermaßen eine *Querschnittsdimension* aller Lebensbereiche in der Kindertagesstätte. Die religiöse Perspektive vertieft und erweitert den allgemeinpädagogischen Blick auf die Bildungsbereiche, die in den ausgewählten

Situationen angesprochen werden. Daraus folgt in der Logik des Konzeptes, dass erstens religiöse Bildung und Erziehung nicht in ein festes zeitliches Schema gepresst werden kann, sondern flexibel gehandhabt werden sollte und erst dann ansetzt, wenn die Erfahrungen und Erlebnisse der Kinder im täglichen Miteinander nach einer religiösen Vertiefung verlangen; und dass zweitens die Erzieherinnen selbst die Verantwortung für religiöse Bildung und Erziehung haben und nicht etwa theologische Experten von außen.

Über die Aufgaben, die der Erzieherin im Rahmen des Konzepts der alltagsorientierten religiösen Bildung zukommen, sagen die Autoren: »Für die pädagogische Fachkraft bedeutet das, dass sie Bezugs- und Begleitperson für ergebnisoffene, religiöse Bildungs- und Entwicklungsprozesse des Kindes ist, religiöses Fragen im alltäglichen Geschehen entdeckt, hört und begleitet, religiöse Hintergrunde gemeinsam mit dem Kind im Sinne eines Angebots aufdeckt und erkundet, ohne die Situation jedoch religiös zu verzwecken. Sie benötigt deshalb ein umfängliches Kompetenzprofil, das auf einer selbstreflektierten, authentischen und biografiebezogenen religiösen Haltung, auf religiösem Hintergrundwissen sowie Fähigkeiten und Fertigkeiten der methodischen und gestalterischen Umsetzung religiöser Themen und Fragestellungen basiert.«[11]

Aus dieser Sicht ist es konsequent, dass sich das Konzept primär als didaktisches Modell der Aus- und Fortbildung von Erzieherinnen versteht. Angehende Fachkräfte müssen in der Ausbildung darauf vorbereitet werden, die religiöse Dimension in allen Lebensbereichen der Kindertagesstätte zu entdecken und mit den Kindern zu bearbeiten. In der Fortbildung werden diese erworbenen Kompetenzen dann praxisnah vertieft und erweitert.

Die religionspädagogische Ausbildung von Erzieherinnen an Fachschulen, Fachakademien und Fachhochschulen lässt sich diesem didaktischen Modell entsprechend gut entlang ausgewählter Alltagssituationen organisieren. Dies ist näher an der sozialpädagogischen Praxis als die traditionelle Orientierung der religionspädagogischen Ausbildung an bestimmten Themen oder Lernbereichen. Die sozialberuflichen Kompetenzen, die eine Erzieherin braucht, um Alltagssituationen in der Kindertagesstätte sachgemäß und auch religionspädagogisch verantwortlich zu bearbeiten, können in diesem didaktischen Modell mit größerer Transparenz beschrieben und zielgerichteter in der unterrichtlichen Praxis angebahnt werden.

Darum werden im folgenden Abschnitt fünf ausgewählte Alltagssituationen aus der Kindertagesstätte genauer betrachtet und für den Religionsunterricht bzw. die religionspädagogische Aus- und Fortbildung von Erzieherinnen theoretisch und praktisch aufbereitet. Zur Sprache kommen dabei sowohl die allgemeinpädagogische Analyse der jeweiligen Situation als auch die Aufdeckung der tiefer in ihr liegenden religiösen Dimension. Folgende exemplarische Situationen werden untersucht:

---

11 SAJAK, CLAUß PETER/KRAMER, KAROLIN (Hg.), Art. »Alltagsorientierte religiöse Bildung«, in: WiReLex (2019), auf: https://www.bibelwissenschaft.de/stichwort/200272/.

- Rund um das Mittagessen in der Kindertagesstätte
- Ein Konflikt unter den Kindern entsteht
- Ein Kind wird krank
- Ramadan in der Kindertagesstätte
- Wenn Armut sichtbar wird

Diese Situationen stellen Beispiele dar, die dazu anregen sollen, im Unterricht bzw. in der religionspädagogischen Fortbildung weitere Situationen im Alltag der Kindertagesstätte zu entdecken und entsprechend zu bearbeiten.

B. Methodisch-didaktische Umsetzung

1. Konzeptionen sind notwendig – Impulse:

Fast alle Kindertageseinrichtungen haben heute schriftlich ausgearbeitete Konzeptionen, die im Internet frei zugänglich sind. Bitte recherchieren Sie anhand einiger ausgewählter Kindertagesstätten, welche Rolle die religiöse Bildung in der jeweiligen Konzeption spielt und welche der drei möglichen Antworten Ausblenden – Auslagern – Ausarbeiten von der Einrichtung gegeben wird.

Möglichkeiten der Recherche:

- Sie suchen im Internet nach Kindertagesstätten in ihrer Region. Bei der Lektüre der entsprechenden Konzeptionen achten Sie besonders darauf, was zu »Religiöse Bildung und Erziehung« oder zu »Feste und Feiern« gesagt wird.
- Sie suchen gezielt nach Einrichtungen unterschiedlicher Träger. Sie können in der Suchmaschine z. B. eingeben:
  - Kita Konzeption evangelisch
  - Kita Konzeption katholisch
  - Kita Konzeption AWO (Arbeiterwohlfahrt)
  - Kita Konzeption kommunal (z. B. bei der Stadt Koblenz finden Sie die Konzeptionen der städtischen Einrichtungen übersichtlich aufgelistet.)
- Suchen Sie sich aus den Einträgen der Suchmaschine jeweils eine Kindertagesstätte aus, deren Konzeption Sie genauer untersuchen möchten.
- Was sagen die Konzeptionen, die Sie im Internet gefunden haben, über religiöse Bildung und Erziehung aus?
- Finden Sie Gesichtspunkte wieder, die im theoretischen Teil dieses Arbeitsbuches ausgeführt wurden?
- Diskutieren Sie in der Gruppe: Welche Darstellung religiöser Bildung in den Konzeptionen leuchtet Ihnen am meisten ein? Aus welchen Gründen?

2. Die Aufgabe religiöser Bildung und Erziehung – Impulse:

1. Lesen Sie bitte den folgenden Text des Religionspädagogen Johann Georg Wirth, der in der Mitte des 19. Jahrhunderts lebte. Vergleichen Sie den Text mit dem,

was Sie selbst über religiöse Erziehung und Bildung denken und wissen. Was ist Ihnen in den Ausführungen und Formulierungen ganz fremd? Wo sehen Sie Anknüpfungspunkte für ein modernes Verständnis religiöser Erziehung?

Zu den Zielen religiöser Früherziehung schreibt J. G. Wirth:

> Wir wollen den jüngeren Gemüthern eine heilige Scheu vor allem Unrecht, eine brünstige Liebe zur Tugend, zu Gott, wir wollen ihnen Gottesfurcht einpflanzen. Wir sehen ein, daß kein Alter geeigneter sey, als das von 2–6 Jahren, um eine heilige Scham, als strenge Tugendwächterin dem späteren Alter beizugesellen.[12]

Konkreter zur religiösen Erziehung schreibt er:

> 1) Man gewöhne die Kleinen, so oft sie in den Fall kommen das Wort: Gott auszusprechen, stets zu sagen: der liebe Gott; denn derjenige, welcher ihr Schöpfer und Erhalter ist, soll ihnen ein lieber Gott seyn […] 2) Die Art, über religiöse Gegenstände zu sprechen, nehme stets Ernst, Würde in Anspruch und sey erzählend, verbunden mit Fragen der Kinder […] 3) Man nehme nicht zu viel auf einmal vor und suche namentlich durch recht viele Beispiele, die aber immer aus dem Leben der Kinder […] genommen seyn müssen, sich deutlich zu machen […] 4) Man halte die Kleinen an, bei Unterredungen über religiöse Gegenstände stets recht aufmerksam zu seyn, namentlich die Hände zu falten und sie so lange in dieser Stellung zu behalten, bis die Uebung geschlossen wird.[13]

2. Lesen Sie die Ausführungen zu den vier Bereichen religiöser Bildung und Erziehung aus Teil A.

Zum 1. Bereich: Diskutieren Sie in der Gruppe: Welche weiteren Möglichkeiten haben Erzieherinnen, um in der Einrichtung eine Atmosphäre der Geborgenheit und Sicherheit für die Kinder, aber auch für die Erzieherinnen und Eltern zu schaffen?

Zum 2. Bereich: Informieren Sie sich über die religionspädagogische Konzeption von Franz Kett und die Arbeit mit seinen »Legematerialien«. Sie können dazu z. B. im Wissenschaftlichen Lexikon für Religionspädagogik (WiReLex), das im Internet frei zugänglich ist, recherchieren. Unter https://www.bibelwissenschaft.de/stichwort/100234/ finden Sie einen Artikel zu Franz Kett und unter https://www.bibelwissenschaft.de/stichwort/100135/ einen Beitrag zum Umgang mit Bodenbildern. Mit Stilleübungen beschäftigt sich der Artikel unter https://www.bibelwissenschaft.de/stichwort/100244/.

Zum 3. Bereich: Machen Sie in Einzelarbeit oder in Gruppen ein kleines empirisches Forschungsprojekt, in dem Sie versuchen herauszufinden, welche »philosophischen« und »theologischen« Fragen und Vorstellungen Kinder tatsächlich haben. Suchen Sie in Ihrem Umfeld Kinder, die bereit sind, mit Ihnen ein etwa 20-minütiges Gespräch zu führen. Entwickeln Sie dazu einige Fragen, über die Sie

---

12 WIRTH, JOHANN GEORG, Mittheilungen über Kleinkinderbewahranstalten und aus denselben, so wie über Kleinkinderschulen und Rettungsanstalten für verwahrloste Kinder, Augsburg 1840, 9.
13 WUSTRACK, SIMONE, Religionspädagogische Arbeit im evangelischen Kindergarten, Stuttgart 2009, 46.

mit den Kindern sprechen möchten und halten Sie sie in einem Interviewleitfaden schriftlich fest. Fragen könnten z. B. sein:
- Über welche Fragen denkst Du immer wieder nach?
- Stell Dir vor, Du kannst Gott Fragen stellen. Was fragst Du ihn?
- Auf welche Fragen findest Du einfach keine Antwort?
- Wie stellst Du Dir Gott vor?

Nehmen Sie das Gespräch mit dem Kind auf und verschriftlichen Sie es. Vergleichen Sie Ihre Ergebnisse mit den anderen in der Lerngruppe und werten Sie sie aus. Können Sie bestimmte Hypothesen über philosophische und theologische Fragen von Kindern aufstellen? Schauen Sie sich auch den entsprechenden Abschnitt im Methodenkapitel dieses Arbeitsbuches an (Kapitel 5).

Zum 4. Bereich: Im Blick auf das interreligiöse Lernen in der Kindertagesstätte werden in der Religionspädagogik oft drei Modelle diskutiert:

- das Beheimatungsmodell
- das Begegnungsmodell
- das multireligiöse Modell

Finden Sie heraus, was mit den drei Modellen gemeint ist und worin sie sich unterscheiden. Favorisieren Sie eines dieser Modelle oder müsste man Ihrer Meinung nach andere Modelle entwickeln?

Sie können sich z. B. informieren bei: C. Scheilke/F. Schweitzer (Hg.), Kinder brauchen Hoffnung. Religion im Alltag des Kindergartens, Gütersloh 2001, bes. 54f.

3. Religionspädagogische Konzeptionen im Wandel – Impulse:

1. Als Vorbereitung zur Beschäftigung mit religionspädagogischen Konzeptionen kann in der Lerngruppe folgende Übung durchgeführt werden. Fünf Thesen zur religiösen Erziehung werden auf Zettel geschrieben und an fünf Stellen im Raum verteilt. Die Lernenden stellen sich zu der These, der sie am ehesten zustimmen können. Die Gesamtgruppe schaut sich zunächst die Verteilung im Raum an: wo stehen die Meisten, wo die Wenigsten, oder sind die Gruppen etwa gleich groß? Danach beginnt der Austausch in den Thesengruppen: Warum habe ich mich dieser These zugeordnet? Was verbinde ich mit religiöser Bildung und Erziehung persönlich? Zum Schluss werden im Plenum die Erfahrungen aus den Gruppen reflektiert. Folgende Thesen sind möglich:
   - Ich weiß eigentlich nicht genau, warum ich in der Kita religiös erziehen sollte und auch nicht, wie das geht.
   - Ich möchte Kinder mit Gott vertraut machen. Dazu gehört es, dass sie biblische Geschichten hören, religiöse Lieder singen und religiöse Feste feiern.
   - Ich finde, Religion gehört einfach zum Leben dazu. Auch Kinder stellen schon Fragen nach dem Ursprung allen Lebens, nach dem Sinn und nach dem, was nach dem Tod kommt.

- Heutzutage erfahren Kinder in ihren Familien so gut wie nichts über Religion. Darum muss die Kita die Aufgabe übernehmen, Kinder mit Religion vertraut zu machen.
- Ich finde, religiöse Erziehung gehört nicht in die Kita. Ich will Kinder nicht mit religiösen Vorstellungen manipulieren. Sie sollen selbst entscheiden, woran sie glauben wollen.

2. Informieren Sie sich darüber, wie man heute den Situationsorientierten Ansatz versteht. Sie finden dazu einen ausführlichen Artikel von Armin Krenz im Internet unter https://www.kindergartenpaedagogik.de/der-situationsorientierte-ansatz-s-o-a.html. Sehen Sie in den Ausführungen von Krenz Ansatzpunkte für religiöse Bildung? Lassen sich in sein Konzept Elemente religiöser Erziehung und Bildung integrieren?
3. Aus dem Dimensionalen Ansatz der Religionspädagogik lassen sich gut einige Impulsfragen entwickeln, anhand derer die Qualität einer Kindertageseinrichtung analysiert werden kann. Reflektieren Sie mit folgenden Fragen Ihre Arbeit bzw. Ihr Praktikum in Ihrer Kindertagesstätte. Wählen Sie Fragen aus, die Ihnen besonders interessant erscheinen.

Dimension Kunst und Kultur:

- Wie kommen die unterschiedlichen Kulturen der Kinder in der Einrichtung zum Ausdruck?
- Wie werden die Kinder zum Innehalten, Betrachten und zur Aufmerksamkeit angeregt?
- Welche Möglichkeiten haben die Kinder eigene Kunstwerke zu gestalten?

Dimension Zeit

- Welches Zeit-Erleben beobachten Sie bei den Kindern?
- Wie viel Zeit haben die Kinder für ihre eigenen Interessen?
- Wie werden in der Einrichtung die verschiedenen Jahresrhythmen wahrgenommen: das Kindergartenjahr, die Jahreszeiten, das Kirchenjahr, die Jahreszyklen anderer Religionen?
- Welche Hilfe erfahren die Kinder ihre Zeit zu gestalten?

Dimension Beziehungen

- Wie erfahren Kinder in der Einrichtung verlässliche Beziehungen?
- Wie werden die Kinder begleitet, wenn Beziehungen gefährdet sind oder zerbrechen?
- Wie werden Beziehungsübergänge gestaltet (von der Familie in die Kita, bei Wechsel der Erzieherinnen oder Übergang in die Schule)?

Dimension Raum

- Welche Sprache sprechen die Räume der Einrichtung (einladend, hell, freundlich, dunkel, groß, unheimlich etc.)?
- Welche Räume können die Kinder nutzen und welche nutzen sie tatsächlich?

- Wird in den Räumen deutlich, dass Kinder aus verschiedenen Kulturen und Religionen zusammen sind?
- Können die Kinder die Räume mitgestalten oder verändern?
- Gibt es einen »Raum der Stille«?

Dimension Körper und Sinne

- Welche Körper- und Sinneserfahrungen ermöglicht die Kita den Kindern?
- Welche körperlichen Ausdrucksformen sind den Kindern gestattet, welche nicht?
- Kommt dem körperlich-sinnlichen Zugang zur Wirklichkeit der gleiche Stellenwert zu wie dem verbal-kognitiven?

Dimension Erzählen

- Gibt es in der Kita eine Gesprächs- und Erzählkultur?
- Wann wird den Kindern erzählt und welche Geschichten kommen vor?
- Welche Geschichten bringen die Kinder selbst mit?

Dimension Spiel

- Haben die Kinder eigene Spielräume in der Einrichtung?
- Wie geht die Kita mit »unpopulären« Spielen um?
- Werden die Kinder angeregt, eigene Spiele zu erfinden?
- Werden Spiele aus anderen Kulturen und Ländern gespielt?

Dimension Stille, Meditation, Gebet

- Gibt es im Alltagsrhythmus der Einrichtung Zeiten und Orte, an denen Kinder Stille erfahren können?
- Gibt es Gebete in der Einrichtung? Bei welchen Gelegenheiten und wie wird gebetet?

Dimension Feste und Rituale

- Wie werden Übergänge und Abschiede gefeiert?
- Wie werden die Kinder an der Vorbereitung und Durchführung von Festen beteiligt?
- Kommen Feste und Rituale aus allen Kulturen und Religionen vor, die durch die Kinder in der Kita vertreten sind?

Dimension Gemeinwesen

- Welche Beziehungen gibt es zwischen der Kita und den Einrichtungen des örtlichen Gemeinwesens (Schulen, Kirchengemeinden, religiöse Gemeinschaften, Vereine etc.)?
- Werden mit den Kindern Exkursionen an Orte außerhalb der Kita durchgeführt?
- Welche Rolle spielt die Kita in der Konzeption der Kirchengemeinde bzw. der Kommune?

4. Das Konzept der alltagsorientierten religiösen Bildung – Impulse:

1. In dem Konzept der »Alltagsorientierten religiösen Bildung« werden typische Situationen aus dem Alltag der Kindertagesstätte identifiziert und bearbeitet. Wenn Sie sich die Liste der 15 Alltagssituationen anschauen: Fehlen Ihnen aus Ihrer Erfahrung noch wichtige Situationen?
2. In diesem Konzept der religiösen Bildung spielt die Persönlichkeit der Erzieherin eine zentrale Rolle. Zu ihren sozialberuflichen Kompetenzen gehört auch, dass sie sich ihrer eigenen religiösen Haltung bewusst ist und ihre eigene Biografie im Blick auf ihre religiöse Entwicklung reflektieren kann. Die folgenden Methoden zur biografischen Selbstreflexion können Ihnen helfen, der Entwicklung Ihres Glaubens (oder Nicht-Glaubens und Zweifels) auf die Spur zu kommen.

Wendepunkte in meinem Leben
Zeichnen Sie auf einem großen Blatt eine waagerechte Linie, die ihren bisherigen Lebenslauf darstellen soll. Auf dieser Linie markieren Sie die Lebensjahre von Ihrer Geburt bis heute. Dann tragen Sie bitte die Wendepunkte in Ihrem Leben auf dieser Linie ein (Veränderungen, Abschiede, Neuanfänge, Trennungen, Brüche, Krankheiten etc.). Wichtig ist, dass Sie sich bei diesen Wendepunkten an Ihre Gefühle erinnern, diese aufschreiben bzw. symbolisch darstellen. Spielten an diesen Wendepunkten Ihres Lebens Glaube und Religion eine Rolle? Woran erinnern Sie sich im Blick auf Religion?

Stilleübung »Ich habe Dich bei Deinem Namen gerufen ...«
Bei dieser Gruppenübung sitzen bzw. liegen alle Teilnehmenden ganz entspannt im Raum. Es wird nicht gesprochen. Der/die Leiter/in ruft leise bzw. flüsternd jede einzelne Teilnehmende bei ihrem Vornamen. Wer seinen Namen hört, steht leise auf und setzt sich in den Stuhlkreis.

Im Nachgespräch tauschen sich die Teilnehmenden darüber aus, welche Gefühle sich bei jedem/r einzelnen einstellten, als sie/er ihren bzw. seinen Namen hörte. Gezielt wird gefragt: Verbindet sich das Gerufenwerden mit religiösen Erfahrungen, Bildern, Geschichten oder Erlebnissen?

Meine erste Begegnung mit Religion (freies Schreiben)
Mit diesem Schreibimpuls sollen die ersten religiösen Erfahrungen freigelegt werden. Die Teilnehmenden werden gebeten, gedanklich so weit in ihre Kindheit zurückzugehen, bis sie auf eine Begebenheit bzw. eine Erfahrung stoßen, von der sie sagen würden: Da hatte ich zum ersten Mal in meinem Leben das Gefühl, mit Religion, mit Glauben oder mit Gott zu tun zu haben.

Die Erinnerungen werden in einem freien, subjektiv gestalteten Text festgehalten. Danach können sich die Teilnehmenden in kleinen Gruppen über ihre Schreibprodukte austauschen.

Spruch an der Wand (nach H. Gudjons)
Die Teilnehmenden gehen in ihrer Phantasie in die elterliche Wohnung zurück. Sie stellen sich vor, dass in dieser Wohnung ein Spruch an der Wand hängt, der das

entscheidende Lebensmotto, die höchste Leitlinie, nach der sich alle in der Familie ausrichten sollten, zum Ausdruck bringt. Jede/r schreibt diesen Spruch an der Wand auf.

In der Gruppe werden folgende Fragen reflektiert:
- Welche Bedeutung hatte dieser Spruch für mich als Kind, als Jugendlicher und welche Bedeutung hat er heute?
- Befolgen Sie den Spruch noch heute? Ist er Ihnen heute gleichgültig oder lehnen Sie ihn ab?
- Wie würde das Gegenteil dieses Spruchs lauten?

Meine Gottesvorstellungen im Wandel (biografischer Aufsatz)
In einem kurzen Aufsatz reflektieren Sie schriftlich, wie sich Ihre Vorstellungen von Gott im Laufe Ihrer Kindheit und Jugend bis heute verändert haben. Überlegen Sie dabei bitte auch, welche Menschen Sie in Ihren Gottesvorstellungen und grundsätzlich in Ihrer religiösen Entwicklung beeinflusst haben und ob es bestimmte Situationen in Ihrem Leben gab, die in religiöser Hinsicht für Sie prägend waren. Nach dem Schreiben tauschen Sie sich bitte mit einem Partner/einer Partnerin über Ihre Reflexionen aus.

Literatur

Evangelischer Landesverband für Kindertagesstätten in Württemberg, Biblische Texte und Kindersituationen, Stuttgart 1985.
Hofmeier, Johann, Religiöse Erziehung im Elementarbereich. Ein Leitfaden, München 1987.
Kett, Franz (Hg.), RPP 1 (1978).
Krenz, Armin, Der »situationsorientierte Ansatz« im Kindergarten, Freiburg i. Br. 2005.
Lechner, Martin/Gabriel, Angelika (Hg.), Religionssensible Erziehung. Impulse aus dem Forschungsprojekt »Religion in der Jugendhilfe« (2005–2008), München 2009.
Sajak, Clauß Peter/Kramer, Karolin (Hg.), Art. »Alltagsorientierte religiöse Bildung«, in: WiReLex (2019), auf: https://www.bibelwissenschaft.de/stichwort/200272/.
Sajak, Clauß Peter (Hg.), Religion in allen Dingen. Alltagsintegrierte religiöse Bildung in der KiTa. Ein Praxis- und Methodenbuch für Aus- und Fortbildung, München 2016.
Scheilke, Christoph Th./Schweitzer, Friedrich (Hg.), Kinder brauchen Hoffnung. Religion im Alltag des Kindergartens, Münster 2006.
Weber, Judith, Religionssensible Bildung in Kindertageseinrichtungen. Eine empirisch-qualitative Studie zur religiösen Bildung und Erziehung im Kontext der Elementarpädagogik, Münster 2014.
Wirth, Johann Georg, Mittheilungen über Kleinkinderbewahranstalten und aus denselben, so wie über Kleinkinderschulen und Rettungsanstalten für verwahrloste Kinder, Augsburg 1840.
Wustrack, Simone, Religionspädagogische Arbeit im evangelischen Kindergarten, Stuttgart 2009.

4.1. Alltagssituation in der Kita: Das gemeinsame Mittagessen

Angela Kunze-Beiküfner

A. Einführung

1. Eine Situation aus der Praxis

> Folgende Beobachtung wurde in einer Kita mit einem Kinderrestaurant gemacht: Die Kinder bilden von allein kleine Tischgemeinschaften. Sie setzen sich zusammen an einen Tisch und beginnen gemeinsam. Sie sagen keinen Tischspruch und kein Gebet, aber wünschen sich »Guten Appetit« und reichen sich dabei die Hände. Oft bleiben sie noch lange, nachdem sie aufgegessen haben, am Tisch sitzen und reden miteinander. Ergänzende Beobachtung einer Mutter: Die Tische im Kinderrestaurant sind geschmückt und laden ein zum Verweilen, die Erzieherinnen bedienen die Kinder. Die Kinder bedanken sich bei den Erzieherinnen.

2. Pädagogische Herausforderung

Das Mittagessen ist in vielen Kitas ein stark diskutiertes Thema, an den gemeinsamen Mahlzeiten können sich verschiedene Kontroversen entzünden:

- Die Frage nach dem richtigen Essensanbieter kann zu einem herausfordernden Streitthema werden: Die gesunde Ernährung der Kinder soll natürlich immer im Zentrum stehen.[14] Eltern fordern ein Essen, das z. B. biologisch, regional, vegetarisch, kindgerecht, gesund und auch bezahlbar ist. Diesen Erwartungen der Eltern gerecht zu werden, ist nicht immer einfach. Nicht überall gibt es geeignete Anbieter, die all diese Wünsche erfüllen. Auch über die gesunde Küche gibt es verschiedene Vorstellungen, z. B. die Frage, ob vegetarische Küche anzustreben ist oder nicht. Leider haben nur noch wenige Kitas eine eigene Küche, in der das Mittagessen selbst zubereitet wird.
- Berücksichtigung von religiösen Speisevorschriften und Nahrungsmittelunverträglichkeiten: Dies sollte eigentlich eine Selbstverständlichkeit sein, aber ich erlebe immer noch Kitas, die auf Nahrungsmittelunverträglichkeiten Rücksicht nehmen, aber sich weigern, religiöse Speisevorschriften zu akzeptieren.
- Freiwilligkeit – bei diesem Stichwort gibt es sehr unterschiedliche Einrichtungs- und Familienkulturen. Folgende Fragen können zu Streitthemen werden: Sollen alle gemeinsam zu einer festen Zeit essen oder entscheidet sich die Kita für ein Kinderrestaurant und jedes Kind isst, wenn es gerade Hunger hat? Sollen alle Kinder vom Es-

---

14 Vgl. Projekte wie fitkids (DGE) oder »Macht Dampf – Für gutes Essen in Kindergarten und Schule« (BEL).

sen (vom Gemüse) wenigstens einen Löffel kosten oder ist es den Kindern ganz freigestellt, was sie essen und was nicht? Tun sich die Kinder das Essen selbst auf ihre Teller oder wird es ihnen aufgetan? Müssen alle Kinder beim Tischspruch oder Tischgebet mitmachen oder nicht? Fangen alle gemeinsam an und hören gemeinsam auf? Muss ein Kind, das schon fertig mit dem Essen ist, am Tisch sitzen bleiben? Darf beim Essen geredet werden oder soll es still sein? ...

Bei den letzten beiden Punkten zeigt sich schon, dass es bei den gemeinsamen Mahlzeiten in der Kita nie nur um das Sattwerden geht. Schon immer kommt den gemeinsamen Mahlzeiten auch eine soziale Bedeutung zu. Und wir bringen unsere familiär und kulturell geprägten Vorstellungen mit, was eine gute Mahlzeit ausmacht.

Elke Alsago schreibt dazu:

> Überall auf der Welt essen Menschen in Gruppen. Für die eigentliche Nahrungsaufnahme ist dies nicht nötig. Dies könnte jede/r für sich und individuell tun, so denn sie/er dazu in der Lage ist. Doch nicht alle sind dazu fähig. Kleine Kinder, alte Menschen, Kranke müssen versorgt werden. Auch durch die Verteilung von Aufgaben in einer Familie oder Gruppe ist es notwendig, dass eine/r für die anderen sorgt. Gemeinschaftliches Essen – Mahlhalten – entsteht also aus der Sorge für und umeinander. Es bildet gleichzeitig die Gesellschaft ab, in der es stattfindet. Dies repräsentiert sich durch die Tischrituale, Sitzordnung und die Rollenverteilung. Wer sitzt am Kopf der Tafel? Wer darf den Braten anschneiden? Wer sitzt am ›Katzentisch‹? Werden die Kinder ›abgefüttert‹? Besonders deutlich zeigt sich diese Abbildung der jeweiligen Gesellschaft bei Festen und Feiern. Kein Fest ohne Essen! Das gemeinsame Essen wird hier in einer besonderen Form zelebriert, die jedoch zum Teil die Rituale des Alltäglichen wieder aufnimmt und verdichtet präsentiert.[15]

3. Mahlfeiern in den Religionen

In den verschiedenen Religionen haben daher Mahlfeiern ebenfalls eine zentrale Bedeutung:

Im Judentum wird jeden Freitagabend der Schabbat mit einem gemeinsamen besonderen Essen in der Familie begrüßt. Symbolische Speisen spielen bei vielen jüdischen festen eine Rolle: Zum Wochenfest werden milchige Speisen gegessen, zum Neujahrsfest werden Apfelscheiben in Honig getunkt (für ein süßes neues Jahr), zum Chanukkafest werden Speisen gegessen, die in Öl gebraten sind und an das Ölwunder erinnern. Zum Pessach-Fest wird in den Familien am Seder-Abend ein gemeinsames Mahl gefeiert, dass im Ablauf von Gesängen, Gebeten und Rezitationen und bei der Auswahl der Speisen einem festgelegten Ablauf folgt. Mit dieser Mahlfeier wird an den letzten Abend in der Sklaverei vor dem Auszug aus Ägypten gedacht. Diese Speisen haben alle eine symbolische Bedeutung:[16] So erinnert zum

---

15 Alsago, Elke, Zu Gast am Tisch Gottes, in: was + wie 1 (2017), 2–3, hier 2.
16 Vgl. auch https://www.israelmagazin.de/israel-juedisch/judische-feiertage/pessach/seder abend.

Beispiel das ungesäuerte Brot an den eiligen Aufbruch aus Ägypten, das Salzwasser an die vergossenen Tränen über die Zerstörung des Tempels, Bitterkräuter an das harte Leben in der Sklaverei, ein hart gekochtes Ei an die Fruchtbarkeit und die Zerbrechlichkeit der Menschen und ein angebratener Lammknochen an das Pessachlamm, das seit der Zerstörung des Tempels nicht mehr geopfert werden kann.

Im Islam hat der Ramadan und innerhalb dieser Fastenzeit das gemeinsame Essen und Trinken zwischen Sonnenuntergang und Sonnenaufgang eine zentrale Bedeutung. Regional gibt es unterschiedliche Traditionen, was jeweils gegessen wird. Zu Beginn gibt es Datteln und Wasser, nach dem Gemeinschaftsgebet werden gemeinsam unterschiedliche Gerichte gegessen. Der Höhepunkt ist das Fastenbrechen nach 29 Tagen, welches in der Türkei auch Zuckerfest genannt wird. Nach einem gemeinsamen Gebet und einer Spende an Bedürftige wird bei einem guten Essen fröhlich gefeiert.

Im Christentum findet eine zentrale Mahlfeier während des Gottesdienstes statt. Jesus selbst gilt als Stifter dieses Abendmahls. In den Evangelien wird berichtet, dass Jesus am Abend vor seiner Kreuzigung mit den Jüngern ein Abschiedsmahl gefeiert hat. Daraus hat sich nach der Kreuzigung das Abendmahl als christliches Sakrament und das Agapemahl entwickelt. Das Agapemahl als Sättigungsmahl wurde von den ersten Christen von der sakramentalen Feier des Abendmahls getrennt. Während am Abendmahl nur Getaufte teilnehmen dürfen und es keine überkonfessionelle Abendmahlsgemeinschaft gibt, sind beim Agapemahl alle eingeladen. Das Agapemahl wird als festliche Mahlzeit gefeiert, welche mit Liedern und Gebeten umrahmt wird. Da das Agapemahl als ein »Liebesmahl« gefeiert wird, stehen auch hier die Begegnungen und die Gemeinschaft im Zentrum des gemeinsamen Essens. Hier sind die jüdischen Gastmahlfeiern, von denen im Neuen Testament häufig erzählt wird, ein Vorbild:

Die jüdischen Gastmahlfeiern spielen in den Jesus-Erzählungen im Neuen Testament eine große Rolle, sie sind immer ein wichtiger Ort für Gespräche und Begegnungen. Die Kennzeichen eines jüdischen Gastmahls waren ein Segensspruch verbunden mit dem Brotbrechen und ein Segensspruch verbunden mit einem gefüllten Becher Wein, der herumgereicht wurde. Jesus war bekannt dafür, dass er nicht nur mit den Jüngern, sondern auch mit Pharisäern und Zöllnern an einem Tisch gesessen und an ihren Mahlfeiern teilgenommen hat. In Mt 11,19 zitiert Jesus das Gerede, dass über ihn im Umlauf ist: »Der Menschensohn ist gekommen, isst und trinkt; so sagen sie: Siehe, was ist dieser Mensch für ein Fresser und Weinsäufer, ein Freund der Zöllner und Sünder!« Das jüdische Gastmahl war traditionell ein Ort der Lehre. Auch Jesus nutzte die Teilnahme an Gastmählern, um sich auf Gespräche einzulassen und seine Lehre zu verkünden. So entwickelt sich nach beim Essen mit dem Zöllner Matthäus (Mt 9,9–11) ein Lehrgespräch mit den Pharisäern. Diese wollten wissen, wie Jesus mit dem Zöllner Matthäus und anderen Sündern an einem Tisch sitzen und Gastmahl halten könne, obwohl dies gläubigen Juden nicht gestattet ist. Jesus lässt sich auf das Gespräch ein. Er hört die Fragen der Pharisäer und erklärt mit anschaulichen Beispielen, warum er sich gerade mit Zöllnern und Sündern an einem Tisch setzt. In der Erzählung von Maria und Martha wird nicht die fleißige Martha, sondern die zuhörende Maria als diejenige herausgestellt, die das »Richtige« gewählt hat. Das Erleben der Gemeinschaft, die Begegnung mit Fremden, das Zuhören und Reden ist bei den Gastmählern mit Jesus wichtiger als die Nahrungsaufnahme.

Diese unterschiedlichen Festtraditionen sind ein guter Anknüpfungspunkt, um in der Kita miteinander zu verschiedenen Festzeiten traditionelle Speisen zu teilen und dabei die jeweiligen Bedeutungen der Feste näher kennenzulernen.

Im Zusammenhang mit den christlichen Festen im Jahreskreis ist es z. B. in vielen Einrichtungen üblich, dass zum Erntedankfest ein Brot gebacken oder ein Obstsalat zubereitet wird, zum Martinsfest Martinshörnchen, in der Adventszeit Plätzchen gebacken werden und in der Karwoche ein Agapemahl mit den Kindern gefeiert wird.

In Einrichtungen mit muslimischen Familien ist es oft Tradition, dass das Zuckerfest auch in der Kita gefeiert wird, indem die muslimischen Familien Essen mitbringen und den Kindern die Bedeutung des Ramadans und des Fastenbrechens erklären.

Eine besondere Art der kulturellen Begegnungen kann das gelegentliche gemeinsame Kochen und Austauschen von Rezepten sein – wenn Eltern, Erzieherinnen und Kinder sich ab und zu darauf einlassen, ganz unterschiedliche Gerichte kennenzulernen, gemeinsam zuzubereiten und zu essen, kann hier sowohl eine positive Wahrnehmung und Ermutigung zu den individuellen und vielfältigen (Ess-)Kulturen als auch eine Stärkung der Gemeinschaft erfahren werden.

4. Mahl-Zeiten in der Kita und religionssensible Begleitung

Welche Bedürfnisse werden bei gemeinsamen Mahlzeiten in der Kita erfüllt? Auch hier geht es nicht nur um das Sattwerden! Sonst könnte man die Kinder auch nebenbei etwas essen lassen. Am Beispiel des Mittagessens, das inzwischen in der Mehrheit der Einrichtungen selbstverständlich angeboten wird, soll dies genauer beschrieben werden. Aber das Essen in der Kita ist keine Nebensache, es findet nicht nebenbei statt. Egal, ob Einrichtungen sich dafür entscheiden, ein Kinderrestaurant einzurichten oder ob gemeinsam in Gruppen gegessen wird – beim Mittagessen haben die Kinder in der Regel ihren Platz an einem Tisch und essen mit anderen gemeinsam. Welche Bedürfnisse über das Sattwerden hinaus können beim Mittagessen noch in den Blick genommen werden?

Am folgenden Beispiel einer Tischszene vor dem eigentlichen Beginn des Essens, die Simone Wustrack dokumentiert hat[17], sollen die verschiedenen Dimensionen

---

17 Vgl. WUSTRACK, SIMONE/ZIEMER, ANDREAS, Kinder – Bildung – Religion. Die religionspädagogische Praxis in Kita und Grundschule, Drübeck 2016.

religionssensibler Begleitung, wie sie Judith Weber für den Alltag in der Kita analysiert hat, konkretisiert werden:

Erste Szene: Der Raum wird für das Essen vorbereitet. Gemeinsam wird aufgeräumt und das Essen aus der Küche in den Gruppenraum geholt. Die Tische werden vorbereitet: In die Mitte werden Kerzen und Blumen gestellt. Jedes Kind und auch die Erzieherinnen haben ihren Platz an den Tischen. Sie setzen sich und achten aufmerksam darauf, dass alle ihren Platz haben. Sie sehen einander an, nehmen einander wahr, hören einander zu. Die Erzieherinnen sind dabei Vorbild: Sehr aufmerksam und freundlich den Kindern zugewandt laden sie zum Tisch ein und nehmen selbst auch am Tisch Platz.

- **Religiöse Dimension: Hier kann von einer existentiellen Dimension religionssensibler Begleitung gesprochen werden.** Zu Grunde liegt eine Deutung von Religion, die besagt: Jeder Mensch ist religiös, da jeder Mensch sich angewiesen weiß auf andere. In dieser existentiellen Dimension religionssensibler Begleitung hat die pädagogische Fachkraft die Aufgabe, die Beziehung zu den Kindern feinfühlig (sensitiv) zu gestalten und die jeweiligen Lebenssituationen der Kinder wahrzunehmen. Dies kann bei der Vorbereitung und zu Beginn einer Mahlzeit bedeuten, dass alle Kinder erfahren, dass sie am Tisch willkommen sind und die Atmosphäre einladend und wohltuend ist.

Zweite Szene: Alle machen miteinander ein Fingerspiel. Dabei geht es sehr fröhlich zu. Ein paar Kinder haben noch Ideen für weitere Strophen, die von der Erzieherin aufgegriffen werden.

- **Religiöse Dimension: Diese Dimension kann als spirituelle Dimension religionssensibler Begleitung bezeichnet werden.** Religion wird hier als etwas definiert, das sich an Ritualen, Festen und Feiern phänomenologisch beschreiben lässt. Wichtige Ausdrucksformen sind hier die täglichen Rituale im Zusammenleben in der Kita, das Feiern von Festen und besondere Anlässe, die aus dem Alltag herausfallen. Auf dieser Ebene besteht die Aufgabe der pädagogischen Fachkraft darin, an Schlüsselerfahrungen der Kinder anzuknüpfen und die Kinder anzuregen, tiefere Dimensionen in diesen Erfahrungen zu entdecken bzw. zu reflektieren. Das Ritual zeigt den Kindern: Wir fangen nicht einfach so an. Die Kinder zeigen ihre Freude daran und entwickeln dieses mit. Dabei erleben sie sowohl ihre Selbstwirksamkeit als auch eine Gemeinschaftserfahrung.

Dritte Szene: Die Erzieherin reicht den Kindern die Hand. Alle fassen sich an. Die Erzieherin betet: »Für Speis und Trank, für's täglich Brot, wir danken dir oh Gott.« Dann wünschen sich alle Guten Appetit und beginnen, sich die Schüsseln mit dem Essen zu reichen.

- **Religiöse Dimension: Diese Dimension kann als konfessionelle Dimension religionssensibler Begleitung bezeichnet werden.** Hier kommt der gelebte Glaube explizit vor. Auch wenn dies im Kontext einer religionssensiblen Bildung immer mit einer Perspektive auf die religiöse Pluralität geschehen soll, ist in christlichen

Einrichtungen die christlich-biblische Überlieferung die primäre Bezugsgröße. In dieser Dimension lässt sich dann auch eine explizite, vorwiegend christliche Kindertheologie lokalisieren. Die Aufgabe der Fachkraft besteht in dieser Dimension darin, zum einen als »Theologie für Kinder« die Aneignung von konkretem religiösen Orientierungswissen zu ermöglichen und zum anderen den Kindern Raum zu geben, sich dazu zu positionieren und die Reflexion über die Korrelationen zu den eigenen Erfahrungen anzuregen. Dies bedeutet auch, dass an anderer Stelle immer wieder Zeit eingeräumt werden muss, um mit den Kindern über die verwendeten Tischgebete ins Gespräch zu kommen. Sowohl in einem religiös-pluralen als auch in einem mehrheitlich konfessionslosen Kontext muss es für die Kinder Reflexions- und Distanzierungsmöglichkeiten beim Beten geben.

Während der Mahlzeiten können sich oft spontan Gespräche entwickeln, die auf einmal in ein Philosophieren und Theologisieren münden. Eine Erzieherin berichtet: »Das passiert oftmals in den Situationen, wo man keine Zeit hat oder wo man eigentlich eher denkt, das ist unpassend. Meistens beim Mittagessen oder Kaffeetrinken, ansonsten natürlich auch im Morgenkreis, wenn spezielle Fragen gestellt werden und die Kinder darauf antworten, dann ja versuche ich es zu notieren.« Diese Erzieherin hatte ein dickes Heft vollgeschrieben mit theologischen und philosophischen Gedanken von Kindern, die »mal wieder so beim Mittagessen zu Sprache kamen« (vgl. Kapitel 5.1.).

B. Methodisch-didaktische Umsetzung – Impulse

1. Meine Erfahrungen mit Mahlzeiten
   - Stellen Sie sich eine gelungene Mahlzeit vor – wie würde sie aussehen?
   - Was war die bislang schönste Mahlzeit in ihrem Leben? Warum?
   - Welche Erinnerungen haben sie an das Mittagessen in ihrer Kindheit? Was war schön, was war unangenehm?
   - Welche Rituale sind Ihnen bei Mahlzeiten wichtig?
   - Wann sind strenge Tischsitten wichtig – und welche?
   - Wie soll ein perfektes Festmahl aussehen?
   - Welches Festessen lieben Sie am meisten?
   - Hat Gott für Sie etwas mit dem Essen zu tun – und wenn ja, was?
   Tauschen Sie sich in kleinen Gruppen über diese Erfahrungen aus.
   Reflektieren Sie ein Ergebnis dieses Austausches und halten sie dieses fest.
2. Religionssensible Begleitung
   - Lesen Sie die Situation aus der Praxis zu Beginn dieses Kapitels und erläutern Sie, welche religiösen Dimensionen diese Szene nach dem Konzept der religionssensiblen Begleitung enthält.
   - Finden Sie weitere Beispiele aus dem Alltag der Kita für die drei verschiedenen Dimensionen religionssensibler Begleitung.
3. Es gibt zahlreiche Tischgebete. Viele können auch gesungen werden. Es ist hilfreich, bei der Auswahl oder eigenen Formulierung von Gebeten einige Kriterien zu beachten:

- Gebete sollen echt sein – auch für Sie und auch in späteren Entwicklungsphasen der Kinder! Achten Sie dabei zum Beispiel auf das Gottesbild.
- Vermeiden Sie unverständliche Wörter und Begriffe (»redlich«, »Obhut«, »Herzenstür«), achten Sie auf einen einfachen Satzbau!
- Gebete dürfen keine Angst machen und nicht zu pädagogischen Zwecken missbraucht werden!
- Es ist gut, wenn das Gebet nicht nur »ichbezogen« bleibt, sondern auch an andere gedacht wird.
- Nehmen Sie die Lebenssituation der Kinder im Gebet auf! Wenn Kinder in ihren Familien erleben, dass Beten abgelehnt wird oder dass anders gebetet wird, dann bringen Sie das Kind nicht in eine Dilemmasituation. Mögliche Varianten sind ein stilles Gebet, innhalten zu einem Klang.
- Jedes Gebet kann von unterschiedlichen Haltungen und Gebärden begleitet werden. Dabei gilt: Kein Zwang, Sie sind in ihrem Agieren das Vorbild. Mögliche Gesten sind z. B.: einander die Hände reichen, die Hände falten oder die Handflächen zusammenlegen, die Hände mit den Handflächen nach oben empfangend öffnen.

4. Beurteilen Sie folgende Beispiele für Tischgebete mit Kindern aus religionssensibler Perspektive.

Gott von dem wir alles haben. Wir danken Dir für diese Gaben.
Du speisest uns, weil Du uns liebst. Drum segne auch, was Du uns gibst.

Lieber Gott lass uns beim Essen Deine Güte nicht vergessen.
Teile Deine Liebe aus. Füll mit Frieden unser Haus.

Für dich und für mich ist der Tisch gedeckt.
Habe Dank guter Gott, dass es uns gut schmeckt.

Wir danken für Essen und für die Gemeinschaft hier.
Lasst uns nun essen, Gott wir danken Dir.

Ich hab' Hunger wie ein Bär. Mein Magen knurrt und ist so leer.
Drum wollen wir jetzt fröhlich essen und das Danken nicht vergessen.

Für Speis und Trank, für's täglich Brot,
wir danken Dir oh Gott.

Wir haben genug zu essen und werden täglich satt.
Hilf, dass wir nicht vergessen, wer nichts zu essen hat.

Vater, speise Deine Kinder. Tröste die betrübten Sünder.
Sprich den Segen zu den Gaben, die wir jetzt hier vor uns haben.
Bis wir endlich mit den Frommen zu der Himmelsmahlzeit kommen.

5. Suchen Sie geeignete Gebete für eine gemischte Kita-Gruppe und begründen Sie ihre Vorschläge.
6. Wie können die Kinder bei der Auswahl von Tischsprüchen, Tischliedern und Tischgebeten beteiligt werden? Welche Ideen haben Sie?

Literatur

ALSAGO, ELKE, Zu Gast am Tisch Gottes, in: was + wie 1 (2017), 2-3.
WUSTRACK, SIMONE/ZIEMER, ANDREAS, Kinder – Bildung – Religion. Die religionspädagogische Praxis in Kita und Grundschule, Drübeck 2016.

Perspektivwechsel: Alltagssituation in der Kita: Das gemeinsame Mittagessen. Ein muslimischer Kommentar

Naciye Kamcili-Yildiz

A. Einführung

1. Eine Situation aus der Praxis

> Eine Kitaleiterin führt mit einer muslimischen Familie ein Aufnahmegespräch. Am Ende des Gesprächs fragt die Leiterin, ob bei der muslimischen Familie noch offene Fragen geblieben sind. Die Mutter fragt nach, ob und wann Fleisch in der Kita verzehrt wird. Die Kitaleiterin antwortet: »Darüber brauchen Sie sich keine Sorgen zu machen. Zum Frühstück gibt es nur Geflügelwurst. Beim Mittagessen gibt es zwei verschiedene Angebote, eins ist vegetarisch und das andere mit Rind oder mit Geflügel.«

Die Ernährung in der Kita gehört heute zu einem der viel diskutierten Themen. Thematisiert werden u. a. vegane Kost, zuckerreduzierte Ernährung, Lebensmittel-Unverträglichkeiten oder Bioprodukte. Auch wenn manche Muslime sich für das eine oder andere Thema auch interessieren, liegt ihr persönlicher Schwerpunkt zunächst einmal auf den *Halal*-Produkten.

Studien zeigen, dass muslimische Eltern großen Wert auf die Einhaltung der muslimischen Speisevorschriften legen (siehe die Graphik auf S. 160). Das oben angeführte Praxisbeispiel zeigt, dass in dieser Einrichtung keine Produkte vom Schwein angeboten werden. Die Leiterin geht davon aus, dass der Verzehr von Geflügelwurst mit den muslimischen Speisevorstellungen vereinbar ist. Allerdings ist zum einen noch nichts darüber ausgesagt, welche Herkunft die Wurst hat, ob sie nämlich *halal* ist oder nicht. Ob für die Familie nur die Herkunft des Fleischs entscheidend ist oder ob sie auch Wert auf das *halal*-Gebot legt, ist noch nicht beantwortet. Zum anderen besteht das Problem, dass konventionelle Wurst in der Regel auch Anteile an Schweinefleisch enthält, was nicht immer deklarierungspflichtig ist.

2. Mäßigungsgebot

Die Grundintention der Speisevorschriften im Islam liegt zum einen in dem Mäßigungsgebot, d. h. durch bedachte Nahrungsaufnahme das Leben und den Körper des Menschen zu schützen und zu erhalten. Sorgsam mit der Welt und ihren Ressourcen umzugehen, die dem Menschen die Lebensgrundlage bieten, ist ein koranisches Gebot. Gläubige werden an unterschiedlichen Textstellen daran erinnert, verantwortungsbewusst gegenüber jeglicher Schöpfung Gottes/Allahs, damit auch gegenüber der Natur, zu sein. Es heißt: »Und Allah liebt diejenigen nicht, die verschwenden« (Sure 6; Vers 141) – der verschwenderische Umgang wird auch als ein Zeichen der fehlenden Wertschätzung gedeutet. Daher lautet die Aufforderung, sich in allen Dingen ausgewogen zu verhalten. Aussprüche des Propheten Muhammad geben u. a. praktische Handlungsanweisungen, dass der Mensch auch Verantwortung für die Tiere trägt und sie daher gut zu behandeln sind.

3. Islamische Speisegebote

Die Speisevorschriften des Islams sind im Alltag vieler Muslime sehr präsent und legen fest, welche Nahrungsmittel erlaubt sind und welche nicht. In welchem Maße diese allerdings von jedem einzelnen Muslim befolgt werden, liegt in der Auslegung der verschiedenen islamischen Rechtsschulen sowie dem Zugang des einzelnen Gläubigen.

Im deutschen Sprachraum haben sich mit den Speisevorschriften zusammenhängend zwei arabische Begriffe etabliert: *Haram* und *Halal*. *Haram* heißt übersetzt »nicht erlaubt« bzw. »verboten«. Damit werden Speisen oder Dinge bezeichnet, die aus religiöser Sicht für Muslime nicht zulässig sind. *Halal* hingegen bedeutet »erlaubt« oder »gestattet« und umfasst alle Dinge und Handlungen, die für Muslime zulässig sind.

Welche Speisen genau *halal* oder *haram* sind, leitet sich aus den Versen des Korans oder den *Hadithen*, den Aussagen des Propheten Muhammad, ab. Hierbei gilt die allgemeine Regel, dass alle Speisen und Getränke grundsätzlich erlaubt sind, sofern sie nicht ausdrücklich verboten worden sind. Dieser Grundsatz kann mit folgendem Vers belegt werden: »O Menschheit! Nehmt zu euch von dem, was erlaubt und gut auf Erden ist […]« (Sure 2; Vers 168).

Daher sind die verbotenen Speisen und Getränke weitaus weniger als die erlaubten Speisen, da es sich hierbei um einige wenige explizit erwähnte Verbote handelt.

3.1. Verbotene Speisen

Bei den verbotenen Speisen und Getränken tangiert nur der Umgang mit Fleisch den Kita-Bereich. Daher wird für diesen Kontext der Umgang mit den zum Verzehr verbotenen Tieren erläutert.

In Sure 2, Vers 173 heißt es diesbezüglich: »Er hat euch nur Aas verboten und Blut und das Fleisch vom Schwein und das, worüber irgendein anderer Name als Gottes angerufen worden ist; aber wenn einer durch Not getrieben wird – weder es begehrend noch sein unmittelbares Bedürfnis überschreitend – soll keine Sünde auf ihm sein; denn, siehe, Gott ist vielvergebend, ein Gnadenspender.«

Dieser Vers legt fest, was grundsätzlich zum Verzehr verboten ist:
- Blut
- Schweinefleisch
- Tiere, die im Namen einer Gottheit geschlachtet worden sind
- Erwürgte oder durch andere Tiere gerissene Tiere
- Durch irgendeinen anderen Tod als durch Schächten getötete Tiere
- Erlaubte Tierarten, die jedoch nicht geschächtet wurden.

3.2. Erlaubte Speisen

Grundsätzlich zum Verzehr erlaubte Tiere sind:
- Geflügeltiere wie etwa Huhn, Gans, Ente etc.
- Rinderarten wie Kuh, Büffel etc.
- Schafe und Ziegen
- Fische und Meerestiere, die im Meer oder in Süßwasser leben.

Damit allerdings die erwähnten erlaubten Tiere auch als *halal* gelten, sind einige Kriterien zu beachten, die je islamischer Rechtsschule unterschiedlich eng oder weit ausgelegt werden.

Zum einen muss die Schlachtung ohne Betäubung des Tieres vollzogen werden, da ein betäubtes Tier als tot gilt und der Verzehr daher ein Verstoß gegen das Aas-Verbot wäre. Allerdings gehen hierbei die Meinungen auch innerhalb der islamischen Rechtsschule weit auseinander, sodass eine Elektrokurzzeitbetäubung auch als *halal-konform* bewertet wird. Bedeutend wichtiger wird das Ausbluten des Tieres erachtet. Ferner muss die Schlachtung unter Anrufung des Namens Allahs erfolgen. Daher darf die Schlachtung nach gängiger Ansicht nur von einem gläubigen Muslim durchgeführt werden.

4. Umgang der Muslime mit Fleisch und tierischen Produkten

Fast alle Muslime verzichten auf den Verzehr von Schweinefleisch sowie auf vom Schwein stammenden Speck, Blutwurst etc.

Die große Mehrheit der Muslime kauft das Fleisch überwiegend bei muslimischen Metzgereien ihres Vertrauens ein und isst in der Regel auch kein Fleisch u. a. in Restaurants, die nicht von Muslimen betrieben werden. Andere Muslime wiederum, die die Schlachtungsregeln nicht eng sehen, kaufen auch Fleisch und Fleischprodukte in Supermärkten ein und verzehren Fleischprodukte wie Steaks, Hähnchen etc. in Kantinen oder gängigen Restaurants.

Schwieriger ist allerdings der Umgang mit der Gelatine, welche aus dem Bindegewebe vor allem von Schweinen und Rindern produziert wird. Gelatine kann u. a. in Pudding, Fruchtgummi, Joghurt, klaren Säften oder in Torten enthalten sein. Hierzu hat die Lebensmittelindustrie in den letzten Jahren viele Alternativprodukte entwickelt, die entweder ein Halal-Siegel tragen oder sogenannte »Veggie-Produkte«, die ohne tierische Gelatine hergestellt werden.

5. Umgang mit Essen in der Kita

Grundsätzlich ist zu empfehlen:

- In den Kitas sind Absprachen mit Eltern von Bedeutung. Angebracht ist es, beim Aufnahmegespräch den Umgang mit Fleisch, Fleischprodukten oder anderen u. a. gesundheitlich bedenklichen Speisen zu thematisieren und Regelungen zu treffen.
- In der Regel werden muslimische Kinder von ihren Familien für den Umgang mit Fleisch oder anderen Produkten sensibilisiert, so dass Kinder meist auch wissen, was sie essen können.
- Grundsätzlich sollten in einer Einrichtung auch immer vegetarische Speisen angeboten werden.
- Bei Festen in der Kita, in denen von den Eltern mitgebrachte Speisen angeboten werden, eignen sich kleine Kärtchen vor den Produkten mit den wichtigsten Bestandteilen, die allen Eltern eine Orientierung geben. Eine Kennzeichnung der Speise ist auch gerade in Anbetracht der vielfältigen Essgewohnheiten sowie gesundheitlich bedingten Einschränkungen von Bedeutung.

B. Methodisch-didaktische Umsetzung – Impulse

- Arbeiten Sie in Kleingruppen die islamischen Speisevorschriften visualisiert heraus.
- Diskutieren Sie die These: »Sicherlich hat jede/r Muslim*in in Deutschland schon mindestens ein Schwein gegessen!«
- Entwerfen Sie für eine Kita ein Plakat mit Regeln zum Umgang mit verschiedenen Speisegeboten bzw. Nahrungsmittelunverträglichkeiten. Bewerten Sie Ihre Lösungsansätze im Plenum.

Literatur

ASAD, MUHAMMAD, Die Botschaft des Koran, Ostfildern 2015.
REIDEGELD, AHMAD A., Handbuch Islam, Ulm 2008.

4.2. Alltagssituation in der Kita: Konflikte erleben und bewältigen

Karolin Thater

A. Einführung

1. Eine Situation aus der Praxis

> In der an den Gruppenraum der U3-Gruppe angrenzenden Bauecke spielen Noah (4;5 Jahre) und Ella (3;9 Jahre). Mit den großen Holzklötzen sind sie schon seit dem frühen Morgen damit beschäftigt, eine Ritterburg auf dem gesamten Bauteppich zu errichten. Besonders viel Mühe haben die beiden sich beim Burgfried gegeben, der nun kurz vor dem Mittagessen die Burganlage überragt. Immer wieder war er umgestürzt, aber nun endlich steht er stabil. Da öffnet sich die Tür der U3-Gruppe und Jule (2; 3 Jahre) steuert lachend auf die beiden zu. Ella und Noah versuchen lautstark Jule noch abzuhalten, doch da ist es schon passiert: voller Inbrunst durchbricht Jule die Burganlage und tritt beherzt vor den so liebevoll gebauten Burgfried.
>
> Sie amüsiert sich köstlich und lacht glucksend beim Anblick der laut polternden und herunterfallenden Bauklötze. Ella beginnt zu weinen und Noah tobt und schubst Jule, die auf den Bauteppich plumpst. »Du hast alles kaputt gemacht, du blöde Kuh!« wütet er und stampft dabei mit den Füßen auf den Boden.

2. Pädagogische Herausforderung

Konflikte durchziehen unseren Alltag. Immer dann, wenn zwei sich widerstreitende Perspektiven und damit einhergehende Interessen von zwei oder mehreren Personen bzw. Personengruppen aufeinandertreffen, entsteht in logischer Folge ein Konflikt. Die Auseinandersetzung im Konflikt kann dabei mehr oder weniger intensiv sein, als Meinungsaustausch, Diskussion oder gar Streit ausgetragen werden.

Um Konflikte nicht zu unüberwindbaren Zerwürfnissen werden zu lassen, neigen wir schnell dazu, uns zu entschuldigen, von Meinungen zurückzutreten oder zu anderen Dingen überzugehen, um Schlimmeres abzuwenden. Das gilt vor allem für die Konfliktbewältigung bei Kindern.

Während Erwachsene als Entwicklungs- und Lernbegleiter schnell darin sind, eine gegenseitige Entschuldigung anzuregen, Situationen zu entschärfen oder sogar zu durchbrechen, gilt es die Situation, in der sich die betroffenen Kinder befinden, nicht zwangsläufig zu unterbrechen, da Kinder in Streitsituationen für sie wichtige Erfahrungen machen.

Welche *Erfahrungsräume* bieten sich Kindern im Konflikt?

Streit und Konflikt bieten Entwicklungsmöglichkeiten, indem das Individuum herausgefordert ist, die Spannung zwischen der Durchsetzung eigener Interessen und des eigenen Verlangens gegenüber dem Rückgebundensein an einen sozialen

Kontext und damit der notwendigen Rücksichtnahme auf die Interessen anderer auszuhandeln.

Durch das in-Differenz-zu-anderen-Treten grenzen sich Kinder als Individuen von anderen (Kindern) ab und kommen damit dem inneren Wunsch des Angenommen-werdens als eigenständige Person nach. Auch streiten Kinder, um in der Durchsetzung der eigenen Interessen Selbstbestätigung zu erlangen und für die Anerkennung individueller Bedürfnisse einzutreten.

Kinder wollen in ihrem Streiten wahrgenommen werden und finden und behaupten darin ihre Position und Rolle innerhalb einer Gruppe.

Streiten hilft Kindern, Anpassungsleistungen auf dem Weg der Entwicklung einer selbstbewussten und selbstvergewisserten Identität zu bewältigen, indem sie in der Auseinandersetzung mit dem Gegenüber ein inneres Regelwerk entwickeln und sich selbst behaupten. Sie versuchen Antworten auf die Fragen »Was möchte ich? Was möchte ich nicht? Was ist mir unangenehm? Wo werde ich verletzt? Wann setze ich Grenzen?« zu finden und diese im Umgang mit anderen anzuwenden. Ein typisches Beispiel ist die Äußerung »Wenn du das machst, dann spiele ich nicht mehr mit dir, dann bist du nicht mehr mein Freund!«. Dass Kinder sich noch in einem Entwicklungsprozess hin zu einem festgelegten und konsequenten Regelbegriff befinden, wenn sie diese oder ähnliche Äußerungen tätigen, lässt sich häufig daran erkennen, dass die in dieser Aussage absolute und radikale Absage an das Gegenüber nicht immer von langer Gültigkeit ist und die Kinder bereits einige Zeit später wieder ungetrübt miteinander spielen.

Kindliches Streiten ist also als *Entwicklungsaufgabe* und Selbstzweck des Kindes zu verstehen, bei dem es dem Bedürfnis des Wahrgenommen-Werdens und der Resonanz nachkommt, sich darin übt, für eigene Interessen einzustehen und Benachteiligungen zu formulieren, seine Kräfte mit anderen misst, um den eigenen Platz in einem sozialen Bezugssystem zu behaupten und Frustrationstoleranz entwickelt.

Aufgrund dieser positiven und notwendigen Entwicklungsaspekte, die sich im Streiten ermöglichen, sind Begleitende gefordert, Konfrontation, Konflikt und Streiten nicht immer umgehend zu unterbrechen, indem sie intervenieren. Vielmehr gilt es in diesen Situationen Handlungsoptionen aufzuzeigen, die eine konstruktive Auseinandersetzung mit der Unterschiedlichkeit der Interessen, Bedürfnisse und Perspektiven ermöglichen, um zukünftig ähnliche Situationen angemessen bewältigen zu können. Auch Erzieherinnen kommt daher die Rolle von Anwälten oder *Mediatoren*, nicht die von intervenierenden, maßregelnden Schiedsrichtern zu. Ihnen kommt die Aufgabe zu, ein konstruktives Gesprächsverhalten zu fördern, das Kind in der Äußerung des eigenen Befindens und Empfindens zu unterstützen und so ein förderliches Gesprächsverhalten zu erwirken.

Dabei gilt es auch den Einsatz von Gesten und Äußerungen, Körperhaltung und Tonfall, die diese aufkommenden Gefühle zum Ausdruck bringen können, bewusst zu machen, indem beispielsweise mit den Kindern reflektiert wird, was darin sichtbar wird (z. B. Wofür steht ein rotes Gesicht mit gespitzten Lippen? Warum beugt man sich vor, wenn man jemanden verbal angreift?).

Bei Konflikt- und Streitsituationen, die zu übergriffigem Verhalten durch Kinder führen, können Gewaltpräventionsprogramme eine mögliche Ressource sein. Diese schlagen Symbolhandlungen vor, die der inneren Wut Ausdruck verleihen, ohne verbale oder körperliche Übergriffe zu befördern: Kinder können symbolisch für ihre Wut mit den Füßen kräftig auf den Boden stampfen, mit den Fäusten auf ein Kissen schlagen oder beispielsweise laut in einen Papierkorb hinein schreien.

Es gilt in jedem Falle das »Ziel, gemeinsam die Ursachen des Konfliktes zu erarbeiten und für alle Beteiligten akzeptable Lösungen zu finden.«[18]

Damit dies gelingt, sind nach Ahnert folgende Angebote an das Kind von zentraler Bedeutung, die wie in vielen anderen herausfordernden Alltagssituationen Bindungsbeziehung für das Kind ermöglichen sollen.[19]

- Zuwendung
- Sicherheit
- Stressreduktion
- Explorationsunterstützung
- Assistenz.

Erzieherinnen müssen hierzu allerdings authentisches Vorbild sein und über ein inneres *Modell für Kooperation und Konfliktbearbeitung* verfügen, welches sie im alltäglichen Miteinander anwenden.

Kindliche förderliche Bewältigung von Konflikten ist abhängig vom jeweiligen Entwicklungsstand der betroffenen Kinder. Sie setzt voraus, dass das Kind zumindest in Ansätzen in der Lage ist, das eigene Ich zu begreifen und eigene Interessen, Empfindungen und Bedürfnisse von denen anderer zu unterscheiden.

Sind die Ursachen des Konflikts geklärt, gilt es, mit konstruktiven Schritten des Verzeihens eine Klärung der Situation zu schaffen. Nicht immer lässt sich ein Übeltäter bzw. ein Schuldiggewordener ausmachen, bei dem die Einsicht zu wecken ist, dass sein Verhalten nicht in Ordnung war. Ist dies aber der Fall, so sollte es im Interesse der Erzieherin sein, dass es nicht bei einem bloßen »Entschuldigung« bleibt, sondern dass durch den *Perspektivwechsel* und ein sich Hineinfühlen in den anderen sich die Einsicht einstellt, dass man sich anderen gegenüber unfair verhalten hat. Erst, wenn das gelingt, ist eine Entschuldigung angebracht, authentisch und wertvoll. Auch, wer ungerecht behandelt worden und ggf. »Opfer« geworden ist muss zum Perspektivenwechsel fähig sein, um antizipieren zu können, was den anderen zu seinem Verhalten bewegt hat, was einerseits das Annehmen der Entschuldigung erleichtern und das Wiederauftreten eines Streits verhindern kann.

Kommt es nicht zu einer Versöhnung, rücken bewusste und auch unbewusste Schuldgefühle in das Empfinden der Betroffenen. Häufig wird ein Bitten um Verzeihung als Schwäche oder Bloßstellung empfunden. Zudem besteht die Gefahr insbe-

---

18 STURZBRECHER, DIETMAR/HERRMANN, UTE, Aggression und Konflikterziehung im Kindergarten, in: Sturzbecher, Dietmar/Großmann, Heidrun (Hg.), Soziale Partizipation im Vor- und Grundschulalter. Grundlagen, München 2003, 173–222, hier 177.
19 Vgl. AHNERT, LIESELOTTE, Von der Mutter-Kind-Bindung zur Erzieherin-Kind-Beziehung?, in: Becker-Stoll, Fabienne u. a. (Hg.), *Die Erzieherin-Kind-Beziehung – Zentrum von Bildung und Erziehung*, Berlin 2007, 31–41, hier 33f.

sondere bei den Opfern, dass die empfundene Ungerechtigkeit und Wut sich zunehmend verstärken. Immer wieder kreisen dann die Gedanken zum auslösenden Ereignis zurück, häufig getriggert von der Person, von der man sich angegriffen gefühlt hat. Wenn diese Kränkung unbehandelt und nicht überwunden wird, gären negative Gefühle unaufhörlich weiter und wandeln sich schließlich in Verbitterung.

Mit dem Blick auf die Ausgangssituation lässt sich festhalten, dass sowohl für Noah als auch für Ella und Jule die Reaktion der Erzieherin von zentraler Bedeutung ist. Für die Erzieherin gilt es, sich in dieser sowie in allen anderen Konfliktsituationen eindeutig und klar zu verhalten und zugleich zwischen den dreien zu vermitteln, damit die Reaktion und die Gefühle des Gegenübers verstanden und nach und nach diese Perspektive in die Abwägung zukünftiger Handlungsoptionen einfließen kann. Für Noah gilt es zu lernen, dass Jule den Turm nicht aus Boshaftigkeit oder Freude an der Zerstörung fremder Werke umgeschmissen hat und für Jule gilt es zu lernen, dass die Werke anderer respektvoll zu behandeln sind, um wieder ein konstruktives und gelingendes Miteinander in der Kindertagesstätte zu ermöglichen.

3. Streit und Versöhnung in der Religion

Verzeihen, Versöhnen, Entschuldigen, Vergeben, Vergessen, Buße tun – für das Ausmerzen und die Umkehr in aufgekommenen Konfliktsituationen gibt es zahlreiche Begrifflichkeiten. Einige von ihnen sind religiös geprägt oder gehen auf religiöse Grundhaltungen zurück. Häufig werden diese Begriffe synonym verwendet, es lassen sich jedoch durchaus Unterschiede ausmachen.

»Vergebung zu gewähren und zu erlangen, ebenso schwierig ist es, sie begrifflich zu fassen.«[20]

Werden die Begrifflichkeiten zwar in verschiedenen Disziplinen diskutiert, so gehen die zentralen Deutungen zumeist auf jüdisch-christliche Deutungszusammenhänge zurück. Diese beinhalten einerseits eine durchaus konstruktive Streitkultur und andererseits mehrdimensionale *Konfliktdimensionen* in der Auseinandersetzung der Menschen miteinander sowie auch im Gefüge Gott Mensch. Einige Psalmen sind beispielhafter Beleg dafür, dass auch Wut und Aggression durch Streit kultiviert sind und zeigen zugleich einen instrumentatorischen Weg auf, die Wut nicht in sich hineinzufressen oder gar blind in Aggression umzusetzen, sondern die aufkommenden Gefühle vor Gott zu bringen. Die *Psalmen* dienen in einigen Fällen als Ausdrucksform von Unzufriedenheit, sodass es neben den bekannten Lob-, Dank- und Klagepsalmen auch Fluch- und Rachepsalmen gibt. Ein Beispiel dafür ist Psalm 58, dessen Beter außer sich ist vor Wut: »O Gott, zerbrich ihnen die Zähne im Mund! Zerschlage, Herr, das Gebiss der Löwen« (Ps 58,7). Doch geht es in diesem Psalm nicht darum, selbst dem Feindesbild Schaden zuzufügen. Es wird lediglich eine Bitte an Gott formuliert, die das Bedürfnis nach Katharsis und Resonanz, da-

---

20 RICŒUR, PAUL, Gedächtnis, Geschichte, Vergessen, München 2004, 699.

nach, dass die Wut ausgesprochen, platziert und (von Gott) erhört wird, erfüllt. Er übernimmt also eine ähnliche Funktion wie man sie Gewaltpräventionsprogrammen zuschreibt. Durch das Beten zu Gott wird lediglich das innere Bedürfnis nach Rache gespiegelt, die Tat an sich jedoch nicht umgesetzt, sondern Gott überlassen, wie das Ende des Psalm 58 vermuten lässt: »Der Gerechte erhält seinen Lohn, es gibt einen Gott, der auf Erden Gericht hält.« (Ps 58,12).

Neben dem Ausdruck von Wut und Ärger in der Religion, ist in der Tradition der meisten Religionen auch die *Versöhnung* als zentrales Element verankert. So wird im jüdischen Kontext Jom Kippur, der Höhepunkt der Zeit der Umkehr und Versöhnung mit dem Ewigen durch das Versöhnen miteinander, gefeiert. Im Christentum dienen *Umkehr* und Versöhnung beispielsweise der Vorbereitung auf die kirchlichen Feiertage und auf neue Lebensabschnitte.

Das Wort »verzeihen« entstammt dem alten Verb »zeihen«, was so viel bedeutet, wie beschuldigen oder bezichtigen. »Ver-zeihen« ist demnach die Form der Umkehr von der Anklage, der Beschuldigung und symbolisiert quasi den »Verzicht« auf das Recht bzw. den Schuldenerlass. Es ist in gewisser Weise eine passive Form des von einem schuldig gewordenen Ablassens.

»Vergebung« hingegen nimmt vor allem in der religiösen Deutung eine aktivere Form ein. Es ist die Annahme bekundeter Reue und betont die Dualität zwischen Vergebung schenkendem und Vergebung empfangendem und vollzieht sich tugendhaft und edel (quasi göttlich).[21]

»Wir sind alle nur Menschen« – diese und ähnliche Aussagen werden häufig verwendet, wenn es gilt klarzustellen, dass Schuldig-Werden zum Menschsein gehört und jeder und jede Fehler macht. In der christlichen Vorstellung wird Jesus Mensch, um die Sünden der Menschen auf sich zu nehmen. Er leidet quasi stellvertretend, um die Menschen wieder mit Gott zu versöhnen und ihre Schuld zu vergeben (Soteriologie).

Das Alte Testament überliefert im bekannten Zitat »Auge für Auge, Zahn für Zahn« (Ex 21,23–25) eine Weisung zum Verhalten, wenn Unrecht geschieht, die Gott Mose für das Volk Israel überträgt. Die vermeintlich brutale Anweisung, gleiches mit gleichem zu vergelten, stellt weniger eine radikale Gewaltlegitimation als vielmehr eine Regelung zur Rechtssicherheit dar. Die im altorientalischen Lebensraum zu Zeiten Mose übliche Blutrache sollte dadurch unterbunden werden. Gott fordert *Verhältnismäßigkeit* im Umgang mit dem Schuldigen und ist so als Aufforderung zur Deeskalation zu verstehen. Die Rache durfte den zugefügten Schaden nicht übersteigen. Das damit verbundene Ziel ist klar: *Vergeltung* sollte zurückgedrängt werden.

Im Neuen Testament führt Jesus diesen Appell weiter: »Ihr habt gehört, dass den Alten gesagt ist: 'Auge um Auge, Zahn um Zahn'. Ich aber sage euch: Leistet dem, der euch etwas Böses antut, keinen Widerstand, sondern wenn dich einer auf

---

21 Vgl. MORIKAWA, TAKEMITSU (Hg.), Verzeihen, Versöhnen, Vergessen. Soziologische Perspektiven, Bielefeld 2008, 2 und FAẞBÄNDER, SVENJA, Verzeihen. Vom Umgang mit Schuld, München 2016, 21.

die rechte Wange schlägt, dann halt ihm auch die andere hin.« (Mt 5,38f.) und steigert dies noch, indem er in der Bergpredigt die Feindesliebe fordert. Diese stellt den *Höhepunkt der Versöhnung* dar: So wie Gott an den Menschen getan hat, so sollen die Menschen auch allen Mitmenschen bereitwillig vergeben. So wird es auch in dem Gebet gesprochen, das schon Jesus seine Jünger gelehrt hat: im *Vaterunser.* »Und vergib uns unsere Schuld, wie auch wir vergeben unseren Schuldigern«. Damit setzen Christen sogar die Vergebung am Nächsten als ersten Schritt voraus für die Bitte, die sich daran anschließend an Gott und dessen Vergebung richtet.

Das christliche Gottesbild ist also geprägt von einem liebenden und verzeihenden Gott: Wer sich vor Gott zu seinen Fehlern bekennt und umkehrt, ist »frei« und dem wird vergeben (»Kehret um! Das Himmelreich ist nahe!« Mt 3,2).

Für die Ausgangssituation lässt sich also aus religionspädagogischer Sicht folgendes ableiten:

1) *Wütend sein* – Es liegt in der religiösen Tradition, dass über erfahrenes Leid und Ungerechtigkeit geklagt werden darf. Sogar radikale Formen wie die von Rachepsalmen finden sich in den heiligen Schriften wieder. Besonders die Reaktion von Noah aus der beschriebenen Alltagssituation, der wütend umher schreit, findet hier also Resonanz, indem er seiner Unzufriedenheit Ausdruck verleiht.
2) *Situation klären* – »Kehrt um!« der christliche Weg der Vergebung, des »Schuldenerlasses«, setzt voraus, dass ein Bekennen der Schuld, ein Eingestehen des Fehlers vorausgeht. Damit das überhaupt möglich ist, brauchen Konfliktsituationen einen Moment des Zurücktretens und des Perspektivwechsels, was dabei hilft, die eigenen Gefühle und Bedürfnisse sowie die beim Gegenüber erzeugten Gefühle und Bedürfnisse zu artikulieren und so den eigenen Anteil am Streitgeschehen reflektieren zu können.
3) *Barmherzig sein und vergeben* – Ist erst einmal geklärt, was geschehen und wie es den Beteiligten dabei ergangen ist, gilt es ein klärendes Ende der Konfliktsituation anzustreben. Kindern gelingt das häufig sehr rasch. Sind die Fronten jedoch verhärtet oder sitzt die Verletzung, die durch den Streit verursacht wurde, zu tief, braucht dieser Prozess viel Zeit. Vergebung und Versöhnung sind keine passiven Akte, die sich einfach vollziehen, sondern können harte Arbeit bei den Konfliktparteien bedeuten. Es gilt also weniger, Noah, Ella und Jule dazu zu bringen, dass sie sich gegenseitig entschuldigen, sondern vielmehr, sie beim inneren Ringen und Aufarbeiten des Geschehenen zu begleiten, sodass beispielsweise Noah keine grundsätzliche Ablehnung gegenüber Jule entwickelt und die beiden irgendwann auch miteinander spielen können. Dieser innere Kampf um das Verzeihen stellt eine sehr bewusste Denkleistung dar, die zahlreicher Entwicklungsschritte bedarf. Nicht alle Kinder können daher schon gleichermaßen gut vergeben, sollten aber früh dafür begeistert werden.

Für die Praxis gilt also:

- Kinder müssen erleben, wie ihnen und anderen vergeben wird, damit das Miteinander nach einem durchlebten Konflikt wieder gelingen kann und Konflikte nicht zu einem Beziehungsabbruch führen.

- Kinder müssen durchleben, wie schwer vergeben und um Vergebung bitten ist, dass es Kraft kostet und langfristig konsequent und ernsthaft sein muss, dass der Einsatz aber lohnend ist und ein durchlebter Konflikt Beziehungen auch festigen kann.
- Kinder müssen erfahren, dass Schuld bekennen und vergeben nicht Ausdruck von Schwäche, sondern von Stärke ist. Ganz besonders gilt das im Angesicht dessen, dass Gott unbegrenzte Vergebungsbereitschaft von den Menschen fordert.
- Andererseits müssen Kinder erfahren, dass die christliche Option der göttlichen Vergebung keinen Freibrief darstellt, sondern einen reflektierten Umgang mit dem Leiden unter dem Druck der eigenen Versäumnisse und Fehler fordert.

B. Methodisch-didaktische Umsetzung – Impulse

1. Wir kennen zahlreiche Redewendungen und Bildworte, die dem Themenfeld von Schuld und Vergebung entstammen. Wählen Sie eine der untenstehenden Redewendungen aus und analysieren sie deren Herkunft, Bedeutung und heutigen Anwendungsbereich.
   - Wut im Bauch
   - Gras drüber wachsen
   - Schwamm drüber
   - Vergeben und vergessen
   - Gnade vor Recht ergehen lassen
   - Der Klügere gibt nach
   - Alles wieder im Lot
   - Asche auf mein Haupt
   - Auge um Auge, Zahn um Zahn
   - Wenn dich einer auf die rechte Wange schlägt, dann halt ihm auch die andere hin.

2. Corrie ten Boom lebte während des Zweiten Weltkriegs als Christin in den Niederlanden. Mit Beginn der nationalsozialistischen Besetzung der Niederlande durch Deutschland gründete sie eine Untergrundorganisation mit dem Ziel, zahlreiche Juden zu verstecken und so vor dem Holocaust zu bewahren. Nach einigen Jahren jedoch wurde sie verraten und selbst, ebenso wie die von ihr versteckt gehaltenen Juden, in ein KZ gebracht – sie überlebt.

   In ihrem Buch »Die Zuflucht« beschreibt sie eine Situation, in der sie in besonderer Weise zur Vergebung herausgefordert wurde. Dort begegnet sie bei einem ihrer Vorträge zum Thema Vergebung plötzlich dem SS-Mann, der vor der Tür zum Duschraum im KZ Wache gestanden hatte und an dem Corrie und ihre Schwester, die die Zeit im KZ nicht überlebte, nackt hatten vorbeimarschieren müssen.

   Bei diesem Vortrag kam er auf sie zu, bedankte sich für den Vortrag und teilte ihr mit, dass er nun Christ sei und er Buße getan hätte, sodass seine Sünden vergeben seien. Mit ihr entgegengestreckter Hand fragte er sie, ob auch sie ihm vergeben könne. Erst mechanisch, dann überwältigt reicht sie dem Mann die Hand und vergibt ihm. Später schreibt sie, dass sie die Liebe Gottes nie so intensiv erlebt habe wie in jenem Augenblick.

Die Situation, die Corrie ten Boom hier erlebt, ist sicherlich eine der herausforderndsten Vergebungssituationen, die man sich vorstellen kann. Zwar erleben nur wenige Menschen in ihrem Leben vermutlich eine ähnliche oder vergleichbar schwere Situation, jedoch können auch weniger tiefgreifende und existenziell bedrohliche Erlebnisse zu einem herausfordernden Konflikterlebnis werden, bei dem es schwerfällt, dem gegenüber zu verzeihen.

Reflektieren und diskutieren Sie:
- Wie wirkt die Reaktion von Corrie ten Boom auf Sie?
- Wo wurden Sie tiefgreifend verletzt?
- Was konnten Sie bis heute nicht wirklich verzeihen?
- Wo haben Sie jemanden so tiefgreifend verletzt, dass er Ihnen bis heute nicht vergeben hat?
- Würden Sie der Aussage zustimmen, dass man alles vergeben kann, wenn man nur genug Zeit gibt?

3. Notieren Sie auf einem kleinen Zettel mit der Überschrift »Da habe ich mir etwas zu Schulden kommen lassen ...«, in welcher Situation Sie Schuld auf sich geladen und jemanden verletzt haben. Spüren Sie in sich hinein. Wie äußert sich die Schuld bei Ihnen, wie fühlt Sie sich an? Wie geht es Ihnen damit, die Schuld so schwarz auf weiß zu sehen? Stellen Sie sich vor, dass Gott Sie gerade sieht – wie geht es Ihnen damit?
Entzünden Sie dann ein Feuer in einer Feuerschale oder eine simple Flamme und verbrennen Sie diesen kleinen Zettel. Fällt es Ihnen leicht, den Zettel zu verbrennen? Wie ist das Gefühl jetzt? Verändert sich der Blick Gottes auf Sie nun?
4. Bereiten Sie eine Fishbowl-Diskussion vor. Stellen Sie sich vor, Sie lebten zu Zeiten Jesu. In der Nacht bevor Jesus gekreuzigt wurde, leugnete Petrus Jesus dreimal – genau so, wie Jesus es vorhergesagt hatte.
Bereiten Sie dazu in drei Gruppen (a) die Position des Petrus, (b) die Position von Jesus und (c) die Position der anderen Jünger vor.
Diskutieren Sie nun im Fishbowl (der Diskussionsmitte) die Schuld des Petrus und seine Chancen auf Vergebung.
5. Bei einem Bibliolog wird ein biblischer Text vorgelesen und an bestimmten Stellen bewusst unterbrochen. Dann wendet sich der Moderator oder die Moderatorin (Lehrperson) an die Teilnehmerinnen und Teilnehmer und lädt dazu ein, sich mit einer biblischen Gestalt zu identifizieren und aus der Sicht dieser Gestalt heraus deren Gedanken und Gefühlen Ausdruck zu verleihen. Mögliche Perspektiven, aus denen die folgende Bibelstelle betrachtet werden kann, sind die des Knechtes, des Königs und des Mitknechtes.

Von der Vergebung (Mt 18,21–35)
Da trat Petrus hinzu und sprach zu ihm: Herr, wie oft muss ich denn meinem Bruder, der an mir sündigt, vergeben? Ist's genug siebenmal?

Jesus sprach zu ihm: Ich sage dir: nicht siebenmal, sondern siebzigmal siebenmal. Darum gleicht das Himmelreich einem König, der mit seinen Knechten abrechnen wollte. Und als er anfing abzurechnen, wurde einer vor ihn gebracht, der war ihm zehntausend Zentner Silber schuldig.

Da er's nun nicht bezahlen konnte, befahl der Herr, ihn und seine Frau und seine Kinder und alles, was er hatte, zu verkaufen und zu zahlen. Da fiel der Knecht nieder und flehte ihn an und sprach: Hab Geduld mit mir; ich will dir's alles bezahlen. Da hatte der Herr Erbarmen mit diesem Knecht und ließ ihn frei und die Schuld erließ er ihm auch.

Da ging dieser Knecht hinaus und traf einen seiner Mitknechte, der war ihm hundert Silbergroschen schuldig; und er packte und würgte ihn und sprach: Bezahle, was du schuldig bist! Da fiel sein Mitknecht nieder und bat ihn und sprach: Hab Geduld mit mir; ich will dir's bezahlen. Er wollte aber nicht, sondern ging hin und warf ihn ins Gefängnis, bis er bezahlt hätte, was er schuldig war.

Als nun seine Mitknechte das sahen, wurden sie sehr betrübt und kamen und brachten bei ihrem Herrn alles vor, was sich begeben hatte. Da befahl ihn sein Herr zu sich und sprach zu ihm: Du böser Knecht! Deine ganze Schuld habe ich dir erlassen, weil du mich gebeten hast; hättest du dich da nicht auch erbarmen sollen über deinen Mitknecht, wie ich mich über dich erbarmt habe?

Und sein Herr wurde zornig und überantwortete ihn den Peinigern, bis er alles bezahlt hätte, was er schuldig war. So wird auch mein himmlischer Vater an euch tun, wenn ihr nicht von Herzen vergebt, ein jeder seinem Bruder.

(Lutherbibel 2017)

6. Stellen Sie sich vor, Sie erstellen im Team Ihrer Praxiseinrichtung ein Leitbild, in dem Ihr pädagogisches und religionspädagogisches Konzept begründend vorgestellt wird. Es gilt nun, auch das Thema Umgang mit Konflikten einzubinden. Welche Konsequenzen ziehen Sie aus diesem Kapitel für die berufliche Praxis im Elementarbereich? Bedenken Sie dabei die verschiedenen Akteure (Kinder, Eltern, pädagogische und nicht-pädagogische Mitarbeiterinnen und Mitarbeiter).

Literatur

AHNERT, LIESELOTTE, Von der Mutter-Kind-Bindung zur Erzieherin-Kind-Beziehung?, in: Becker-Stoll, Fabienne u. a. (Hg.), Die Erzieherin-Kind-Beziehung – Zentrum von Bildung und Erziehung, Berlin 2007, 31–41.
FASSBÄNDER, SVENJA, Verzeihen. Vom Umgang mit Schuld, München 2016.
MORIKAWA, TAKEMITSU (Hg.), Verzeihen, Versöhnen, Vergessen. Soziologische Perspektiven, Bielefeld 2008.
RICŒUR, PAUL, Gedächtnis, Geschichte, Vergessen, München 2004.
STURZBRECHER, DIETMAR/HERRMANN, UTE, Aggression und Konflikterziehung im Kindergarten, in: Sturzbecher, Dietmar/Großmann, Heidrun (Hg.), Soziale Partizipation im Vor- und Grundschulalter. Grundlagen, München 2003, 173–222.

4.3. Alltagssituation in der Kita: Ein Kind wird krank

Monika Marose

A. Einführung

1. Lernsituation

Es ist früher Morgen in der Kindertagesstätte »Pusteblume«. Petra Müller, die Leiterin der Einrichtung, versucht gerade händeringend eine Vertretung für zwei erkrankte Kolleginnen zu organisieren. Zuvor erfuhr sie, dass eine Erzieherin Kopfläuse bei einem Kind entdeckt hat. Eine Mutter ist gerade zum verabredeten Elterngespräch erschienen. In dem Moment klingelt – bereits zum zigsten Male an diesem Morgen – das Telefon. Am Apparat ist Susanne Peter, die Mutter des vierjährigen Sven[22] aus der »Bärengruppe«. Sven fehlte in letzter Zeit häufig. Wenn er kam, ermüdete er rasch. Tobte er mit anderen Kindern, bekam er schnell blaue Flecken. Einer Infektion folgte die nächste. Sven verlor die Lust an Bewegungsspielen und Ausflügen mit längeren Fußwegen.

Frau Peter versagt, kaum dass sie sich meldet, die Stimme. Sie sagt nur drei Worte: »Sven hat Leukämie.«

2. Vorüberlegungen

Dass Kinder krank werden, gehört zum Alltag im Kindergarten. Bevor sich das Immunsystem der Kinder stabilisiert, leiden sie häufig an einer Vielzahl von Infekten, Kinderkrankheiten und anderen vorübergehenden Erkrankungen. Häufig erkranken sie leicht, mitunter jedoch leider auch schwer. Zunehmend erkranken Kinder auch an chronischen Leiden. Einige bekommen auch eine Krankheit, deren Verlauf tödlich enden könnte. Viele lebensbedrohliche Erkrankungen von Kindern führen jedoch glücklicherweise nicht zum Tode. Beispielsweise werden Krebserkrankungen von Kindern heute in 84 % der Fälle geheilt.[23] Manche Krebserkrankungen, wie die in der Lernsituation thematisierte Leukämie, überleben glücklicherweise 90 % der Kinder. Eine unter dem Vorzeichen von Hoffnung stehende

---

22 Die Lernsituation ist selbstverständlich variierbar. Vorstellbar wäre, anstelle von »Sven Peter« Namen von Kindern und Familien mit diversen kulturellen und religiösen Hintergründen zu benennen. Anstelle der Leukämie könnten andere Krankheiten oder auch Handicaps fokussiert werden.

23 Beiträge anlässlich des Weltkrebstages am 04.02.19: Allmann, Julia Felicitas, Kampf um den Alltag. Was es für Familien bedeutet, wenn ein Kind Krebs bekommt, in: Kölnische Rundschau, 04.02.19, 3 und WDR 5 Politikum – Gespräch, Europa gegen den Krebs, auf: https://www1.wdr.de/mediathek/audio/wdr5/wdr5-politikum-gespraech/audio-europa-gegen-den-krebs-100.html. Die Onkologin Angelika Eggert nennt für Deutschland die aktuelle Zahl von 84 % der Kinder, die genesen.

Begleitung schwerkranker Kinder in Kindertagesstätten ist Thema des folgenden Beitrags.

Das Thema »Gesundheit« ist heutzutage aus Kindergärten und Schulen nicht wegzudenken. Gesundheitserziehung und Gesundheitsförderung bereits im Kindergarten sind unerlässlich, sie gelten als gesamtgesellschaftliche Aufgabe. Bundesweit wächst eine Vielzahl der Kinder unter wenig gesundheitsförderlichen Bedingungen im privaten Umfeld auf. Dies betrifft vor allem Kinder aus bildungsfernen Haushalten, aber keineswegs ausschließlich diese. Es mangelt an gesunder Ernährung und ausreichender Bewegung. Chronische Erkrankungen, wie z. B. Diabetes, Asthma, Adipositas bei Kindern nehmen aus diesem Grunde deutlich zu. Konzepte zur Prävention und Aufklärung, auch als Bestandteil von Elternarbeit, werden von den Einrichtungen erwartet.

So präsent das Thema »Gesundheit« in Kindertagesstätten und Schulen ist, so wenig Aufmerksamkeit erhält dessen Pendant, der Umgang mit »Krankheit«. Gesundheitsforscher der Universität Bielefeld leisteten Pionierarbeit, als sie Anfang des Jahres 2019 eine empirische Studie vorlegten, in der erstmals Krankendaten von Kindern und Jugendlichen systematisch ausgewertet wurden. Ärztekammerpräsident Theodor Windhorst kritisierte, dass die gesundheitliche Situation von Kindern und Jugendlichen »zu lange nicht ausreichend«[24] beachtet worden sei. Das Ergebnis der Studie ist erschütternd, in NRW ist jedes vierte Kind dauerhaft physisch oder psychisch erkrankt.

Bekanntlich gilt bereits seit dem Jahr 2009 auch in Deutschland die »Behindertenrechtskonvention der Vereinten Nationen«[25]. Im Rahmen der notwendigen Entwicklung zu inklusiven Formen von Kinderbetreuung und Unterricht haben Kinder mit chronischen Erkrankungen ebenso wie schwer- und sterbenskranke Kinder das Recht, Kindertagesstätten und Schulen zu besuchen. Ein ungezwungenes, wertschätzendes und sensibles Miteinander (nicht nur) in der Gemeinschaft der Kindertagesstätte setzt jedoch voraus, dass Krankheit oder Handicap nicht stigmatisiert und als negatives Unterscheidungsmerkmal wahrgenommen werden.

Krankheit zählt zu den anthropologischen Grunderfahrungen und Fragen wie »Warum bin ich/werde ich/bleibe ich krank?«[26] bewegen in ihrer Existentialität Menschen von Beginn an. Selbst im Religionsunterricht jedoch genießt das Thema »Krankheit« allenfalls eine Randstellung. Jedenfalls ergab das eine Lehrplananalyse

---

24 WELTMANN, STEPHANIE, Jedes vierte Kind in NRW ist krank, in: WAZ (07.02.19), 1f. Die Studie wurde im Auftrag der Krankenkasse DAK vorgelegt.
25 Vgl. BEAUFTRAGE DER BUNDESREGIERUNG FÜR DIE BELANGE VON MENSCHEN MIT BEHINDERUNG (Hg.), Die UN-Behindertenrechtskonvention. Übereinkommen über die Rechte von Menschen mit Behinderung, Berlin 2017.
26 FLAKE, SASKIA/ZIMMERMANN MIRJAM, Aspekte der Behandlung des Themas Krankheit im Religionsunterricht – Eine Lehrplananalyse, in: Zimmermann, Mirjam/Klein, Constantin/Büttner, Gerhard (Hg.), Kind – Krankheit – Religion. Medizinische, psychologische, theologische und religionspädagogische Perspektiven (Theologische Anstöße 6), Neukirchen-Vluyn 2013, 231–256, hier 233.

von Saskia Flake und Mirjam Zimmermann aus dem Jahr 2013.[27] Die evangelischen Theologinnen untersuchten schulformübergeifend die Lehrpläne für das Fach Evangelische Religionslehre sämtlicher und für das Fach Katholische Religionslehre ausgewählter Bundesländer. In einem weiteren Aufsatz mit dem programmatischen Titel: »›Hauptsache gesund?!‹ Ist Krankheit (k)ein Thema im (Religions-)Unterricht?« formuliert Zimmermann als Fazit: »Man mag das Ergebnis kaum glauben, aber der Begriff ›Krankheit‹ kommt in vielen Lehrplänen für das Fach evangelische und katholische Religionslehre gar nicht vor.«[28]

Was die Situation erkrankter Kinder und Jugendlicher in der Schule betrifft, beobachtet Zimmermann, »erwiesenermaßen [...] eine Diskrepanz zwischen der Bedeutung von Gesundheitserziehung [...] und dem am Einzelbeispiel aufgezeigten Defizit, organisatorisch und inhaltlich mit schwer(er) erkrankten Kindern umzugehen«[29]. Da Gesundheit im schulischen Alltag vorausgesetzt werde, sei die Folge: »Das kranke Kind verschwindet.«[30] Eine erschütternde Feststellung, die, auch wenn empirische Untersuchungen zum Thema fehlen, einleuchtet. Die Situation schwer(er) erkrankter Kinder in deutschen Kindertagesstätten sieht gegenwärtig vermutlich nicht wesentlich anders aus.

Lange Zeit blieb die Perspektive von Kindern beim Umgang mit Erfahrungen von Sterben, Tod und Trauer unberücksichtigt.[31] Glücklicherweise konnte hier mittlerweile Vieles zum Besseren vorangetrieben werden. Mag sein, es verhält sich, was den Umgang mit Krankheit betrifft, derzeit vergleichbar und wir stehen hier am Anfang einer notwendigen Entwicklung (die Reihenfolge mag irritieren, gehen doch Erfahrungen von Krankheit in aller Regel Sterben und Tod voraus). Religionspädagogisch ist das Thema fraglos bedeutsam. Krankheit ist häufig mit Kontingenzerfahrungen verbunden und auch die Theodizeefrage stellt sich doch zunächst im Kontext von Krankheitserfahrungen.[32] Verglichen mit dem beachtlichen Umfang an Literatur, Unterrichtsreihen und -modellen zum Thema Sterben und Tod, erweist sich das Thema »Krankheit und Kinder« auf sämtlichen Ebenen als Desiderat. Wer in die Situation kommt, ein hoffnungsfrohes Kinderbuch angesichts der lebensbedrohlichen Erkrankung eines Kindes zu benötigen – s. die eingangs geschilderte Lernsituation – stellt selbst erfahrene Kinderbuchhändlerinnen und Dozenten für Kinderliteratur vor Herausforderungen.

---

27 Vgl. ebd.
28 ZIMMERMANN, MIRJAM, »Hauptsache gesund?!« Ist Krankheit (k)ein Thema im (Religions-)Unterricht?, in: Zimmermann, Mirjam/Klein, Constantin/Büttner, Gerhard (Hg.), Kind – Krankheit – Religion. Medizinische, psychologische, theologische und religionspädagogische Perspektiven (Theologische Anstöße 6), Neukirchen-Vluyn 2013, 257–278, hier 260.
29 Ebd.
30 Ebd.
31 Vgl. RADBRUCH, LUKAS/MELCHING HEINER, Kinder und Jugendliche – ein Trauerspiel, in: Leidfaden 4 (2012).
32 Vgl. FLAKE/ZIMMERMANN, Aspekte der Behandlung des Themas Krankheit im Religionsunterricht, 234f.

3. Pädagogische Reflexion

3.1. Prophylaktische Strukturen entlasten

Das eingangs beschriebene Lernarrangement verdeutlicht, dass die Diagnose einer lebensbedrohlichen Erkrankung eines Kindes die Kindertagesstätte in aller Regel unerwartet trifft. Eine Nachricht, wie sie die Leiterin der Einrichtung durch die Mutter erhält, beschreibt eine existentielle Krisensituation und stellt also in gewisser Weise einen »Notfall« dar. Im Folgenden werden Erkenntnisse aus Unterstützungssystemen für Kinder in Notfällen übertragen auf konzeptionelle Überlegungen zur Unterstützung schwer erkrankter Kinder und deren Angehöriger im Lebensraum Kindertagesstätte. Ziel sämtlicher Bemühungen ist Angstabbau, Initiierung resilienter Prozesse und die Erschließung von Ressourcen für unterschiedliche Personengruppen und auf zahlreichen Ebenen.

Ein prophylaktisches Unterstützungsmanagement bietet Voraussetzungen für einen professionellen und effektiven Umgang mit Krisensituationen. Vorüberlegte Strukturen entlasten Leitung und Team und helfen, Druck abzubauen in der akuten Situation, die in der Regel stark emotional besetzt ist. »Krisenmanagement ist immer eine Teamaufgabe.«[33] Jeder im Kolleginnenkreis sollte klar sein, wie vorgegangen wird. Die Möglichkeit, professionelle Hilfe von außen einzubeziehen, sollte zu jedem Zeitpunkt des Begleitungsprozesses gegenwärtig sein.

Wenn ein Kindergartenkind schwer erkrankt, sind mit einem Mal sehr viele Menschen betroffen. Die Nachricht von der lebensbedrohlichen Erkrankung eines Kindes kann bei den unterschiedlichen Personengruppen – je nach Vorerfahrungen – unter Umständen unterschiedlich schwere Trauerreaktionen auslösen. Trauer ist eine natürliche Reaktion menschlicher Physis und Psyche auf Veränderung und das Auftreten einer schweren Krankheit bedeutet eine Veränderung für alle Beteiligten, Trauer stellt sich daher ein wie Fieber bei einer Grippe.[34]

Leitung und Erzieherinnen haben es grundsätzlich mit einem heterogenen Personenkreis mit je unterschiedlichen individuellen Bedürfnissen zu tun. Die Kreise der Betroffenheit (s. u.) visualisieren die unterschiedlichen Personengruppen im Umfeld des Kindes, denen mit besonderer Sensibilität begegnet werden sollte.

---

33 KARUTZ, HARALD/LASOGGA, FRANK, Kinder in Notfällen. Psychische Erste Hilfe und Nachsorge, Edewecht 2008, 4.
34 Vgl. CANACAKIS, JORGOS, Ich sehe deine Tränen. Lebendigkeit in der Trauer. Das Lebens- und Trauerumwandlungsmodell (LTUM), Stuttgart 2006, 25.

2. Geschwister, Eltern, (Groß)Eltern, enge Bezugspersonen, Freundinnen und Freunde aus der Gruppe, betreuende Erzieherinnen

3. Personen in der näheren Umgebung: Kinder aus der Gruppe des erkrankten Kindes, das Team der Einrichtung einschl. Leitung, Gemeinschaft von Mitarbeitenden

1. Das Kind

4. Personen aus der räumlich, familiär entfernten Nachbarschaft: Eltern von Kindern aus der Gruppe des erkrankten Kindes, entferntere Verwandte, punktuell in der Einrichtung Arbeitende wie z.B. Musiktherapeut, Familienangehörige der Kinder aus anderen Gruppen/ Erzieherinnen aus anderen Gruppen

Quelle: Grafik erstellt nach: Community stress prevention centre, Kiryat Shmonah, Israel 1999. S.a. Engelbrecht & Storath, Krisenmanagement in Schulen, Reihe Forum Schulpsychologie, Landesverband Bayerischer Schulpsychologen (LBSP), S.25.Vorlage © Saskia Cohen

Mittelpunkt ist das erkrankte Kind. Es ist unmittelbar umgeben von Eltern bzw. Erziehungsberechtigten, Geschwistern, (Groß)Eltern, engen Bezugspersonen, Freundinnen und Freunden, betreuenden Erzieherinnen. Es folgen Personen in der näheren Umgebung: Kinder aus der Gruppe des erkrankten Kindes, das Team der Einrichtung einschl. Leitung sowie generell die Gemeinschaft von Mitarbeitenden. Abschließend sind darüber hinaus ebenfalls betroffen die Personen aus der räumlich, familiär entfernten Nachbarschaft: Eltern von Kindern aus der Gruppe des erkrankten Kindes, entferntere Verwandte, punktuell in der Einrichtung Arbeitende wie z. B. Musiktherapeuten sowie Familienangehörige der Kinder aus anderen Gruppen und Erzieherinnen aus anderen Gruppen.

Es empfiehlt sich, wie noch gezeigt wird, sämtliche in den Kreisen der Betroffenheit aufgeführten Personen – in Absprache mit den Eltern bzw. Erziehenden des erkrankten Kindes – über die Erkrankung des Kindes zu informieren. So anspruchsvoll es sein mag, all dies im übervollen Kita-Alltag zu organisieren, für das erkrankte Kind, dessen Familie, Erziehungsberechtigte und nächste Bezugspersonen erweist sich die Solidarität sämtlicher am Kita-Leben Beteiligten in der Regel als tröstlich und ungemein hilfreich. Letztlich kommt die gemeinschaftliche Herangehensweise allen am Prozess Beteiligten zu Gute.

3.2. Das erkrankte Kind und die Kinder seiner Gruppe

Für das betroffene Kind kann es eine große Hilfe darstellen, weiterhin, wenn auch nur wenige Stunden, die Einrichtung zu besuchen. Ein geregelter Tagesablauf erweist sich als hilfreich, er bietet eine vertraute Struktur und daher einen Halt in der durch die Krankheit veränderten Situation. Auch den Kindern der Einrichtung hilft es, die Freundin, den Freund im vertrauten Umfeld wiederzusehen.

Die Vorstellungen von Gesundheit und Krankheit bei Kindern unterscheiden sich mitunter deutlich von denen der Erwachsenen.[35] Das subjektive Empfinden des Kindes ist entscheidend. Die objektive Schwere der Erkrankung entspricht nicht notwendiger Weise der psychischen Belastung eines Kindes. Während das Kindergartenkind eine »Bagatellsituation« als stark belastend empfinden kann, wird es möglicherweise im Umkehrschluss eine schwere Erkrankung nicht in der Art und Weise als negativ empfinden, wie Erwachsene annehmen. Die Erzieherinnen sind also gefordert, achtsam und sensibel auf die Kinder einzugehen und zunächst einmal behutsam in Erfahrung zu bringen, wie das einzelne Kind, die Erkrankung wahrnimmt. Das gilt gleichermaßen für das erkrankte Kind wie auch für die Kinder in seinem Umfeld. In jedem Fall wünschen Kinder, ernst genommen zu werden und nicht behandelt zu werden, »als wäre man ein Baby«[36]!.

Die Erzieherinnen – sollten sie keine professionelle Hilfe hinzuziehen – stehen vor der Aufgabe, den Kindern aus der Gruppe des erkrankten Kindes und auch den Kindern der übrigen Gruppen der Einrichtung mitzuteilen, dass jemand erkrankt ist und woran. Sicher haben die Kinder viele Fragen. Im Zentrum wird die Frage nach der Gesundung ihres Spielkameraden stehen. Das betroffene Kind wird sicher in besonderer Weise durch Mediziner und Angehörige begleitet und aufgeklärt. Aber auch die Kinder in dessen Umfeld sollten erfahren, welche körperlichen oder psychischen Reaktionen z. B. durch Chemo- oder Strahlentherapie erwartbar sind, so dass sie nicht erschrecken angesichts unangenehmer und belastender Prozesse, die diese im Körper des Freundes hervorrufen (z. B. Haarausfall, Erbrechen, Appetitlosigkeit). Kleine Kinder fürchten und ekeln sich schnell vor Geräuschen, Gerüchen, Anblicken.[37] Sind die Kinder sich darüber im Klaren, dass die Symptome vorübergehen und letztlich Gutes bewirken, damit ihr Freund wieder gesund wird, begegnen sie den Phänomenen möglicherweise gelassener.

Die Aufklärung der Kinder ist für die Erzieherinnen ein Prozess über die Dauer der Erkrankung. Wenn die Kinder über den Verlauf von Krankheit und Therapie im Bilde sind, entwickeln sie deutlich weniger Ängste. Kinder fürchten beispielsweise, dass sie sich anstecken könnten. Eine Sorge, die ihnen im Falle einer Krebserkrankung rasch und durch wiederholte Zusagen genommen werden kann. Kinder neigen außerdem zu magisch-mythischen und irrationalen Erklärungen. Möglicherweise entwickeln sie auch Schuldgefühle (»egozentriertes Denken«). Je nach Alter und Entwicklung können sie ihre Empfindungen und Ängste (noch) nicht verbal-

---

35 Vgl. LOHAUS, ARNOLD/BALL, JULIANE, Gesundheit und Krankheit aus Sicht von Kindern, Göttingen ²2006, 7ff.
36 KARUTZ, HARALD, Psychosoziale Akuthilfen für Kinder und Jugendliche, auf: http://www2.medizin.uni-greifswald.de/medpsych/fileadmin/user_upload/Dokumente/Veranstaltungen/7._Fachtagung/Vortrag_Karutz_Psychosoziale_Akuthilfe_fuer_Kinder_und_Jugendliche_in_Notsituationen.pdf, 11.
37 Vgl. KARUTZ/LASOGGA, Kinder in Notfällen, 28.

sprachlich zum Ausdruck bringen. Eine Sensibilität für nonverbale Äußerungen gehört für die Erzieherinnen zum täglichen Handwerkszeug.

Gelingt es den Erzieherinnen, die natürliche Empathie der Kinder gegenüber dem erkrankten Kind dauerhaft zu stärken, wird dieses in einer achtsamen Solidargemeinschaft gesund werden und sicher auch »beschützt« von den anderen. Auch die Übernahme von Patenschaften wären vorstellbar. Die Kinder bringen dann außerdem z. B. Verständnis auf für notwendige Sonderbehandlungen des Freundes, die ansonsten Neid hervorrufen könnten. Missverständnisse werden vermieden, machen die Erzieherinnen den Kindern stets transparent, aus welchem Grunde welche Handlungen geschehen und warum das erkrankte Kind manchmal anders behandelt wird als die anderen oder ihm bestimmte Dinge erlaubt sind, die die anderen nicht dürfen.

3.3. Die Erzieherinnen

Die Erzieherinnen sind Helfende und Betroffene zugleich. Verfügt die Einrichtung über ein Konzept im Umgang mit den Herausforderungen, wird die einzelne entlastet und eine gegenseitige Begleitung und offene Gespräche im Team bereichern die individuelle Reflexion. Gelingt das nicht, sollte – wie gesagt – in jedem Fall professionelle Hilfe zu Rate gezogen werden. Erst das Bewusstmachen der persönlichen Haltung ermöglicht eine aufrichtige Beantwortung der Kinder-Fragen. Aufrichtigkeit ist im Umgang mit sich selbst und den Kindern das Gebot der Stunde.

Eine professionelle Begleitung der Kinder ist vorrangiges Ziel der Erzieherinnen, die entscheiden müssen, in welcher Weise sie vorgehen, um Ängste der Kinder abzubauen, ihre Resilienz zu stärken und Ressourcen zu wecken. Wenn im Folgenden von Kindern die Rede ist, sind gleichermaßen das erkrankte Kind sowie die Kinder seiner Gruppe gemeint.

Das Thema der Erkrankung vermeiden zu wollen oder aber seine Brisanz herunterzuspielen – wie es Jahrzehnte im Umgang mit Erfahrungen von Sterben, Tod und Trauer in Kindertagesstätten geschah – wäre, und sei es noch so gut gemeint, zweifellos von Nachteil. Kinder haben bekanntlich den »sechsten Sinn« und spüren sogleich, wenn Erwachsene etwas vortäuschen. Strahlen die Erzieherinnen Gesprächsoffenheit aus, werden die Kinder Fragen wagen. Diese sollten jederzeit, ob einzeln oder in der Gruppe, Resonanz erfahren. Beantworten werden sich die Fragen angesichts der Existentialität des Geschehens nicht immer lassen, das aber ist auch nicht von so großer Bedeutung. Kinder sind klug und erwarten häufig keine Antwort. Fühlen sie sich ernstgenommen, können sie mit offenen Fragen gut leben.

Für die Erzieherinnen liegt die Herausforderung im Umgang mit der existentiellen Situation in der Wahrung der Balance. Bei aller Ernsthaftigkeit der Situation sind Dramatisierungen zu vermeiden. Die Erzieherinnen wenden sich zu, ohne sich aufzudrängen, zeigen Nähe, aber vermeiden »Overprotection«[38].

---

38 KARUTZ, HARALD, Psychosoziale Akuthilfen für Kinder und Jugendliche, 21.

4.3. Alltagssituation in der Kita: Ein Kind wird krank

Das erkrankte Kind sollte auf keinen Fall »betüddelt« werden, da ihm auf diese Weise der Eindruck entstehen könnte, schwer krank zu sein, was es möglicherweise aber subjektiv ganz anders empfindet. Eine Offenheit der Erzieherinnen für spezielle Wünsche und Anliegen, kleine Extra-Wünsche einzelner Kinder erweist sich als hilfreich. Karutz nennt das: »Kleine Wünsche, große Wirkung!«[39] Mithilfe der Erfüllung kleiner Wünsche lassen sich mitunter Momente tiefer Traurigkeit kurzfristig überbrücken. Es ist eine Frage des pädagogischen Taktes für die Notwendigkeit solcherart »Zuwendung außer der Reihe«, ein Gespür zu entwickeln und etwaige Proteste anderer liebevoll zu entkräften.

Die Erzieherinnen stärken die Selbstwirksamkeit der Kinder, indem sie deren Anregungen, wo immer möglich, aufgreifen und umsetzen und die Kinder stets handelnd mit einbeziehen und möglichst viel selbst entscheiden lassen. Wie generell so einmal mehr im speziellen Fall motivieren die Erzieherinnen die Kinder zu körperlicher Aktivität. In unseren bewegungsarmen Zeiten erweist sich Bewegung immer wieder als Wohltat für Körper und Seele. Wenn Worte versagen, sind zudem ästhetische Ausdrucksmöglichkeiten wesentlich. Die Erzieherinnen motivieren die Kinder zum Singen, Malen, Basteln, Erzählen. Für die Dauer der Krankheit sollten Erzieherinnen Bewältigungshandeln initiieren und immer wieder Angebote an die Kinder machen wie z. B. Rollenspiele.

In Absprache mit dem erkrankten Kind und dessen nächsten Angehörigen werden mit den Kindern Formate und Rituale entwickelt, die eine regelmäßige (gegenseitige) Kontaktaufnahme ermöglichen. Die Kinder könnten beispielsweise regelmäßig Bilder malen und durch die Erzieherin zusenden lassen. Digitale Medien wie Smartphones bieten ungeahnte Möglichkeiten: Sprachnachrichten mit guten Wünschen, Nachrichten aus dem Gruppenalltag oder selbst produzierte Hörspiele und heitere Geschichten der Kinder könnten regelmäßig versandt werden. Außerdem könnte auch gemeinsam gesungen werden und die Lieder dem kranken Kind übermittelt werden. Dem Einfallsreichtum der Kinder und Erzieherinnen sind keine Grenzen gesetzt, denn der regelmäßige Kontakt zu dem Kind, das die Kita vorübergehend nicht regelmäßig besuchen kann, ist immens wichtig.

Im übervollen Kita-Alltag ist es sinnvoll, wenn die Erzieherinnen mit Hilfe der Kinder rituelle Formate entwickeln und auf diese Weise der Begegnung und dem (und sei es virtuellen) Miteinander einen festen Platz im Wochenkalender zu geben. »Kinder lieben Rituale«[40], denn sie sind mehr als Gewohnheitshandlungen, sie bieten Hilfe »an neuralgischen Punkten des privaten und öffentlichen Lebens«[41], wie Pastoralpsychologin Beate Bühler-Egdorf ausführt. Sie beruhen auf dem menschli-

---

39 Ebd., 17.
40 BÜHLER-EGDORF, BEATE, Rituale mit und für kranke(n) Kinder(n). Über Rituale, Gewohnheitshandlungen und Segnungen mit Kindern, in: Zimmermann, Mirjam/Klein, Constantin/Büttner, Gerhard (Hg.), Kind – Krankheit – Religion. Medizinische, psychologische, theologische und religionspädagogische Perspektiven (Theologische Anstöße 6), Neukirchen-Vluyn 2013, 294–306, hier 294.
41 Ebd., 296.

chen Bedürfnis nach Sicherheit. Mit Hilfe von Ritualen werden Übergangssituationen begangen und legitimiert. (Nicht nur) Für Kinder erweisen sich Rituale als wohltuend aufgrund ihrer seelsorglichen, ästhetischen und stabilisierenden Funktion. Das vorübergehend abwesende Kind kann durch ritualisierte Formen der Begegnung ein Stückweit teilhaben am Kita-Alltag und die übrigen Kinder erhalten die Möglichkeit, etwas für den Freund und für sich tun zu können. In Krisenzeiten erweist es sich in aller Regel aus förderlich und beruhigend, für den anderen tätig werden zu können, eine Bereicherung für alle Beteiligten. Dieser Wunsch ist bei Kindern sogar noch viel ausgeprägter als bei Erwachsenen.

Durch gemeinschaftliches Handeln werden innere und äußere Ressourcen bei unterschiedlichen Personengruppen erschlossen. Die Erzieherinnen fördern somit den Angstabbau bei den Kindern und auch bei den mehr oder weniger Betroffenen. Hoffnung zu vermitteln und gleichzeitig aufrichtig von der Bedrohung durch die Krankheit zu sprechen, bedeutet einen Balanceakt.

3.4. Elternarbeit

Die Begleitung der Eltern des erkrankten Kindes ist prioritär. Drohender Kindsverlust ist für Eltern emotional kaum zu verkraften und die Kommunikation mit den Eltern erfordert außerordentliches Fingerspitzengefühl. Sie sollten, wo immer es geht, in Überlegungen eingebunden und über Vorhaben informiert werden. Wünschenswert wäre, die Zustimmung der Eltern des erkrankten Kindes zu gewinnen, die Kita-Gemeinschaft regelmäßig über den Verlauf der Erkrankung zu informieren. Eine offene und transparente Information an sämtliche Eltern durch einen Brief, erweist sich als hilfreich, um diese aufzuklären und zu sensibilisieren, so dass sie und auch ihre Kinder dem erkrankten Kind angemessen begegnen und verletzende Bemerkungen (z. B. dass das Kind keine Haare mehr hat und im Sommer eine Mütze trägt) vermieden werden. Auch sollten die Eltern informiert sein, da ihre Kinder sie möglicherweise ansprechen und Fragen stellen. Auf diese Weise wären sie nicht überrascht und könnten sich entsprechend auf die Thematik vorbereiten. Es könnte auch sein, dass die Kinder nichts fragen, aber Ängste entwickeln und auf einmal besonders viel Nähe wünschen oder sich auf den ersten Blick unverständlich, aber verändert verhalten.

Den unmittelbar betroffenen Eltern, aber auch den übrigen, sollten für die Dauer der Krankheit immer wieder Angebote gemacht werden und Bewältigungshandeln initiiert werden. Zum Beispiel könnte überlegt werden, was man gemeinsam zum Wohle der betroffenen Familie tun könnte. Vielleicht könnten Geschwisterkinder eingeladen werden oder Einkäufe erledigt. Weitere unterstützende Bezugspersonen könnten eingebunden werden. Es sollte mittel- und langfristig stets aufs Neue überlegt werden, ob die Unterstützung professioneller Hilfe vonnöten wäre.

4. Religionspädagogische Reflexion

Im Falle einer lebensbedrohlichen Erkrankung eines Kindergartenkindes bricht unvermittelt eine andere Dimension des Daseins in die bisher vertraute Wirklichkeit ein. Die Unverfügbarkeit des Geschehens in seiner Existentialität impliziert eine religiöse und auch philosophische Dimension, die nach Dingen jenseits des Sichtbaren fragt.

In dieser extremen Situation sollen sich das erkrankte Kind und seine Angehörigen (wie auch sämtliche Betroffene) gehalten fühlen können durch die Gemeinschaft der Kindertagesstätte. Ohne den Habitus des Hoffens lassen sich Krisen wie diese nur schwer durchstehen. Umso wichtiger ist es, dass auch die Dinge hinter den Dingen in dieser Gemeinschaft bedeutsam sind, angesprochen und reflektiert werden können, um jenseits der Oberfläche eine tröstliche Dimension der Tiefe für alle zu erschließen.

Hoffnung kann als anthropologische Gegebenheit betrachtet werden. Sie dient der Lebenserhaltung der Spezies Mensch. Sie ist eine Kategorie des philosophischen Denkens über den Menschen. Ernst Blochs Werk »Das Prinzip Hoffnung«[42] zeugt programmatisch davon. Und sie ist eine Kategorie des religiösen Glaubens. In seinem berühmten Satz spitzt Ernst Bloch das Verhältnis von Hoffnung und Religion zu, indem er behauptet, »wo Hoffnung ist, da ist Religion«[43]. Der evangelische Theologe Jürgen Moltmann vertritt in seiner »Theologie der Hoffnung«[44] die Auffassung, dass eine Theologie ohne Hoffnung ein Widerspruch in sich sei. Und er geht noch weiter, für Moltmann ist »Hoffnung« kein spezielles Thema der Theologie, sondern sie stehe geradezu für das Ganze der Theologie.[45]

Wie bedrohlich sich auch immer die Wirklichkeit gegen das Leben wenden mag, die Theologie macht deutlich, dass da noch etwas Anderes ist. Die Erzählungen von Jesu Leben, Sterben und Auferstehung versinnbildlichen die Begrenztheit von Gewalt und Tod und letztlich deren Überwindung.

Angesichts der lebensbedrohlichen Erkrankung eines Kindes ist Hoffnung mehr als vonnöten, sowohl für das Kind als auch für die Angehörigen. Hier wird deutlich, wie unverzichtbar religionspädagogische Konzepte und Angebote im Kindergarten sind. In seinem Standardwerk »Das Recht des Kindes auf Religion« bringt der Religionspädagoge Friedrich Schweitzer auf den Punkt, welcher Stellenwert religiösen Vorstellungen in diesem Kontext zukommt – und zwar ausdrücklich nicht begrenzt aufs Christentum: »Nicht religiöse Antworten auf die Frage nach Tod und Sterben sind sicher möglich [...]. Ob sie dem Kind – und den Eltern in der Situation eigener Betroffenheit – wirklich weiterhelfen, bleibt eine offene Frage. Mit Sicherheit lässt sich sagen, dass die Antworten *der Religionen* [Hervorh. d. Verf.] hier eine wichtige Hilfe sein können und dass sie den Fragen des Kindes

---

42 BLOCH, ERNST, Das Prinzip Hoffnung (Ernst Bloch Werkausgabe 5), Frankfurt a. M. 1985.
43 Weiter schreibt Bloch, den Umkehrschluss ausschließend: »Wo Hoffnung ist, da ist Religion; nicht gilt freilich, in Ansehung der von Himmel und Obrigkeit verhängten Religion, die Umkehrung: Wo Religion ist, ist auch Hoffnung.« (BLOCH, ERNST, Atheismus im Christentum. Zur Religion des Exodus und des Reichs, Frankfurt a. M. 1980, 23).
44 MOLTMANN, JÜRGEN, Theologie der Hoffnung. Untersuchungen zur Begründung und zu den Konsequenzen einer christlichen Eschatologie, München ³1965.
45 Vgl. ebd., 275.

näher kommen, als dies beispielsweise für naturwissenschaftliche Erklärungen behauptet werden kann.«[46]

Erkrankt ein Kind an Leukämie oder einer anderen Krebserkrankung, so bedeutet dies – wie die eingangs genannten Heilungschancen von 80 %–90 % zweifellos belegen – keineswegs notwendig dessen Tod. Es gibt also allen Grund, dass die Begleitung des Kindes und aller weiteren Betroffenen im Zeichen der Hoffnung geschehen sollte. Und es ist höchst bedauerlich, dass beispielsweise nur wenige Bilderbücher diesen Aspekt konnotieren. Weshalb die Konzentration auf die Hoffnung so wichtig ist, veranschaulichen Überlegungen des jüdisch-polnischen Kinderarztes und Pädagogen Janusz Korczak.

Eine Zeile Korczaks, so gesteht Schweitzer im eben zitierten Standardwerk, habe ihn niemals losgelassen, obwohl sie ihm »von Anfang an ein Rätsel«[47] gewesen sei. Der Kinderarzt hatte eines der »drei Grundrechte« des Kindes dessen »Recht auf seinen Tod« genannt. Schweitzer zitiert schließlich Korczaks Begründung: »Aus Furcht, der Tod könnte uns das Kind entreißen, entziehen wir es dem Leben; um seinen Tod zu verhindern, lassen wir es nicht leben.«[48] Während Schweitzer die Worte als »andeutungsweise«[49] und »eher poetisch« charakterisiert, erschließt sich die vermeintliche Rätselhaftigkeit, sobald man Korczaks jüdischen Hintergrund einbezieht.

Der Erhalt des Lebens ist der höchste Wert im Judentum, von vielen Religionen bejaht das Judentum das diesseitige Leben wohl am stärksten, und es ist für liberale und orthodoxe Juden gleichermaßen vor allem bedeutsam, was im Hier und Jetzt geschieht. Daher verbietet es sich, mit einem mutmaßlich Sterbenden und seinen Angehörigen von dessen Tod zu reden, so lange der Mensch lebt. Eine Lehrerin oder Erzieherin, die jüdische Kinder und Jugendliche durch mitfühlende Worte zu

---

46 SCHWEITZER, FRIEDRICH, Das Recht des Kindes auf Religion, Gütersloh 2013, 64.
47 Ebd., 62f.
48 KORCZAK, JANUSZ, Wie man ein Kind lieben soll, Göttingen ³1983 40 und 44, zit. nach Schweitzer, Das Recht des Kindes auf Religion, 62f.
49 Ebd.

trösten versucht, weil ein naher Verwandter im Sterben liegt, bewirkt womöglich das Gegenteil, denn im jüdischen Kontext wird gehofft, solange jemand lebt, und auf diese Hoffnung allein erfolgt die Konzentration.[50]

Das mag angesichts der Erkenntnisse der Trauerforscher irritierend und unsachgemäß erscheinen und doch trifft es, was der Kinderarzt Korczak meint, wenn er sagt, dass wir das Kind aus der Furcht, der Tod könne es uns entreißen, dem Leben entzögen und es nicht leben ließen. Um das mögliche Sterben zu verhindern, stehen wir in der Gefahr dieses ununterbrochen zu vergegenwärtigen, so dass es dem Leben im Wege steht. Das Augenmerk auf die (begründete) Hoffnung und das Wahrnehmen der Gegenwart in Lebendigkeit hat durchaus positive und resiliente Wirkungen auf Gesundheit und Genesung.[51] Dieser Habitus des Hoffens hat nichts mit dem Beschönigen oder Nicht-Wahrhabenwollen einer lebensbedrohlichen Situation zu tun, es bedeutet eine radikale Hinwendung zum Leben – und sei es im Sterben. Es handelt sich hier gewiss um eine schwierige Gradwanderung, um einen Balanceakt, sich auf das eine zu konzentrieren, ohne das andere zu leugnen oder zu beschönigen. Es bedeutet, hemmungslos zu hoffen, allen Unkenrufen zum Trotz.

Hoffnung ist eine starke Macht, die zweifellos eine wirklichkeitsverändernde Wirkung haben kann. Die Bibel enthält zahlreiche Belege für diese durch Hoffnung bewirkte Veränderung, bis hin zum veränderten Verhalten der Jüngerinnen und Jünger, nachdem sie von der Auferstehung Jesu erfahren. Waren sie zuvor verängstigt und bekannten sich aus Furcht vor Verfolgung nicht zu Jesus, treten sie danach

---

50 Dies wurde u. a. deutlich im Rahmen des intensiven trialogischen Diskurses zur Erstellung des Unterrichtsmaterials: MAROSE, MONIKA, Jenseitsvorstellungen in Judentum, Christentum und Islam, Unterrichtsbausteine für berufsbildende Schulen, Göttingen 2017, 14.
51 Vgl. HÄNSSLER, BORIS, Hoffnung als Medizin. Eine auf Hoffnung basierende Therapie kann helfen, die oft unterschätzte psychische Belastung von Schwerkranken zu reduzieren, in: Psychologie Heute 8 (2018) 14–22.

entschieden für ihn ein und scheuen keinerlei Verfolgung. Auch die Literatur kennt große Erzählungen vom Hoffen. Jurek Beckers weltberühmter Roman »Jakob der Lügner« zeigt beispielhaft, wie Hoffnung auf Befreiung und eine menschenwürdige Zukunft die trostlose und todbringende Wirklichkeit in einem polnischen Ghetto, unmittelbar vor Kriegsende, verändert. Real hat sich nichts an den brutalen Lebensbedingungen dort verändert und doch ist mit einem Mal alles anders aufgrund eines Moments der Hoffnung.[52]

Die Schriftstellerin Emily Dickinson beschreibt das schwer greifbare Phänomen Hoffnung mit der Metapher eines »Federwesens«, das sich »in der Seele« rege und »Lieder ohne Worte« singe und das nicht zu knapp oder wie Dickinson schreibt »aufs Neue unentwegt«.[53] »Die Quelle der Hoffnung ist eines der großen menschlichen Mysterien«[54], konstatiert der Leukämie-Spezialist Larry Cripe. Das Narrativ der Hoffnung zeige sich auch in den zwei Worten »alles gut«[55], die gewissermaßen ein Fazit von Karl Barths Theologie formulierten und die Andreas Krebs, Professor für Alt-Katholische und ökumenische Theologie, als »Grundwort einer lebenstauglichen Theologie«[56] bezeichnet. Selbstverständlich sei keineswegs »alles gut«. Und dennoch flüstere die Mutter dem weinenden Kind diese Worte ins Ohr und für einen kurzen Moment halte seine Verzweiflung inne und es könne Kraft schöpfen – auch wenn beiden die Gefährdungen außerhalb des geschützten Raumes bewusst seien.

Wie könnte angesichts des so schwer fassbaren Phänomens eine Didaktik der Hoffnung aussehen? Kann Studierenden eine Haltung gelehrt werden, die einem Federwesen, das »Lieder ohne Worte« singt, einen Raum gibt? (Kinder betreten diesen Raum sicher sogleich voller Begeisterung.) Der Religionspädagoge Michael Meyer-Blanck antwortet aufrichtig, dass dies schlechterdings nicht möglich sei, denn Hoffnung sei – wie Liebe und Glaube – unverfügbar. Meyer-Blanck schreibt: »Das im Leben Entscheidende lässt sich nicht vermitteln und Schüler sind keine Kompetenz-Akkumulatoren. Hoffnung kann man nicht weitergeben. Aber sie lässt sich zeigen und der freien Verfügung der jungen Menschen empfehlen. Hoffen, lieben und glauben kann man nur selbst und von sich aus. Und doch kann an wichtigen Personen deutlich werden, wie man selbst versuchen könnte, zu hoffen, zu lieben und zu glauben.«[57]

---

52 Vgl. BECKER, JUREK, Jakob der Lügner, Berlin und Weimar ⁴1982.
53 Vgl. DICKINSON, EMILY ELIZABETH, Hoffnung ist das gefiedert Ding. Übersetzt von Bertram Kottmann, auf: https://gedichte.xbib.de/Dickinson_gedicht_Hoffnung+ist+das+gefiederte+Ding.htm.
54 HASSALL, KAROLA/RADBRUCH, LUKAS, Die Hoffnung ist ein Federwesen. Zusammenfassung eines Artikels von Larry D. Cripe, in: Leidfaden. Fachmagazin für Krisen, Leid, Trauer 1 (2017), 4–8, hier 6.
55 FRISCH, RALF, Alles gut. Warum Karl Barths Theologie ihre beste Zeit noch vor sich hat, Zürich 2018.
56 KREBS, ANDREAS, Die »Letzten Dinge« als Ausgangspunkt christlicher Theologie. Vortrag am Tag des Religionsunterrichts, Bonn 2018.
57 MEYER-BLANCK, MICHAEL, Hoffnung als (religions)pädagogisches Axiom, Vortrag am Tag des Religionsunterrichts im Schulreferat, Bonn 2018, 4.

Weiter schreibt Meyer-Blanck: »Aber die Religion bietet dennoch eine spezifische Sprache für das, was die menschliche Hoffnung ausmacht. Der Mensch, der hofft und für den gehofft wird, ist nicht reaktiv, sondern auch projektiv. Er ist nicht gebunden an das empirisch Vorfindliche, sondern schafft sich seine Welt. Wer hofft, rüttelt an den eigenen Grenzen. Hoffnung ist ein Synonym für Leben; das weiß *via negativa* auch die Volksweisheit: ›Die Hoffnung stirbt zuletzt‹. Formuliert man das positiv, dann heißt es: Hoffnung macht lebendig – und sei es gegen den Tod.«[58]

Im Falle der Leukämie-Erkrankung eines Kindes erfordert es von Erzieherinnen außerordentlichen pädagogischen Takt und die Sensibilität, das eine zu tun, ohne das andere zu lassen. Es ist ein Drahtseilakt, die Balance zu halten: Einerseits die Realität einer im schlimmsten Fall todbringenden Krankheit nicht zu leugnen und sich doch ganz entschieden dem Leben zuzuwenden. Durch die permanente Vergegenwärtigung der Todesgefahr lassen begleitende Erwachsene das erkrankte Kind, wie Korczak schreibt, »nicht leben«. Vielmehr sollten wir das Kind und auch seine traurigen Freundinnen und Freunde in bestimmten Momenten mit einem »alles gut« gegen die vermeintlich bedrohliche Wirklichkeit umarmen. Und noch einmal: angesichts der außerordentlich guten Heilungschancen im Falle einer Krebserkrankung bei Kindern ist dies alles andere als eine utopische oder irreale Haltung.

Unbestritten ist es schwierig bis unmöglich, Menschen im Rahmen von Ausbildung eine hoffende Haltung »zu lehren«. Methoden und Narrative aber können helfen, Hoffnung zu wecken, zu initiieren oder zu verstärken sowohl bei Kindern, als auch bei Erzieherinnen, die die entsprechenden Angebote mit den Kindern erarbeiten. So wie an wichtigen Personen deutlich werden könnte, wie Meyer-Blanck schreibt, wie man hofft, kann dies auch mittels starker Narrative geschehen oder mit Hilfe von Methoden, die das Federwesen hervorlocken und für Momente betrachten lassen. Einige Beispiele hierfür werden im Folgenden skizziert. Im Kontext von Fortbildungen für Fachkräfte aus dem Bereich Palliativ Care und Hospiz unterschiedlicher Berufsgruppen widmet man sich dem Sinn für Hoffnung.[59] Bereits die Konzentration auf die Thematik vermag manchmal, Wunder zu bewirken. Auch für Erzieherinnen, die Kinder in vielfältigen Notlagen begleiten, und die stets aufs Neue den Balanceakt zwischen Bangen und Hoffen vollbringen müssen, erweisen sich Reflexionen zur Vitalisierung von hoffnungsgetragenen Konzepten als hilfreich.

5. Kompetenzen

Um eine Situation, wie die im Lernarrangement beschriebene im erzieherischen Alltag professionell begleiten zu können, bedarf es einer Vielzahl von Fähigkeiten und Fertigkeiten, die hier kurz skizziert werden.

---

58 Ebd.
59 Vgl. Dorn, Ingeborg, Ein Recht auf Hoffnung?! Der Hoffnung verpflichtet und doch offen ..., in: Leidfaden. Fachmagazin für Krisen, Leid, Trauer 1 (2017), 88–93.

Erzieherinnen:

- setzen sich mit ihrer eigenen Einstellung zum Thema »(lebensbedrohliche) Krankheit« und »Sterben« auseinander und erkennen und achten ihre individuellen Grenzen.
- kennen die Kreise der Betroffenheit und sind sich im Klaren, dass die lebensbedrohliche Erkrankung eines Kindes die gesamte Gemeinschaft in der Kindertagesstätte betrifft.
- wissen um ihre Verantwortlichkeit im präventiven Bereich.
- reflektieren ihre Rolle als Begleitende.
- sind sich bewusst, dass sie Unterstützung bei Netzwerken finden, auf welche sie in Not- und Bedarfsfällen ohne persönliche Scheu zurückgreifen sollten.
- lernen Voraussetzungen zu schaffen, dass die Kinder einen sicheren Raum zum Ausdruck ihrer Gefühle erhalten und gegenseitigen Respekt wahren.
- gestalten eine fragefreundliche Umgebung und sind sensibel für unausgesprochene Fragen.
- beachten die Selbstbestimmung der Kinder im Umgang mit dem Thema.
- können geplante Schritte situationsspezifisch umsetzen und auf die Bedürfnisse der Kinder eingehen.
- können mit Kindern und Eltern feinfühlig und einfühlsam über das existentielle Thema sprechen.
- können sich selber zurücknehmen und auf Nachfrage doch authentisch und aufrichtig antworten.
- sind bereit mit Kindern gemeinsam nach Antworten zu suchen und auch Fragen offen zu lassen.

B. Methodisch-didaktische Umsetzung – Impulse

1. Die Studierenden erhalten die Aufgabe, in Gruppen Formate zu entwickeln, auf welche Weise die Kinder einer Gruppe ein Kind, das vorübergehend nicht die Einrichtung besuchen kann, am Alltag der Einrichtung teilhaben lassen könnten. Die Lernenden sollten jeweils ein Beispiel dieses Formats produzieren. Vorstellbar wäre, dass die Kinder für den abwesenden Freund, die Freundin etwas malen, ein Bilderbuch gestalten. Aber auch digitale Medien bieten ungeahnte Möglichkeiten, die von einer Sprachnachricht oder einem kleinen Hörspiel über ein kurzes Filmchen bis zu einem regelmäßigen Telefontermin reichen können.

    Die zu entwickelnden Formate wären ebenso anwendbar, wenn ein Kind vorübergehend erkrankt. Ist ein Kind länger oder schwer erkrankt, ist zu empfehlen, die Kontaktaufnahme zu ritualisieren und ihr einen festen Platz im Wochenplan der Gruppe zu geben. Wenn es gelingt, dieses Angebot in den Alltag der Einrichtung zu implementieren, sensibilisiert man die Kinder von Beginn an für den Umgang mit Erkrankten – seien es Kinder oder auch Erzieherinnen. Sollte ein Kind dann einmal krank werden, wird es sich sicher freuen, von den Spielkameraden durch »Hallo – wir sind für dich da!« begleitet zu werden und auch zu erfahren, was in der Kindertagesstätte an Neuigkeiten vorgeht.

4.3. Alltagssituation in der Kita: Ein Kind wird krank

Diese unkomplizierte Art und Weise des kreativen Ausdrucks des Aneinanderdenkens verändert möglicherweise bereits die Haltung der Kinder erkrankten Kindern und Erwachsenen gegenüber. Von klein auf erfahren sie, dass sie etwas tun können für ihre erkrankten Freunde und Erzieherinnen oder auch Verwandten. Und sie erfahren, dass es ganz leicht ist und nicht einmal einen großen Aufwand erfordert, man muss nur daran denken: Dem erkrankten Adressaten wird eine Freude bereitet. Und der kreativ werdende Sender freut sich ebenfalls, etwas tun zu können. Denn es tut immer gut, etwas tun zu können, wenn jemand krank wird.

2. Im Rahmen der Kreativarbeit kommen Gruppen von vier bis fünf Studierenden zusammen. Die Zusammensetzung wird im Losverfahren ermittelt oder kann je nach Klasse auch nach Neigung geschehen. Jede Gruppe bekommt ein DIN A1 Plakat und zahlreiche Bastelmaterialien wie z. B. Zeitschriften, Buntstifte, Wachsmalkreiden, Stoffreste, Fingerfarben, Transparentpapier, getrocknete Pflanzenblätter, Glanzbilder etc. Den Ideen für das zur Verfügung gestellte Material sind keine Grenzen gesetzt.

   Jede Gruppe erarbeitet nun gemeinsam ein Plakat zu der Frage: »Was wünsche ich mir von anderen, wenn ich traurig bin?«. Durch die gemeinsame kreative Herausforderung kommen die Studierenden in einen lebhaften Austausch über ihre Wünsche. Viele stellen fest, dass Ihnen diese Frage nie zuvor gestellt wurde, sodass sie zunächst etwas Zeit brauchen, um Antworten zu überlegen. In aller Regel sollte für diese Arbeit daher ausreichend Zeit zur Verfügung gestellt werden (mindestens 30 Minuten).

   Die Ergebnisse werden im Plenum vorgestellt und könnten darüber hinaus auch in der Schule ausgestellt werden. In der Regel fotografieren die Lernenden ihre Ergebnisse und bewahren sie auf diese Weise.

   Diese Kreativarbeit lässt sich ebenso im Kindergarten durchführen.

3. Das vorliegende Modul entstand teilweise in Anregung durch die Konzeption einer Fortbildungsveranstaltung von MSc. Palliative Care und Krankenhausseelsorgerin Ingeborg Dorn.[60] Dorn betont, es handele sich dabei nicht um einen »christlichen Hoffnungskurs«[61]. Im folgenden Unterrichtsmodul geht es ebenfalls darum, persönlichen Hoffnungsansätzen Aufmerksamkeit zu schenken und Potentiale und Ressourcen gegebenenfalls zu erschließen.

   Im Rahmen dieses Moduls setzen sich die angehenden Erzieherinnen mit ihren persönlichen Hoffnungsansätzen auseinander, reflektieren ihren Umgang mit dem Thema »Hoffnung« und deren Einfluss auf ihr berufliches Handeln.
   - Die Studierenden finden sich in Arbeitsgruppen zusammen und erstellen zunächst eine Mind-Map zum Thema »Hoffnung«. Die Ergebnisse werden im Plenum präsentiert und diskutiert.

---

60 Vgl. DORN, Ein Recht auf Hoffnung?!, 88–93.
61 Ebd., 88.

- Think – Pair – Share
  a) Die Studierenden erhalten Arbeitsblätter und formulieren zunächst jede für sich folgende Sätze weiter:

  > Hoffnung fühlt sich an wie …
  >
  > Ich empfinde Hoffnung, wenn …
  >
  > Manchmal verlässt mich die Hoffnung, wenn …
  >
  > Wenn mich die Hoffnung verlässt, hilft mir …
  >
  > Im beruflichen Alltag benötige ich Hoffnung, wenn …
  >
  > In der Situation verließ mich während der Arbeit die Hoffnung …
  >
  > Hoffnung ist für mich …

  b) Im nächsten Schritt besprechen die angehenden Erzieherinnen die individuelle Version der Sätze mit einer Partnerin. Gemeinsam visualisieren Sie ihre Ergebnisse auf einem Plakat oder in einer digitalisierten Form.
  c) Abschließend werden die Vorstellungen aus der Partnerinnenarbeit im Plenum vorgestellt und diskutiert. – Eine Präsentation in Form einer Ausstellung in der Schule oder auf der Schulwebsite ist, in Absprache mit den Studierenden, eine Bereicherung für die Schulöffentlichkeit.
4. Im Krankheitsfall ergeben sich unterschiedliche Hoffnungshorizonte. Wenn der erwartete gesundheitliche Fortschritt (zunächst) ausbleibt, kann die Hoffnung sich auch auf ein verändertes Ziel richten. Das bedeutet, die Hoffnung kann fortbestehen, selbst wenn nicht alles »gutgeht«. Diesen Gedanken formulieren folgende biblische, literarische, politische und lyrische Texte.
  a) In arbeitsteiliger Gruppenarbeit tauschen sich die Studierenden über je einen der Texte aus. Im anschließenden Plenum erfolgt eine Zusammenschau der Primärtexte und deren Lesart durch die angehenden Erzieherinnen. Auch hier ist wieder eine Dokumentation der Texte und der durch sie initiierten kreativen Prozesse mindestens im Klassenraum, besser noch in der Schule wünschenswert.
  b) Die Erzieherinnen sind im nächsten Schritt eingeladen, selber einen (kreativen) Text zu formulieren, der den oben beschriebenen Schritt, dass, selbst wenn Hoffnungen sich nicht erfüllen, die Hoffnung nicht stirbt, veranschaulicht. Vornehmlich Erfahrungen aus dem beruflichen Alltag sollten Gegenstand sein. Selbstverständlich können auch Enttäuschung, Unmut und Wut über das Scheitern von Hoffnungen formuliert werden.

Václav Havel[62]
Hoffnung ist die Gewissheit, dass etwas Sinn macht.
Hoffnung ist eben nicht Optimismus, ist nicht Überzeugung, dass etwas gut ausgeht, sondern die Gewissheit, dass etwas Sinn hat – ohne Rücksicht darauf, wie es ausgeht.

Emily Dickinson
Das Federwesen Hoffnung[63]

Hoffnung ist das gefiedert Ding,
das in der Seel' sich regt,
und Lieder ohne Worte singt
aufs Neue unentwegt.

Im Sturm klingst's uns am liebsten drein;
Und schlimm muss wehn der Wind,
in dem verstummt das Vöglein klein,
bei dem man Wärme findt.

Ich hört's im bitterkalten Land,
auf unbekanntem Meer;
doch auch, wenn sich's in Not befand,
hat's nie ein Korn begehrt.

Ulrich Schaffer
Du hast das Recht zu hoffen[64]

Du hast das Recht, zu hoffen,
wahnsinnig und grenzenlos zu hoffen
gegen die Verrücktheit der Aufrüstung und Ausbeutung.
Du hast das Recht, die Veränderung schon jetzt zu sehen,
sie in dir zu tragen
und sie mit der Stärke der Liebe herbeizuhoffen
gegen die Folter und den Vernichtungswahn derer,
die das Leben verachten, gegen die armselig Mächtigen.

Du hast das Recht, maßlos zu hoffen
auf Wasser, wo nichts als Trockenheit ist,
auf Leben, wo der Tod alles in der Hand zu haben scheint.
Vielleicht ist manchmal der Glaube deiner Hoffnung
das Einzige, was du noch in die Waagschale
werfen kannst.

Du hast das Recht, zu hoffen gegen alle Umfragen,
gegen jede allwissende Hochrechnung,

---

62 HAVEL, VÁCLAV, Hoffnung ist die Gewissheit, dass etwas Sinn macht, zitiert nach DORN, Ein Recht auf Hoffnung?!, 90.
63 Hope is the thing with feathers; deutsche Übersetzung: Bertram Kottmann.
64 SCHAFFER, ULRICH, Du hast ein Recht zu hoffen, aus: DERS., Grundrechte. Ein Manifest, 1988 (^{12}2018), © 2018 Kreuz in der Verlag Herder GmbH, Freiburg i. Br.

gegen die schlauen Statistiken,
gegen die Pessimisten, Optimisten und Realisten.

Du hast das Recht, außer dir zu sein mit Hoffnung,
nicht als Flucht, aber als Durchblick,
nicht als Erfahrung, sondern als Vision.

Du hast das Recht, zu hoffen
gerade dann, wenn alle meinen,
es gäbe nichts mehr zu hoffen.
Dann zählt deine Hoffnung doppelt und tausendfach.
Vielleicht bist du einer der siebzehn,
die mit ihrer Hoffnung die ganze Welt erhalten.

Altirischer Segenswunsch[65]
Ich wünsche dir, dass du mutig weitergehst,
wenn der Gipfel, den es zu ersteigen gilt,
schier unerreichbar scheint, ja, selbst wenn
das Licht der Hoffnung zu entschwinden droht.

Psalm 23: Der gute Hirte[66]
Ein Psalm Davids. Der HERR ist mein Hirte, mir wird nichts mangeln. Er weidet mich auf einer grünen Aue und führet mich zum frischen Wasser. Er erquicket meine Seele. Er führet mich auf rechter Straße um seines Namens willen. Und ob ich schon wanderte im finstern Tal, fürchte ich kein Unglück; denn du bist bei mir, dein Stecken und Stab trösten mich. Du bereitest vor mir einen Tisch im Angesicht meiner Feinde. Du salbest mein Haupt mit Öl und schenkest mir voll ein. Gutes und Barmherzigkeit werden mir folgen mein Leben lang, und ich werde bleiben im Hause des HERRN immerdar.

5. Organisieren Sie eine Sitzung des Kinderparlaments zum Thema: »Füreinander Sorgen – Wir sind für dich da und brauchen dich: Konzeptionelle Überlegungen, auf welche Weise Kinder oder ErzieherInnen, die längere Zeit nicht am Kita-Leben teilnehmen können, dauerhaft begleitet werden und teilhaben können am Alltag in der Kita«.
6. Bilderbücher zum Thema »Leukämie bei Kindern«

Von Bauznern, Charlotte, Konrad und die Fischchen, Hohenems 2015.
   Empfohlen ab drei Jahre. »Konrad und die Fischchen« ist die berührende und liebevoll erzählte Geschichte des kleinen Jungen Konrad, der im Alter von fünf Jahren an Leukämie erkrankt und wie er mit Hilfe seines Bruders und seiner Familie schließlich wieder gesund wird. Die Erzählung erklärt Kindern anschaulich, was in einem Körper vorgeht, der an Leukämie erkrankt und was im Laufe der ärztlichen Behandlung geschieht. Das Buch entstand in enger Begleitung durch Fachärzte und PsychologInnen der Charité Berlin und des Kinderspitals Zürich.
   Das Bilderbuch ist in folgenden Sprachen erschienen: Arabisch, Englisch, Französisch, Russisch, Italienisch und schwedisch. Übersetzungen in weitere Sprachen sind in Vorbereitung.

---

65 Zit. nach: Dorn, Ein Recht auf Hoffnung?!, 89.
66 Deutsche Bibelgesellschaft, Die Bibel – Nach Martin Luthers Übersetzung, Revidiert, Stuttgart 2017, 549.

Morent-Gran, Eva/Willert, Danielle, Hannah, Du schaffst es! Ramerberg ²2014.
: Empfohlen für drei bis zehn Jahre. Dieses Buch ist ein illustrierter Wegweiser durch die schweren Etappen des Krankheitsverlaufs von der Diagnose Leukämie bis zur Genesung. Es erklärt den kleinen Patienten anschaulich die Erkrankung, die notwendigen Untersuchungen und Behandlungsschritte der Therapie und gibt Eltern praktische, medizinische und psychologische Hilfestellungen, um gemeinsam die Krankheit besser zu bewältigen.

Schulz, Charles M., Warum, Charlie Brown, warum? Der große Kampf der kleinen Janice. Mit einem Vorwort von Paul Newmann. Zürich 1995.
: Empfohlen ab vier Jahre. Das Bilderbuch ist leider nicht mehr lieferbar, aber meist antiquarisch problemlos und zum kleinen Preis erhältlich.

7. Bilder- und Jugendbücher zum Thema »Krebs«[67]

Herlofsen, Sarah Roxana/Geisler, Dagmar, Wie ist das mit dem Krebs? Stuttgart 2018.
: Empfohlen ab 6 Jahre. Mit einem Vorwort von Cornelia Scheel. In Kooperation mit der Stiftung Deutsche Krebshilfe. Mit einem Nachwort für die Eltern.

Stokke, Regine, Gegen die Angst. Regines Blog.
: Bearbeitete Zusammenstellung der Tagebuch- und Blogeinträge einer jugendlichen Patientin während ihrer dramatisch verlaufenden Leukämie-Erkrankung. Hamburg 2012.

Sundquist, Josh, Bloß nicht fallen! – Die rasante Fahrt durch die Höhen und Tiefen meines Lebens, Neukirchen-Vluyn 2010.
: Der Autor verliert im Alter von neun Jahren durch eine Krebserkrankung sein linkes Bein. Das Buch beschreibt, wie er und seine Familie damit umgehen und wie er nach jeder Krise wieder aufsteht und durch das Skifahren seine Freude am Leben zurückgewinnt.

Wahl, Daniela, Hauptsache du lebst – worüber man nicht reden kann, darüber muss man schreiben, Heimersheim 2010.
: Eine junge Erwachsene beschreibt den Verlauf ihrer Tumor-Erkrankung und ihre Probleme mit ihrer Umwelt (zwischen beschützt werden wollen und sich ablösen und wieder selbstständig sein können).

Van der Stap, Sophie, Heute bin ich blond. Das Mädchen mit den neun Perücken, München 2008.
: Faszinierender Bericht einer 21-Jährigen über den Verlauf ihrer Erkrankung (Rhabdomyosarkom). Sie rebelliert gegen Einschränkungen und versucht, auch unter der Therapie »mitten im Leben zu stehen«, wann immer es möglich ist.

Ritzi-Bolt, Kathrin, Das Wunder, Frauenfeld 2008.
: Eine Mutter berichtet über die erfolgreiche Behandlung ihres an einem äußerst seltenen Tumor der Nebennierenrinde leidenden kleinen Sohnes.

Volke, Christiane, Stephanie darf leben, Dillenburg 2003.
: Eine Mutter berichtet von der Geschichte ihrer krebskranken Tochter (Morbus Hodgkin) und deren Heilung.

Römer, Cornelia, Leben, die zweite. Krebs – eine Krankheit führt Regie!?, Paderborn/Paris 2000.
: Erfahrungsbericht einer jungen Hodgkin-Patientin.

Wunderlich, Burkhardt, Durchgekommen, Frankfurt a. M 2000.
: Erfahrungsbericht eines jungen Mannes, der mit 15 Jahren an Krebs erkrankte. Ein kämpfe-

---

67 Einige der angegebenen Werke sind leider nicht mehr lieferbar, aber antiquarisch oder über öffentliche Bibliotheken zu bekommen. Die Titel erscheinen chronologisch, orientiert am Erscheinungsjahr. Die kurze Vorstellung der Werke stammt aus der kostenlosen Broschüre der Deutschen Kinderkrebshilfe, bestellbar unter https://www.kinderkrebsstiftung.de/startseite.html.

rischer, zum Teil bissiger Bericht, in dem die Wut gegen die Erkrankung zum Ausdruck kommt, aber auch die Freude, dass diese überwunden wird.

KLEMM, MICHAEL U. A., Tränen im Regenbogen. Phantastisches und Wirkliches – aufgeschrieben von Mädchen und Jungen der Kinderklinik Tübingen, Tübingen ⁹1998.

LOHMANN, MICHAEL/JOX, ANDREA, Das Jahr, in dem ich nur spazieren ging. Diagnose Krebs: Ein Überlebensbericht, Zürich 1998.

Ein junger Mann erzählt von seiner Hodgkin-Erkrankung.

SHERGOLD, MARION/COCKERILL, PAMELA, Briefe der Hoffnung. Craig Shergold kämpft gegen seinen Hirntumor, München 1995.

QUACK-KLEMM, MONIKA/KERSTING-WILMSMEYER, ANDREAS/KLEMM MICHAEL, Lebenskandidaten. »Wir lassen uns nicht begraben, ehe wir tot sind.« Grenzerfahrungen und Alltägliches von jungen Menschen mit Krankheit und Behinderung, Tübingen 1994.

SCHREIBER, MARK, Prinzen im Exil, Wien/München 1994.

Die Geschichte eines Jugendlichen mit Hirntumor, der im Sommercamp lernt, sich besser mit der Krankheit abzufinden. Für jugendliche Patienten und ihre Freunde geeignet.

HOSCH, THEO, Krebs von Januar bis August? Stationen einer Morbus-Hodgkin-Erkrankung, Heidelberg 1986.

Bericht eines jungen Erwachsenen über seine Hodgkin-Erkrankung, die er als Jugendlicher durchgemacht hat.

Literatur

ALLMANN, JULIA FELICITAS, Kampf um den Alltag. Was es für Familien bedeutet, wenn ein Kind Krebs bekommt, in: Kölnische Rundschau, 04.02.19, 3.

BEAUFTRAGE DER BUNDESREGIERUNG FÜR DIE BELANGE VON MENSCHEN MIT BEHINDERUNG (Hg.), Die UN-Behindertenrechtskonvention. Übereinkommen über die Rechte von Menschen mit Behinderung, Berlin 2017.

BECKER, JUREK, Jakob der Lügner, Berlin und Weimar ⁴1982.

BLOCH, ERNST, Atheismus im Christentum. Zur Religion des Exodus und des Reichs, Frankfurt a. M. 1980.

BLOCH, ERNST, Das Prinzip Hoffnung (Ernst Bloch Werkausgabe 5), Frankfurt a. M. 1985.

BÜHLER-EGDORF, BEATE, Rituale mit und für kranke(n) Kinder(n). Über Rituale, Gewohnheitshandlungen und Segnungen mit Kindern, in: Zimmermann, Mirjam/Klein, Constantin/Büttner, Gerhard (Hg.), Kind – Krankheit – Religion. Medizinische, psychologische, theologische und religionspädagogische Perspektiven (Theologische Anstöße 6), Neukirchen-Vluyn 2013, 294–306.

CANACAKIS, JORGOS, Ich sehe deine Tränen. Lebendigkeit in der Trauer. Das Lebens- und Trauerumwandlungsmodell (LTUM), Stuttgart 2006.

DEUTSCHE BIBELGESELLSCHAFT, Die Bibel – Nach Martin Luthers Übersetzung, Revidiert, Stuttgart 2017.

DICKINSON, EMILY ELIZABETH, Hoffnung ist das gefiedert Ding. Übersetzt von Bertram Kottmann, auf: https://gedichte.xbib.de/Dickinson_gedicht_Hoffnung+ist+das+gefiederte+Ding.htm.

DORN, INGEBORG, Ein Recht auf Hoffnung?! Der Hoffnung verpflichtet und doch offen ..., in: Leidfaden. Fachmagazin für Krisen, Leid, Trauer 1, (2017), 88–93.

WDR 5 POLITIKUM – GESPRÄCH, Europa gegen den Krebs, 04.02.19 auf: https://www1.wdr.de/mediathek/audio/wdr5/wdr5-politikum-gespraech/audio-europa-gegen-den-krebs-100.html.

FLAKE, SASKIA/ZIMMERMANN MIRJAM, Aspekte der Behandlung des Themas Krankheit im Religionsunterricht – Eine Lehrplananalyse, in: Zimmermann, Mirjam/Klein, Constantin/Büttner, Gerhard (Hg.), Kind – Krankheit – Religion. Medizinische, psychologische, theologische und religionspädagogische Perspektiven (Theologische Anstöße 6), Neukirchen-Vluyn 2013, 231–256.

FRISCH, RALF, Alles gut. Warum Karl Barths Theologie ihre beste Zeit noch vor sich hat, Zürich 2018.

HÄNSSLER, BORIS, Hoffnung als Medizin. Eine auf Hoffnung basierende Therapie kann helfen, die oft unterschätzte psychische Belastung von Schwerkranken zu reduzieren, in: Psychologie Heute 8 (2018) 14–22.
HASSALL, KAROLA/RADBRUCH, LUKAS, Die Hoffnung ist ein Federwesen. Zusammenfassung eines Artikels von Larry D. Cripe, in: Leidfaden. Fachmagazin für Krisen, Leid, Trauer 1 (2017), 4–8.
KARUTZ, HARALD/LASOGGA, FRANK, Kinder in Notfällen. Psychische Erste Hilfe und Nachsorge, Edewecht 2008.
KARUTZ, HARALD, Notfallpädagogik: Viel mehr als nur Methodik, in: Rettungsdienst 9 (2004), 14–18.
KARUTZ, HARALD, Psychische Situationen von Kindern in Notfällen. Anregungen für die Psychische Erste Hilfe, in: Bevölkerungsschutz 1 (2002), 1–8.
KARUTZ, HARALD, Kinder, Krisen, Katastrophen, in: Bevölkerungsschutz 2 (2013), 6–9.
KREBS, ANDREAS, Die »Letzten Dinge« als Ausgangspunkt christlicher Theologie. Vortrag am Tag des Religionsunterrichts, Bonn 2018.
KORCZAK, JANUSZ, Wie man ein Kind lieben soll, Göttingen ³1983.
MÜLLER, MONIKA/RADBRUCH, LUKAS, Hoffnung – ein Drahtseilakt. Leidfaden. Fachmagazin für Krisen, Leid, Trauer,1 (2017).
LOHAUS, ARNOLD/BALL, JULIANE, Gesundheit und Krankheit aus Sicht von Kindern, Göttingen ²2006.
MAROSE, MONIKA, Jenseitsvorstellungen in Judentum, Christentum und Islam, Unterrichtsbausteine für berufsbildende Schulen, Göttingen 2017.
MEYER-BLANCK, MICHAEL, Hoffnung als (religions)pädagogisches Axiom, Vortrag am Tag des Religionsunterrichts im Schulreferat, Bonn 2018.
MOLTMANN, JÜRGEN, Theologie der Hoffnung. Untersuchungen zur Begründung und zu den Konsequenzen einer christlichen Eschatologie, München ³1965.
NOLDEN, NICOLE/FAY, KIRSTEN/WEIHRAUCH, BIRGIT/VOLTZ, RAYMUND, Palliativ und Schule. Sterben, Tod und Trauer im Unterricht mit jugendlichen Schülerinnen und Schülern, Stuttgart 2017.
SCHWEITZER, FRIEDRICH, Das Recht des Kindes auf Religion, Gütersloh 2013.
WELTMANN, STEPHANIE, Jedes vierte Kind in NRW ist krank, in: WAZ (07.02.19), 1f.
ZIMMERMANN, MIRJAM, »Hauptsache gesund?!« Ist Krankheit (k)ein Thema im (Religions-)Unterricht?, in: Zimmermann, Mirjam/Klein, Constantin/Büttner, Gerhard (Hg.), Kind – Krankheit – Religion. Medizinische, psychologische, theologische und religionspädagogische Perspektiven (Theologische Anstöße 6), Neukirchen-Vluyn 2013, 257–278.

4.4. Alltagssituation in der Kita: Ramadan feiern in der Kita

Naciye Kamcili-Yildiz

A. Einführung

1. Eine Situation aus der Praxis

> Heute wird Tarek aus der Vorschulgruppe von seiner Mutter abgeholt. Anders als sonst, wo nur Bescheid gegeben wird, dass Tarek sich fertigmachen soll, möchte die Mutter mit der Erzieherin sprechen. Die Mutter berichtet der Erzieherin, dass die Muslime sich derzeit im Fastenmonat Ramadan befinden. Daher werde Tarek am Dienstag, dem ersten Tag des Ramadanfestes, bekannt auch als das Zuckerfest, nicht

die Kita besuchen. Wenn Tarek am Mittwoch wieder in die Kita komme, möchte sie ihm einen Obstkorb für die Vorschulgruppe mitgeben. Die Mutter fragt an, ob sie dazukommen könne, um den Kindern etwas über den Ramadan zu erzählen. Die Erzieherin bedankt sich und bittet die Mutter, den Obstkorb an dem Tag in der Küche abzugeben. Zudem könne sie selbst den Kindern etwas über die Fastenzeit erzählen.

Eine Woche später holt die Mutter Tarek wieder aus der Kita ab. Der Obstkorb hängt an der Garderobe, darin liegt ein Zettel mit der Aufschrift: »Danke!«. Die Mutter fragt Tarek, was er heute in der Kita gemacht habe und ob sie über den Ramadan gesprochen hätten. Tarek antwortet, dass sie das Obst am Nachmittag gegessen hätten, ganz besonders lecker seien die Erdbeeren gewesen. Da seine Erzieherin heute krank gewesen sei, sei die Gruppe von einer anderen Erzieherin übernommen worden. Und über den Ramadan und das Fest sei auch nicht gesprochen worden.

Die beschriebene Situation skizziert eine Erfahrung, die von vielen muslimischen Kindern und Eltern in Kindertagesstätten gemacht wird. In den wenigsten Einrichtungen – ob konfessioneller oder kommunaler Träger – wird die Lebensrealität der muslimischen Kinder aufgegriffen. Selten sind religiöse Feste, gelebter Glaube im Alltag oder religiöse Bräuche integrierter Bestandteil des Alltags der Einrichtung. So wie in dem Fallbeispiel erleben muslimische Kinder und Familien eine gewisse Geringschätzung oder Gleichgültigkeit gegenüber ihrer religiösen Identität.

Daher wird im Folgenden am Beispiel des Ramadans der Frage nachgegangen, inwieweit eine Form der interreligiösen Bildung in Kindertageseinrichtungen verankert werden kann, die religiöse Vorstellungen und Rituale respektiert und Kindern prägende Erfahrungen für das Zusammenleben mitgibt.

2. Plurale Gesellschaft als Herausforderung

In der Kita trifft sich die Welt! In keiner anderen Einrichtung wird die kulturelle und religiöse Vielfalt in Deutschland deutlicher als in Kindertagesstätten. Hier erleben Kinder in der Regel das erste Mal, dass manche Menschen sich anders kleiden, auf bestimmte Lebensmittel verzichten, verschiedene Sprachen sprechen oder andere Gebräuche haben, die sie in ihrer Familie oder ihrem bisherigen kulturellen Umfeld nicht kannten.

Zu einem ganzheitlichen Bildungsverständnis in Kindertageseinrichtungen gehört auch eine religiöse Bildung, die den Kindern hilft, Sinnzusammenhänge zu erfassen und ihnen Orientierung zu geben. In Artikel 7 der Landesverfassung von Nordrhein-Westfalen ist dieses Bildungsziel für den Elementarbereich klar formuliert: »Ehrfurcht vor Gott, Achtung vor der Würde des Menschen und Bereitschaft zum sozialen Handeln zu wecken, ist vornehmstes Ziel der Erziehung«[68] und damit

---

68 MINISTERIUM DES INNERN DES LANDES NORDRHEIN-WESTFALEN, Geltende Gesetze und Verodnungen (SGV. NRW), Artikel 7, auf: https://recht.nrw.de/lmi/owa/br_bes_detail?sg=0&menu=1&bes_id=3321&anw_nr=2&aufgehoben=N&det_id=393289, aufgerufen am 1.4.2019.

wesentlicher Bestandteil der Bildung, Erziehung und Betreuung im Elementar- und Primarbereich.

Der Träger der Einrichtung bestimmt die Bedeutung der Religion im Kita-Alltag sowie ihre Konzeption: In den konfessionellen Einrichtungen finden sich meist altersangemessene religionspädagogische Angebote mit den Themen Gott und die Welt, religiöse Feste, Gebete, Geschichten aus der jeweiligen Tradition; Ziel dieses Angebotes ist es, die Kinder mit der religiösen und kulturellen Tradition, in der der Träger der Einrichtung steht, bekannt zu machen und sie im Alltag zu beleben und zu beheimaten. Hierbei spielen ethische Aspekte, wie verantwortliches Handeln, Sinn für Gerechtigkeit, friedliches Zusammenleben oder Solidarität mit den Schwächeren, eine besondere Rolle. In den kommunalen Einrichtungen hingegen werden Kinder zumindest mit Inhalten der Religionen bekannt gemacht, damit sie Antworten auf ihre Fragen nach fremden Traditionen, denen sie im Alltag begegnen, bekommen können.

Die Gesellschaft in Deutschland war in ihrer Geschichte noch nie bunter als heute, da sie stark von der Vielfalt der Religionen und der Weltanschauungen geprägt ist. Wenn Kinder gerade in einer Großstadt oder einem Ballungsraum, wie z. B. dem Ruhrgebiet, aufwachsen, kommen sie sehr früh schon mit Menschen anderer religiöser Ausrichtung in Berührung und bemerken, dass manche Kinder anders sind als sie, weil sie z. B. keine Gummibärchen essen, ihre Hände beim Gebet anders halten oder gar keinen Weihnachtsbaum zu Hause aufstellen.

Vor diesem Hintergrund der pluralen Weltzugänge gehört es auch zum Bildungsauftrag einer Kita, die Kinder in ihrer Wahrnehmung und Anerkennung der Vielfalt der Kulturen und Religionen zu begleiten und zu unterstützen.

Kinder bringen gerade in der Begegnung mit den anderen Offenheit und Neugierde mit und zeigen diese in ihren Fragen. Sie staunen über das, was sie wahrnehmen, und brauchen in ihrer Deutungswelt Erklärungen für das, was sie bewegt und interessiert – sei es das Eigene oder das Fremde. Daher bilden diese Aspekte der Beheimatung in der eigenen Religion und der Öffnung für die Wahrnehmung der anderen Religionen die Basis eines gleichberechtigten und friedlich toleranten Zusammenlebens.

3. Pädagogische Herausforderungen

Eine pädagogische Aufgabe ist die Beheimatung der Kinder in der eigenen Religion – in einer christlich konfessionellen Einrichtung ist es in der Regel die katholische oder evangelische Religion. Was passiert aber nun, wenn die Einrichtung von religiös anders sozialisierten Kindern besucht wird?

Die empirischen Daten zu katholischen Kindertageseinrichtungen zeigen, dass es keine Gesamtstatistik über die Religionszugehörigkeit gibt, da sie in vielen Bistümern nicht erhoben werden. Die Zahlen von Bistümern, die die Daten erhoben haben, ergeben, dass die religiösen Zugehörigkeiten sich aus katholischen, evangelischen und bekenntnisfreien Kindern zusammensetzen. Daneben bildet die Gruppe der muslimischen Kinder die größte Gruppe andersreligiöser Zugehörigkeit. Daher gehört selbst in konfessionellen Einrichtungen je nach Standort die Arbeit mit muslimischen Kindern bereits zur Tagesordnung. Hier stellt sich die Frage, ob religiöse

Vielfalt an sich einen – wenn auch ungelenkten – Bildungseffekt hat bzw. ob interkulturelle und interreligiöse Bildung zur Einrichtung gehören soll.

Wenn muslimische Eltern ihre Kinder in einer Kindertageseinrichtung anmelden – ob in konfessioneller oder kommunaler Trägerschaft –, liegt der Auswahl neben pragmatischen Gründen, wie Nähe zum Wohnort, Besuch von Kindern aus bekannten oder befreundeten Familien etc., auch die pädagogische Überlegung zugrunde, ob das Kind in allen seinen Entwicklungsbereichen begleitet und gefördert wird. Dazu zählen z. B. der sensorische, motorische, emotionale, soziale, ästhetische, kreative, kognitive, sprachliche und mathematische Entwicklungsbereich.

In einer von der Deutschen Islam Konferenz in Auftrag gegebenen Studie wurden muslimischen und alevitischen Eltern, deren Kinder eine Kita besuchen, Fragen nach ihren Prioritäten der Ausstattungsmerkmale der Einrichtung gestellt, die insbesondere sprachliche, kulturelle und religiöse Belange berühren.

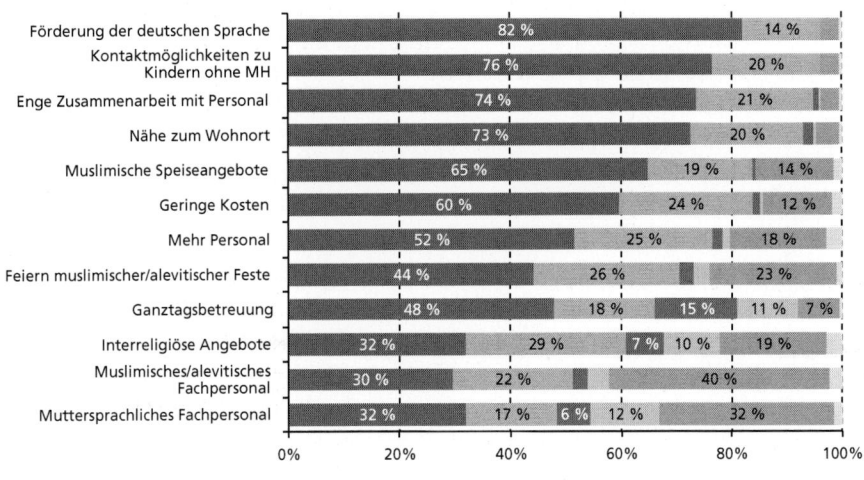

Beurteilung der Wichtigkeit ausgewählter Angebote durch muslimische Eltern mit mindestens einem Kind in der Kita (in %).[69]

Das Ergebnis zeigt, dass 84 % der befragten muslimischen Eltern ein Angebot an Halal-Speisen in der Kita als wichtig erachten. Dieser Punkt scheint für viele Eltern essenziell zu sein. Muslimische bzw. alevitische Feste sind den Eltern mit 70 % auch besonders wichtig. Diese Prioritäten erklären – wie in der einleitenden Geschichte um Tareks Mutter deutlich wird –, dass muslimische Eltern sich als Mitglieder der Kita-Gemeinschaft verstehen und auch ihre Feste und Feiern dort thematisiert sehen möchten. Hier

---

69 Vgl. BUNDESAMT FÜR MIGRATION UND FLÜCHTLINGE (Hg.), Vorschulische Kinderbetreuung aus Sicht muslimischer Familien. Eine Untersuchung über die Inanspruchnahme und Bedürfnisse in Hinblick auf die Ausstattung, Berlin 2017, 40.

muss angefügt werden, dass in dem Tarek-Beispiel die Initiative von der Mutter ausging und ihr Anliegen konzeptionell in der Einrichtung nicht vorgesehen ist. Daher stellt sich an dieser Stelle die Frage, wie solche interreligiösen Angebote, für die sich etwa 61 % der muslimischen Eltern aussprechen, in den Kita-Alltag integriert werden können, um die Diskrepanz zwischen vorhandenen (mono-)religiösen Angeboten und der Wertschätzung der anderen Religionen und Kulturen konstruktiv zu verringern.

Eine Kindertageseinrichtung kann die religiöse Vielfalt auf unterschiedlichen Ebenen gestalten:

a) Leitbild und Konzept

In der Regel entscheidet die Trägerschaft, inwieweit religiöse Angebote in einer Einrichtung gemacht werden. Eine Kita in christlicher Trägerschaft hat ihren Ausgangspunkt im christlichen Menschenbild und hat in der Regel das vorrangige Ziel, mit ihrer pädagogischen Arbeit die Kinder mit dem christlichen Glauben und der christlichen Lebenspraxis vertraut zu machen. Im täglichen Miteinander erleben die Kinder christliche Werte wie etwa Mitgefühl, Hilfsbereitschaft, Rücksichtnahme oder friedliche Konfliktlösung. Die Kinder lernen, in der Gemeinschaft respektvoll miteinander umzugehen. Ähnliche Werte findet man auch in der islamischen Glaubensvorstellung, weshalb muslimische Eltern sich nicht selten entschließen, ihre Kinder in einer christlichen Einrichtung unterzubringen. Oft wird die Anmeldung kommentiert mit einem Satz wie: »Lieber eine Religion als gar keine!«

Die Bereitschaft zur Achtung der Menschen schließt auch das interreligiöse Lernen in einer christlichen Einrichtung ein.

Bei kommunalen Trägern tritt die religiöse Erziehung in den Hintergrund, während eine weltanschaulich neutrale Vermittlung von Werten und Verhaltensweisen im Vordergrund steht. Werden religiöse Feste gefeiert, werden die religiösen Wurzeln oft ausgeblendet und das Fest säkularisiert. Nicht selten wird aus einer Sankt-Martin-Feier ein »Lichterfest« oder aus Ostern ein »Frühlingsfest«. Auch wenn kommunale Einrichtungen religiöse Bildung nicht als Teil ihrer Erziehungsverantwortung verstehen, können hier interreligiöse Lernprozesse initiiert werden, die ihren Ausgang in der gelebten und mitgebrachten Religiosität der Kinder finden. Die Begründung hierfür ist in den Bildungsgrundsätzen vieler Bundesländer zu verorten, die die religiöse Bildung und ethische Orientierung als wesentliche Aspekte der frühkindlichen Bildung benennen. So heißt es z. B. in den Bildungsgrundsätzen für Nordrhein-Westfalen: »Kindern wird die Möglichkeit gegeben, unterschiedliche Formen von Weltanschauung, Glaube und Religion zu erfahren, ihre multikulturelle und multireligiöse Lebenswelt wahrzunehmen und zu erleben, Sinn- und Bedeutungsfragen zu stellen, Feste und Rituale aus eigenen und anderen Kulturkreisen zu entdecken.«[70]

---

70 Ministerium für Kinder, Familie und Integration des Landes NRW/Ministerium für Schule und Bildung des Landes NRW (Hg.), Bildungsgrundsätze für Kinder von 0 bis 10 Jahren in Kindertagesbetreuung und Schulen im Primarbereich in Nordrhein-Westfalen, Freiburg im Breisgau 2016, 113.

Die Konzeptionierung und Etablierung interreligiöser Lerneinheiten sollten auf der Grundlage der Bedürfnisse der in der Einrichtung vertretenen Familien entschieden werden. Geht es um einzelne aktuelle Ereignisse wie etwa muslimische Feste, die im Jahreskreis immer wiederkehren? Sollen die Einheiten ausgeweitet werden, z. B. in längeren Phasen der Vor- und Nachbereitung zu einem großen Projekt? Oder möchte man bei den christlichen Festen die Perspektive des Islams einbinden? Für welchen Weg sich die Einrichtung in Zusammenarbeit mit den Erzieherinnen auch entschließt, im Vorfeld müssen die Erwartungen und Wünsche der Beteiligten abgestimmt werden, damit in der Einrichtung ein an den Bedürfnissen orientiertes Konzept entwickelt und umgesetzt werden kann.

b) Erziehungspartnerschaft

In der Regel haben muslimische Kinder selten ein Problem, an christlichen Vollzügen teilzunehmen. Auch wenn diese häufig ihrer Überzeugung widersprechen, drängen die Kinder oder auch die Eltern nicht darauf, die Teilnahme zu blockieren. Sie nehmen es hin, stillschweigend daran teilzunehmen, z. B. die Hände beim Gebet zu falten, an einem christlichen Gottesdienst teilzunehmen etc. Die eigene religiöse Identität nicht preiszugeben bedeutet aber nicht, dass sie keine eigene haben. Wenn man auf Fortbildungsveranstaltungen mit Erziehrinnen danach fragt, ob muslimische Eltern den Wunsch äußern, es sollten doch in einer Einrichtung als Zeichen der Wertschätzung auch islamische Inhalte berücksichtigt werden, kommt oft die Rückmeldung: »Unsere muslimischen Eltern sind so gut angepasst, dass ihnen das nicht so wichtig ist.« Aus diesem Zitat ergeben sich zwei problematische Fragen: Stimmt in diesem Falle die Fremdwahrnehmung, dass die Eltern angepasst sind? Oder welche Gründe liegen vor, dass muslimische Eltern in ihrer Selbstwahrnehmung doch religiöser sind und darauf verzichten, es öffentlich zu artikulieren? Die Gründe für die Zurückhaltung können sehr unterschiedlich sein. Sie kann durchaus darin liegen, dass die Religiosität von Eltern nicht stark ausgeprägt ist, dass sie ein geringes Selbstbewusstsein haben oder sogar befürchten, durch ihren Wunsch nach Anteilnahme abgelehnt zu werden. Daher empfiehlt es sich, beim Anmeldegespräch die Eltern auf das Profil der Einrichtung hinzuweisen und zu thematisieren, inwieweit religiöse Erziehung in der Einrichtung eine Rolle spielt und wo eventuell unvereinbare Widersprüche zur eigenen religiösen Erziehung bestehen.

Wenn die Einrichtung eine interreligiöse Ausrichtung hat, sollten die Erzieherinnen dies sowohl bei der Anmeldung als auch auf Elternabenden ansprechen. Die Erfahrungen zeigen, dass muslimische Eltern im Gespräch wichtige Hinweise geben oder unterstützend wirken können, wenn es darum geht, Einblick in die muslimische Praxis zu geben, z. B. bei der Vorstellung von religiösen Bräuchen, der Organisation eines Moscheebesuchs etc. Es ist sinnvoll, diese Möglichkeit bei der Anmeldung im Gespräch mit den Eltern zu erwähnen.

c) Fortbildungsmöglichkeiten für Erzieherinnen

Das Gelingen einer interreligiösen Erziehung in der Kita steht und fällt mit der Haltung des Trägers und der Erzieherinnen gegenüber anderen Religionen. Oft fühlen sich Erzieherinnen auch überfordert mit dem Anspruch, der religiösen Vielfalt in der Einrichtung sowie daraus entstehenden Bedürfnissen gerecht zu werden, wenn diese auch von manchen Eltern eingefordert werden. Daher brauchen Erzieherinnen zuerst eine Schulung der eigenen interreligiösen Kompetenz, um den Kindern entsprechende Angebote machen zu können. Es ist am Anfang eine Entdeckungsreise der Erzieherin selbst, wenn sie sich mit einer offenen Haltung einer anderen Religion annähert, im zweiten Schritt geht sie dann mit den Kindern auf diese Reise. Die Erwartung an die Erzieherin als ›Expertin über die Fremdreligion‹ sollte nicht sehr hoch sein, weil sie in diesem Bereich über geringes Wissen verfügt. Viel wichtiger als das Wissen allerdings sind die Sensibilität und die Offenheit, mit denen sie auf die andere Religion zugeht. Es erfordert Mut und Selbstbewusstsein zu sagen: »Das weiß ich auch nicht, aber wir können versuchen, die Antwort gemeinsam zu finden!«

Mit dieser Haltung sind Erzieherinnen echte Vorbilder, denn sie zeigen den Kindern, dass sie interessiert sind und selbst lernen wollen, genauso wie die Kinder, die sich auch neues Wissen aneignen.

B. Methodisch-didaktische Umsetzung – Impulse

1. Ramadan in der Kita: einige Informationen

In der öffentlichen Wahrnehmung muslimischer Feste und besonderer Zeiten ist sicherlich nichts präsenter als der Ramadan, die muslimische Fastenzeit, und das im Anschluss gefeierte Ramadanfest, geläufiger unter dem Namen »Zuckerfest«. Nach einer kurzen Einführung in die theologischen Hintergründe des Ramadans im folgenden Abschnitt werden einige Beispiele für die methodisch-didaktische Umsetzung in der Kita gegeben. Die Praxisbeispiele verstehen sich als Anregung. Hierbei kann je nach Situation im Vorfeld in der Kita überlegt werden, wie intensiv man sich mit der Thematik beschäftigen möchte und welche Schwerpunkte gesetzt werden sollen.

Theologisch-kultureller Hintergrund des Ramadans
Ramadan ist die Bezeichnung für den 9. Monat des muslimischen Kalenders. Jedes Jahr im Ramadan fasten Muslime von der Morgendämmerung bis Sonnenuntergang. Genauer heißt es, auf jegliche Nahrung, Getränke, Geschlechtsverkehr und auf das Rauchen zu verzichten. Erst am Abend werden diese Verbote aufgehoben, wenn die Sonne untergeht. Daher ist die Freude auf das Abendessen (arabisch *iftar*) besonders groß, wenn man nach Möglichkeit mit der Familie und Freunden in der Gemeinschaft diesen Moment erlebt.

Wer an der Fastenzeit teilnehmen sollte, ist genau festgelegt, nämlich jeder gesunde und erwachsene Muslim. Davon sind Schwangere, stillende Mütter, Reisende oder Kranke ausgeschlossen, ebenso Kinder. Allerdings nehmen Kinder oft an einzelnen Tagen oder am Wochenende am Fasten teil, damit sie langsam an die Tradition herangeführt werden. Daher haben sich in vielen muslimischen Ländern auch unterschiedliche Traditionen dazu etabliert. So probieren Kinder im türkischen Kulturraum u. a. das »Vogelfasten« aus. Den Kindern wird erzählt, dass selbst die Vögel einen halben Tag nichts essen und nichts trinken. Am Ende des Fastentages sind die Eltern sehr stolz auf das Kind, weil es einen halben Tag durchgehalten und so einen starken Willen bewiesen hat.

Wann die Fastenzeit genau ansteht, muss immer im Kalender nachgesehen werden, da der Ramadan jedes Jahr 10 bis 11 Tage früher als im Jahr davor beginnt. Der Grund hierfür liegt in der Zeitrechnung, die auf der Grundlage des Mondkalenders erfolgt. Dieser hat bekanntlich im Vergleich zu unserer Zeitrechnung nur 354/355 Tage. Man sagt, dass etwa in 33 Jahren der Ramadan durch alle Jahreszeiten gewandert ist: Man hat die Möglichkeit, gerade in den gemäßigten Breiten die Fastenzeit von den kalten und kurzen Wintertagen bis zu langen und heißen Sommertagen zu erleben. Daher ist jede Fastenzeit anders.

Wie Muslime die Fastenzeit gestalten, hängt von den persönlichen Zugängen sowie dem Zeitbudget der einzelnen Gläubigen ab. Der Ramadan ist für Muslime verbunden mit der Erinnerung an die erste Begegnung des Propheten Muhammad mit dem Erzengel Gabriel vor über 1400 Jahren, mit der die Offenbarung des Korans begann. Diese hat nach Aussagen des Korans in einer Nacht des Monats Ramadan stattgefunden. Daher versuchen viele Muslime in dieser Zeit als Erinnerung an dieses Erlebnis den gesamten Koran zu lesen, entweder alleine zu Hause oder in der Gemeinschaft in einer Moschee.

Da der Ramadan als eine besonders segensreiche Zeit gilt, verändert er auch den Blick der Muslime auf die Notleidenden in der Gesellschaft, indem man mehr als sonst für Bedürftige spendet.

Der Ramadan ist auch eine Zeit, in der jeder Gläubige versuchen sollte, sein Leben bewusster zu gestalten, indem positive Eigenschaften wie Hilfsbereitschaft, Freundlichkeit, Solidarität intensiviert und negative Eigenschaften wie lügen, übel nachreden oder aggressiv sein stärker kontrolliert werden sollten.

Das Ende der Fastenzeit wird mit einem großen Fest besiegelt: Wenn der neue Monat *Schawwal* beginnt, findet das dreitägige Zuckerfest statt. Die Vorbereitungen für das Fest beginnen in den letzten Tagen der Fastenzeit, indem das Haus geputzt, süßes Gebäck gebacken (z. B. Baklawa) und für die Kinder Geschenke oder neue Kleider gekauft werden. Oft bleiben die Kinder am ersten Tag des Festes dem Kindergarten fern. An dem Festmorgen gehen die Männer in die Moschee, je nach Kulturkreis, etwa bei den arabischstämmigen Muslimen, auch die Frauen und Kinder. Nach dem Festgebet trifft sich in der Regel die Familie zu einem gemeinsamen Frühstück. Im Anschluss besucht man Verwandte, Freunde und Bekannte. Dabei wird oft Süßes wie Baklawa serviert, die Kinder erhalten Geld oder kleine Geschenke. Da das Fest in Deutschland kein offizieller Feiertag ist, werden Besuche oft auf das Wochenende verlegt. Häufig gratuliert man auch mit einer Nachricht per Handy.

2. Sie finden hier vier Beispiele, wie der Ramadan in der Kita aus der Sicht einer muslimischen Pädagogin thematisiert werden kann. Lesen Sie die Beispiele und tauschen Sie sich in Gruppen über folgende Fragen aus:
   - Kennen Sie aus Ihren eigenen Erfahrungen in Kindertagesstätten Beispiele für interreligiöse Erziehung?
   - Finden Sie in den Beispielen Gemeinsamkeiten und Unterschiede zu christlich-religionspädagogischen Angeboten?

4.4. Alltagssituation in der Kita: Ramadan feiern in der Kita

– Wo sehen Sie Chancen, wo Probleme für die interreligiöse Erziehung in den vier Beispielen?

a) Betül und Nele erleben die muslimische Fastenzeit
In der Bildergeschichte »Betül und Nele erleben den Ramadan« sind zwei befreundete Kinder, ein muslimisches und ein christliches, die Protagonisten. Betül bastelt zu Beginn der Geschichte einen Ramadankalender, den sie auch in die Kita mitnimmt, wo sie über die Fastenzeit erzählt. Ihre beste Freundin Nele ist neugierig darauf und möchte erfahren, wie muslimische Familien den Fastenmonat begehen. Beide Kinder erleben gemeinsam einen Tag im Ramadan und später auch *Id al-Fitr*, das Fest des Fastenbrechens, bekannt als das *Zuckerfest*.

Bild 10 der Bilderbuchgeschichte: Betül und Nele erleben den Ramadan[71]

Die Bilderbuchgeschichte eignet sich gut, um mit Kindern den Hintergrund der muslimischen Fastenzeit zu erarbeiten. Zudem gibt die Geschichte einen Überblick darüber, wie Muslime in Deutschland diese für sie besondere Zeit und das sogenannte Zuckerfest gestalten.

Die Geschichte bietet vielfältige Einsatzmöglichkeiten:
– *Kamishibai-Theater*: Dabei kann die Geschichte den Kindern vorgelesen werden. Die Möglichkeit besteht auch, dass man die Kinder frei erzählen lässt.
– *Bilder im Raum*: Die Geschichte kann auch als 1-2 Wochen dauerndes Projekt gestaltet werden. Jeden Tag werden die Abschnitte zu 1-2 Bildern vorgelesen. Im Anschluss werden die Bilder im Raum an einem Seil aufgehängt. Bevor

---

[71] KAMÇILI-YILDIZ, NACIYE/BIRICIK, ŞENAY, Betül und Nele erleben den Ramadan. Kamishibai Bildkartenset, München 2015.

das Vorlesen jeweils beginnt, überlegen die Kinder, was bislang passiert ist und wie die Geschichte weitergehen könnte.

b) Erzähl mir, wie es bei dir war

Musliminnen und Muslime haben in der Regel immer viel über den Ramadan zu erzählen: Fast jede Person erinnert sich daran zurück, wie es war, als sie als Kind gefastet hat, und wie sie die Situation damals erlebt hat. Im Sinne einer Erziehungspartnerschaft kann ein muslimischer Elternteil in die Gruppe eingeladen werden und darüber berichten. Mögliche Anregungen für diese Erzählrunde wären, z. B.:

- Wie alt war die Person, als sie das erste Mal gefastet hat?
- Wie hat sie sich dabei gefühlt?
- Gab es einen besonderen Moment, an den man gerne zurückdenkt?
- Wie wurde das Fest in ihrer Kindheit gefeiert? Wie feiert sie heute mit ihrer Familie?
- Was gefällt der Person am Ramadan?

Der Erzählkreis kann nach Möglichkeit mit mitgebrachten Utensilien, z. B. Datteln oder falls vorhanden Bildern, anschaulicher gestaltet werden. Die Kinder können auch ihre Fragen an den muslimischen Gast stellen. Am Ende malen die Kinder ein Bild über das, was sie von dem Erzählten am meisten beeindruckt hat.

c) Plätzchen in Mondform backen

Eine gute Anbindung an den Mondkalender der Muslime wäre eine naturwissenschaftliche Betrachtung des Mondes, die man mit Plätzchenbacken kombiniert. Hierfür eignen sich Vanillekipferl, die die Form des zunehmenden bzw. abnehmenden Mondes haben. Möglich wären auch Ausstechplätzchen. Rezepte hierfür können nach Belieben ausgesucht werden.

Die naturwissenschaftliche Aktion kann mit Bildern verschiedener Mondphasen, z. B. abnehmender Mond, Vollmond, zunehmender Mond, gestaltet werden, die vorher ausgedruckt und ausgeschnitten wurden.[72]

Im Stuhlkreis legt die Erzieherin ein Bild mit dem Vollmond auf den Boden. Sie kommt mit den Kindern ins Gespräch, wann sie den Mond am Himmel schon gesehen haben. Danach legt sie weitere Bilder mit den weiteren Mondphasen hin. Die Kinder versuchen, die Reihenfolge der Mondphasen zu ermitteln. Gemeinsam wird überlegt, welche Vorteile bzw. Nachteile es für den Menschen hat, wenn der Mond als Vollmond oder als eine Sichel erscheint, z. B. ist es bei Vollmond besonders hell und man braucht nachts fast keine Taschenlampe, wenn man draußen ist.

Danach erläutert die Erzieherin die Bedeutung des Mondes für uns Menschen, dass u. a. die Wörter »Monat« und »Mond« ähnlich klingen. In manchen Kulturen rechnet man die Zeit mit dem Mond; die Phase zwischen abnehmendem und

---

72 Bilder von den Mondphasen sind online auf diversen Seiten zu finden, z. B. http://view.stern.de/de/rubriken/natur/mond-mondnacht-mondsuechtig-monduntergang-zunehmend-mondphasen-original-2834256.html.

zunehmendem Mond ist für sie ein Monat. So rechnen Muslime die Zeit, und sie fasten den ganzen Monat Ramadan über.

Im Anschluss daran können die *Mondplätzchen* verzehrt werden. Wenn man sie erst im Anschluss an die naturwissenschaftliche Betrachtung backt, können die Kinder entscheiden, welche Mondphasen sie für ihre Form nehmen möchten, und formen entsprechend den Teig.

Variante: Die Aktion kann auch mit einer thematisch passenden Bildergeschichte beendet werden, die die Veränderungen des Mondes aufgreift. Beispiele sind:
- Hans-Christian Schmidt; Andreas Német: Halbmond, Vollmond, Carlsen Verlag. (Das Buch zeigt mit Gute-Nacht-Geschichten, was passiert, wenn in einer Nacht der Mond verschiedene Formen annimmt)
- Paloma Wensell; Ulises Wensell: Der kleine Buh und der große Mond, Ravensburger Buchverlag. (Der Uhu Buh entdeckt, dass der Mond seine Form verändert)

d) Ramadanbrunch/Fastenbrunch

Zu einem *Ramadanbrunch* nach dem Ramadan können alle Familien in der Kita eingeladen werden. Jede Familie bringt zum Brunch eine Kleinigkeit mit. Muslimische Familien können Gerichte mitbringen, die sie gerne im Ramadan verzehren. In die Gespräche können alle Eltern und Kinder einbezogen werden, die Erfahrungen auch mit dem (christlichen) Fasten gemacht haben. Für die Kita wäre es eine gute Möglichkeit, von der Gestaltung der Fastenzeit in der Kita zu berichten. Auf Wunsch kann der Raum mit diesen Produkten der Kinder, die die thematische Aufbereitung in der Einrichtung aufzeigen, dekoriert werden.

3. Nutzen Sie die vorgefertigte Checkliste als Kopiervorlage, um sich die Situation in ihrer Kita in Hinblick auf das interreligiöse Lernen systematisch vergegenwärtigen zu können. Vielleicht entdecken Sie dabei ja auch noch Raum zur Verbesserung.

Leitfrage	Deutlich wird dieser Aspekt in unserer Einrichtung an ...	Zukünftig möchten wir weiterarbeiten/ verbessern an ...
Umgang im Kitaalltag		
	In unserem Eingangsbereich wird deutlich, dass in unserer Einrichtung viele Kulturen/ Religionen zu Hause sind.	
	Unsere Räume gestalten wir mit Elementen unterschiedlicher Kulturen.	
	Wir thematisieren die Feste anderer Kulturen und Religionen.	
	Wir zeigen allen Kulturen und Religionen, dass sie bei uns willkommen sind.	
	Wir beachten im Alltag die Bedürfnisse von Angehörigen anderer Religionen.	
	Wir machen Exkursionen an Orte, die für andere Religionen eine Relevanz haben.	
	Wir fördern den interreligiösen Austausch unter den Kindern bzw. Eltern.	
	Wir stellen den Kindern Materialien in der Kita zur Verfügung, womit die Kinder zu (inter-) religiösen Forschern werden können.	
	Wir laden auch Angehörige anderer Religionen zur Vorbereitung von religiösen Festen ein.	

4.4. Alltagssituation in der Kita: Ramadan feiern in der Kita

Leitfrage	Deutlich wird dieser Aspekt in unserer Einrichtung an ...	Zukünftig möchten wir weiterarbeiten/ verbessern an ...
Elternarbeit		
	Beim Aufnahmegespräch sprechen wir mit den Eltern darüber, was ihnen in der Familienreligion wichtig ist.	
	Wir involvieren Eltern bei Bedarf in unsere interreligiösen Aktionen.	
	Unsere Eltern unterstützen uns bei interreligiösen Aktionen/ Gesprächen, entweder persönlich oder mit anderen Gesprächspartnern.	
	Wir organisieren Elternabende mit interreligiösen Themen.	
Erzieherinnen		
	Wir arbeiten daran, dass alle Mitarbeiterinnen die Grundlagen der in der Einrichtung beheimateten Religionen kennen.	
	In unserem Team herrscht eine offene und tolerante Haltung gegenüber anderen Religionen.	
	Wir besuchen Fortbildungen mit praxisrelevanten interreligiösen Fragestellungen.	
	Wir planen interreligiöse Aktionen im Team gemeinsam.	
	Unser Träger unterstützt uns bei der interreligiösen Arbeit.	
	Wir haben in unserer Einrichtung einen Fundus an Materialien zur interreligiösen Arbeit.	

Literatur

Bundesamt für Migration und Flüchtlinge (Hg.), Vorschulische Kinderbetreuung aus Sicht muslimischer Familien. Eine Untersuchung über die Inanspruchnahme und Bedürfnisse in Hinblick auf die Ausstattung Im Auftrag der Deutschen Islam Konferenz, Berlin 2017.
Fromme-Seifert, Viola M./Kamçılı-Yıldız, Naciye, Miteinander feiern, München 2018.
Kamçılı-Yıldız, Naciye/Kammeyer, Katharina/Tombrink, Claudia/Biricik, Şenay, Kinder feiern Ramadan. Ein interreligöses Praxisbuch für den Kindergarten, München 2015.
Kamçılı-Yıldız, Naciye/Biricik, Şenay, Betül und Nele erleben den Ramadan. Kamishibai Bildkartenset, München 2015.
Ministerium für Kinder, Familie und Integration des Landes NRW/Ministerium für Schule und Bildung des Landes NRW (Hg.), Bildungsgrundsätze für Kinder von 0 bis 10 Jahren in Kindertagesbetreuung und Schulen im Primarbereich in Nordrhein-Westfalen, Freiburg im Breisgau 2016.
Schweitzer, Friedrich/Biesinger, Albert/Edelbrock, Anke (Hg.), Mein Gott-Dein Gott, Interkulturelle und interreligöse Bildung in Kindertagesstätten, Weinheim und Basel 2008.

4.5. Alltagssituation in der Kita: Wenn Armut sichtbar wird

Rainer Möller

A. Einführung

1. Eine Situation aus der Praxis

»Juliane ist viereinhalb Jahre alt. Beim gemeinsamen Frühstück in der Kita macht sich Juliana seit geraumer Zeit Brote – und zwar mehr als sie essen kann. Hanna, ihre Erzieherin bemerkt, dass Juliana die Brote in ihr Fach legt, zu all den anderen wichtigen eigenen Dingen, die sie dort aufbewahrt. Später zeigt ein Hausbesuch mit dem Jugendamt, dass der Kühlschrank in der Wohnung, in der Juliana lebt, leer ist. Juliana schmiert Brote, mit denen sie sich, ihren Bruder und vielleicht auch ihre Mutter versorgen will. Armut ist Alltag für Juliana, in vielerlei Hinsicht, auch wenn sie das noch nicht abstrahieren kann.«[73]

Armut von Kindern ist in der Kindertagesstätte in vielen Formen sichtbar. Das Beispiel von Juliana ist nur eines. Ihre Mutter ist alleinerziehend und wegen einer psychischen Erkrankung in Therapie. Sie überlässt ihre Kinder oft sich selber, kann nicht für die nötigen Einkäufe sorgen und hat auch nicht immer genügend Geld dafür. Juliana geht mit ihrer Situation strategisch klug um: sie sorgt für ihre Familie im Rahmen der Möglichkeiten, die sie in der Kita hat. Wenn sie sich nach dem

---

73 Urban, Sabine, Armutssensibles Handeln von pädagogischen Fachkräften, in: *Kita Aktuell ND 2 (2018)*, 28-31, hier 1.

4.5. Alltagssituation in der Kita: Wenn Armut sichtbar wird

Frühstück in der Kita unbeobachtet fühlt, versteckt sie die Brote für zuhause in ihrem Fach. Sie tut dies heimlich, vermutlich weil sie sich schämt. Armut wird aber auch in vielen anderen Situationen sichtbar: wenn bestimmte Kinder nicht an Ausflügen teilnehmen, die Geld kosten, wenn einzelne Kinder nie verreisen, weil ihre Eltern sich den Urlaub nicht leisten können oder wenn Kinder nicht die trendigen teuren Klamotten tragen, die für andere selbstverständlich sind. In der Kita kommen Kinder aus ganz unterschiedlichen sozioökonomischen Verhältnissen zusammen und sie nehmen diese Unterschiede sehr genau wahr. Diese Wahrnehmungen bringen sie in ihrem Sozialverhalten, in Gesprächen und Spielen zum Ausdruck. Für die von Armut betroffenen Kinder sind diese Situationen meist mit Scham besetzt.

2. Armut als gesellschaftliche Herausforderung

Nach den statistischen Daten sind in Deutschland mehr Kinder und Jugendliche als Erwachsene von Armut betroffen, wobei insbesondere bei Kindern im Vor- und Grundschulalter das Armutsrisiko am größten ist. Der fünfte Armuts- und Reichtumsbericht der Bundesregierung von 2017 belegt, dass rund 21 % der unter 18-jährigen in Deutschland armutsgefährdet sind. Das bedeutet, dass jedes fünfte Kind in Deutschland unter Bedingungen aufwächst, in denen Armut und materieller Mangel ein alltagsweltliches Thema sind.[74] Diesen Berechnungen liegt das Konzept der *relativen* Armut zugrunde. Es orientiert sich daran, was Menschen an materiellen Ressourcen benötigen, um angemessen am sozialen und kulturellen Leben teilhaben zu können. Als arm gilt nach einer EU-weit geltenden Norm, wer weniger als 60 % des durchschnittlichen Einkommens einer Gesellschaft zur Verfügung hat. Im Jahr 2015 lag diese Armutsgrenze in Deutschland bei etwa 1000,- Euro.

Besonders von Armut betroffen sind Haushalte von Alleinerziehenden, von Familien mit drei und mehr Kindern und von Familien mit Migrationshintergrund. Die Armutsquote von Kindern aus migrantischen Familien liegt um 30 % höher als bei Kindern in Familien ohne Migrationsgeschichte. Damit wird deutlich, dass Armut ein soziales Phänomen ist, bei dem sich mehrere Merkmale von Personen (Alleinerziehend, Frau, Migrant etc.) überkreuzen und verstärken. Dieses Konzept, das Armut nicht isoliert, sondern als Resultat unterschiedlicher Faktoren sozialer Benachteiligung versteht, nennt sich in der sozialwissenschaftlichen Forschung die *intersektionale* (von engl. intersection = Kreuzung) Perspektive.

Dazu kommt, dass das Armutsrisiko in Deutschland regional ungleich verteilt ist. In Bremen ist es mit etwa 33 % am höchsten, in Bayern mit 11 % am niedrigsten. Auch lokal ist Armut unterschiedlich verteilt: In Städten konzentrieren sich die von Armut betroffenen Familien in bestimmten Bezirken, v. a. dort, wo die Mieten

---

[74] Vgl. BUNDESMINISTERIUM FÜR ARBEIT UND SOZIALES (Hg.), Lebenslagen in Deutschland. Armuts- und Reichtumsberichterstattung der Bundesregierung. Der fünfte Armuts- und Reichtumsbericht der Bundesregierung. Kurzfassung, Bonn 2017, 25.

vergleichsweise niedrig sind. Insofern sind Kindertagesstätten auch je nach Einzugsgebiet unterschiedlich stark mit dem Thema Armut konfrontiert.

Aussagekräftiger als die bloßen statistischen Daten ist für pädagogische Kontexte ein mehrdimensionaler Blick auf Armut von Kindern. Diese Perspektive berücksichtigt neben den *materiellen* auch die *sozialen*, *kulturellen* und *gesundheitlichen* Faktoren von Armut.[75] Die materiellen Dimensionen wurden schon in der Situation von Juliane deutlich. Arme Kinder wie Juliane kommen oft hungrig, ohne Frühstück, in die Kita oder die Grundschule. Dass dies ihr Wohlergehen und ihr Lernen erheblich beeinträchtigt, liegt auf der Hand. Aber auch im sozialen Bereich hat familiär erlebte Armut Auswirkungen auf das Verhalten der Kinder. Arme Kinder nehmen signifikant weniger aktiv am Gruppenleben teil, sind weniger wissbegierig und äußern seltener ihre Wünsche als andere Kinder. Sie haben tendenziell seltener freundschaftliche Kontakte zu anderen Kindern und sind aufgrund ihrer Armutssituation häufiger von sozialer Ausgrenzung in der Gruppe betroffen.[76] Auch auf das Freizeitverhalten hat Armut Auswirkungen: Kinder aus sozial benachteiligten Familien nehmen sehr viel seltener an außerhäuslichen Freizeitaktivitäten teil als andere Kinder, vor allem dann, wenn sie mit Kosten verbunden sind.

Die in der Familie erlebte Armut hat auch vielfältige Auswirkungen auf die Entwicklung von Kindern im *kulturellen* Bereich, insbesondere auf die Bildungschancen und die Bildungsbeteiligung von armen Kindern. Kinder aus Familien in Armutslagen werden häufiger wegen sprachlicher, psychomotorischer und intellektueller Entwicklungsstörungen vom Schulbesuch zurückgestellt als andere Kinder. Zudem wird armen Kindern eher ein Förderschulbedarf attestiert als nicht-armen Kindern.[77] Auch im Blick auf ihre *Gesundheit* sind arme Kinder höheren Risiken ausgesetzt als andere Kinder. Sie sind häufiger krank und können aufgrund gesundheitlicher Probleme oft nicht in demselben Umfang am sozialen Leben in der Kita teilnehmen wie die Kinder aus materiell stabilen Familienverhältnissen.

Dabei ist materielle Armut in der Familie nicht zwangsläufig mit sozialen, kulturellen und gesundheitlichen Entwicklungsgefährdungen verbunden. Denn entscheidend für die Entwicklung auch sozial benachteiligter Kinder ist das Erziehungsklima in der Familie. Erfahren die Kinder in der Familie Zuwendung, werden sie emotional gestärkt und intellektuell gefördert, dann reduzieren sich auch die Entwicklungsrisiken von Kindern, die in prekären sozialen Verhältnissen aufwachsen. Zudem können auch externe Förder- und Bildungsangebote, wie zum Beispiel in der Kinderta-

---

75 Vgl. LAUBSTEIN, CLAUDIA u. a., Armutsfolgen für Kinder und Jugendliche. Erkenntnisse aus empirischen Studien in Deutschland, Gütersloh 2016.
76 Vgl. HOLZ, GERDA, Armut von Mädchen und Jungen in Deutschland – Definition, Umfang, Wirkung und Handlungsansätze, in: KinderTageseinrichtungen aktuell, Kita spezial 4 (2006), 4–8, hier 4.
77 Vgl. MÖLLER, RAINER, Armutssensible Inklusionspädagogik – Auf dem Weg zu einem erweiterten Verständnis von Inklusion, in: Pithan, Annebelle/Wuckelt, Agnes (Hg.), Krise und Kreativität. Eine Suchbewegung zwischen Behinderung, Bildung und Theologie (Forum für Heil- und Religionspädagogik 8) Münster 2015, 104–116, hier 109.

gesstätte, die sozialen Folgen von Armut erheblich mildern.[78] Von daher kommt den sozialpädagogischen Einrichtungen eine große Verantwortung zu, häusliche Armutserfahrungen und damit verbundene Entwicklungsbeeinträchtigungen der Kinder zu kompensieren.

Armutserfahrungen von Kindern sind im Blick auf Dauer und biografischen Verlauf sehr unterschiedlich. Aufgrund von Langzeitstudien lassen sich drei Arten von Armutsverläufen unterscheiden[79]: kurze Perioden von Armutserfahrungen von maximal einem Jahr, z. B. aufgrund von vorübergehender Arbeitslosigkeit der Eltern. Daneben gibt es längere Armutsverläufe von bis zu sechs Jahren, in denen es in der Familie immer mal wieder sporadisch zu Armutsepisoden z. B. aufgrund von wiederholter Arbeitslosigkeit oder Krankheit kommt. In diesen Fällen stellt das Risiko, in Armut zu fallen, ein über eine längere Zeit anhaltendes Bedrohungsszenario dar, das die Lebenswelt der Kinder und ihre Erfahrungen maßgeblich beeinflusst. Am problematischsten sind beständige Armutsbiografien, die mehr als sechs Jahre oder gar die gesamte Kindheit anhalten. In diesen Fällen werden Ausgrenzungserfahrungen und soziokulturelle Benachteiligungen zu festen Prägungen, die massive Auswirkungen auf das Selbstbild, das Selbstwertgefühl, die Gesundheit und die Lebenszufriedenheit von Kindern haben. In Deutschland sind knapp 9 % der Kinder und Jugendlichen von dieser Art von Armutsbiografie betroffen. 40 % dieser Kinder sind subjektiv mit ihrem Leben nicht zufrieden, dreimal so viel wie Kinder mit geringen oder gar keinen Armutserfahrungen.

Armut ist einer der größten Belastungsfaktoren für die kindliche Entwicklung. Sie wirkt in viele Bereiche der Lebens- und Erfahrungswelt von Kindern hinein. Die Armutsforschung definiert Kinderarmut als *mehrdimensionale Handlungseinschränkung* in der gesamten Lebenswelt von Kindern. Kinder in sozial prekären Verhältnissen erleben Armut als »Einengung oder Verlust von individuellen Handlungsspielräumen in zentralen Lebensbereichen.«[80] Ihr Zugang zu Bildungs-, Kultur- und Freizeitangeboten ist ebenso eingeschränkt wie ihre realen Wahl- und Entscheidungsmöglichkeiten in Alltagssituationen wie z. B. im Blick auf ihre Konsumwünsche oder die Kontakte zu Gleichaltrigen. Kinder aus armen Familien haben aufgrund der beengten Wohnverhältnisse oft weniger Möglichkeiten Freunde zu sich nach Hause einzuladen oder gar sie zu bewirten. Sie können ihre Freizeit mit Freunden sehr viel weniger frei gestalten als andere Kinder, weil sie sich viele Aktivitäten finanziell nicht leisten können. Diese erfahrenen Restriktionen im Alltag führen bei diesen Kindern auf Dauer zu Selbstentwertung und einem negativen Selbstbild. Arme Kinder werden nicht nur faktisch ausgegrenzt, sondern sie

---

78 Vgl. WEIß, HANS, Entwicklungsgefährdete Kinder in Armut und Benachteiligung – der Beitrag der Frühförderung, in: Vierteljahrsschrift für Heilpädagogik und ihre Nachbargebiete 3 (2008), 212–225, hier 212ff.
79 Vgl. KOHL, STEFFEN, Armut von Kindern im Lebenslauf. Ursache und Folgen für das subjektive Wohlbefinden, in: Bertram, Hans (Hg.), Reiche, kluge, glückliche Kinder? Der UNICEF-Bericht zur Lage der Kinder in Deutschland, Weinheim u. a. 2013, 82ff.
80 WEIß, Entwicklungsgefährdete Kinder in Armut und Benachteiligung – der Beitrag der Frühförderung, 2.

fühlen sich selbst aufgrund dieser Erfahrungen überflüssig und wertlos, was sich oft in aggressivem Verhalten oder – im Gegenteil – im sozialen Rückzug manifestiert.

Armut ist in der Regel nicht selbst verschuldet, sondern resultiert aus der gesellschaftlich ungleichen Verteilung von ökonomischen Ressourcen, sozialen Zugangsmöglichkeiten und Rechten.[81] Die Armuts- und Reichtumsberichte der Bundesregierung belegen mit Daten, dass Reichtum und Besitz in Deutschland ungleich verteilt sind. Eine seit Jahren zu beobachtende Entwicklung ist die Zunahme der »working poor«, also der Menschen, die im Niedriglohnsektor arbeiten müssen und trotz ihrer Arbeit kein ausreichendes Einkommen erzielen. Dennoch halten sich beständig ideologische Denkmuster, die Familien in Armutslagen ihre prekäre Situation selbst zuschreiben. Solche »klassistischen« Denkmuster beinhalten z. B. die Annahme, dass »ausreichend Geld zu haben gleichzeitig [bedeutet,] kompetent, verantwortungsvoll, fleißig und ›richtig und gut‹ zu sein. Im Umkehrschluss ist zu wenig Geld zu haben, verbunden mit Unfähigkeit, Verantwortungslosigkeit, Faulheit und Fehlerhaftigkeit.«[82]

Auch im Alltag von Kindertagesstätten finden sich solche ideologischen Zuschreibungen – bei Erzieherinnen, Eltern und Kindern, die diese Vorstellungen von Erwachsenen hören und gedanklich assimilieren. Sie sind aus pädagogischer Perspektive fatal, weil sie die Kinder, die aufgrund ihrer prekären Lebenssituation ohnehin schon belastet sind, in der Kita noch zusätzlich etikettieren und diskriminieren. Eine Kindertagesstätte, die sich der Herausforderung der Kinderarmut stellt, wird versuchen, solche Stigmatisierungen von Kindern zu erkennen und die vielfältigen Barrieren, die armen Kindern die Teilhabe am sozialen Leben in der Kita erschweren oder unmöglich machen, zu beseitigen. Was können pädagogische Fachkräfte nun konkret im Blick auf arme und armutsgefährdete Kinder in ihren Einrichtungen tun?

3. Pädagogische Handlungsmöglichkeiten

Kindertagesstätten sollten im Blick auf die gesellschaftliche Realität von armutsbelasteten Kindern konzeptionell anstreben, *armutssensible Wahrnehmungs- und Handlungsstrategien* in ihrem Alltag zu entwickeln. Dabei geht es vor allem darum, Kinder in ökonomisch prekären Situationen, die gesellschaftlicher Stigmatisierung und Diskriminierung ausgesetzt sind, in Aktivitäten, Gesprächen, Spielangeboten und Projekten nicht – auch nicht ungewollt – zu beschämen. Dazu sollte eine armutssensible Pädagogik die unterschiedlichen Lebenskontexte und Lebensgeschichten der Kinder in Armutslagen differenziert wahrnehmen und versuchen, mit ihnen wertschätzend umzugehen. Das Leben unterprivilegierter Familien mit seinen Einschränkungen, Zwängen, Risiken und Unwägbarkeiten sollte in der Kita nicht tabui-

---

81 Vgl. Kone, Gabriele, Armutssensibles Handeln in der Kita, in: Welt des Kindes 1 (201)9, 16–19, hier 16ff.
82 Ebd., 17.

4.5. Alltagssituation in der Kita: Wenn Armut sichtbar wird

siert, sondern im alltäglichen Tagesablauf respektvoll repräsentiert werden. Das ist in vielen Kitas deswegen schwer, weil die Erzieherinnen in der Regel aus zumeist bürgerlichen, nicht-prekären Lebensverhältnissen stammen und ein von materiellem Mangel tief geprägtes Leben aus eigener Anschauung gar nicht kennen. Die Abstraktion von einem bürgerlichen Leben als Normalzustand und die Auseinandersetzung mit armutsbedingt anderen Lebensentwürfen ist hier eine Grundvoraussetzung für eine armutssensible Pädagogik.

Hock u. a. beschreiben, worin armutssensible Wahrnehmungs- und Handlungsstrategien konkret bestehen könnten[83]:
»Armutssensibilität zeichnet sich beispielsweise aus durch

- ein Erziehungsklima in der Kindertageseinrichtung, das durch emotionale Wärme, Ressourcenorientierung, Anerkennung und Partizipationsorientierung […] geprägt ist;
- Wahrnehmung und Einordnung von Armut als gesellschaftliches Phänomen und nicht als individuelles Verschulden oder gar Versagen der Eltern;
- Initiierung von Angeboten mit dem Ziel, armutsbelasteten Kindern zusätzliche Lern- und Erfahrungsräume, neue Ressourcen zu eröffnen;
- Verantwortungsübernahme auch für armutsbetroffene bzw. vermeintlich nicht leistungsfähige/-willige Kinder durch individuelle Förderung, soziale Einbindung und inkludierendes Handeln;
- Verbesserung des Zugangs zu armutsbetroffenen und schwer erreichbaren Eltern, Aufbau von Beziehungen dieser Eltern zum Geschehen in der Kindertageseinrichtung oder Schule;
- Entwicklung pädagogischer Konzepte in Kindertageseinrichtung oder Schule, um Armutsfolgen zu thematisieren und Armutsprävention in der Einrichtung zu etablieren;
- Stärkung von Sozialraumbezug und Vernetzung mit anderen Institutionen sowie Ausbau der Kooperation von Jugendhilfe, Jugendgesundheitshilfe, Frühförderstellen und Kindertageseinrichtung bzw. Schule.«

Um eine armutssensible Atmosphäre in der Kita zu schaffen, ist es wichtig, dass Erzieherinnen bewusst wahrnehmen, wann in Alltagssituationen Beschämungen für Kinder aus Armutslagen entstehen können: etwa, wenn im Morgenkreis Kinder über ihre Urlaubserlebnisse berichten und manche noch nie im Urlaub waren; wenn Ausflüge geplant werden, für die die Eltern Geld aufbringen müssen und manche keines haben; wenn Eltern für ein Fest Lebensmittel beisteuern sollen und einige es nicht können; wenn die neuen Turnschuhe eines Jungen aus materiell stabilen Verhältnissen von allen – Kindern und Erwachsenen – bewundert werden etc. In vielen solchen Situationen werden Erzieherinnen, denen eine armutssensible Pädagogik am Herzen liegt, kontextuell Strategien und Verhaltensweisen

---

[83] Hock, Beate u. a., Kinder in Armutslagen. Grundlagen für armutssensibles Handeln in der Kindertagesbetreuung (WiFF Expertisen 38), München 2014, 43.

finden, die arme Kinder nicht ausgrenzen und beschämen. Neben der Vermeidung von Beschämungen werden sie positiv an den vorhandenen Ressourcen dieser Kinder ansetzen, sie fördern und damit an der Stärkung von Resilienz arbeiten. Sie werden arme Kinder gezielt unterstützen sich an Entscheidungen im Tagesablauf der Kita zu beteiligen, ihre Wünsche zu äußern, ihren eigenen Interessen nachzugehen und am Bildungsprogramm in gleicher Weise wie die anderen Kinder zu partizipieren.

Eine armutssensible Kindertagesstätte wird nach Ressourcen suchen, um ihre Angebote möglichst kostenfrei zu gestalten, wie z. B. das gemeinsame Frühstück, material- und kostenintensive Projekte oder Exkursionen, Museums- und Ausstellungsbesuche. Sie wird Kleider- und Spielzeugbasare organisieren, um armen Familien Teilhabemöglichkeiten zu eröffnen ohne sie zu stigmatisieren. Sie wird Feste in der Einrichtung so gestalten, dass alle Familien teilnehmen können ohne sich als arm outen zu müssen. Schließlich kommt auch der Bildung von lokalen Netzwerken (u. a. Sozialamt, Jugendamt, Einzelhandel, Verbände, Vereine, Schulen, Kirchengemeinden) eine große Bedeutung zu. Diese Partner können die Kita durch sozialpädagogische Förderangebote, durch externe Expertise, aber auch durch Sponsoring in ihrer Arbeit unterstützen.

Gerade im Blick auf armutsbelastete Kinder ist die Elternarbeit von besonderer Bedeutung. Eltern in prekären Verhältnissen sind oft selbst verunsichert, fühlen sich ausgegrenzt, schämen und verstecken sich. In den Elterngesprächen sollte die wirtschaftliche Situation nicht tabuisiert, sondern offen angesprochen werden. Eltern sollten von den Erzieherinnen Wertschätzung und emotionale Stütze erfahren. Auf dieser Grundlage können dann konkrete Unterstützungsangebote für die Familien und die Kinder besprochen werden.

Pädagogische Fachkräfte benötigen für armutssensible Wahrnehmungs- und Handlungsstrategien bestimmte Kompetenzen, die in der Ausbildung angebahnt und in der berufsbegleitenden Fortbildung situativ ausgebaut werden müssen. Diese Kompetenzen sind u. a.:

- Selbstreflexivität, um sich der eigenen Erfahrungen mit Armut, aber auch der eigenen Vorurteile und Stereotypen gegenüber Kindern und Familien in Armutslagen bewusst zu werden;
- Wissen über Armutsursachen, Armutssymptome und Folgen für armutsbelastete Kinder;
- Fähigkeit, Stigmatisierungen, armutsbedingte Barrieren und Einschränkungen in der eigenen Kita zu erkennen;
- Ressourcenorientierte pädagogische Kompetenzen, um Kinder in Armutslagen in ihrer Selbstwirksamkeit zu fördern und in ihrer Resilienz zu stärken.[84]

---

84 Vgl. URBAN, Armutssensibles Handeln von pädagogischen Fachkräften, 6f.

B. Methodisch-didaktische Umsetzung – Impulse

1. Tauschen Sie sich in Kleingruppen über folgende Fragen aus:
   - Welche Erfahrungen habe ich in meinem bisherigen Leben mit materieller Armut in meiner eigenen Familie oder bei anderen gemacht?
   - Wer oder was hat mir geholfen mit finanziell schwierigen Situationen in meiner bisherigen Lebensgeschichte umzugehen?
   - Welche Erscheinungsformen von Armut sind mir bislang in meinen Praktika und Hospitationen in Kindertagesstätten begegnet?
2. Eine Projektidee: Gibt es in Ihrer Stadt oder in Ihrer Region Wohnquartiere, in denen verhältnismäßig viele Familien in prekären Lebensverhältnissen wohnen?
   - Versuchen Sie etwas über die Sozialstruktur dieser Quartiere herauszufinden. Welche Menschen, in welchen Familienformen, in welchen Wohnungen leben dort? Wo sind die Menschen beschäftigt? Wie viele Menschen leben von staatlichen Unterstützungsleistungen? Wie viele Kinder leben dort?
   - Machen Sie sich vor Ort ein Bild von der Lebenssituation der Menschen.
   - Verabreden Sie eine Hospitation in der Kindertagesstätte oder Grundschule dieses Quartiers und erkundigen Sie sich nach den pädagogischen Konzeptionen der Einrichtungen.
3. Schauen Sie sich die Situation von Juliane (s. o.) an und diskutieren Sie auch mithilfe der oben skizzierten Überlegungen zu armutssensibler Pädagogik, wie Sie sich als Erzieherin zu Juliane verhalten würden und welche pädagogischen und organisatorischen Maßnahmen Sie in der Einrichtung ergreifen würden angesichts der Lebensumstände von Juliane. Diskutieren Sie in gleicher Weise auch die folgenden Beschreibungen, in den andere Erscheinungsformen von Armut thematisiert werden.

»Aaron ist fünf und schon in der dritten Kita. Wegen seines aggressiven Verhaltens anderen Kindern gegenüber wurde er immer wieder weitergereicht. »Hier in der Kita reden sie mit mir und schmeißen mich nicht raus«, sagt Aaron und versteht schon, dass er hier so sein und bleiben kann wie er ist. Aaron wächst in einem sozial belasteten Haushalt auf. Er hat keinen eigenen Raum und lebt mit Eltern und mehreren Geschwistern in beengtem Wohnraum. Sich durchsetzen, das konnte er bisher nur mit Gewalt.

Meren ist immer hübsch gekleidet. Ihre Eltern sind immer freundlich und beteiligen sich viel bei Aktionen in der Kita. Bei Ausflügen aber möchte Meren neuerdings nicht mehr mitkommen oder wird an diesem Tag abgemeldet. Darauf angesprochen erzählt sie ihrem Erzieher Patrick, dass sie sich schämt, weil sie keinen schönen neuen Rucksack besitzt wie ihre Freunde. Sie möchte deshalb auch lieber nicht mit zum Ausflug kommen. Armut sieht man Merens Familie nicht an. Merens Eltern geben, wie die meisten Eltern, alles für ihre Kinder. Sie leben in einem Einfamilienhaus, doch seit ein paar Monaten haben beide Eltern keine Arbeit mehr. Die Lebensumstände für Merens Familie haben sich von heute auf morgen verändert. Jetzt reicht das Geld manchmal nicht, damit Meren so wie andere Kinder teilhaben kann.«[85]

4. Lesen Sie die folgende Typologie von Armutslagen nach Uta Meier-Gräwe.[86] Darin wird deutlich, wie unterschiedlich sich Armut in der Realität zeigt. Diese Typologie kann helfen, die Situationen von Familien in Armutslagen besser zu verstehen und die Verhaltensweisen ihrer Kinder im Alltag der Kita besser einordnen zu können. Diskutieren Sie in Ihrer Gruppe, mit welchen unterschiedlichen Handlungsstrategien eine Kita auf diese Typen von Armut jeweils reagieren könnte.

Typ 1: Die verwalteten Armen
»Dieser Armutstyp ist durch das soziale Phänomen einer generationsübergreifenden Armut charakterisiert. Seine Repräsentant/innen verfügen über vielfältige und langjährige Erfahrung und Routine im Umgang mit Armut, aber auch mit den Behörden und Institutionen, die – verwaltungstechnisch gesehen – für diverse Probleme von verstetigter Armut zuständig sind. Umgekehrt sind diese Haushalte in den entsprechenden Einrichtungen seit langem bekannt. Ohne institutionelle Netzwerke gelingt die Alltagsbewältigung kaum noch. Typisch sind regelmäßige Kontakte zum Allgemeinen Sozialen Dienst (ASD) oder zu Vertreter/innen der sozialpädagogischen bzw. haushaltsbezogenen Familienhilfe, um die Eltern-Kind-Beziehungen zu stabilisieren oder die Grundversorgung des Haushalts zu gewährleisten. Charakteristisch sind vergleichsweise niedrige Alltagskompetenzen und eine eher geringe Erwerbsorientierung. Man trifft auf das Phänomen ›entglitterner‹ Zeitstrukturen; es bereitet den Betreffenden oftmals schon Mühe, zwei bis drei Termine pro Woche zu koordinieren. Als Eltern sind die Erwachsenen weder mental noch alltagspraktisch in der Lage, ihren Kindern Daseinskompetenzen wie Bindungs- und Konfliktfähigkeit, Durchhaltevermögen, emotionale Stabilität oder haushälterische Grundkompetenzen zu vermitteln. Selbst bei gutem Willen besteht eine ausgeprägte Hilflosigkeit, den Kindern zu einem Schulerfolg zu verhelfen, was angesichts der problematischen elterlichen ›Schul- und Ausbildungskarrieren‹ kaum überraschen kann.«

Typ 2: Die erschöpften Einzelkämpferinnen und -kämpfer
»Typ 2 umfasst sowohl alleinerziehende Eltern als auch Paare mit Kindern. Er zeichnet sich durch eine überproportionale Arbeitsbelastung im Familien- und Berufsalltag aus, ohne jedoch in Berufen wie Bürokauffrau oder Verwaltungsangestellter im einfachen öffentlichen Dienst ein Einkommen oberhalb des soziokulturellen Existenzminimums zu erreichen (›Working poor‹). Neben einer hohen Arbeitsbeanspru-

---

85 URBAN, Armutssensibles Handeln von pädagogischen Fachkräften, 1.
86 Vgl. MEIER-GRÄWE, UTA, Jedes Kind zählt – Bildungsgerechtigkeit für alle Kinder als zukunftsweisende Aufgabe einer vorsorgenden Gesellschaftspolitik. Expertise im Auftrag der Bertelsmann Stiftung, Gütersloh 2006, 17ff.

chung führen zudem Krankheiten und deren Folgen zu chronischen Erschöpfungszuständen – oft verbunden mit der Erfahrung, auch von offizieller Seite ›alleingelassen‹ zu werden. Es handelt sich um Haushalte, die den Alltag für sich und ihre Kinder mit den vergleichsweise niedrigsten Äquivalenzeinkommen bewältigen müssen. Armutslagen treten in der Regel als Folge eines ›kritischen‹ Lebensereignisses wie Trennung bzw. Scheidung auf, aber auch als Folge der Geburt eines (weiteren) Kindes. Der Umgang mit Armut ist selten als generationsübergreifende Erfahrung vorhanden, ebenso wenig der Umgang mit den zuständigen Ämtern und Einrichtungen der Kinder- und Jugendhilfe.«

Typ 3: Die ambivalenten Jongleurinnen und Jongleure
»Bei den Repräsentant/innen dieses Typs handelt es sich um Menschen, die familienbiografisch zumindest durch sequenzielle Erfahrungen mit Armut geprägt sind. Sie besaßen aber objektiv betrachtet durchaus Handlungsoptionen, ihre Lebenssituation entweder zu verbessern oder zu ihrem Nachteil zu verändern. Psychologisch begründbare ambivalente Persönlichkeitsstrukturen münden in Verhaltensweisen, die üblicherweise als unvernünftig bezeichnet werden. Es werden hohe Kredite aufgenommen, ohne in hinreichendem Maße die damit verbundenen finanziellen Verpflichtungen zu bedenken, die das für die Zukunft nach sich zieht. Es dominieren Verhaltensmuster, diese Konsequenzen zu verdrängen oder man setzt auf das Prinzip ›Hoffnung‹, dass sich schon alles zum Guten wenden werde. Auffällig ist des Weiteren, dass trotz einer bestehenden Überschuldung des Haushalts keine Hilfe bei der Schuldnerberatung gesucht wird, obwohl die Überschuldungssituation teilweise bereits hoffnungslos unübersichtlich ist und psychisch durchaus als belastend empfunden wird. Es werden vergleichsweise teure Wohnungen angemietet, die allerdings voraussetzen, dass der befristete Arbeitsplatz in einen unbefristeten verlängert wird oder dass sich eine andere Erwerbsmöglichkeit eröffnet, was jedoch mit einem erheblichen Risiko behaftet ist. Ausbildungen werden kurz vor dem Berufsabschluss abgebrochen, ohne sich zu vergegenwärtigen, dass sich damit die Bedingungen auf einen Einstieg in das Erwerbsleben massiv verschlechtern.«

Typ 4: Die vernetzten Armen
»Das hervorstechende Charakteristikum der vernetzten Aktiven besteht in ihrem Eingebundensein in ein unterstützendes familiales Netzwerk und/oder in ihrer Fähigkeit, institutionelle Hilfen selbstbewusst und aktiv in ihren Alltag zu integrieren. Darunter befinden sich alleinerziehende Mütter, die studieren oder ein Studium absolviert haben. Obwohl sie, insbesondere durch das Verhalten der Kindesväter, schwere persönliche Enttäuschungen verkraften mussten, zeigen sie als Sozialhilfe beziehende Mütter ein gewisses Selbstbewusstsein und sind in der Lage, ihre Situation nicht als individuelles Versagen zu deuten, sondern den Alltag mit ihren Kindern bestmöglich zu gestalten. Sie nehmen die Sozialhilfe als ein ihnen zustehendes Grundrecht in Anspruch und loten die Möglichkeiten, die das Bundessozialhilfegesetz zur Verbesserung ihrer Lebenssituation bietet, kenntnisreich aus. Über die gängigen Hilfen der Sozial- und Jugendhilfe hinaus mobilisieren sie, wenn es erforderlich wird, auch andere kommunale Akteur/innen, darunter Frauenbeauftragte

oder Kommunalpolitiker/innen, wenn sie auf den einschlägigen Verwaltungswegen scheitern. [...] Der Alltag der Repräsentant/innen des Typs 4 ist zwar ebenso wie der der verwalteten Armen, der erschöpften Einzelkämpfer/innen und der ambivalenten Jongleur/innen durch eine Vielzahl von Problemen gekennzeichnet. Diese bewältigen sie aber aufgrund der ermutigenden und verlässlichen Unterstützung durch familiale Bezugspersonen sowie über die Mobilisierung von institutionellen Hilfen vergleichsweise gut. Hinzu kommt, dass es sich um stabile Persönlichkeiten mit Selbstbewusstsein und einem hohen Energiepotenzial handelt. Sie besitzen vielfältige Daseins- und Alltagskompetenzen und hatten überdies häufig das Glück, selbst in einem unterstützenden und gedeihlichen Umfeld aufgewachsen zu sein.«

5. Prüfen Sie mithilfe von Internetrecherchen nach, was sich im Zuge der »Agenda 2010« im deutschen Sozialhilferecht verändert hat. Hat sich Ihrer Meinung nach die Situation armer Familien verbessert?
6. Besorgen Sie sich das Bilderbuch *Was ist los mit Marie?* (Diözesan-Caritasverband für das Erzbistum Köln e. V. (Hg.), Autoren: Stefan Gemmel, Sonja Piechota-Schobs, Köln 2004, 9,90€)

In diesem Buch geht es um Marie, die mit viel Mühe versucht zu verbergen, dass ihren Eltern das Geld fehlt, um sie an allem teilnehmen zu lassen, was der Kindergarten an Aktivitäten bietet. So ist sie bald in eine Außenseiterrolle geraten. Heute, am Spielzeugtag, eskaliert die Situation, als Tom Marie mit der Frage konfrontiert, warum sie eigentlich so anders ist als die anderen.

- Lesen Sie das Bilderbuch vor dem Hintergrund dessen, was hier über die gesellschaftlichen Herausforderungen und die pädagogischen Handlungsmöglichkeiten im Kontext von Armut geschrieben wurde.
- Ist es aus Ihrer Sicht den Autor/innen gelungen, das komplexe Thema Armut Kindern nahe zu bringen?
- Ist das Bilderbuch aus Ihrer Sicht eine Hilfe für Kita-Kinder aus armen Familien?
- Was würden Sie anders machen und warum?

Literatur

Bundesministerium für Arbeit und Soziales (Hg.), Lebenslagen in Deutschland. Armuts- und Reichtumsberichterstattung der Bundesregierung. Der fünfte Armuts- und Reichtumsbericht der Bundesregierung. Kurzfassung, Bonn 2017.
Hock, Beate/Holz, Gerda/Kopplow, Marlies, Kinder in Armutslagen. Grundlagen für armutssensibles Handeln in der Kindertagesbetreuung (WiFF Expertisen 38), München 2014.
Holz, Gerda, Armut von Mädchen und Jungen in Deutschland – Definition, Umfang, Wirkung und Handlungsansätze, in: KinderTageseinrichtungen aktuell, KiTa spezial 4 (2006), 4–8.
Kohl, Steffen, Armut von Kindern im Lebenslauf. Ursache und Folgen für das subjektive Wohlbefinden, in: Bertram, Hans (Hg.), Reiche, kluge, glückliche Kinder? Der UNICEF-Bericht zur Lage der Kinder in Deutschland, Weinheim u. a. 2013.
Kone, Gabriele, Armutssensibles Handeln in der Kita, in: Welt des Kindes 1 (2019), 16–19.
Laubstein, Claudia/Holz, Gerda/Seddig, Nadine, Armutsfolgen für Kinder und Jugendliche. Erkenntnisse aus empirischen Studien in Deutschland, Gütersloh 2016.

Meier-Gräwe, Uta, Jedes Kind zählt – Bildungsgerechtigkeit für alle Kinder als zukunftsweisende Aufgabe einer vorsorgenden Gesellschaftspolitik. Expertise im Auftrag der Bertelsmann Stiftung, Gütersloh 2006.

Möller, Rainer, Armutssensible Inklusionspädagogik – Auf dem Weg zu einem erweiterten Verständnis von Inklusion, in: Pithan, Annebelle/Wuckelt, Agnes (Hg.), Krise und Kreativität. Eine Suchbewegung zwischen Behinderung, Bildung und Theologie (Forum für Heil- und Religionspädagogik 8) Münster 2015, 104–116.

Tophoven, Silke/Lietzmann, Thorsten/Reiter, Sabrina/Wenzig, Claudia, Armutsmuster in Kindheit und Jugend. Längsschnittbetrachtungen von Kinderarmut, Gütersloh 2017.

Urban, Sabine, Armutssensibles Handeln von pädagogischen Fachkräften, in: KiTa Aktuell ND 2 (2018), 28-31.

Weiß, Hans, Entwicklungsgefährdete Kinder in Armut und Benachteiligung – der Beitrag der Frühförderung, in: Vierteljahresschrift für Heilpädagogik und ihre Nachbargebiete 3 (2008), 212–225.

5. Religionsdidaktische Methoden für die Arbeit mit Kindern: Einführung

Clauß Peter Sajak

Der Begriff der Methode stammt ursprünglich aus der griechischen Sprache: »methodos« bedeutet im weiteren Sinne »auf dem Weg sein«. Methoden sind also Wege, auf denen sich Lernende ausgewählte Lerngegenstände aussuchen und erschließen können. Hilbert Meyer definiert Methoden als »Formen und Verfahren, die zur Aneignung von Wirklichkeit dienen«[1]. Er gliedert diese in seinen einschlägigen Beiträgen zur Methodenlehre in drei Kategorien, die er als Makro-, Meso- und Mikromethodendimensionen bezeichnet. Dabei versteht er unter Makromethodik die sog. Grundformen des Unterrichts, also den gemeinsamen Unterricht, die Freiarbeit, die Lehrgänge, die Projekte und das sog. Marktplatzlernen – also die Öffnung von einzelnen Klassen und Lernverbünden in die Schulöffentlichkeit hinein. Mit Mesomethodik werden dagegen die Sozialformen (Plenum, Gruppen-, Partner- und Einzelarbeit), die Handlungsmuster (Vortrag, Textarbeit, Gespräch etc.), die Verlaufsformen (Einstieg – Erarbeitung – Ergebnissicherung) und auch die Raumstruktur (Umgebung, Lernort, Lernwerkzeug etc.) bezeichnet. Unter Mikromethodik versteht Meyer schließlich die Operatoren und Inszenierungstechniken, mit denen der Kommunikationsprozess zwischen Lehrenden und Lernenden konkret gestaltet wird.[2] Diese inzwischen breit rezipierte Definition von Methoden wurde in den Erziehungswissenschaften entwickelt und hat für alle Fächer und Fachdidaktiken im schulischen Kanon Gültigkeit. Für das religiöse Lernen in der Elementarphase lässt sich eine spezifische Methodenlehre konzipieren, die sich aus dem in diesem Arbeitsbuch grundgelegten Konzept einer religionssensiblen und alltagsintegrierten religiösen Bildung ergibt. Denn die hier verwendeten Methoden fördern und unterstützen das Vermittlungsgeschehen zwischen Lernenden und den Lerngegenständen *im Kontext konkreter Lernsituationen im Alltag* der Kindertageseinrichtung. Von den etablierten und bewährten Verfahren sollen im Folgenden die sechs in unserem Zusammenhang wichtigsten Methoden vorgestellt werden: die sog. Kindertheologie und Kinderphilosophie (5.1.), das Erkunden religiöser Orte (5.2.), das Erzählen und Gestalten von Glaubensgeschichten (5.3.), die musisch-ästhetischen Zugänge (5.4.), und die Entwicklung von Ritualen (5.5.) sowie das Einüben von Stille und Achtsamkeit (5.6.).

---

1 MEYER, HILBERT, Leitfaden Unterrichtsvorbereitung, Berlin ⁴2009, 45.
2 Vgl. ebd., 13.

5.1. Kindertheologie und Kinderphilosophie

Angela Kunze-Beiküfner

A. Einführung

1. Kinderphilosophie und Kindertheologie

Dass die Philosophie und die Theologie nicht nur an der Universität verortet sind, sondern heutzutage auch Kinder im Kindergarten ganz selbstverständlich als kleine Philosophinnen und Theologen bezeichnet werden, hängt mit einer Entwicklung zusammen, die in den 1970er Jahren in den USA begann. Damals begann der Philosophie-Professor Matthew Lippmann Kindergeschichten zu verfassen, die zu philosophischem Denken anregen sollten, da er bei seinen Philosophiestudierenden ein Grundlagenwissen vermisste. Er entwickelte mit seinen Büchern eine Philosophie *für* Kinder. Im Jahr 1980 publizierte dann der Philosophieprofessor Gareth Matthews Gesprächsbeispiele *von* und *mit* Kindern, um zu belegen, dass Kinder Fragen stellen und Gedanken äußern, die philosophisch sind und dass auch akademische Philosophen von Kindern einiges lernen können, da Philosophie immer mit Grundfragen zu tun hat, die Kinder in den ersten Lebensjahren intuitiv und unbefangen stellen.

Iris Großgasteiger und Dietrich Arnold beschreiben den Prozess des Philosophierens folgendermaßen: »Während eines Problemlösezyklus gilt es, möglichst viele Frage zu stellen, Implikationen deutlich zu machen, selbstreflexiv eigene Fähigkeiten und Verhaltensweisen einzuschätzen und unterschiedliche Problemlösungsstrategien einzusetzen [...]. Durch spezifische Fragen durch die im Philosophieren ausgebildete Fachkraft kann das Gespräch die verschiedenen Richtungen einschlagen und einen Wechsel zwischen einzelnen Strategien anregen. Die Lenkung innerhalb eines philosophischen Prozesses sollte dabei so dosiert erfolgen, dass das Ziel der eigenaktiven Verantwortungsübernahme der Kinder nicht konterkariert wird.«[3]

Als ein Beispiel für philosophisch-theologische Fragen eines 7-jährigen Mädchens ist hier ein Zettel dokumentiert, auf den das Mädchen vor dem Einschlafen seine Fragen notiert hat:[4]

---

3 GROSSGASTEIGER, IRIS/ARNOLD, DIETRICH, Stark durch Worte? Kinder philosophieren als Beitrag zur Resilienzförderung, in: Hidalgo, Oliver/Rude, Christophe/Wiesheu, Roswitha (Hg.), Gedanken teilen. Philosophieren in Schulen und Kindertagesstätten. Interdisziplinäre Voraussetzungen – Methodische Praxis – Implementation und Effekte, Berlin 2011, 332–351, hier 342.

4 Vgl. KUNZE-BEIKÜFNER, ANGELA, Theologisieren mit Kindern im Kindergarten. Kommunikation des Evangeliums im Kontext religionssensibler Bildung und Begleitung, in: Schlag, Thomas/Roose, Hanna/Büttner, Gerhard (Hg.), Was ist für die der Sinn? Kommunikation des Evangeliums mit Kindern und Jugendlichen, Stuttgart 2018, 103–113, hier 111.

> Ist der Tod ewig?
> Und wenn nicht, was passiert nach dem Tod?
> Wie viele Jahrtausende wird es noch geben?
> Wesshalb echsestiere ich überhaubt?
> Warum binn ich eigentlich ich?
> Warum, entstand das eigentlich alles: Gott, die Welt und alles was die Welt umgibt?
>
> Jasmin, 9 Jahre alt

Diese sogenannten »Grundfragen des Lebens« sind existentielle Fragen, die jeden Menschen ab einem Alter von ca. 4 Jahren immer wieder beschäftigen – bis zum Ende des Lebens. Es gehört zum Menschsein dazu, sich diese bedeutungsvollen, aber eigentlich unentscheidbaren Fragen zu stellen. Im Umgang mit diesen Fragen sollten Erwachsene die Kinder einfühlsam und ermutigend begleiten und sich mit ihnen gemeinsam auf eine Antwortsuche begeben.

Fragt man aber nach den Unterschieden zwischen dem Philosophieren und dem Theologisieren, dann wird häufig auf die Haltung des Glaubens hingewiesen, die zum Theologisieren dazu gehört, und auf die unterschiedliche Methodik. In diesem Sinne formuliert auch Sabine Pemsel-Maier den Unterschied: »Philosophie heißt so viel wie »Liebe zur Weisheit«, Theologie ist »Rede von Gott«. [...] Steht beim Philosophieren das eigene Nachdenken im Mittelpunkt, bezieht Theologisieren christliche bzw. biblische Inhalte mit ein. Kann beim Philosophieren die Meinung der Erzieherin ins Spiel kommen, muss aber nicht, ist beim Theologisieren stärker die persönliche Überzeugung gefragt. Hat das Philosophieren eine strenge Methodik ausgeprägt, die vor allem an der Arbeit an und mit Begriffen orientiert ist, hat sie die Kindertheologie in dieser Form nicht übernommen.«[5]

Ebenso wie beim Philosophieren ist auch beim Theologisieren der Ausgangspunkt im Sinne der Subjektorientierung das einzelne Kind mit seiner jeweils bereichsspezifischen Entwicklung. Im Elementarbereich ist daher ein weit gefasstes Verständnis der Kindertheologie zu finden, welches die Nähe zur Kinderphilosophie und zum interreligiösen Lernen betont und sich weniger zielorientiert versteht. Silvia Habringer-Hagleitner betont beispielgebend: »Die Kinder in ihrer Kompetenz als Theologinnen und Philosophinnen zu achten und sich ernsthaft mit ihnen ausei-

---

5 PEMSEL-MAIER, SABINE, Was ist und will Kindertheologie und Kinderphilosophie? in: IRP Erleben & Erfahren. Sinn, Werte und Religion in Kindertageseinrichtungen. Mit Kindern über Gott reden. Theologisieren im Elementarbereich 3 (2011), 14–17, hier 16.

nanderzusetzen, ist ein wichtiger Dienst an zukünftigen reifen Persönlichkeiten. Ein solches Theologisieren mit Kindern kann über die Religionsgrenzen hinweg geschehen, es kann für alle in der Gruppe von Interesse sein, was beispielsweise die muslimischen Kinder über Allah oder ein Leben nach dem Tod denken und was christlich geprägte Kinder dazu sagen.« Habringer-Hagleitner plädiert für ein »offenes Gespräch, das viele Vorstellungen zulässt und die Rede von Gott nicht abschließend einer bestimmten Wahrheit zuführen will«[6].

In der Bewegung der »Kinderspiritualität« hat die Kindertheologie eine weitere wichtige Wurzel. Ein wichtiger Vorbereiter der Perspektive auf die Kinder als »kleine Theologinnen und Theologen« ist der Kinderpsychiater Robert Coles. Er hat ab 1978 mit Kindern aus verschiedenen Erdteilen und unterschiedlicher kultureller und religiöser Herkunft Gespräche über ihre religiösen Vorstellungen geführt. Zusammenfassend beschreibt Coles die Kinder »als spirituelle Wesen«, die sich in vielfältiger Weise mit religiösen Themen auseinandersetzen und eine eigene »komplexe Theologie« entwickeln können.[7]

Beispiel für Kinderspiritualität: Dokumentiertes Gespräch am Frühstückstisch im Kreise der Familie, V = Vater, M = Mädchen, 5 Jahre alt[8]

- M: In meinen Gedanken und in meinen Geheimnissen kann ich Gott und die Engel sehen.
- V: So? Ist Gott ein Mann oder eine Frau?
- M: Nein, der ist doch kein Mensch. Das kann ich nicht beschreiben, aber fühlen kann ich es. Das Gefühl ist richtig hell und gesund und fröhlich. Es ist wunderbar, wenn man es spürt. *(Pause, Blick zum Vater)* Die Erwachsenen können das nicht sehen, die spüren nicht ihre Gedanken. Die spüren auch nicht, dass Kinder viele Geheimnisse entdeckt haben. Alle Kinder können Gott und die Engel sehen.

Im deutschsprachigen Raum setzt sich u. a. Anton Bucher besonders dafür ein, die Kindertheologie zu erweitern und auch die Kinderspiritualität als spirituelle Intensiverfahrungen von Kindern in den Blick zu nehmen, da diese einer Theologie von Kindern vorausgeht und diese überhaupt erst ermöglicht. Bucher vermutet, dass »spirituelle Intensiverfahrungen von Kindern [...] ihr authentisches und spontanes Theologisieren stärker beflügeln als beispielsweise katechetische Belehrung.«[9] Ein Kennzeichen der Kinderspiritualität ist, dass sie umfassender und grundlegender als die Religiosität ist. Sie wird als ein dem Menschen angeborenes Potential des Bewusstseins für Verbundenheit (connectedness) bezeichnet, »das sowohl inner-

---

6 HABRINGER-HAGLEITNER, SILVIA, Zusammenleben im Kindergarten. Modelle religionspädagogischer Praxis, Stuttgart 2006, 335f.
7 Vgl. COLES, ROBERT, Wird Gott nass, wenn es regnet? Die religiöse Bilderwelt der Kinder, München 1994.
8 Vgl. KUNZE-BEIKÜFNER, ANGELA, Was ist Kindertheologie, in: RPP 2 (2009), 3f.
9 BUCHER, ANTON, Spirituelle Intensiverfahrungen mit Kindern, in: Bucher, Anton u. a. (Hg.), »Man kann Gott alles erzählen, auch kleine Geheimnisse«. Kinder erfahren und gestalten Spiritualität, Stuttgart 2007, 18–36, hier 18f.

halb religiöser Traditionen als auch an den Rändern und außerhalb von ihnen gelebt werden kann.«[10]

2. Dimensionen der Kindertheologie

Die Kindertheologie wurde im deutschsprachigen Raum explizit Anfang der 1990er Jahre durch Publikationen von Anton Bucher in die religionspädagogische Diskussion eingebracht. Auch in der Kindertheologie wird differenziert in eine Theologie für Kinder und in eine Kindertheologie von und mit Kindern. Vor allem im Zusammenleben im Alltag der Kindertagesstätte gibt es aber noch eine vierte Dimension: Das Theologisieren zwischen Kindern, ohne dass Erwachsene am Gespräch beteiligt sind. Je nachdem, welche Form der Kindertheologie gerade vorliegt, hat die pädagogische Fachkraft ihre Rolle den entsprechenden Anforderungen anzupassen und zu modellieren (FK = pädagogische Fachkraft):

Beispiele für die verschiedenen Dimensionen der Kindertheologie:[11]

Theologie von Kindern – spontane Äußerungen, im Alltag dokumentiert:

- L (6): Der liebe Gott ist wie eine liebe Mutter, die früh ihre Kinder auf den Spielplatz zum Spielen schickt und am Abend ruft sie sie wieder rein.
- T (4) singt, hinten auf dem Rad sitzend: Ich bin so froh, Gott ist so lieb, meine Mama zieht mich groß. Alle alle Menschen haben mich lieb. Alle freuen sich, wenn ich komme, weil ich so lieb bin. Meine Mama hat mir den Namen Tina gegeben. Alle freuen sich, wenn ich komme. Der Opa springt in die Luft. Gottes Liebe ist so groß!
- H (5): Ich habe alle Menschen lieb, auch die, die ich nicht kenne. Ich habe die Liebe Gottes in mir. Ich bin nämlich wie Gott – ich mache ja mit Gott mit. Gott hat das zu mir gesagt.
- T (5): Mama, ich weiß, was das zu Hause von Gott ist. Das zu Hause von Gott ist der Mensch.
- A (3): A gräbt ein Loch im Rasen. Dazu sagt sie: Ich grabe ein Loch zu Gott. Der ist in der Erde. Der hat doch die ganze Welt in seiner Hand.

Theologisches Gespräch zwischen Schwestern, L = 4 Jahre, M = 7 Jahre

- L: Den Weihnachtsmann gibt es nicht! (Pause)
- M: Ne? Den gibt's wohl nicht. Und Jesus gibt's auch nicht mehr.
- L: Nee, der ist schon lange tot. Das weiß jeder. (Pause)
- M: Und die Engel, die gibt's auch nicht?
- L: Nee! Die gibt's auch nicht!
- M: Aber den Gott, den gibt es!

---

10 Ebd., 22.
11 Alle Beispiele aus verschiedenen Publikationen der Autorin.

- L: Das weiß ich nicht! (Pause)
- M: Aber Maja (verstorbene große Schwester) und Opa (verstorbener Opa) spielen jetzt zusammen.
- L: Ja. Nein. Die sind doch nicht auf dem gleichen Friedhof begraben.

Theologisieren mit Kindern im Kindergarten: S = Mädchen 5 Jahre, O = Junge 5 Jahre, N = Mädchen 5 Jahre, E = Erzieherin

- O: Gott kann alles sehen.
- S: Gott ist im Himmel und schaut auf alle runter.
- O: Gott ist tot!
- S: Nein, das stimmt nicht!
- E: Wie kommst du darauf?
- O: Na gucke, wenn die Toten im Himmel sind und Gott im Himmel ist, dann muss er doch tot sein.
- E: Und kann er uns dann trotzdem sehen?
- O: Na klar, von soweit oben hat er eine gute Sicht.
- E: Du stellst dir vor, Gott ist tot, aber er kann uns trotzdem sehen, ja?
- N: Gott ist nicht geboren, da kann er auch nicht sterben. Der ist doch kein Mensch!
- E: Gott ist kein Mensch? Was ist Gott denn dann?
- N: Ich glaube, Gott ist wie ein großes unsichtbares Licht, dass uns immer begleitet. Und wenn unsere Eltern verloren gehen, dann beschützt uns Gott. Aber er beschützt uns auch so. Ist Gott größer als die Sonne?

Theologie für Kinder: Impuls einer Erzieherin:

- Als wir neulich in der Kirche waren, habt ihr gefragt, ob Gott in der Kirche wohnt. Manche Menschen sagen, Gott wohnt in einer Kirche (stellt eine Kirche in die Mitte). Manche Menschen sagen aber auch, Gott wohnt im Himmel (legt ein Sternentuch in die Mitte). Und manche Menschen sagen, Gott gibt es gar nicht (legt ein Fragezeichen in die Mitte). Und andere Menschen sagen, Gott wohnt im Herzen (legt ein Herz in die Mitte). Und es gibt auch Menschen, die sagen, Gott umgibt uns unsichtbar und ist immer um uns herum (legt eine durchsichtige Plastikkugel in die Mitte). Was denkt ihr, wo Gott ist?

Diese verschiedenen Beispiele zeigen schon, dass es für das Philosophieren und Theologisieren sehr unterschiedliche Settings gibt. Grundsätzlich lässt sich unterscheiden zwischen geplanten und ungeplanten theologischen und philosophischen Gesprächen.

3. Grundsätze des Philosophierens und Theologisierens

Grundsätzlich gilt, dass es beim Theologisieren nicht um schnelle Antworten auf Kinderfragen geht, sondern darum, dass sich Kinder und Erwachsene gemeinsam auf Antwortsuche begeben. Denn häufig handelt es sich bei den theologischen Themen um sogenannte unentscheidbare Fragen, die sich nicht eindeutig beantworten lassen.

Theologische Gespräche finden natürlich auch im häuslichen Rahmen statt, wenn die Familie offen dafür ist, oder unter Kindern, während sie miteinander spielen.

Wir unterscheiden zwischen einem von Erwachsenen initiierten Theologisieren mit Kindergruppen, für die ein Setting vorbereitet wird, und einem spontanen, sich auf Initiative der Kinder entwickelnden theologischen Gespräch.

Das Theologisieren und Philosophieren zielt darauf, das eigenständige philosophische und theologische Denken der Kinder anzuregen, zu fördern und zu begleiten. Sowohl das Philosophieren als auch das Theologisieren bewahrt die Kinder dabei nicht vor »schwierigen«, aber bedeutungsvollen Fragen, sondern ermutigt sie, sich mit diesen Fragen auseinanderzusetzen. Dies geschieht aus dem Wissen heraus, dass sich gerade Kinder im Kindergartenalter intensiv mit den sogenannten »großen« Fragen beschäftigen. Unterstützt durch die entwicklungspsychologischen Erkenntnisse in der Forschung zu Bildungsprozessen in der frühen Kindheit wurde das Philosophieren und Theologisieren mit Kindern auch für die (religions)pädagogische Arbeit in Kindertagesstätten seit Anfang der 2000er Jahre immer selbstverständlicher. In allen elementarpädagogischen Bildungsplänen, Bildungsprogrammen oder Orientierungsplänen der verschiedenen Bundesländer wird auf das Philosophieren und oft auch das Theologisieren mit Kindern eingegangen.

Folgende Grundsätze gilt es beim Philosophieren und Theologisieren zu beachten:

- Zweckfreiheit hinsichtlich eines konkreten inhaltlichen Ziels

Ein wesentliches Kennzeichen philosophischer und theologischer Gespräche mit Kindern im Kindergarten ist nicht die Unbestimmtheit des Inhalts, sondern die Prozesshaftigkeit des Gesprächs.

Aus den Impulsen der Kinder werden von der Gesprächsleitung immer wieder neue Impulse entwickelt – bis das Gespräch zu einem (vorläufigen) Ende kommt. Daher kann ein angestrebtes inhaltliches Ziel immer nur vorläufig und relativ offen formuliert werden. Diese Zweckfreiheit hinsichtlich des Vorhabens, beim Gespräch Inhalte vermitteln zu wollen, wird für das Theologisieren als ein wesentliches Kennzeichen festgehalten.

- Alltagsbasierte, ungeplante Gespräche als wichtige Form

Für alltagsbasierte Gespräche müssen nicht erst bestimmte Anlässe geschaffen werden, sondern der Alltag selbst ist die Grundlage, auf der Gesprächsanlässe wahrgenommen, gefördert und begleitet werden.

So kann sich ein Theologisieren und Philosophieren zwischen Kindergruppen und der pädagogischen Fachkraft auch spontan bei der gemeinsamen Mahlzeit, beim gemeinsamen Spazierengehen oder vor dem Mittagsschlaf entwickeln. Daher spielen beim Theologisieren und Philosophieren im Kindergarten nicht nur das geplante und angeleitete Gruppengespräch, sondern auch die ungeplanten, spontanen Gespräche von Kindern untereinander oder von Kindern mit Erzieherinnen eine wichtige Rolle.

Im Hinblick auf den Situationsansatz weist Dieter Sinhart-Pallin darauf hin, dass »bedeutsame Situation« auch eine philosophische Frage sein kann. »Sie aufzugreifen, ist das didaktische Kunststück, wobei die Erzieherin zuvor die Äußerung als im philosophischen Sinne bedeutsam (»schwierig«) erkannt haben muss. Von ihr wird also die Kompetenz des Verstehens gefordert.«[12]

- Ganzheitlicher, mehrdimensionaler Reflexionsbegriff

Das Philosophieren und Theologisieren wurde schon als ein Reflexionsvorgang beschrieben. Im Sinne einer weiten, für den Elementarbereich angemessenen Deutung bedeutet dies, dass von einem mehrdimensionalen Reflexionsbegriff ausgegangen wird, der die ganzheitlich-sinnorientierte Dimension des Wahrnehmens und Begreifens einschließt.

Die Methoden sind daher bestimmt durch die Grundsätze, dass Denken und Reden ebenso wichtig ist wie Wahrnehmen, Handeln und Gestalten. Die Erwachsenen sind vor allem in der Rolle, die Kinder aufmerksam zu beobachten, anregendes Material zur Verfügung zu stellen und dazu Impulse zu geben, die die Kinder dazu motivieren, ihre Gedanken zu äußern, ihnen Ausdruck zu verleihen. Daher sind auch der Sandkasten, das Freigelände, die Bau- oder die Puppenecke oder das Atelier geeignete Orte für das initiieren theologischer und philosophischer Gespräche. Es gibt viele Wege, das Philosophieren und Theologisieren ganzheitlich zu gestalten. Das Einbeziehen von Legematerialien, Bodenbildern, Bilderbüchern, Erzählkino, Musik, von Erzählfiguren oder einem Rollenspiel sind gut geeignete Methoden für Kindergartenkinder.

- Die Haltung der pädagogischen Fachkraft

Für das Gelingen theologischer und philosophischer Gespräche mit Kindergartenkindern ist die Haltung der pädagogischen Fachkraft von entscheidender Bedeutung. Zu den Gelingensfaktoren zählen:

- eine Beziehung zu den Kindern, die von Vertrauen und Achtung geprägt ist
- echtes Interesse an den Fragen der Kinder
- sensibles Eingehen auf die unterschiedlichen Herkunftskulturen und Religionen einschließlich atheistischer Positionen
- Staunen: Befremdliches darf als Fremdes stehen bleiben
- sichere Unterscheidung von entscheidbaren und unentscheidbaren Fragen
- Bereitschaft, sich selbst von den Gedanken der Kinder anregen zu lassen
- Akzeptanz der Unabgeschlossenheit und Fragmentarität solcher Gespräche
- Distanzierungsmöglichkeiten und Überwältigungsverbot

Beim Philosophieren und Theologisieren muss es immer die Möglichkeit geben, sich zu distanzieren und sich kritisch zu äußern. Kinder im Vorschulalter reflektieren durchaus die religiösen und kulturellen Unterschiede untereinander und können entscheidbare Fragen von unentscheidbaren Fragen unterscheiden, wie folgende Beispiele[13] zeigen:

---

12 SINHART-PALLIN, DIETER, »Wie ist die Welt gebaut?«, in: Kindergarten heute 8 (2006), 6–12, hier 8.
13 Aus der unveröffentlichten Sammlung der Autorin.

- J (6): Wer der wahre Gott ist, das kann man gar nicht wissen. Niemand weiß, wie Gott ist – vielleicht gibt es auch viele Götter. Wir wissen das immer nur, weil es unsere Eltern uns gesagt haben. Wir wissen ja auch nicht alles und die auch nicht. Wir können ja nur das glauben, was wir gesagt bekommen haben.
- D (5): Ich stelle mir vor, dass Gott bestimmt im Himmel ist. Das glaube ich mehr so, dass er im Himmel ist. Und jeder hat ja einen anderen Geschmack. Wir wissen ja nicht, wo er ist. Ich glaube, er ist im Himmel.

4. Gesprächsregeln und Frageformen

Regeln für die Gesprächsgruppe

- Alle dürfen ihre Meinung sagen – aber als persönliche Ansicht und nicht als allgemeine Wahrheit. Die Redezeit der Einzelnen darf nicht zu lang sein (evtl. eine große Sanduhr als Hilfe).
- Alle hören einander zu, lassen die anderen ausreden und respektieren die Positionen der anderen Gesprächsteilnehmer.
- Es wird zwischen entscheidbaren und unentscheidbaren Fragen differenziert. Beim Theologisieren geht es häufig um unentscheidbare Fragen. Darum wird keine Aussage, die in diese Kategorie fällt, mit »richtig« oder »falsch« bewertet.

Regeln für die Gesprächsleitung

- Die ermutigende und wertschätzende Haltung der Gesprächsleiterin drückt sich auch in ihrer Mimik, Gestik, Körperhaltung und Sitzform aus.
- Der Impuls für das Theologisieren sollte so offen sein, dass bei den Kindern das Interesse zum Weiterdenken angeregt wird (z. B. wird von einer Dilemmasituation erzählt – und die Kinder überlegen sich den Fortgang).
- Die Gesprächsleiterin erwartet nicht, dass die Kinder am Ende des Gesprächs zu bestimmten, von ihr angestrebten Deutungen und Aussagen kommen. Das Gespräch ist inhaltlich offen.
- Nach dem Gesprächsimpuls nimmt sich die Gesprächsleiterin zurück und hat vor allem eine moderierende und impulsgebende Rolle. Sie achtet darauf, dass sich alle Kinder beteiligen können.
- Die Gesprächsleiterin ist verantwortlich dafür, dass der rote Faden des Gesprächs nicht verloren geht – oder sie stellt sich spontan auf die neuen Themen ein.
- Die Gesprächsleiterin würdigt die Äußerungen der Kinder, indem sie ihnen aktiv zuhört (und das Gesagte wiederholt).
- Wertende Kommentare auf die Äußerungen von Kindern sind nicht angebracht. Dazu gehören auch positive Bemerkungen wie: Richtig. Genau. Stimmt. Super.
- Die Gesprächsleiterin ermutigt die Kinder zum Formulieren von eigenen Thesen.
- Die Gesprächsleitung bringt ihr eigenes Fachwissen nur ein, wenn es für den Fortgang des Gesprächs relevant ist.
- Denkpausen werden nicht zugeredet, sondern ausgehalten.
- Durch verschiedene Methoden wie z. B. durch den Einsatz von Erzählfiguren, das Angebot von Rollenspielen und Standbildern, der Gestaltung von Bodenbildern,

Zeichnungen und Skulpturen wird allen Kindern eine Beteiligung ermöglicht (s. o.).

Frageformen beim Philosophieren und Theologisieren

- Fragen, die impulsgebend sind: Was denkt ihr, wie es weitergeht? Warum hat Jesus diese Geschichte erzählt? Wie hättet ihr reagiert? Findet ihr das gerecht?
- Fragen, die Verstehensfragen sind: Wie hast du das gemeint? Kannst du das noch mal erklären?
- Fragen, die auf Widersprüche aufmerksam machen (z. B.: Du sagst, die Toten werden in der Erde begraben und du sagst, sie kommen in den Himmel. Geht auch beides? Oder: Du sagst, der Vater von Jesus ist Josef und du sagst, Gott ist der richtige Vater. Wer ist denn der Vater von Jesus?)
- Fragen, die zur Hypothesenbildung anregen: Kannst du das begründen? Denkst du, das ist immer so? Wie sollte es deiner Meinung nach sein? Könnte es auch anders sein?

Eine Erzieherin sagt resümierend über das Theologisieren:

»Theologisieren mit Kindern ist spannend, aber auch schwierig, weil man nie weiß, was kommt. Auch wenn man gut vorbereitet ist, kann man nie wissen, welche Gedanken die Kinder haben werden – und ob sie sich überhaupt beteiligen. Aber ich staune immer wieder über das, was dann von den Kindern kommt, das gibt mir selbst auch viel zu denken und zeigt mir, wie sie was verstanden haben von meinen Impulsen.«

B. Methodisch-didaktische Umsetzung – Impulse

1. Lesen Sie in verteilten Rollen eines der folgenden Gesprächsbeispiele laut vor.
Äußern Sie ihre spontanen Gedanken dazu.
Reden Sie darüber, was Ihnen bei den Kindern auffällt.
Lesen Sie die Gesprächsregeln und Frageformen (s. o.)
Lesen Sie das Beispiel ein weiteres Mal. Vergleichen Sie die Rolle der Erzieherin mit den Grundregeln. Wenn Sie Kritik an der Gesprächsführung haben, formulieren Sie Alternativen.
Lesen Sie ein weiteres Beispiel auf dieselbe Weise.

a) Beispiel für ein geplantes Gespräch mit Vorschulkindern:[14]

   Erz: Manche Menschen sagen, Gott wohnt in der Kirche, Was denkt ihr denn darüber?
   A: Ja, Gott wohnt in der Kirche.
   Erz: Du glaubst, Gott wohnt in der Kirche.
   B: Ich glaube Gott wohnt im Himmel. Weil das ja so in der Bibelgeschichte stand, glaube ich.
   C: Gott wohnt immer nur im Herzen – das hat meine Mama gesagt.

---

14 Gekürztes Transkript aus: KUNZE-BEIKÜFNER, ANGELA, Kindertheologisch-sensitive Responsivität pädagogischer Fachkräfte, Leipzig 2017, 452–557.

D: Ich habe Gott gesehen in meiner Kirche. (Beschreibt sehr umständlich, wen er gesehen hat. Bei »und er hat schwarze Kleider an« wird deutlich, dass er den Pfarrer meint.)

Erz: Du hast den Pfarrer gesehen. Er arbeitet in der Kirche. Warst Du auch schon mal dabei beim Gottesdienst, ja? Hat noch jemand eine andere Idee oder etwas dazu zu sagen?

C: Manche Menschen haben Gott schon draußen gesucht, aber Gott wohnt immer nur im Herzen – das hat meine Mama gesagt.

Erz: Und was denkst du?

C: Ich denke das auch so.

Erz: Kann Gott denn gleichzeitig im Himmel und im Herzen sein?

B: Ja.

Erz: Du wie macht er das?

B: Keine Ahnung.

Erz: Hast du eine Vorstellung wie er aussieht?

B: Ein weißes Gewand und schwarze Haare.

Erz: Und ist er ein Mann oder eine Frau?

B: (lacht) Ein Mann, sonst würde er ja nicht Gott oder Jesus heißen, sondern irgendeinen Mädchennamen haben.

E: Es gibt eigentlich nur ganz, ganz viele Götter. Hundert. Das habt ihr hier doch einmal im Morgenkreis erzählt. Hundert Namen, hundert Götter.

Erz: Da hast Du was missverstanden. Das war doch wie ganz viele Spitznamen für den einen Gott.

E: Mama sagt auch, es gibt ganz viele Götter.

Erz: Ja, manche glauben, dass es viele Götter gibt. Möchte noch jemand etwas sagen?

F: Ich glaube, Gott wohnt im Herzen und wenn der Mund auf ist, fliegt er wieder raus.

Erz: Und kommt er dann auch wieder zurück?

H: Vielleicht wenn alles vorbei ist.

I: Ich wollte noch sagen wie er aussieht. Ich glaube, Gott sieht aus wie wir alle.

Erz: Du denkst, Gott sieht so aus wie wir alle, ja?

I: Ja, und sogar mit den gleichen Haaren und mit den tausend Köpfen und tausend (unverständlich, lachen)

E: Ich glaube, Gott wohnt im Himmel, weil wo wir morgens hier ja noch gesungen und gespielt haben, da war ja immer – zum Morgengebet – Vater unser im Himmel, geheiligt werde dein Name und der Anfang war das ja Vater unser im Himmel und nicht Herzen.

Erz.: Gut überlegt.

E: Aber selbst gedacht habe ich auch in dem Herzen.

Erz.: Ah, Gott im Herzen, das würdest du dir selber denken.

A: Ich denke, Gott, es gibt zwei Gott, einmal im Herzen einen Gott und einmal im Himmel einen Gott. Können wir jetzt rausgehen und spielen.

Erz.: Möchte noch jemand etwas sagen? Ihr hattet viele spannende Ideen. Über manches habe ich selbst noch nie so nachgedacht.

b) Beispiel für ein ungeplantes Gespräch mit Kindern im Alter von 4–6 Jahren:[15]

E: Schon mal hab' ich einen toten Igel auf der Straße gesehen, den hat einfach ein Auto überfahren und dann lag der da und der hat richtig dolle geblutet. Und dann ist er gestorben.

---

15 Gekürztes Transkript, aus der unveröffentlichten Sammlung der Autorin.

L:	Ich hab' das auch schon mal gesehen und da hat jemand den in einen Beutel gepackt und eingebuddelt in der Erde und ist das auch so bei Menschen?
Erz.:	Ein gestorbener Mensch wird auch beerdigt. Aber er wird nicht einfach in eine Tüte gepackt.
L:	Er wird in einen Beutel gepackt und wird eingebuddelt. Ist das so auch bei Menschen?
Erz.:	Ein Mensch wir nicht einfach so in einen Beutel in die Erde gebuddelt. Nein. Aber begraben auf dem Friedhof werden Menschen.
E:	Ich habe noch eine Frage.
Erz.:	E., dann sag mal.
E:	Sind die gestorbenen Menschen Engel geworden?
Erz.:	Wir können ja mal ... Du brauchst ja nicht ...
M:	Die sind Sterne geworden.
Erz.:	Du musst ja nicht mich fragen. Frag doch mal die anderen Kinder.
M:	Die sind Sterne geworden, die Leute.
L:	Die Leute sind doch nicht Sterne geworden?!
Erz:	E hat gefragt, ob die gestorbenen Menschen Engel geworden sind. M sagt, gestorbene Menschen sind Sterne geworden und L sagt, sie sind nicht Sterne geworden.
N:	Die sind verbrannt geworden. Der Körper. Und die Asche ist nur im Grab drin.
Erz.:	Ja, das stimmt. Bei manchen Menschen ist das so.
M:	Bei Opa ist das passiert.
E:	Und das ist 'ne Urne.
Erz:	Manche Menschen kommen in einen Sarg und manche werden verbrannt und die Asche kommt in eine Urne.
S:	Die Seele kann man aber nicht sterben, die kommt in den Himmel.
Erz:	Ah. Könnte die Seele dann das sein, was M meint, was dann zum Stern wird oder was E meint, was dann zum Engel wird?

Kinder durcheinander: Ja. Nein. Vielleicht ...

Erz.:	Das ist eine spannende Frage. Jetzt haben wir nicht mehr viel Zeit, Darüber können wir noch mal in Ruhe reden: Was wird aus Menschen, wenn sie gestorben sind? Ich schreibe eure Frage auf und tue sie in unsere Fragebox. Seid ihr damit einverstanden?

c) Beispiel für ein ungeplantes Gespräch zwischen einer Erzieherin und einem vierjährigen Mädchen:[16]

G:	Gott hat ein Schloss, das heißt nämlich ein Wolkenschloss.
Erz.:	Aha.
G:	Und da hat er auch ein Kind.
Erz.:	Der hat auch ein Kind?
G:	Mhm.
Erz.:	Was hat er denn für ein Kind?
G:	Das gleiche wie der Gott.
Erz.:	Das Gleiche wie der Gott? Wer weiß denn wie das Kind vom Gott heißt?

Mehrere Kinder: Jesus.

G:	Der kommt manchmal auch runter und klingelt und dann kuschele ich immer mit dem und spiele mit dem.

---

16 KUNZE-BEIKÜFNER, ANGELA, Kindertheologie – Fragen und Antworten, in: Kett, Franz (Hg.), Jahrbuch 2014 Ganzheitlich-sinnorientiert erziehen und bilden. Suchen und Fragen, Gröbenzell 2014, 11–20, hier 14.

Erz.: Mit wem?
G: Na mit dem Gott.
Erz.: Mit Gott?
G: Und Jesus. Mit den Beiden.
Erz.: Aha.
G: Und dann kommen sie immer zu Besuch.
Erz.: Die kommen immer zu Besuch zu Dir? Was spielen die denn mit Dir?
G: Immer in meiner Puppenküche.
Erz.: In Deiner Puppenküche. Und wie findest du das?
G: Das ist schön!

Literatur

BUCHER, ANTON, Spirituelle Intensiverfahrungen mit Kindern, in: Bucher, Anton u. a. (Hg.), »Man kann Gott alles erzählen, auch kleine Geheimnisse«. Kinder erfahren und gestalten Spiritualität, Stuttgart 2007, 18–36.

COLES, ROBERT, Wird Gott nass, wenn es regnet? Die religiöse Bilderwelt der Kinder, München 1994.

GROSSGASTEIGER, IRIS/ARNOLD, DIETRICH, Stark durch Worte? Kinder philosophieren als Beitrag zur Resilienzförderung, in: Hidalgo, Oliver/Rude, Christophe/Wiesheu, Roswitha (Hg.), Gedanken teilen. Philosophieren in Schulen und Kindertagesstätten. Interdisziplinäre Voraussetzungen – Methodische Praxis – Implementation und Effekte, Berlin 2011, 332–351.

HABRINGER-HAGLEITNER, SILVIA, Zusammenleben im Kindergarten. Modelle religionspädagogischer Praxis, Stuttgart 2006.

KUNZE-BEIKÜFNER, ANGELA, Kindertheologie – Fragen und Antworten, in: Kett, Franz (Hg.), Jahrbuch 2014 Ganzheitlich-sinnorientiert erziehen und bilden. Suchen und Fragen, Gröbenzell 2014, 11–20.

KUNZE-BEIKÜFNER, ANGELA, Kindertheologisch-sensitive Responsivität pädagogischer Fachkräfte, Leipzig 2017.

KUNZE-BEIKÜFNER, ANGELA, Theologisieren mit Kindern im Kindergarten. Kommunikation des Evangeliums im Kontext religionssensibler Bildung und Begleitung, in: Schlag, Thomas/Roose, Hanna/Büttner, Gerhard (Hg.), Was ist für die der Sinn? Kommunikation des Evangeliums mit Kindern und Jugendlichen, Stuttgart 2018, 103–113.

KUNZE-BEIKÜFNER, ANGELA, Was ist Kindertheologie, in: RPP 2 (2009).

PEMSEL-MAIER, SABINE, Was ist und will Kindertheologie und Kinderphilosophie? in: IRP Erleben & Erfahren. Sinn, Werte und Religion in Kindertageseinrichtungen. Mit Kindern über Gott reden. Theologisieren im Elementarbereich 3 (2011), 14–17.

SINHART-PALLIN, DIETER, »Wie ist die Welt gebaut?«, in: Kindergarten heute 8 (2006), 6–12.

5.2. Religiöse Orte erkunden

Dorothee Fingerhut/Karolin Thater

A. Religiöse Orte als (inter-)religiöse Lernorte

1. Religiöse Orte als besonderer Lerngegenstand

Religiöse Orte wie Synagoge, Kirche und Moschee sind Gebäude, die sich häufig schon von außen von anderen Gebäuden im Straßen- oder Stadtbild abheben. Die hebräischen Schriftzeichen an der Außenfassade einer Synagoge, der Minarett-Turm mit seiner Galerie für den Muezzin (Gebetsrufer) oder der weite Kirchplatz mit dem Glockenläuten – sie alle irritieren im positiven Sinne unsere Alltagswelt. Tritt man erst einmal hinein, dann umfassen die religiösen Orte die Besucher schnell mit ihrer besonderen Atmosphäre: Größe, Höhe, Geruch, Gestaltung und häufig auch die Stille des Raumes beeindrucken. Auch religiöse Normen wie das Aufsetzen einer Kippa, das Ausziehen von Schuhen oder das Verbot von Speisen und Getränken zeigen beim Eintritt in den Raum, dass dieser sich von seinem Umfeld abgrenzt und man sich innerlich wie äußerlich auf die Begegnung mit etwas Besonderem, ja sogar Heiligem vorbereitet. Die religiösen Orte wirken dadurch andersartig, manchmal auch befremdlich und ganz bestimmt nicht alltäglich. Doch religiöse Orte *wirken* nicht nur auf die Menschen, sondern sie können auch etwas in ihnen *bewirken*. Egal ob Menschen religiös sind oder nicht, die Gotteshäuser können mit ihrer rätselhaften Aura ein Gefühl der Heiligkeit hervorrufen, sodass sie als »Einfallstor Gottes«[17] in unsere Alltagswelt bezeichnet werden können. Kinder haben aufgrund ihres magischen Denkens und ihrer mystischen Vorstellungen einen besonderen Zugang zu dieser numinosen, heiligen Aura religiöser Orte. Allerdings sind Synagoge und Moschee vom Selbstverständnis der Religionen her keine »heiligen Orte« im engeren Sinne, sondern beherbergen nur Elemente des Heiligen, wie den Toraschrein oder den Koran.

Alle drei Gotteshäuser verbindet, dass sie von Gläubigen für Gläubige gebaut wurden. Juden, Christen und Muslime treffen sich dort, um auf je eigene Art und Weise Gott anzubeten, religiöse Zeremonien und Gottesdienste zu feiern und die Gemeinschaft ihrer Religion zu erleben. Die Ausstattung der Räume ist auf diese religiöse Praxis hin abgestimmt.[18] Religiöse Orte erzählen demnach immer auch vom Glauben der Religionen. Die Ausrichtung der Gebetsnische in Richtung Mekka, der Toraschrein als zentrales Element des Synagogenraums oder das Taufbecken – sie alle laden ein, den

---

17 Sajak, Clauß Peter, Zum Thema: Gotteshäuser. Entdecken – Deuten – Gestalten, in: Sajak, Clauß Peter (Hrsg.), Gotteshäuser. Entdecken – Deuten – Gestalten, Braunschweig u. a. 2012, 9-12, hier 9.
18 Vgl. Brüll, Christoph/Ittmann, Norbert/Maschwitz, Rüdiger/Stopping, Christine, Synagoge – Kirche – Moschee. Kulträume erfahren und Religionen entdecken, München 2005, hier 26.

Glauben der jeweiligen Religion kennenzulernen. In Architektur, Bildern und Einrichtungsgegenständen haben verschiedene Generationen von Gläubigen Spuren hinterlassen, die für Kinder spannende, wissenswerte und erstaunliche Einblicke in fremde religiöse Welten eröffnen und mit ihnen auf vielfältige Art und Weise entdeckt werden können. Auch im Umfeld der Gebetsräume lassen sich weitere spannende religiöse Orte entdecken, wie z. B. Waschräume, Versammlungsräume und Friedhöfe.

Religiöse Orte sind aber mehr als ein Museum, das durch Ausstellungsobjekte informierend, distanziert und objektiv vom Glauben der jeweiligen Religion erzählen will. Kirche, Synagoge und Moschee sind Häuser mit einer Vielzahl an Bewohnern: Rabbi, Lektor, Muezzin, Imam, Priester und Pfarrerin, Küster und nicht zuletzt alle Gläubigen der Gemeinde. Als Orte des gelebten Glaubens und der Gemeinschaft laden sie dazu ein, mit den Bewohnern ins Gespräch zu kommen und so individuelle Glaubensgeschichten kennenzulernen. Als Orte religiöser und spiritueller Praxis werden religiöse Orte jedoch letztlich erst wirklich lebendig, wenn in ihnen in Gemeinschaft gebetet, gesungen, zugehört und gefeiert wird. Religiöse Orte sind also immer auch Räume des Erlebens und der Erlebnisse. In ihnen nimmt der Glaube in Riten, Körperhaltungen, Gesten, Gebeten, Gesängen, Rezitationen und Lesungen Gestalt an.

2. Von der Kirchenraumpädagogik zur Sakralraumpädagogik

Im Kontext religiöser Bildungsprozesse in Kindergarten, Schule und Gemeinde nimmt das Kennenlernen religiöser Orte einen zentralen Platz ein. In der christlichen Religionspädagogik hat sich seit den 1980er Jahren die Kirchenraumpädagogik als Teilbereich der Religionspädagogik fest etabliert. Beide großen christlichen Konfessionen haben dabei eine Didaktik der Kirchenraumerschließung entwickelt, die allerdings unterschiedlich bezeichnet wird: In der katholischen Religionspädagogik wird überwiegend von Kirchen*raum*pädaogik gesprochen, da es vorrangig um die Entdeckung des Kirchenraums als Ort des Gottesdienstes und des Kults geht. In der evangelischen Religionspädagogik hat sich der Begriff der *Kirchen*pädagogik durchgesetzt, geht es dieser doch nicht nur um die Erschließung des Kirchenraums, sondern auch darum, einen Zugang zur Gemeinde zu ermöglichen und religiöse Beheimatung zu ermöglichen. Trotz der begrifflichen Unterschiede verbindet beide Konfessionen jedoch das Ziel der didaktischen Bemühungen: Es geht der Kirchen(raum)pädagogik zum einen um eine Alphabetisierung, also dem sinnverstehenden Lesenlernen des Kirchenraums und dem darin zum Ausdruck kommenden Glauben. Zum anderen geht es kirchenraumpädagogischer Arbeit immer auch um die spirituelle Erfahrung, das Nachempfinden und Kennenlernen von den Formen religiöser Praxis, die im Raum aufgehoben sind.[19]

---

19 Vgl. HERBORN, DOROTHEE/ SAJAK, CLAUß PETER, Sakralraumpädagogik. Perspektiven für eine religionspädagogische Erschließung von Synagogen, in: Gärtner, Claudia/ Bettin, Natascha (Hrsg.), Interreligiöses Lernen an außerschulischen Lernorten. Empirische Erkundungen zu didaktisch inszenierten Begegnungen mit dem Judentum, Münster 2015, 45-56, hier 47-48.

Ihren Ursprung hat die Kirchenraumpädagogik in Norddeutschland, wo engagierte evangelische Christinnen und Christen eigene Konzepte zur Entdeckung und Erschließung von Kirchen entwickelten und im Rahmen lokaler und touristischer Angebote erprobten. Vorrangiges Ziel der kirchenpädagogischen Bewegungen der Anfangszeit war es, die zunehmend fremd gewordenen Kirchen wieder für mehr Menschen kulturgeschichtlich interessant und sinnenhaft spürbar zugänglich zu machen. Ähnliche kirchenraumpädagogische Formate wurden bis zur Jahrtausendwende dann ebenso in katholischen Kreisen und auch in anderen Regionen Deutschlands entwickelt. Im Jahr 2000 schlossen sich die verschiedenen Initiativen und Bewegungen im Bundesverband für Kirchenpädagogik zusammen. In Anlehnung an Konzepte der Museumspädagogik formulierte der Bundesverband in acht zukunftsweisenden und noch immer aktuellen Thesen die Ziele der Kirchen(raum)pädagogik, die ein Globalziel verfolgen: »Kirchenpädagogik will Kirchenräume für Menschen öffnen und den Sinngehalt christlicher Kirchen mit Kopf, Herz und Hand erschließen und vermitteln, um so Inhalte des christlichen Glaubens bekannt zu machen und einen Zugang zur spirituellen Dimension zu ermöglichen.«[20]

Die Erkundung von religiösen Orten anderer Religionen ist im Vergleich zum kirchenraumpädagogischen Arbeiten noch recht neu. Der vergleichende Zugang zu Synagoge und Moschee hat sich dabei zu einem beliebten und wichtigen Lerngegenstand im Rahmen interreligiöser Lernprozesse entwickelt. Anders als im Christentum, hat sich im Islam und Judentum jedoch eine eigenständige, am religiösen Raum orientierte Synagogen- bzw. Moscheepädagogik so noch nicht entwickelt. So werden unter dem Begriff der Sakralraumpädagogik seit einigen Jahren jene Ansätze gefasst, die den binnenchristlichen Raum verlassen und sich mit Wegen und Methoden der Erschließung und Erkundung von religiösen Orten anderer Religionen befassen. Dass eine solche Weitung der Perspektive hin zu den anderen Religionen heute unverzichtbar ist, leuchtet angesichts der gesellschaftlichen Herausforderungen und der theologischen Gemeinsamkeiten der Religionen ein. »Um Kinder [...] zu einer angemessenen Auseinandersetzung mit Religion(en) zu befähigen, ist es notwendig, dass sie lernen, heilige Räume in ihrer besonderen Bedeutung für diese zu begreifen.«[21]

3. Ziele und Grundprinzipien sakralraumpädagogischer Arbeit mit Kindern

In Anlehnung an das Globalziel der Kirchenraumpädagogik lässt sich das übergeordnete Ziel sakralraumpädagogischer Arbeit wie folgt formulieren: Sakralraumpädagogik lädt ein, religiöse Orte verschiedener Religionen sinnverstehend und ganzheitlich »lesen« zu lernen, um mit den Grundelementen der jeweiligen Religion bekannt zu machen. Sakralraumpädagogik lädt darüber hinaus dazu ein, die indivi-

---

20 THESEN ZUR KIRCHENPÄDAGOGIK, in: kirchenPädagogik. Zeitschrift des Bundesverbandes Kirchenpädagogik e.V. 1 (2002), 24-25. Online abrufbar: http://www.bvkirchenpaedagogik.de/fileadmin/user_upload/zeitschriften archiv/BVKP_Heft_2002-01.pdf
21 SAJAK, CLAUß PETER, Interreligiöses Lernen, Darmstadt 2018, 131.

duellen Glaubensgeschichten der Bewohner aufzuspüren und zu erschließen und die in den Räumen aufgehobenen Formen religiöser Praxis nachzuspüren und zu reflektieren. Sakralraumpädagogisches Arbeiten ist also immer ein erfahrungsbezogenes Arbeiten, das versucht Mensch und religiösen Ort in Beziehung zu bringen.

In didaktisch-methodischer Hinsicht orientiert sich die sakralraumpädagogische Arbeit mit Kindern analog zu den von Kindermann und Riedel formulierten Prinzipien der Kirchenraumpädagogik,[22] an drei Grundprinzipien: der Verlangsamung, der Leiblichkeit und Individualität und der Multidimensionalität des Raumes.

Verlangsamung
Sakralraumpädagogische Arbeit braucht Zeit. Will man Kindern die Möglichkeit eröffnen, religiöse Orte individuell wahrzunehmen, zu erkunden und sich von der besonderen Aura des Raumes ansprechen zu lassen, dann erfordert dies Zeit. Einzelne Handlungen, wie das Betreten eines heiligen Raums, gilt es dabei didaktisch bewusst zu entschleunigen und zu inszenieren. Mit der Verlangsamung geht einher, dass es bei der Erschließung von religiösen Orten nicht auf die Fülle der Inhalte, sondern die Tiefe des Wahrnehmens und Verstehens ankommt. Es gilt also die Faustregel – Weniger ist vor allem bei der Erkundung religiöser Orte mit Kindern mehr. Es sollte nicht darum gehen alle Einrichtungsgegenstände und Geschichten, eines religiösen Ortes umfassend kennenzulernen, sondern nur eine Auswahl.

Leiblichkeit und Individualität
Ein Blick in zentrale Methodenhandbücher der Kirchenraumpädagogik zeigt, dass es bei der Erkundung religiöser Orte um das Erspüren und Erfahren, das kreative Deuten und Entdecken, das Bewegen und körperliche Erleben geht.[23] Sakralraumpädagogische Arbeit ist also durch ein ganzheitliches Erleben mit allen Sinnen bestimmt. Dies gilt für alle Altersgruppen, doch für die Arbeit mit Kindergartenkindern in besonderer Weise. Bei der Erkundung von religiösen Orten sollten daher bewusst Impulse gegeben werden, die den Körper mit all seinen Sinnen ansprechen, um ein individuelles, sinnverstehendes und nachhaltiges Lernen zu ermöglichen: Farben und Formen sehen; Baumaterial und Gegenstände ertasten; Gesänge und Geschichten hören; in den Raum hinein sprechen und singen; die Länge und Größe des Raumes abschreiten; rituelle Körperhaltungen einnehmen. Kinder sind für diese sinnlichen Impulse sehr offen und oftmals weniger scheu als Erwachsene. Welche Impulse an dem jeweiligen religiösen Ort möglich sind, muss mit den Verantwortlichen vor Ort sensibel abgesprochen werden.

Multidimensionalität des Raumes
Zur Methodenvielfalt der Sakralraumpädagogik gehört zudem der Einbezug des Dialogs. Die Erkundung von religiösen Orten erfolgt organisatorisch meist dialo-

---

22 Vgl. KINDERMANN, KATHARINA/RIEGEL, ULRICH, Kirchenräume erschließen, in: Religionspädagogische Beiträge 70 (2013). 67-78, hier 70-73.
23 Vgl. RUPP, HARTMUT (Hg.), Handbuch der Kirchenpädagogik, Stuttgart 2006, 271-278.

gisch in Form einer Führung durch den jeweiligen Raum, die dann durch sinnenhafte Elemente unterbrochen oder gerahmt wird. Für Kinder gibt es in den heiligen Räumen viel Spannendes und Wissenswertes zu entdecken und die Kinder haben Fragen zur Bedeutung und zum Gebrauch der religiösen Einrichtungsgegenstände, die es zu beantworten gilt. Bei der Vielzahl der möglichen Themen, Elemente und Dimensionen religiöser Orte, gilt es eine Auswahl zu treffen und die Aufmerksamkeit und damit auch die Fragen der Kinder auf einen Bereich zu fokussieren. Mögliche Dimensionen des Raumes können Geschichte, rituelle Gegenstände und Praxis, Kunst und Architektur und Glaubensbiografien sein. Alle diese Dimensionen können Kindern erstaunliche Einsichten in die religiösen Orte der Religionen ermöglichen, dennoch bedarf es einer Auswahl.

Neben dem Dialog will sakralraumpädagogisches Arbeiten immer auch einen Zugang zur spirituellen und religiösen Dimension des Raumes eröffnen. Religiöse Orte sind Orte des Gebets, des Ritus, des Feierns und der Gemeinschaft. Die Herausforderung bei der Annäherung an diese Dimension des Raumes ist es, weder die Kinder zu religiösen Handlungen zu »zwingen« noch die religiösen Gefühle der Bewohner des religiösen Ortes zu verletzen. Es gilt also nach Formen zu suchen, die Kindern Einblicke in die religiöse Dimension des Raumes geben können ohne sensible Grenzen zu verletzen. Mit Blick auf andere Religionen können Kinder z. B. Gebete und Gesänge anderer Religionen beobachten und im Anschluss überlegen, wie diese auf sie selbst wirken. Sie können auch eine Gebetshaltung einnehmen und nachspüren, wie sie sich darin fühlen. Auch Stilleübungen in Verbindung mit Textimpulsen oder meditativen Impulsen können Kinder dazu anleiten, sich dem Heiligen religiöser Orte anzunähern.

4. Zur Erkundung religiöser Orte anleiten

Um zur Erkundung religiöser Orte anzuleiten, ist es wichtig, selbst mit den jeweiligen Orten in Beziehung zu treten. Wer sich selbst tastend, wahrnehmend und erkundend an einen religiösen Ort angenähert hat, der wird neue Impulse für die sakralraumpädagogische Arbeit mit anderen gewinnen und zu einer persönlichen Standortbestimmung gelangen. Daher werden bei der methodisch-didaktischen Umsetzung zunächst einmal Impulse zur eigenen Erkundung religiöser Orte vorgestellt. Die eigene Erkundung öffnet die Augen dafür, den religiösen Ort in einem zweiten Schritt mit Kinderaugen wahrzunehmen und bei der Planung von sakralraumpädagogischen Erkundungen für Kinder spannende und hilfreiche Elemente auszuwählen. Dabei gilt es allerdings zu beachten, dass die sakralraumpädagogische Arbeit mit Kindern nicht einfach eine »Verkleinerung« oder Simplifizierung der Erkundung religiöser Orte für Erwachsene ist.[24] Es wäre falsch die eigenen Empfindungen und Vorstellungen bei der Planung von Erkundungen für die Kinder zu

---

24 Vgl. LANGE-GECK, BRITTA, Kirchenraum mit Kinderaugen. Eine besondere Herausforderung für die Kirchenpädagogik, in: Loccumer Pelikan 1 (2005), 79-82, hier 79.

»übersetzen«. Kinder haben ihre eigenen Empfindungen, ihre individuellen Zugänge und ihre ganz eigene Art und Weise sich an den religiösen Orten zu bewegen. Dem sollte Beachtung geschenkt und Raum gegeben werden.

Die Gestaltung und Organisation von sakralraumpädagogischen Erkundungsreisen zu religiösen Orten erfordert im Vorfeld viel Zeit und Energie: Aufbau von Kontakten zu religiösen Orten, Vorbereitung und Durchführung der eigenen Erkundung, Planung und Organisation der Erkundung mit Kindern, Absprache mit den Vertretern vor Ort, Durchführung und Reflexion der Erkundung mit den Kindern. Doch erkundet man das erste Mal mit Kindern einen religiösen Ort, sieht die staunenden Gesichter, erlebt ihre Faszination für das fremde und heilige, registriert die Begeisterung beim ertasten, erspüren, besingen und hören, dann weiß man, dass sich all die Vorarbeit gelohnt hat. Viele Einrichtungen entwickeln mit der Zeit eigene Konzepte, die dann weitergetragen und weiterentwickelt werden.

B.   Methodisch-didaktische Umsetzung – Impulse

1. Religiöse Orte erkunden bedeutet ein In-Beziehung-Treten von Mensch und Raum. Nur wenn dieser Beziehung Raum gegeben wird und ein In-Kontakt-Treten gelingt, kann auch die so häufig intendierte religiöse Erfahrung am und durch den religiösen Ort möglich werden. Hierzu ist es unabdingbar, dass der religiöse Ort auf ganzheitliche Art und Weise, mit allen Sinnen erfasst und erlebt wird, sodass verschiedene Zugänge bei der Entdeckung eines religiösen Ortes ermöglicht werden müssen.

Entlehnt von den Prinzipien der Kirchenpädagogik empfiehlt sich auch beim Erkunden von religiösen Orten eine Annäherung von außen nach innen, die Förderung einer ganzheitlichen Wahrnehmung mit allen Sinnen, eine Deutung und eine Form der Darstellung.[25]

Ein diesen Prinzipien folgender Ablauf könnte wie folgt phasiert werden:
1. Sich einstimmen und vorbereiten
2. Den religiösen Ort von außen und innen wahrnehmen
3. Den Zugang oder die Schwelle überschreiten und einziehen
4. In der Mitte eine Entdeckung machen
5. Den Ort als spirituellen Raum einer Glaubensgemeinschaft wahrnehmen
6. Den religiösen Ort verlassen und ausziehen
7. Vertiefung und Nacharbeiten

In den jeweiligen Phasen bieten sich verschiedene methodisch-didaktische Zugänge und Leitgedanken an, die jeweils auf die Bedürfnisse der Zielgruppe abgestimmt werden müssen.

---

25 Vgl. RUPP, HARTMUT, Kirchenpädagogisches Handeln mit Kindern, in: Kirchhoff, Renate und Hartmut Rupp (Hrsg.), Religiöse und philosophische Bildung. Grundlagen für das Studium der Frühpädagogik, Materialien zur Frühpädagogik, Band 2, Freiburg 2008, 117-118.

Für die Arbeit mit Kindern gilt, dass für das Entdecken religiöser Orte Stilleübungen sowie das Einbinden von Liedern und Gesten der stark ausgeprägten Sensibilität von Kindern für diese Orte zuträglich sind und das kindliche Staunen und Entdecken aufgreifen und bestärken. Ebenso eignen sich aber auch gestalterische Zugänge, um ein Aktivwerden zu ermöglichen.

2. Auch ist die Verortung der Erkundung religiöser Orte in größeren Zusammenhängen sinnvoll. So lassen sich mithilfe der verschiedenen Geschichten und Überlieferungen, die ein religiöser Ort erzählt, beispielsweise gut mit der Entdeckung des Kirchenjahrs verbinden. So berichten häufig die Fenster einer Kirche von verschiedenen biblischen Ereignissen, die unser Leben im Kirchenjahr prägen (Fenstergeschichten). Ähnlich wie beim Erzählen mit dem Kamishibai oder der Erzählschiene können die hier dargestellten Bilder genutzt werden, um biblische Geschichten lebendig werden zu lassen. Neben den Kirchenfenstern erzählen aber auch andere Gegenstände an religiösen Orten von religiösen Geschichten. So eignen sich Altäre beispielsweise zum Erzählen und Erleben der Abendmahlüberlieferung.

Ebenso kann die Erkundung eines religiösen Ortes Bestandteil einer Themenreihe oder eines Projekts sein und muss nicht als rein kirchenpädagogisches Angebot verstanden werden. So lässt sich in den meisten Kirchen beispielsweise eine große Affinität zum Thema Wasser (Wasser und Wein, Taufwasser, Weihwasser) oder zum Thema Klangerlebnisse (Akustik und Hall, Glocken, Orgel) entdecken. Religiöse Orte können so mit anderen Themen und Bildungsbereichen verbunden werden. Sie können als Raum eng verknüpft mit alltäglichen Erfahrungen entdeckt werden und erfahren so eine größere Relevanz für den Einzelnen.

Religiöse Orte sind Orte der Verbindung von Menschen und Zeit, sind Orte für besondere Erfahrungen und sind vor allem lebendige Orte.

3. Gotteshäuser sind ganz besondere religiöse Orte. Häufig bilden sie noch immer das Zentrum einer Siedlung oder einer Gemeinde. Rund um die Kirche floriert oft das turbulente Alltagsleben. Mancherorts grenzen viel befahrene Straßen an das Gotteshaus, andernorts spielt sich in direkter Nachbarschaft in Schulen und Kindertagesstätten der pädagogische Alltag ab. Viele Wege führen uns immer wieder am Gotteshaus vorbei, doch nur selten auch in das Gotteshaus hinein. Diese Expedition soll inspirieren, das Gotteshaus mitten in unserem Alltagserleben ganz bewusst und aus verschiedenen Blickwinkeln zu betrachten.

Außenwahrnehmung – Kirchenbau:
Gehen Sie in einer Schlange um die Kirche herum. Beobachten Sie genau, was dieses Gebäude von anderen Gebäuden in der Umgebung unterscheidet.
   Entdecken Sie besondere Zeichen und Symbole. Berühren Sie das Mauerwerk – wie fühlt es sich an?

Außenwahrnehmung – das Portal:
Betrachten Sie die Tür, die in die Kirche führt. Stellen Sie Vermutungen an: Welche Welt verbirgt sich hinter der Tür und wie unterscheidet sie sich von der

Welt außerhalb? Wie stellen Sie sich das Innenleben der Kirche vor? Wie wird die Atmosphäre, das Licht, der Klang oder die Einrichtung dort wohl sein?

Einziehen:
Was muss man Ihrer Meinung nach beachten, wenn man eine Kirche betritt? Öffnen Sie nun jeder für sich, nacheinander die Tür, treten Sie über die Schwelle und schließen die Tür, bevor der Nächste eintritt. Bleiben Sie im Eingangsbereich stehen und lassen Sie den Raum ein erstes Mal auf sich wirken. Was nehmen Sie wahr? Welche Emotionen empfinden Sie? Was haben Sie hinter sich gelassen und was nehmen Sie mit in den Raum hinein?

Entzünden Sie eine der bereitgestellten Kerzen und schreiten Sie dann den Gang entlang bis zum Altar. Zählen Sie Ihre Schritte, nehmen Sie den Rhythmus wahr, mit dem Sie den Gang entlang gehen. Nehmen Sie den Raum, die Atmosphäre, die Klangwelt wahr, in der Sie sich bewegen. Stellen Sie die Kerze auf dem Altar ab und warten Sie bis die gesamte Gruppe am Altar angekommen ist. Welche Gedanken, Gefühle und Anliegen haben Sie und andere mit der Kerze zum Altar gebracht? (Ggf. Einzug zu meditativer Musik)

Entdecken und erfahren:
Durchschreiten Sie nun vom Altar aus den Kirchenraum. Suchen Sie verschiedene Stellen und Orte in der Kirche auf, nehmen Sie unterschiedliche Positionen ein (z. B. von einer Erhöhung oder aus der Hocke den Raum betrachten).

Stellen Sie sich nun vor, Sie seien ein Stein dieser Kirche. Wo befinden Sie sich? Wo sind Sie verarbeitet? Welche Aufgabe haben Sie dort? Was erleben Sie da? Was haben Sie in den Jahren seit Ihrer Verarbeitung an Ihrem Platz gesehen und erlebt? Welche Menschen, welche Gedanken und Bitten haben Sie gehört?

Ausziehen:
Wenn Sie wieder bereit sind, die Kirche und Ihren selbst gewählten Platz dort zu verlassen, schreiten Sie zum Ausgang, blicken Sie sich noch einmal um. Öffnen Sie dann ganz bewusst die Tür, überschreiten die Schwelle zur Außenwelt und verschließen Sie die Tür hinter sich. Wie fühlen Sie sich? Woran denken Sie zurück? Was hat Sie beeindruckt oder überrascht? Halten Sie diese Gedanken schriftlich fest.

Eine Kirchenraumexpedition, wie im vorangegangenen Text skizziert, fördert die individualisierte Erschließung des Kirchenraumes. Um verschiedene Sinneseindrücke einzubeziehen und noch stärker einer ganzheitlichen Wahrnehmung des Raumes gerecht zu werden, kann die Erkundung paarweise erfolgen, während einer der beiden Partner die Augen verbunden bekommt und durch den anderen geführt wird.

Um besondere Perspektiven oder Gegenstände stärker zu fokussieren, kann auch ein Fotoapparat die Erkundung unterstützen. Auch der Einsatz eines »imaginären« Fotoapparats ist möglich, indem die Erkundenden den Gegenstand oder einen Bildausschnitt, den Sie sehen, mit den Augen fokussieren, die Augen schließen, um ihn sich einzuprägen, und dann erneut betrachten. Diese imaginären Bilder können dann im Nachgang noch einmal aufgegriffen und »entwickelt« werden, indem Sie niedergeschrieben oder gemalt werden.

4. Religiöse Orte digital erkunden
Religiöse Orte finden sich überall entlang unserer Alltagswege. Ob beim Spazieren auf Wanderwegen, beim Bummeln in der Stadt, oder auf dem Weg zu Schule und Betrieb – fast immer liegt dort ein religiöser Ort am Wegesrand.

Mancher Ort spricht für sich, andere wirken fast wie vergessen. Die Hintergründe und Geschichten bleiben allzu oft unentdeckt.
- Erkunden Sie in Gruppen verschiedene religiöse Orte, die auf Ihren Alltagswegen liegen. Entscheiden Sie sich für einen Ort, den Sie mit Ihrer Gruppe gemeinsam näher erkunden wollen. Markieren Sie im ersten Schritt alles, was Ihnen besonders ins Auge fällt, mit Klebezetteln. Anschließend versetzen Sie sich in die Lage eines Kindes und markieren Sie wiederum alles, was Ihre Aufmerksamkeit erregt mit andersfarbigen Klebezetteln.
- Recherchieren Sie die Hintergründe zu diesem religiösen Ort. Wofür wird oder wurde er genutzt? Was ist hier zu sehen? Wovon berichtet er? Finden Sie nun heraus, was sich hinter den von Ihnen markierten Stellen an diesem religiösen Ort verbirgt.
- Lassen Sie den Ort nun lebendig werden und von seinen Hintergründen erzählen, indem Sie mithilfe von QR-Codes Ihre Informationen aufbereiten und für jeden, der dort entlangkommt, verfügbar machen. Texte, Bilder, Lieder oder auch eingesprochene Informationstexte (Audioguide) können über diesen Ort informieren. Inspirationen hierfür kann die Kirchen-App der EKD bieten, die unter www.kirchen-app.de abrufbar ist.
- Entwickeln Sie nun auch eine spielerische Anregung für Kinder, die auch über einen QR-Code abrufbar ist (z. B. Bildausschnitte, die an diesem religiösen Ort gesucht werden müssen oder eine Einbindung in eine digitale Schatzsuche).

5. Die Geschichte der Sintflut im Buch Genesis ist die wohl bekannteste Erzählung einer Flutkatastrophe, die in zahlreichen Kulturen erzählt wird. Die Arche Noah symbolisiert dabei den Schutzraum für das Gute und für gelingendes Leben. Am Ende der Erzählung steht der Regenbogen als verbindendes Element zwischen Himmel und Erde, als Bund zwischen Mensch und Gott.

Die Arche unterm Regenbogen ist in gewisser Weise ein religiöser Ort – ein Ort der Zuflucht.

Diese Symbolik findet sich auch in unserer Gesellschaft. Zahlreiche Einrichtungen für Kinder und Jugendliche tragen in Anlehnung an das Symbol der Zuflucht, des Schutzes und der Verbindung mit Gott diesen Namen.
- Diskutieren Sie die Namensgebung von Kindertageseinrichtungen, die auf die Arche Noah verweisen. Auf welche Weise sind Ihrer Ansicht nach Kindertageseinrichtungen Zufluchts- und Schutzorte? Für wen?
- Welche Arche, welchen Schutzraum haben Sie? Welchen würden Sie sich wünschen?
- *Exkurs:* Kirchen sind heilige Orte. Sie bieten auch heute noch in Not geratenen Menschen Schutz im Kirchenasyl. Zwar verstößt, wer heute in der Bundesrepublik Kirchenasyl gewährt, nach Rechtsauffassung gegen das Gesetz, jedoch haben die örtlichen Behörden bislang nur selten Flüchtlinge aus Gemeinderäumen und Kirchen holen lassen. Im Jahr 2019 berichtet die Ökumenische

Bundesarbeitsgemeinschaft »Asyl in der Kirche« von über 400 Kirchenasyl-Fällen in Deutschland. Informieren Sie sich über aktuelle Verfahren in Ihrer Nähe und diskutieren Sie das Kirchenasyl vor dem Hintergrund der Rechtswidrigkeit.

6. Suchen Sie einen religiösen Ort auf und suchen Sie dort einen Platz, an dem Sie zur Ruhe kommen können.
Der Ort soll sich richtig anfühlen und richtig erscheinen.
Beantworten Sie für sich nach und nach die folgenden Fragen:
   - Warum haben Sie diesen Ort ausgewählt?
   - Lassen Sie Ihre Gedanken in die Vergangenheit schweifen. Vielleicht waren Sie als Kind schon einmal an einem ähnlichen Ort? Lassen Sie die Bilder aufsteigen. Welche erste Erinnerung haben Sie an religiöse Orte in Ihrer Kindheit? Wie sind diese Erinnerungen?
   - Wie fühlen Sie sich an religiösen Orten? Was mögen Sie besonders? Welche Situationen verbinden Sie damit?
   - Welche persönlichen Erfahrungen verbinden Sie mit religiösen Orten? Welche Menschen bringen Sie mit religiösen Orten in Verbindung?
   - Kirchen sind oft zentrale religiöse Orte in Städten und Gemeinden. Eine andere Bezeichnung für Kirche ist »Gotteshaus«. Die Kirche ist »Gottes Haus«. Was bedeutet das für Sie? Wie stellen Sie sich Gottes Haus vor? Was würde Gott an Kirchen gefallen? Was nicht?
   - Was würden Sie sich an Kirchen wünschen? Wenn Sie eine Kirche bauen könnten, wie sähe sie aus, damit sie Ihren Vorstellungen von Gottes Haus entspräche?
   - In jedem Gotteshaus ist auch eine Gemeinde beheimatet. Was tut Menschen verschiedenen Alters an Kirche gut, was gefällt ihnen wohl? Versetzen Sie sich in die Lage der Menschen, die diesem Gotteshaus angehören. Welche Möglichkeiten und Ressourcen bietet es für Familien, Kinder, Eltern, Großeltern, was kommt hier zu kurz? Was suchen die Menschen hier?

Literatur

Brüll, Christoph/ Ittmann, Norbert/ Maschwitz, Rüdiger/ Stopping, Christine, Synagoge – Kirche – Moschee. Kulträume erfahren und Religionen entdecken, München 2005.

Herborn, Dorothee/ Sajak, Clauß Peter, Sakralraumpädagogik. Perspektiven für eine religionspädagogische Erschließung von Synagogen, in: Gärtner, Claudia/ Bettin, Natascha (Hrsg.), Interreligiöses Lernen an außerschulischen Lernorten. Empirische Erkundungen zu didaktisch inszenierten Begegnungen mit dem Judentum, Münster 2015, 45-56.

Kindermann, Katharina/ Riegel, Ulrich, Kirchenräume erschließen, in: Religionspädagogische Beiträge 70 (2013), 67-78

Lange-Geck, Britta, Kirchenraum mit Kinderaugen. Eine besondere Herausforderung für die Kirchenpädagogik, in: Loccumer Pelikan 1 (2005), 79-82.

Rupp, Hartmut, Kirchenpädagogisches Handeln mit Kindern, in: Kirchhoff, Renate und Hartmut Rupp (Hrsg.), Religiöse und philosophische Bildung. Grundlagen für das Studium der Frühpädagogik, Materialien zur Frühpädagogik, Band 2, Freiburg 2008, 117-118.

Rupp, Hartmut (Hrsg.), Handbuch der Kirchenpädagogik, Stuttgart 2006.

SAJAK, CLAUß PETER (Hrsg.), Gotteshäuser. Entdecken – Deuten – Gestalten, Braunschweig u. a. 2012

SAJAK, CLAUß PETER, Interreligiöses Lernen, Darmstadt 2018.

THESEN ZUR KIRCHENPÄDAGOGIK, in: kirchenPädagogik. Zeitschrift des Bundesverbandes Kirchenpädagogik e.V. 1 (2002), S. 24-25. Online abrufbar: http://www.bvkirchenpaedagogik.de/fileadmin/user_upload/zeitschriften-archiv/BVKP_Heft_2002-01.pdf

5.3. Glaubensgeschichten erzählen und gestalten

Angela Kunze-Beiküfner

A. Einführung

1. Was sind Glaubensgeschichten?

Glaubensgeschichten sind Lebensgeschichten. Es gibt ganz aktuelle Glaubensgeschichten, in denen Menschen von ihren Glaubenserfahrungen erzählen. Bei Glaubensgeschichten geht es zunächst einmal um den eigenen Glauben und um Erfahrungen mit diesem Glauben im Laufe des eigenen Lebens. Manche dieser Glaubensgeschichten wie z. B. Heiligenlegenden sind auch schon einige hundert Jahre alt und wurden beim Weitererzählen immer wieder verändert, aktualisiert oder ergänzt.

Im Unterschied zu Glaubenserzählungen der Gegenwart sind die Glaubensgeschichten in der Bibel, im Koran oder in der Thora kanonisiert, d. h. zu einem bestimmten Zeitpunkt wurde festgelegt, dass der Text so, wie er damals vorlag, inhaltlich nicht mehr verändert werden durfte. Es dürfen nun keine Texte oder Textstellen mehr hinzugefügt oder entfernt werden. Der Inhalt ist verbindlich festgeschrieben, Veränderungen sind nicht möglich. Doch bei einer Übersetzung verändert sich auch immer der Text.

Wenn Glaubensgeschichten, die vor sehr langer Zeit vorrangig für Erwachsene geschrieben wurden, Kindern in der heutigen Zeit verständlich erzählt werden sollen, sind Übertragungen in eine kindgerechte Sprache besonders wichtig. Für die christliche Bibel gibt es zahlreiche Kinderbibeln und jedes Jahr erscheinen neue Ausgaben, sodass es nicht einfach ist, sich zu entscheiden, welche Kinderbibel geeignet ist. Die ersten Kinderbibeln gab es schon im 16. Jahrhundert. Eine Kinderthora und oder einen Kinderkoran in deutscher Sprache gibt es dagegen erst seit kurzer Zeit:

Die ca. 2500 Jahre alte Thora ist auf Hebräisch geschrieben und wird auch heute noch in den Synagogen in aller Welt auf Hebräisch gelesen. Thoraübersetzungen für Kinder sind nicht sehr verbreitet – sie sollen ja Hebräisch lernen (dieses lernen beginnt schon im Kindergartenalter). Dennoch gibt es einige wenige jüdische Übersetzungen der Thora für Kinder. Ganz aktuell ist die Ausgabe »Erzähl es deinen Kindern«, Die Thora in fünf Bänden von Bruno Landthaler und Professorin Hanna Liss (Berlin 2014–2016).

Der ca. 1400 Jahre alte Koran ist auf Arabisch geschrieben und wird auch heute weltweit in vielen Moscheen auf Arabisch gelesen. Es gibt aber auch einige Übersetzungen für Kinder, z. B. »Der Koran für Kinder und Erwachsene« übersetzt und erläutert von Lamya Kaddor und Rabeya Müller (München 2014).

2. Auslegungsmöglichkeiten kanonisierter Glaubensgeschichten

Wenn diese alten, in ganz anderen Kontexten und für ganz andere Zielgruppen als für die Kindergartenkinder der Gegenwart geschriebenen Texte zugänglich und verständlich gemacht werden sollen, dann müssen die Erwachsenen, die den Kindern diese Texte erzählen wollen, zunächst selbst einen Zugang finden.

Seit der europäischen Aufklärung wurde die historisch-kritische Bibelauslegung entwickelt. In dieser Tradition werden die Texte der Bibel nicht als Tatsachenberichte und übernatürliche Offenbarungsquelle angesehen, sondern als historische Glaubenszeugnisse. Dass Gott sich offenbart, wird von der historisch-kritischen Bibelauslegung nicht bestritten, aber Gott teilt sich nicht direkt mit, sondern indirekt über geschichtliche Glaubenserfahrungen. Die Methode heißt so, weil sie die geschichtliche Entstehung des Textes selber mit Hilfe wissenschaftlicher Kriterien untersucht. Sie versucht zum Beispiel nach bestimmten Regeln aufgrund der überlieferten Textvarianten dem Urtext so nahe wie möglich zu kommen.

Ein Beispiel: Im Evangelium nach Lukas steht geschrieben, wie ein Engel der Jungfrau Maria verkündigte, dass sie einen Sohn gebären wird, den sie Jesus nennen soll (Lukas 1,26-38). Für viele Menschen stellt sich heutzutage die Frage: Ist das wirklich passiert? In der historisch-kritischen Forschung würde der Text in der griechischen Originalsprache gelesen und untersucht werden. Forscher kommen dann z. B. zu dieser Einsicht: In der Bibel erzählt nur das Lukasevangelium, um die Wende des ersten Jahrhunderts geschrieben, diese poesievolle Geschichte von der Geburtsankündigung. In dem frühesten neutestamentlichen Zeugnis zur Herkunft Jesu, im Brief des Paulus an die Galater, ist nur davon die Rede, dass Jesus von einer Frau geboren wurde (Gal 4,4). Das Evangelium nach Matthäus zitiert in diesem Zusammenhang aus dem Buch Jesaja (Jes 7,6). Dort steht im hebräischen Urtext, dass eine »junge Frau« schwanger werden wird – in der griechischen Übersetzung, die Matthäus vorlag, wurde daraus die »Jungfrau«. Mit dieser Ankündigung von einer Geburt unter eigentlich biologisch unmöglichen Bedingungen knüpft der Evangelist Lukas an Motive aus der hebräischen Bibel an (z. B. Sarah, Gen 18,11–14; Rahel, Gen 29,31). Solche Wunderberichte drücken die Erfahrung des Volkes Israel aus, dass seine Zukunft und sein Heil von dem wunderbaren Eingreifen Gottes abhängig sind.

Für viele Menschen sind solche Hintergrundinformationen zur Entstehung oder zur Absicht von biblischen Texten für den eigenen Zugang hilfreich. Beim Erzählen von biblischen Geschichten für Kinder können diese allerdings auch störend sein, weil häufige Erklärungen die Geschichte unterbrechen. Andere bzw. ergänzende Auslegungsarten sind z. B. die existentielle und die symbolische Deutung (siehe Beispiel unten)

Wichtig beim Erzählen ist die Auseinandersetzung mit der Frage, was der jeweilige Text mit mir selbst und mit meinem Leben zu tun hat. Warum will ich den Kindern diese biblische Geschichte erzählen? Darauf wird jede und jeder eine ganz persönliche und durchaus unterschiedliche Antwort finden.

3. Bibelgeschichten Kindern erzählen

Bibelgeschichten sind Lebensgeschichten, keine Tatsachenberichte. Es geht darum, Gott erzählend zur Sprache bringen. Sie sollen subjektiv, deutlich und offen erzählt werden:[26]

Subjektiv: Erzählkontext entwickeln, Situation der Kinder im Blick haben: Aus welcher Perspektive möchte ich erzählen? Welche Identifikationsfigur sagt mir zu?

Deutlich: Bilder finden, die Kinder ansprechen. Welche Botschaft ist mir wichtig? Was ist für mich der rote Faden?

Offen: Wie kann ich die Geschichte so »zu Ende« erzählen, dass ich keine Glaubenswahrheiten verordne (moralisierend erzähle), sondern weiter zum Nachdenken anrege?

Beim Erzählen biblischer Geschichten sind Kinder nicht nur Zuhörende – sondern auch selbst Deutende. Sie haben ihre ganz eigenen Zugänge zu biblischen Texten und können durch ihre Sicht eine Bereicherung für die Deutungsperspektiven der Erwachsenen sein. Kinder im Kindergartenalter stören sich oft noch nicht an den Wundern in biblischen Erzählungen, sondern deuten sie intuitiv auf ihre Weise wie hier ein fünfjähriges Mädchen (M) im Gespräch mit ihrem Vater (L):

M: Jesus war kein normaler Mensch. Sein echter Vater war nicht der Josef, sondern Gott.
L: Und wer war Josef dann?
M: Der war nur der Vater, der ihn geboren hat, aber Gott hat ihn erschaffen.
L: Was denkst du denn, ab wann Jesus Gottes Sohn war?
M: Na schon vor seiner Geburt, als der Engel ihn angekündigt hat.
L: Und ab wann wusste das Jesus von sich selbst?
M: Ich glaube ab 6 Jahren.
L: Warum?
M: Da hat er das dann irgendwie gespürt. Vielleicht auch schon früher, als er noch kleiner war.
L: Und bei Gott war das alles schon so entschieden?
M: Ja, schon vor seiner Geburt. Wie bei Adam und Eva.
L: Und seine Eltern wussten das auch?
M: Ja, klar, so was wie mit dem Engel vergisst man doch nicht![27]

Viele Erzieherinnen greifen auf Kinderbibeln zurück, wenn sie Kindern biblische Geschichten erzählen wollen. Diese können sehr hilfreich sein; aber es gibt große Unterschiede zwischen den einzelnen Ausgaben. Im Folgenden sollen darum einige Kriterien, die für die Auswahl von Kinderbibeln von Bedeutung sind, reflektiert werden.

---

26 Vgl. STEINKÜHLER, MARTINA, Bibelgeschichten sind Lebensgeschichten, Göttingen 2011.
27 KUNZE-BEIKÜFNER, ANGELA, Jahrbuch für Kindertheologie, Stuttgart 2010.

4. Kriterien für die Auswahl einer Kinderbibel

Kinderbibeln sind keine Übersetzung, sondern Übertragungen, kindgerechte Nacherzählungen und Bilderbücher. Sie enthalten immer nur eine Auswahl biblischer Texte, sind illustriert und können sehr unterschiedliche Erzählformen haben. Häufig gibt es eine Rahmenhandlung, eine Metaerzählerin oder einen Sprecher – alles Ergänzungen, die in der Bibel nicht zu finden sind. Kinderbibeln kürzen auf der einen Seite (sie wählen die Texte aus und auch innerhalb der Texte wird noch einmal gekürzt) und ergänzen auf der anderen Seite (z. B. durch eine Identifikationsfigur oder eine Rahmenhandlung).

Welche Kinderbibel empfehlen Sie für unsere Einrichtung? Diese Frage wird mir oft gestellt – die Antwort darauf ist nicht so einfach. Ich kenne keine Kinderbibel, die sozusagen als Universalkinderbibel für alle Kita-Altersgruppen, Einrichtungsprofile und pädagogischen Fachkräfte gleichermaßen geeignet ist. Und ich kenne auch kaum eine Kinderbibel, bei der alles passt – die Textauswahl, die Sprache, die Art der Illustrierung, das Verhältnis von Text und Bildern und vor allem die Theologie, d. h. welches Gottesbild in der Kinderbibel vermittelt wird.

Folgende Kriterien können Sie bei der Bewertung einer Kinderbibel zu Grunde legen:[28]

Redaktion:

- Erläutern Autor/innen in einem Vor- oder Nachwort die Absicht, mit der die Texte ausgewählt, nacherzählt und vielleicht kommentiert wurden?
- Gibt es Hinweise dafür, wo die Texte in der Bibel zu finden sind?
- Hilft ein Inhaltsverzeichnis, um sich in der Kinderbibel zurechtzufinden?

Inhalt:

- Welche biblischen Geschichten und Texte haben Autor/innen für die Kinderbibel gewählt?
- Sind Geschichten von Männern, Frauen und Kindern sowie Geschichten aus dem Alten und Neuen Testament in angemessener Weise berücksichtigt?
- Erzählt die Kinderbibel in einer für die angesprochene Altersgruppe verständlichen Sprache und mit einem überschaubaren Satzbau?
- Übersetzt oder erläutert sie biblische Kernbegriffe in theologisch und pädagogisch verantwortlicher Weise?
- Wie spricht der Erzähler/die Erzählerin von Gott und von Jesus?

Illustrationen:

- Sind die Illustrationen verniedlichend, vordergründig historisierend oder sind sie ausdrucksstark und vieldeutig?

---

28 Vgl. LANDGRAF, MICHAEL/MELCHIOR, CHRISTOPH, Evangelisches Literaturportal. Themenheft Empfehlenswerte Kinderbibeln, Göttingen 2011.

- Fördern die Illustrationen das kritische Nachdenken über den Text und eröffnen sie vielleicht symboldidaktische oder aktualisierende Zugänge zur biblischen Botschaft?

5. Beispiel: Die Erzählung von Noah und eine kindgerechte Theologie

Die Theologie einer Kinderbibel, also die Art, wie Gott und Jesus thematisiert werden, ist ein entscheidendes Kriterium. In der Bibel gibt es sehr verschiedene und historisch gewachsene Gotteskonzeptionen. In guten Kinderbibeln wird bei der Rede von Gott immer auch die Unverfügbarkeit dieser Rede mitgedacht und zum Ausdruck gebracht – ein allwissender Erzähler, der genau beschreibt, was Gott fühlt und denkt, widerspricht der Unverfügbarkeit Gottes. Kinderbibeln, die so von Gott reden bzw. Gott so reden lassen, sind nicht zu empfehlen.

Wichtig ist, dass die Erzählungen eine Fragehaltung ermöglichen und die Kinder anregen, ihre Fragen zu stellen. Für Kinder im Kindergarten bieten hier menschliche Erfahrungen und Emotionen einen guten Anknüpfungspunkt. Die Kinder in der Kita sollen heutzutage nicht von einem Gottesbild geprägt werden, das sie verängstigt, sondern sie sollen von einem Gott erfahren, der sie liebt, begleitet, versöhnt, stärkt und tröstet.

Unter diesen Kriterien soll hier ein Beispiel aus einer Kinderbibel zur Erzählung von Noah näher betrachtet werden. Die biblische Erzählung von Noah und der Arche ist in Kitas sehr beliebt. Zum einen ist es eine Erzählung, die sowohl im Judentum und Christentum als auch im Islam bekannt ist. In der Bibel steht sie im ersten Buch Mose.

Im Koran steht sie als Erzählung vom Propheten Nuh in den Suren 71 und 11 (ab Vers 27) und wurde weiterentwickelt: Nuh ist schon vor der Sintflut ein Prophet Allahs/Gottes, er predigt den Menschen die Umkehr und verliert einen Sohn, der nicht mit auf die Arche steigen will und damit zum Ungläubigen wird.

Die Noaherzählung in Gen 6–9 ist aus ehemals zwei unterschiedlichen Geschichten entstanden. Erzählt wurde in der älteren Fassung von Gott Jahwe, der die Erschaffung der Menschen bereut. Nur Noah fällt unter Gottes Schutz und wird errettet, indem er eine Arche baut, mit der auch je ein Tier-Paar gerettet wird. Zunächst dauerte die Flut 40 Tage (Gen 8,6), nach dem jüngeren Text dann 300 Tage (Gen 8,14). Hier wird durch Gott Elohim der Regenbogen zum Symbol des Segens und des Bundes Gottes mit dem Menschen.

Diese Schöpfungserzählung antwortet auf die Fragen: Wird es einen Weltuntergang geben? Sind wir sicher? Warum passieren Katastrophen? Will Gott seine Schöpfung vernichten oder ist er auf unserer Seite?

Wie kann die Erzählung von Noah so erzählt werden, dass der Schwerpunkt auf einem liebenden und versöhnenden Gott liegt? Hier ein Beispiel aus einer Kinderbibel[29]:

---

29 HENZE, DAGMAR/MEIER, REINHOLD, Erste Bibelgeschichten für Kinder, München 2008.

Noah hat ein Schiff gebaut. Er sagt zu den Tieren: »Kommt! Das ist die Arche Gottes. Hier findet ihr Schutz.« Und alle kommen. Affen, Kühe und Hühner und noch viel mehr. Es regnet und regnet und regnet. Die Erde wird nass. Das Wasser steigt. Die Welt geht unter.

Aber die Arche schwimmt. Sie geht nicht unter. Da freuen sich die Tiere. Und die Menschen sind froh. Gott hält sie geborgen wie auf seinen Händen.

Gottes Sonne lacht. Da strahlt die Erde wie neu. Die Arche ist auf dem Berg gelandet. Tiere und Menschen kommen heraus. Sie jubeln und freuen sich. Noah will Gott danken. Er baut einen Altar.

Da tut der gute Gott ein Wunder. Er sagt zu Noah: »Siehst du den Regenbogen? Das ist mein Bogen! Ich setze ihn in den Himmel: Blau, Rot, Grün, Gelb das sind meine Farben, die Farben des Lebens. Denn ich liebe das Leben. Und dich liebe ich auch. Dann kann euch niemand von mir reißen.«

6. Der Umgang mit Wundererzählungen am Beispiel der Auferstehung Jesu

Alle heiligen Schriften enthalten auch Wundererzählungen. Bei Wundererzählungen ist es besonders wichtig, dass auch die erzählenden Erwachsenen einen Zugang finden und sich »wundern« – also staunen und sich freuen können. Bei Wundererzählungen gilt es daher besonders, unterschiedliche Deutungsmöglichkeiten zu reflektieren.

Die Erzählungen von Ostern und der Auferstehung Jesu sind ganz besondere Wundererzählungen – die Auferstehung von Tod ist das größte Wunder und das größte Geheimnis zugleich. Es widerspricht unserem menschlichen Erleben und gleichzeitig ist die Botschaft von Ostern die Grundlage für den christlichen Glauben.

In einer guten Kinderbibel wird der auferstandene Jesus nicht einfach wieder genauso dargestellt wie er in den Jesusgeschichten vor Ostern zu sehen war, dann denken Kinder: Jesus ist wieder aufgestanden, es ist der gleiche Jesus wie vorher.

In guten Kinderbibeln wird eine polyperspektivische Auslegung durch Text und Illustrationen angelegt. Was eine polyperspektivische Auslegung bedeutet, soll hier am Beispiel der Erzählung von der Auferstehung Jesu im Markusevangelium verdeutlicht werden:

Das leere Grab, (Mk 16,1-7):
Als der Sabbat vorüber war, kauften Maria aus Magdala, Maria, die Mutter des Jakobus, und Salome Öle, um Jesus die letzte Salbung zu geben. Frühmorgens bei Sonnenaufgang gingen sie zu dem Felsengrab. Unterwegs fragten sie sich: »Wer wird uns den schweren Stein vom Eingang des Grabes wegwälzen?« Doch als sie beim Grab ankamen, sahen sie, dass der Stein schon weggewälzt worden war. Und als sie die Grabkammer betraten, da sahen sie einen Jüngling im strahlend weißen Gewand, und sie erstarrten vor Schreck. Er aber sagte zu ihnen: »Fürchtet euch nicht. Jesus von Nazareth sucht ihr, den Gekreuzigten? Er ist auferweckt worden, hier ist er nicht. Siehe hier, die Stätte wo er beigesetzt wurde, ist leer. So geht denn und sagt seinen Jüngern: Er geht euch nach Galiläa voran, dort werdet ihr ihn sehen – so wie er es euch versprochen hat.«

Es gibt mehrere Möglichkeiten (polyperspektivisch), die Auferstehung Jesu anhand dieser Erzählung zu deuten:

- Buchstabengetreues Verständnis: Das Ereignis ist genauso passiert, Jesus ist leiblich vom Tode auferstanden.
- Pragmatische/Realistische Deutung: Vielleicht wurde der Leichnam Jesu aus dem Grab gestohlen? Zum Beispiel von den Jüngern, damit alle denken, Jesus sei auferstanden? Oder vielleicht war Jesus nur scheintot? Oder vielleicht hatten die Frauen am Grab Halluzinationen im Rahmen einer Trauerreaktion?
- Historisch-Kritische Deutung: Die ältesten Zeugnisse christlichen Auferstehungsglaubens finden sich in liturgischen Formeln bei Paulus, im 1. Brief an die Korinther. Paulus spricht von seiner eigenen Erfahrung, den Auferstandenen gesehen zu haben. Bei den Auferstehungserzählungen in den Evangelien (Auffindung des leeren Grabes) handelt es sich um späte und sehr unterschiedliche Geschichten. In der Zeit Jesu waren Auferstehungsgeschichten verbreitet. Historisch lässt sich aber nur feststellen, dass Menschen nach dem Tod Jesu erzählen, dass sie Jesus gesehen haben und dies damit deuten, dass Jesus auferstanden ist.
- Symbolische Deutung: Die Ostererzählungen beschreiben ein Weiterleben der Botschaft Jesu: Die »Sache Jesu geht weiter«, nun werden die Jüngerinnen und Jünger die Verkünder der Botschaft vom Reich Gottes. Der Sonnenaufgang und der weggewälzte Stein vor dem Grab sind Symbole für Neuanfang, gelöste Blockaden, Hoffnung.
- Existentielle Deutung: Was hat der Text mit meinen Lebensfragen zu tun? Vielleicht bin ich unterwegs wie die Frauen zum Grab und suche die Grundlage meines Glaubens/meines Lebens in festen Strukturen (Grabhöhle) und Ritualen (Salbung) und spüre doch, dass es ein toter Glaube/ein »totes« Leben ist? Vielleicht gehe ich gerade durch eine Nacht des Glaubens, habe meine Orientierung und meine Hoffnung verloren? Suche ich am falschen Ort? Vielleicht drücken mich Kummer und Leiden nieder wie ein Fels ... Dann darf ich gegen alle Vernunft darauf hoffen, daran glauben, dass ein »Ostermorgen« in meinem Leben anbricht, dass ich von einem neuen Leben, einem lebendigen Glauben erfüllt werde.

B. Methodisch-didaktische Umsetzung – Impulse

1. Zusätzlich zum freien Erzählen und zum Vorlesen einer Kinderbibel gibt es viele weitere Methoden, anschaulich und kindgerecht im Kindergarten biblische Geschichten zu erzählen. Suchen Sie sich in Kleingruppen zunächst jeweils eine biblische Geschichte aus, die Sie mit Kindern erzählerisch gestalten wollen. Beginnen Sie nach dem Lesen der Bibelstelle zunächst mit folgenden Überlegungen:
   - Wo trifft der Text auf eigene Erfahrungen?
   - Was soll meiner Meinung nach durch den Text erzählt werden?
   - Wie ist der Textverlauf?
   - Welche Bilder kommen mir dazu in den Sinn?
2. Wählen Sie jetzt eine der folgenden Methoden aus, mit denen Sie die biblische Geschichte erzählen wollen und bearbeiten Sie die Impulse.

Erzählen mit einer Klanggeschichte:
- Welche Emotionen sind mit diesen Bildern verbunden? Wie kann ich von diesen Emotionen mit Instrumenten und Geräuschen erzählen?
- Schreiben Sie sich einen Leitfaden, in dem in Stichpunkten die Erzählung im Wechsel mit den ausgewählten Tönen beschrieben wird. Suchen Sie sich die Instrumente dazu.
- Probieren Sie die Erzählung zusammen mit den Klängen aus.
- Verteilen Sie die Rollen. Beziehen Sie die Kinder ein.
- Wichtig: Zeit für Stille einplanen! Nicht gleichzeitig reden und Instrumente einsetzen – die Instrumente übernehmen einen Teil der Erzählung. Trauen Sie den Tönen eine eigene Aussagekraft zu, die nicht zerredet werden muss. Sie können auch mit den Kindern zusammen die Klanggeschichte entwickeln.

Erzählen mit selbstgestalteten Bildern für ein Kamishibai:
- Schreiben Sie sich einen Leitfaden, in dem in Stichpunkten die Erzählung im Wechsel mit den ausgewählten bildhaften Motiven beschrieben wird. Malen Sie die Bilder dazu (einen breiten Rand nach allen Seiten hin frei lassen – zum Zusammenkleben und wegen des Rahmens). Sie können mit ihren Bildern auch einfach nur symbolisch-abstrakt Stimmungen aus der Erzählung darstellen (z. B. Blitz für Wut, Herz für Liebe, Smileys mit dem jeweiligen Gesichtsausdruck).
- Probieren Sie die Erzählung zusammen mit den Bildern aus.
- Wichtig: Bei dieser Erzählform kann die Gruppe nicht im Kreis sitzen, sondern sie sitzt ihnen wie im Theater gegenüber. Wenn das Bild wechselt, nicht weitererzählen, sondern die Stille aushalten – so wird Spannung angeregt!

Erzählen mit einer Bodenbildgestaltung (Kett-Pädagogik):
- Wie kann die Aussageabsicht oder wie können die Emotionen mit Symbolen oder farbigen Tüchern anschaulich gemacht werden?
- Schreiben Sie sich einen Leitfaden, in dem in Stichpunkten die Erzählung im Wechsel mit dem sich in der Mitte eines Kreises zu entfaltenden Bodenbild festgehalten wird. Organisieren Sie sich das Material für ihr Bodenbild.
- Probieren Sie die Erzählung zusammen mit dem Bodenbild aus.
- Wichtig: Das Bodenbild wird gemeinsam gestaltet – und zwar Stück für Stück. Beginnen Sie mit der Auswahl einer der Farben für die Runddecke in der Mitte. Lassen Sie die Gruppe die Mitte mitgestalten, beteiligen Sie alle Teilnehmenden mit ihren ganzen Sinnen an der Erzählung (Bewegen, Singen, Tasten, Mitgestalten ...). Gehen Sie langsam und Schritt für Schritt voran. Geben Sie am Ende allen die Gelegenheit, ein kleines individuell gestaltetes Bodenbild zu legen.

Erzählen mit Handpuppe:
- Aus welcher Perspektive soll die Puppe die Geschichte erzählen? Was ist aus Ihrer Perspektive das Wichtige an der Geschichte? Welche Aspekte können weggelassen werden? – Auf einen Erzählstrang achten.
- Gibt es eine Requisite, die als Aufhänger dienen kann?
- Bedenken, an welchen Stellen ein Dialog zwischen Puppe und Kindern gestaltet werden kann (Gesprächsimpulse formulieren)

5.3. Glaubensgeschichten erzählen und gestalten 233

- Sich mit der Puppe vertraut machen: Einüben in Mimik und Körperhaltung, Stimme der Figur. Menschenpuppe: die linke Hand spielt Kopf und Mund, die rechte in einer Hand; Tierpuppe: die rechte oder linke Hand kann den Kopf spielen
- Erproben des Erzählens und Rückmeldung durch das Gegenüber (Was hat Freude gemacht? Wovon hätte es *mehr* geben können?)
- Wichtig: Diese Erzählform ist in einer symmetrischen Kreisform nicht so gut aufgehoben. Die linke Spielhand kann sich nicht so gut nach rechts wenden. Probieren Sie aus, wie die Gruppe sitzen muss, damit möglichst viele die Puppe gut sehen können. Es ist schön, wenn ein Dialog zwischen Puppe und Kindern entstehen kann. Dafür ist es hilfreich, wenn Sie sich vorher überlegen, welche Passagen eher in erzählender Form gestaltet werden und welche im Wechselgespräch.

Erzählen mit Eglifiguren:
- Schreiben Sie sich einen Leitfaden, in dem in Stichpunkten die Erzählung im Wechsel mit den ausgewählten Motiven beschrieben wird. Versetzen Sie sich in die beteiligten Personen: Welche Gefühle spielen eine Rolle? Mit welcher Körperhaltung können diese Gefühle ausgedrückt werden? Probieren Sie mit den Figuren das Stellen der entsprechenden Gefühle. Probieren Sie die Erzählung zusammen mit den Figuren aus.
- Wichtig: Ursprünglich sind die ersten Figuren Anfang der 1960er Jahre in der Schweiz entstanden. Sie dienten der Familie Egli, um den Kindern das Geschichtenerzählen aus der Bibel anschaulich zu gestalten. Die Erzählfiguren werden in Szenen gestellt und während des Erzählens nicht bewegt. Dadurch, dass ihre Gliedmaßen, der Kopf und der Körper beweglich sind, drückt die jeweilige Haltung, in die die Figur gestellt wird, in sehr eindrücklicher Weise Gefühle aus. Wichtig ist, die Figuren so zu stellen, dass die Beziehung der Figuren untereinander deutlich wird (Blickkontakt oder Abwenden, aufeinander zu oder voneinander weggehen, etc.).[30]
3. Stellen Sie eine Auswahl von unterschiedlichen Kinderbibeln zusammen. Überprüfen Sie in Kleingruppen jeweils eine Kinderbibel anhand der Kriterien, die Sie oben in Teil A finden und formulieren Sie eine abschließende Beurteilung.
4. Lesen Sie das Beispiel der Erzählung von Noah in Teil A. Wie bewerten Sie den zitierten Text aus der Kinderbibel?
5. Lesen Sie den folgenden Erzählvorschlag zur Noahgeschichte. Leuchtet es Ihnen ein, die Erzählung spielerisch mit Kindergartenkindern als Bodenbild zu gestalten? Was würden Sie in Ihrer eigenen Praxis übernehmen, was würden Sie verändern?

   Die Noaherzählung als Bodenbild gestalten:
   - Material: Braunes Rundtuch, blaue Filztropfen, blaue Tücher, Instrumente, Tücher/Wollfäden in Regenbogenfarben, Tierfiguren

---

30 Weitere Ideen unter: http://www.biblischefiguren.net.

- Einleitung: Vor sehr langer Zeit erlebten die Menschen einmal eine ganz schlimme Flut. Nachdem sie diese Flut überstanden hatten, erzählten sie ihren Kindern und Enkeln eine tolle Geschichte. Wollt ihr sie auch hören? Dann lasst uns den Boden für die Geschichte bereiten: Braunes Rundtuch wird entfaltet.
- Erzählen: Wisst ihr Kinder, wie alles begann? Mit Noah. Noah war ein alter Mann, aber mit seiner Frau und seinen vielen Kindern und Enkeln lebte er glücklich und zufrieden auf einem Bauernhof: Aus einem Tuch ein Haus in das Rundtuch legen.
- Erzählen: Doch eines nachts hörte Noah eine Stimme: »Noah, Noah, wach auf! Bald wird eine riesige Flut kommen. Du musst eine Arche bauen, ein ganz großes Schiff, groß wie dein Bauernhof – eine Arche!« Noah dachte: »Das ist Gott, der zu mir spricht. Ich werde tun, was er sagt.« Am nächsten Morgen begann Noah damit, die Arche zu bauen. Die Menschen wunderten sich: »Was soll das werden?« Noah erklärte es ihnen, und manche begannen, ihm zu helfen – andere lachten ihn aus. Sie konnten sich nicht vorstellen, dass wirklich eine große Flut kommen würde. Nach vielen, vielen Monaten war die Arche fertig: Aus dem Haus wird eine Arche: Zwei Tücher werden als Schiffsrumpf unter das Haus gelegt, so dass eine Arche daraus wird.
- Weitererzählen: Das sah sehr komisch aus – so ein großes Schiff, eine Arche, mitten auf dem Land. Doch dann kam der Regen. Es regnete und regnete und regnete: Kinder trommeln mir ihren Fingern den Regen.
- Weitererzählen: Zuerst war es ein ganz normaler Regen. Nur ein sehr, sehr langer Regen: Kinder dürfen alle blaue Filztropfen auf das braune Rundtuch fallen lassen.
- Erzählen: Es regnete nicht nur, es schüttete wie aus Eimern, Tag und Nacht. Noah öffnete die Tür zur Arche und alle kamen: Menschen und Tiere, Kleine und Große, Alte und Junge, Pflanzenfresser und Fleischfresser: Unter den Stühlen der Kinder sind Figuren versteckt, die sie jetzt hochnehmen dürfen.
- Lied: Haben wir noch, haben wir noch Platz, haben wir noch, haben wir noch Platz, haben wir noch, haben wir noch Platz, für die … (Namen der Figuren, diese werden in die Arche gestellt) – ja wir haben, ja wir haben Platz, ja wir haben, ja wir haben Platz, ja wir haben, ja wir haben Platz für die (Namen der hineingestellten Figuren).
- Erzählen: Es wird eng auf der Arche. Passen alle rein? Ja! Werden sich alle vertragen? Ja! Das Wasser ist ringsherum so gestiegen, dass kein Land mehr zu sehen ist. Ein großes Meer entsteht: Jedes Kind legt ein blaues Tuch/ Serviette auf das braune Rundtuch.
- Weitererzählen: Die Arche fängt an zu schwanken und zu schaukeln … sie schwimmt! In der Arche sind Noah und seine Familie und die vielen Tiere sicher. Sie sitzen trocken und warm im Inneren der Arche. Sie vertrauen: Gott ist da und schützt uns. Manchmal singen sie gemeinsam: Kerze in die Mitte der Arche bzw. des Kreises – alle kommen eng zusammen um die Arche
- Lied: Das wünsch ich sehr, dass immer einer bei mir wär', der lacht und spricht, fürchte dich nicht.

- Erzählen: So schwimmen sie sicher mit der Arche auf dem Wasser. Es dauert lange. Endlich beginnt ein großer Wind zu blasen. Das Wasser wird allmählich weniger. Noah schickt eine Taube aus, die testen soll, ob es schon trocken genug ist, sich ein Nest zu bauen. Doch die Taube kam einmal zurück, ohne sich ein Nest gebaut zu haben.
- Spiel: Kreisfassung um die Mitte bis auf ein Kind, das spielt die Taube: Ausfliegen, wiederkommen; jedes Mal verschwindet ein Wassertuch.
- Erzählen: Die Taube kommt ein zweites Mal, ohne sich ein Nest gebaut zu haben, aber mit einem grünen Hoffnungszweig im Schnabel.
- Spiel: Kreisfassung (Arche) bis auf ein Kind, das spielt die Taube: Ausfliegen, mit einem Zweig wiederkommen.
- Die Taube flog ein drittes Mal, und – kam nicht zurück! Da wussten alle, dass die Erde wieder zu betreten war: Wassertücher verschwinden bis auf eines!
- Weitererzählen: Alle Menschen und Tiere tanzten von der Arche und tanzten einen Freudentanz! Und als sie zum Himmel sahen, entdeckten sie einen wunderbaren Regenbogen! Regenbogenbild gemeinsam legen (z. B. aus Tüchern, Wollfäden, Filzschnüren etc.).

6. Verdeutlichen Sie sich anhand der Ausführungen in Teil A, was unter der »polyperspektivischen Auslegung« von biblischen Geschichten verstanden wird. Versuchen Sie, die verschiedenen Deutungen auf eine andere Auferstehungsgeschichte, nämlich die von den Emmausjüngern (Lk 24,13-35) anzuwenden. Welche der Deutungen ist für Sie plausibel?

7. Lesen Sie das untenstehende Beispiel zur Geschichte von den Emmausjüngern aus einer Kinderbibel.[31] Wie lässt sich dort das Wunder von der Begegnung mit Jesus deuten? Finden Sie miteinander verschiedene Möglichkeiten und tauschen Sie sich darüber aus.

Jesus und seine Freunde sitzen zusammen.
Sie feiern das Abendmahl. Aber Jesus ist traurig. Denn er weiß: Das ist sein letzter Abend. Die Freunde verstehen das nicht. Jesus tröstet sie. Er sagt: »Wenn ihr brechet das Brot und teilet den Wein, so bin ich immer bei euch.«
Die Freunde sind ganz durcheinander. Zusammen mit Jesus verlassen sie die Stadt. Sie gehen in das dunkle Tal. Jesus will beten. Da kommen Gestalten. Sie tragen Schwerter und Spieße. Sie nehmen Jesus fest und führen ihn ab.
Und die Freunde? Die sind alle davongelaufen. Dann wird das Urteil gesprochen: Jesus soll sterben.
Er wird an das Kreuz genagelt. Er muss schreien. Aber das Volk lacht ihn aus: »Anderen hast du geholfen. Jetzt hilf dir selbst und steig wieder herab!«
Der Spott tut Jesus weh. Doch er bittet, trotz allem: »Gott, mach sie frei und erlöst. Du bist die Hilfe.« So stirbt er. Nur ein fremder Soldat ist noch dabei.
Er spürt: »Wahrlich, das ist Gottes Sohn gewesen.«
Am Sonntag danach sind zwei Freunde unterwegs. Sie sind betrübt. Denn ihr Meister, Jesus, ist tot. Da kommt ein Fremder. Er geht mit ihnen. Die Freunde erzählen ihm, was geschehen ist. »Einige Frauen behaupten, dass Jesus lebt«, sagen sie, »aber das können wir nicht glauben.« So wird es Abend und der Fremde bleibt bei ihnen. Nun sitzen sie zusam-

---

31 HENZE/MEIER, Erste Bibelgeschichten für Kinder.

men am Tisch. Der Fremde bricht das Brot. Er teilt den Wein. Da fällt den Freunden wieder ein, was Jesus gesagt hat. Sie erkennen den Herrn. Sie wissen: Er lebt. Aufgeregt rennen sie zurück zu den anderen. Sie rufen: »Wir sind dem lebendigen Herrn begegnet! Unsichtbar ist er bei uns und immer in uns! Er macht uns ganz frei und neu. Wir sind erlöst.« So verwandelt sich ihr Schrecken in unglaubliche Freude. Seit jenem Tag feiern die Christen Ostern und das Mahl ihres Herrn. Ein Geheimnis des Glaubens. Jeder ist geborgen in Gottes unendlicher Liebe. Auch du.

8. Lesen Sie, wie im Folgenden die Erzählung vom leeren Grab (Mk 16) im Rahmen eines religionspädagogischen Angebots in einer Kita umgesetzt wurde. Wie beurteilen Sie dieses Angebot mit Blick auf die »polyperspektivische Auslegung« biblischer Geschichten? Können sich die Kinder diese Geschichte subjektiv aneignen? Vergleichen Sie diesen Gestaltungsvorschlag mit dem biblischen Text.

    Die Erzählung vom leeren Grab
    - Material: Braunes Rundtuch, schwerer großer Stein, kleines goldenes/gelbes Rundtuch, gelbe Sonnenstrahlen (Filz, Papier, Stoff ...), dunkle, rote, orange und gelbe (Chiffon-)Tücher, Osterkerze, drei feste Tücher für die Erzählfiguren oder drei Erzählfiguren, Legematerial für eine Frühlingswiese (Blüten, grüne Filzstreifen, Schmetterlinge).
    - Symbole für die Ostererzählungen in den Evangelien: Schale mit Wasser (Taufauftrag – Mt 28), Brot (Emmausjünger – Lk 24), Schale mit Erde/Weizenkörnern (Das Weizenkorn muss sterben, damit es Frucht bringt – Joh 12,24), Lupe (Thomas will Beweise – Joh 20), Boot und Fische (Wunderbarer Fischzug – Joh 21).
    - Lieder: Aus der Tiefe rufe ich zu Dir; Wer rollt vom Grab den Stein; Jesus lebt, ich freue mich; Wach auf, wach auf, die helle Ostersonne lacht
    - Vorbereitung: Unter die Stühle wird jeweils ein rotes, oranges oder gelbes (Chiffon-)Tuch gelegt.
    - Hinführung: In der Mitte wird ein braunes Rundtuch entfaltet. Ein sehr schwerer Stein, eingeschlagen in ein graues Tuch, wird herumgegeben: Was fällt euch dazu ein? Wie fühlt es sich an? Der Stein kommt in die Mitte, das graue Tuch wird geöffnet, der Stein ist nun zu sehen. Wenn ich erzähle »Mein Herz ist so schwer wie dieser Stein!«, an welche Gefühle denke ich dann?
    - Impuls: Ich möchte euch von drei Frauen erzählen: Drei Figuren zeigen und drei Kindern übergeben.
    - Weitererzählen: Sie waren gute Freundinnen von Jesus. Sie waren sehr glücklich, wenn sie mit Jesus zusammenwaren. Jesus hat ihnen immer viel Kraft gegeben. Doch jetzt ist Jesus nicht mehr da. Vor zwei Tagen ist Jesus gestorben. Er wurde in ein Felsengrab gelegt. Die drei Frauen warten nun darauf, dass sie sich noch mal von Jesus verabschieden können. Doch der Friedhof ist noch zu. Die Frauen warten auf den neuen Morgen, dann wird der Friedhof geöffnet. Noch ist draußen schwarze Nacht – und so dunkel wie die Nacht da draußen fühlt sich auch ihr Herz an, ganz traurig und verzweifelt: Die Kinder einladen, die schwarzen Tücher um das braune Rundtuch zu legen.
    - Singen: »Aus der Tiefe rufe ich zu Dir, Herr höre meine Klagen. Aus der Tiefe rufe ich zu Dir. Herr höre meine Fragen.«

- Weitererzählen: Doch allmählich wird es Morgen. Das erste Morgenrot zeigt sich am Himmel: Die Kinder, die ein rotes Tuch unter dem Stuhl haben, können dieses auf die schwarzen Tücher legen.
- Weitererzählen: Die drei Frauen stehen auf und gehen los (die drei Kinder mit den Figuren bitten, aufzustehen und um das Rundtuch zu laufen). Sie laufen den weiten Weg zum Friedhof. Und während sie unterwegs sind, fällt ihnen ein, dass das Grab ja verschlossen ist. Vor dem Eingang zum Grab liegt ein riesiger schwerer Stein! Noch mehr bedrückt gehen die Frauen nun weiter und denken voller Sorge an den schweren Stein.
- Singen: »Wer rollt vom Grab den Stein, den schweren Stein, den schweren Stein, wer wird mein Helfer sein.« Am Ende des Liedes den schweren Stein wegnehmen, nur das graue Tuch bleibt noch liegen.
- Weitererzählen: Die Frauen gehen trotzdem weiter und auch die Sonne geht wieder ein Stück weiter auf: Die Kinder, die ein orangenes Tuch unter ihrem Sitz haben, legen dieses über die schwarzen Tücher.
- Weitererzählen: Und dann kommen die drei Frauen am Grab an und staunen: Das Grab ist offen, der schwere Stein ist weggerollt. Von weitem sieht das Innere des Grabes sehr dunkel aus und die Frauen trauen sich zuerst nicht, hineinzugehen. Doch dann geht die Sonne richtig auf und macht alles hell! Die Kinder, die ein gelbes Tuch unter ihrem Sitz haben, legen dieses über die schwarzen Tücher. Die Erzählerin legt über das graue Tuch in der Mitte ein gelbes oder goldenes Tuch.
- Weitererzählen: Die drei Frauen fassen Mut und gehen in das Grab hinein. Im Grab ist es jetzt hell. Die Frauen sehen: Jesus ist nicht da! Und dann hören die Frauen eine Stimme, die sagt: Jesus ist auferstanden. Er ist nicht bei den Toten, er ist bei den Lebenden! Sagt es Petrus und den anderen. Die Frauen erschrecken. Sie denken: »Dass war ein Engel. Das ist ein Wunder!« Sie laufen nach draußen. Da scheint die Sonne, ein neuer Morgen erwacht zum neuen Leben.

Schluss – Variante 1 für Jüngere:
Alles grünt und blüht. Das braune Rundtuch wird zu einer Frühlingswiese – die Kinder können sie mit Legematerial verwandeln.

Weitererzählen: Die drei Frauen laufen zu den anderen Jüngern, zu Petrus und den anderen. Sie erzählen ihnen: »Jesus war nicht im Grab. Jesus ist auferstanden. Er ist nicht bei den Toten, sondern bei den Lebenden!«

Singen: Jesus lebt

Schluss – Variante 2 für Ältere:
An das gelbe Rundtuch in der Mitte werden nach und nach Sonnenstrahlen gelegt. Zunächst werden 5 Sonnenstrahlen dafür gelegt, wie die verschiedenen Evangelien die Erzählung vom leeren Grab weitererzählt haben. Jeweils kurz zusammengefasst und mit einem Symbol veranschaulicht wird erzählt:
- dass im Evangelium nach Matthäus Jesus die Jünger beauftragt, in die Welt zu ziehen und zu taufen (Schale mit Wasser zu einem Sonnenstrahl),

- dass im Evangelium Lukas von zwei Jüngern erzählt, die in einem Fremden, der sie in ihr Dorf Emmaus begleitet und dort mit ihnen das Brot bricht, Jesus erkennen (Brot zu einem Sonnenstrahl),
- dass im Evangelium nach Johannes Jesus in seinen Abschiedsreden den Jüngern schon vor seinem Tod erklärt hat, dass das Weizenkorn sterben muss, damit es Frucht bringen kann (Schale mit Erde/mit Weizenkörnern zu einem Sonnenstrahl),
- dass im Evangelium nach Johannes der Jünger Thomas Beweise für die Auferstehung haben wollte und Jesus sich ihm zeigt mit seinen Wunden (Lupe zu einem Sonnenstrahl) und
- dass im Evangelium nach Johannes die Jünger Jesus beim Fischen begegnen, auf einmal ganz viele Fische fangen und mit ihm am Lagerfeuer essen (Boot und Fische zu einem Sonnenstrahl).

Deutung: Es wird in der Bibel von vielen verschiedenen Sichtweisen und Erfahrungen auf die Auferstehung erzählt. Und auch heute ist es so, dass Menschen ganz verschiedene Gedanken zur Auferstehung haben. Alle dürfen einen Sonnenstrahl anlegen und sagen: Was ist für euch Auferstehung? bzw. Was gibt euch Hoffnung und Mut in schweren Zeiten?

Die Sonnenstrahlen werden einzeln gelegt, dazwischen wird gesungen: Wach auf, wach auf, die helle Ostersonne lacht, wach auf, wach auf, die Ostersonne lacht, Halleluja, Halleluja. Halleluja, Halleluja.

Literatur

Henze, Dagmar/Meier, Reinhold: Erste Bibelgeschichten für Kinder, München 2008.
Kunze-Beiküfner, Angela, Jahrbuch für Kindertheologie, Stuttgart 2010.
Kunze-Beiküfner, Angela, Kindertheologisch-sensitive Responsivität pädagogischer Fachkräfte, Leipzig 2017.
Landgraf, Michael/Melchior, Christoph, Evangelisches Literaturportal. Themenheft Empfehlenswerte Kinderbibeln, Göttingen 2011.
Steinkühler, Martina, Bibelgeschichten sind Lebensgeschichten, Göttingen 2011.

Perspektivwechsel: Glaubensgeschichten erzählen und gestalten. Ein muslimischer Kommentar

Naciye Kamcili-Yildiz

A. Einführung

1. Gibt es muslimische Glaubensgeschichten?

Der Orient ist bekanntlich ein Raum für Geschichten! Der erzählfreudigen arabischen Kultur ist zu verdanken, dass in Europa Generationen von Kindern mit den Märchen von *Tausendundeiner Nacht* aufgewachsen sind. Wer kennt nicht die Abenteuer von *Sindbad dem Seefahrer, Aladin und die Wunderlampe* oder *Ali Baba und die vierzig Räuber*?

Wie steht es mit Geschichten, die muslimischen Kindern erzählt wurden? Gibt es neben den Märchen auch Glaubensgeschichten? Stehen im Koran auch Geschichten? Und sind sie für Kinder geeignet?

Angela Kunze-Beiküfner stellt zu Recht fest, dass die Bibel nicht für Kinder geschrieben wurde. Daher hat sich im europäischen Kontext die neue Literaturgattung der Kinderbibel etabliert, die die Inhalte der Bibel aufgreift und sie sprachlich und inhaltlich so aufbereitet, dass Kinder diese Geschichten lesen und verstehen können.

Und wie ist es mit dem Koran? Gibt es einen Koran für Kinder?

2. Kinderkoran oder Koran für Kinder?

Der Glaube, dass im Koran die Offenbarung Gottes an den Propheten Muhammad schriftlich niedergelegt wurde, steht im Zentrum der muslimischen Überzeugungen. Die erste Begegnung Muhammads mit dem Erzengel Gabriel fand im Jahre 610 n. Chr. statt, als dieser ihm in einer Höhle in der Nähe der Stadt Mekka die ersten Verse offenbarte. Damit ist der Koran zwar deutlich jünger als die Bibel, jedoch hat man gerade beim ersten Lesen den Eindruck, dass er ein Buch mit sieben Siegeln sei. Dies hängt zum einen mit dem Aufbau zusammen, weil die Inhalte nicht chronologisch geordnet sind. Der Koran enthält scheinbar willkürliche Aneinanderreihungen von Textpassagen, viele Wiederholungen, Erzählungen, Berichte, Appelle oder praktische Handlungsanweisungen, die unvermittelt von einer zu einer anderen Thematik wechseln. Diese Eigenheit des Textes erschwert den Zugang und das Verständnis. Wenn man z. B. lesen möchte, was der Koran über Maria (arabisch *Maryam*), die Mutter Jesu berichtet, muss man mindestens in zwei verschiedene Suren schauen. In der 3. Sure erzählt der Koran in den Versen 35–47 von der Geburt Marias, ihrer Zeit im Tempel in der Obhut des Zacharias, ihrer Erwählung und der Ankündigung Jesu. In der Sure 19 geht der Koran in den Versen 22–33 dann auf die Schwangerschaft Marias ein und ihren Wunsch, eher zu sterben, als das Kind auf die Welt zu bringen. Jedoch bringt sie das Kind in der Wüste auf die Welt, Gott spricht ihr Zuversicht zu, indem er eine vertrocknete Palme Datteln tragen und in ihrer Nähe einen Bach fließen lässt. Mit der Platzierung der Geschichte Marias in zwei Suren, einzelne zerstreute Verse außer Acht gelassen, ist die Thematisierung im Koran recht übersichtlich. Schwieriger gestaltet sich die Erwähnung der alttestamentlichen Propheten, von denen der Koran auch berichtet, so z. B. von Abraham in 23 verschiedenen Suren.

Eine weitere Schwierigkeit ist die Übersetzung aus dem Arabischen. Nach gängiger Ansicht muslimischer Theologen kann es nicht die eine Koranübersetzung geben, weil wegen der vielschichtigen metaphorischen Sprache des Korans jede Übersetzung eine Interpretation darstelle. Daher gibt es im muslimischen Kulturraum auch keine Einheitsübersetzung, so wie man sie von der Bibel kennt, sondern es existieren mehrere Übersetzungen parallel nebeneinander, die an einigen Stellen durchaus voneinander abweichen können. Übersetzungen oder Interpretationen werden oft als zeitlich begrenzter Zugang angesehen, die ihre Gültigkeit verlieren können. Daher beenden Interpreten oft ihre Korankommentare mit dem Satz »Gott weiß es besser!«.

Auch ist vielen Muslimen das Lesen einer Übersetzung meist fremd, da der Koran für viele Muslime eher einen Hörtext darstellt, der einen ästhetischen Charakter besitzt. Hinzu kommt, dass die Sprache der Liturgie im Islam arabisch ist und etwa im rituellen Gebet Texte aus dem Original rezitiert werden. In der islamischen Welt wird daher großer Wert auf das Auswendiglernen und den musikalischen Vortrag des Textes gelegt. Menschen, die den gesamten Text auswendig kennen, werden *Hafiz* genannt. Ihnen wird »als Trägern des Korans« viel Respekt erwiesen.

Die genannten Zugänge können ein Grund dafür sein, dass es im islamischen Kulturraum bislang keinen Koran für Kinder gibt. Bekannter und geläufiger sind unter Muslimen sogenannte Prophetengeschichten, in denen die Geschichten der auch im Alten Testament bekannten Persönlichkeiten frei nacherzählt werden. Daraus erklärt sich, dass das Streben nach einem Kinderkoran eher aus dem europäischen Kontext stammt, wo es diese Literaturgattung schon länger gibt.

Wenn man danach fragt, warum Kinderbibeln geschrieben werden, findet man die Grundüberzeugungen, dass

- die Heilige Schrift eine grundlegende Bedeutung für das Leben von Kindern und Jugendlichen hat,
- die Originalfassung nicht den Bedürfnissen von Kindern entspricht und
- man Kinder mit einer »Vorform« zu der eigentlichen »Vollform« hinführen will.

All diese Gründe lassen sich auch auf den Koran übertragen. Genauso wie die Bibel enthält der Koran in seinen Erzählungen grundlegende Erfahrungen, die Menschen in ihrer Zeit gemacht haben und die auch dem Menschen von heute Orientierung im Leben geben und sie zum Handeln motivieren können. Sie erzählen von menschlichen Grunderfahrungen wie Streit und Versöhnung, Vertrauen, Hoffnung, Vergebung etc.

Es stellt sich an dieser Stelle eher die weitere Frage, wie der Text in eine kindgerechte Sprache gebracht werden kann.

In den letzten Jahren haben sich zwei Autorenteams dieser Herausforderung gestellt und zwei unterschiedliche Ausgaben herausgebracht.

Die erste Ausgabe »Der Koran für Kinder und Erwachsene« wurde von Lamya Kaddor und Rabeya Müller übersetzt und erläutert. Hierbei wurde der Koran nicht in der gängigen Form abgedruckt, sondern in einer thematischen Abfolge von Suren und Versen neu sortiert und geordnet. Dadurch folgt das Werk einem systematischen Aufbau, den der Koran selbst nicht kennt, denn dieselben oder ähnliche Themen können in unterschiedlichen Suren auftauchen. Schwieriger wird die sprachliche Betrachtung, da das Werk den Anspruch hat, ein Buch für Kinder und Erwachsene zu sein. Sowohl die für Kinder recht komplexe Sprache als auch die kurzen inhaltlichen Kommentare, die den Text zusammenfassen und einige Sacherklärungen bieten, lassen das Buch eher als ein Einführungswerk für Erwachsene erscheinen.

Die zweite Variante eines Korans für Kinder hat den Titel »Was der Koran uns sagt« und stammt von Hamideh Mohagheghi und Dietrich Steinwede. Dieses Autorenteam hat sich von einer wortwörtlichen Übersetzung gelöst und versteht ihr Werk als eine Erzählung in vereinfachter Sprache. Auch sie haben einige Themen ausgewählt und die Stellen dazu aus dem Koran zusammengetragen, sodass ein Gesamtbild zur jeweiligen Thematik entsteht.

Wenn man die Eignung beurteilen wollte, wäre die Fassung von Kaddor und Müller eher für Erzieherinnen und Erzieher geeignet, die einen eigenen Zugang zum Koran suchen und darin auch weiterführende Informationen zur Thematik im Gesamtkontext erhalten. Danach kann überlegt werden, inwieweit einzelne, gezielt ausgewählte Abschnitte aus der Ausgabe von Mohagheghi und Steinwede in der Kita eingesetzt werden können.

B. Methodisch-didaktische Umsetzung – Impulse

1. Lesen Sie bitte, was in der Einführung über den Koran und den Koran für Kinder gesagt wird. Wo sehen Sie die Gemeinsamkeiten und Unterschiede zwischen Bibel und Koran?
2. Schauen Sie sich die beiden genannten Ausgaben eines Kinderkorans an. Vergleichen Sie diese Ausgaben mit unterschiedlichen Kinderbibeln.
3. Vergleichen Sie die Erzählungen von Maria und Jesus im Koran mit den biblischen Erzählungen. Welche Fragen stellen sich Ihnen? Entdecken Sie Gemeinsamkeiten und Unterschiede?
4. Probieren Sie den Vorschlag einer praktischen Umsetzung der koranischen Geschichten von Maria und Jesus in Ihrer Lerngruppe aus. Würden Sie diese religionspädagogische Einheit in einer religiös gemischten Kita-Gruppe durchführen? Würden Sie die Einheit modifizieren?

Praxisbeispiel: Die Geburtsgeschichten von Maria und Jesus im Koran
Einordnung in den koranischen Kontext
Maria (arabisch Maryam) und ihr Sohn Jesus (arabisch Isa) sind zwei Personen, über die der Koran in vielen Passagen berichtet. Maria ist im Koran die einzige namentlich erwähnte Frau, die auch wegen ihrer Frömmigkeit von vielen Muslimen sehr geschätzt wird. Dies zeigt sich vor allem darin, dass viele Familien ihren Kindern den Namen Meryem oder Maryam geben, verbunden mit der Vorstellung, dass das Kind die Charaktereigenschaften ihrer Namensgeberin annimmt.

Maria taucht im Koran nicht nur als die Mutter Jesu auf, sondern mit ihrer eigenen Geburt. Sure 3 erzählt von der Unfruchtbarkeit ihrer Mutter und ihrem Wunsch, falls sie ein Kind bekommen sollte, es ganz Gott zu weihen. Als sie unerwartet schwanger wird und das Kind auf die Welt bringt, ist sie irritiert, weil es ein Mädchen ist und kein Junge. Auch wenn es damals typisch war, dass nur Jungen in den Tempeln »geweiht« wurden, setzt sie ihr Gelöbnis um und bringt Maria zum Tempel, um sie wie versprochen ganz dem Dienst Gottes zu weihen. Maria wächst im Tempel in der Obhut Zacharias' auf. Als junge Frau hat sie in ihrem Zimmer eine Begegnung mit einem Engel in der Gestalt eines Menschen. Dieser verkündet ihr die frohe Botschaft von einem Sohn. Darüber ist Maria so entsetzt, dass sie den Tempel verlässt, um vergessen zu werden. Hier setzen die Geburtswehen ein und sie bringt das Kind auf die Welt. Mit dem Zutrauen Gottes geht sie zurück zu ihrem Volk, woraufhin dieses sehr enttäuscht und empört reagiert. Jedoch wird Maria mit der Hilfe Gottes, der dafür sorgt, dass das neugeborene Kind sprechen kann, auch von dem Vorwurf der Unzucht freigesprochen.

Die vom Koran in groben Zügen erzählten Geburtsgeschichten von Maria und Jesus sind gute Beispiele, die in interreligiösen Kitagruppen thematisiert und nachgespielt werden können. Sie zeigen zum einen den christlichen Kindern die Wertschätzung, die der Koran und auch die Muslime diesen besonderen Personen entgegenbringen. Zum anderen zeigen sie den Kindern durch die Parallelen die große Verbundenheit des Christentums und des Islam miteinander, die trotz der unterschiedlichen Akzente in den Geschichten Gottes Wirken und Handeln an ihrer Seite betonen.

Praktische Umsetzung in der Kita
Die Thematisierung der beiden Geburtsgeschichten kann auch in zwei Aktionen erfolgen, die Szenen 1–5 erzählen von der Geburt Marias, ab Szene 6 von der Geburt Jesu. Jahreszeitlich passen sie gut in die (Nach-)Weihnachtszeit, nachdem die Kinder mit der christlichen Weihnachtsgeschichte vertraut gemacht worden sind. Für die Umsetzung bieten sich alle Möglichkeiten an, die von Angela Kunze-Beiküfner erwähnt werden. Exemplarisch wird hier die Geschichte mit Legematerialien und den benötigten Utensilien erzählt.

Szene 1 (ein großes Tuch auf dem Boden, Figur Frau, Figur Mann, Klangschale)
Klangschale zu Beginn schlagen.
Vor sehr vielen Jahren wünschten eine Frau und ihr Mann sich nichts sehnlicher als ein Kind, jedoch blieb dieser Wunsch unerfüllt. Jetzt waren sie schon sehr alt. Die Frau betete immer zu Gott: »Lieber Gott, wir wünschen uns so sehr ein Kind. Bitte erfülle uns diesen Traum. Wenn wir ein Kind bekommen sollten, soll es später auch dem Tempel dienen.« Damals war es üblich, dass Jungen im Tempel lebten und dort lesen und schreiben lernten, damit aus ihnen Menschen werden, die den anderen Menschen ihre Religion erklären. Lesen und Schreiben konnten damals nur ganz wenige Menschen.

Szene 2 (großes blaues Tuch auf dem Boden, Figur Frau)
Eines Tages bemerkte die Frau, dass sich in ihrem Bauch etwas bewegte. Sie freute sich riesig auf das Kind, dass sie und ihr Mann endlich Mutter und Vater werden. Mit der Zeit wurde ihr Bauch größer und größer und irgendwann setzten ihre Wehen ein. Die Frau gebar das Kind.

Szene 3 (großes blaues Tuch auf dem Boden, Figur Frau, Baby)
Als sie das Baby ansah, war sie plötzlich traurig. Und sagte: »Lieber Gott, ich habe eine Tochter bekommen und gar keinen Jungen. Was soll nur aus meinem Versprechen werden, dass mein Kind später dem Tempel dienen soll?« Nach langen Überle-

gungen entschied sie sich, ihr Wort zu halten. Auch wenn damals nur Jungen im Tempel blieben, sollte ihre Tochter später auch dorthin. Sie gab ihrer Tochter den Namen Maria.

Szene 4 (großes blaues Tuch auf dem Boden, Figur Frau, Figur Mädchen, Figur Mann, Bauklötze als Tempel)
Es vergingen einige Jahre und Maria wuchs zu einem gesunden und fröhlichen Mädchen heran. Eines Tages war es so weit: Ihre Mutter nahm sie an die Hand und ging mit ihr zum Tempel. Von nun an sollte Maria im Tempel bleiben. Als sie sich verabschiedeten, waren beide sehr traurig, weil sie sich nicht mehr so oft sehen konnten. Aber ihre Mutter wusste, dass es Maria im Tempel gut gehen würde. Sie hatte ja dort den Zacharias, der ihr versprach, immer gut für Maria zu sorgen.

Szene 5 (großes blaues Tuch auf dem Boden, Figur junge Frau, Figur Mann, Bauklötze als Tempel)
Jahre vergingen und Maria wurde zu einer schönen jungen Frau. Sie war sehr gläubig und betete oft zu Gott. Sie war sehr interessiert und las viele Bücher. Zacharias war glücklich, dass sie sich dort so gut eingelebt hatte.

Szene 6 (großes blaues Tuch auf dem Boden, Figur junge Frau, Kerze für Engel, Bauklötze als Tempel)
Eines Tages, als Maria allein in ihrem Zimmer war, erschien ihr plötzlich ein Engel. Maria hatte Angst vor ihm, weil er wie ein Mann aussah. Der Engel sprach zu ihr: »Maria, du brauchst keine Angst zu haben. Ich bin ein Engel. Gott hat mich geschickt, damit ich dir sage, dass du bald ein Kind bekommen wirst.« Maria war sprachlos: »Ich soll ein Kind bekommen? Aber ich habe doch gar keinen Mann! Und was sagen die anderen, wenn sie es erfahren?« Damals war es nämlich üblich, dass Männer und Frauen zuerst heiraten und dann ein Kind bekommen. Der Engel sagte: »Maria, du bist eine ganz besondere Frau, daher hat Gott dich ausgewählt. Und wenn Gott etwas will, dann wird es so«, und ging weg. Maria war ratlos. Was sollte sie nur tun? Nach einigen Monaten wurde ihr Bauch immer größer und größer. Auch Marias Angst wuchs, dass jemand es bemerken könnte. Also überlegte sie, in die Wüste zu gehen, wo keine Menschen sind. Hier wollte sie alleine sein und vergessen werden.

Szene 7 (gelbes Tuch, Figur junge Frau, Palme)
Als sie unterwegs in der Wüste war, wurde Maria nach einer Zeit müde und setzte sich unter eine vertrocknete Palme und weinte und fragte sich, wie das alles passieren konnte. In diesem Moment hörte sie plötzlich eine Stimme, es sprach ein Engel zu ihr und sagte: »Maria, sei nicht traurig. Gott hat dich nicht vergessen. Er ist immer bei dir und beschützt dich.« Maria war erleichtert. Hier in der Wüste, weit weg von Menschen, hatte Gott sie nicht vergessen.

Szene 8 (gelbes Tuch, Figur junge Frau, Palme, Figur Baby, kleines Tuch als Bach, ein paar Datteln, Klangschale)
Etwas später verspürte Maria starke Wehen und brachte hier ihren Sohn auf die

Welt. Sie fühlte sich kraftlos und hungrig. Wieder sprach der Engel zu ihr: »Maria, schüttle an dem Baum.« Als Maria anfing daran zu schütteln, wurde der Baum grün und trug Datteln. Diese fielen herunter. Maria aß sie und kam wieder zu Kräften. Plötzlich entsprang auch ein Fluss in ihrer Nähe. Der Engel sagte ihr: »Trink von dem Wasser!« So trank sie von dem Wasser und machte sich frisch. Von nun an war Maria ganz sicher, dass Gott bei ihr war und sie beschützte. Sie war wieder glücklich und froh. So wie der Engel es ihr gesagt hatte, ging sie wieder zurück in die Stadt. Dieses Baby ist Jesus – oder wie ihn Muslime nennen: Isa. Dieses kleine Kind sollte später ein Gesandter Gottes und ein wichtiger Mensch werden.

Klangschale am Ende schlagen.

5. In der Gruppe kann gemeinsam darüber nachgedacht werden,
   - wie Maria sich in den verschiedenen Szenen fühlt. Die Geschichte kann auch mit drei Smileys nachgespielt werden, indem nur die Geschichte erzählt wird und eventuell zwei Kinder mal einen traurigen, mal einen glücklichen und mal einen ängstlichen Smiley hochhalten.
   - was die Kinder zu Maria in den einzelnen Szenen gesagt hätten, z. B. als sie merkt, dass ihr Bauch wächst, sie alleine in der Wüste ist oder wenn sie zurück in die Stadt geht.
   - warum die Muslime nicht Weihnachten feiern. Jesus ist auch für Muslime ein ganz besonderer Mensch, hat aber für sie nicht dieselbe Bedeutung wie für Christen.

Literatur

Aderras, Saida/Brauckhoff, Beate/Horn, Reinhard/Landgraf, Michael/Walter, Ulrich, Aufeinander zugehen – gemeinsame Schätze teilen, Lippstadt 2018.
Kaddor, Lamya/Müller, Rabeya, Der Koran für Kinder und Erwachsene, München 2010.
Kamçili-Yildiz, Naciye/Fromme-Seifert, Viola M., Betül und Nele erleben Advent und Weihnachten. Kamishibai Bildkartenset, München 2018.
Mohagheghi, Hamideh/Steinwede, Dietrich, Was der Koran uns sagt. Für Kinder in einfacher Sprache, München 2010.

5.4. Musisch-ästhetische Zugänge

Monika Marose

A. Einführung

1. Überlegungen zum Begriff des Ästhetischen

Der Begriff »Ästhetik« stammt aus dem Griechischen, das Wort »aisthesis« wird in der Regel mit (sinnlicher) Wahrnehmung übersetzt. Das Verb »aisthánomai« meint

»mit den Sinnen wahrnehmen, empfinden, spüren«.[32] In der Antike befasste sich Aristoteles bereits mit dem Thema. Im 18. Jahrhundert wird der Begriff »Ästhetik« von Alexander Gottlieb Baumgarten im philosophischen Kontext verwandt.[33] Kant versteht den Begriff noch im Sinne eines ganzheitlichen Wahrnehmens.[34] In der Folge wird »ästhetisch« häufig in der Bedeutung von »schön« oder »ansprechend« gebraucht. Heutzutage wird unter »Ästhetik« vielfach die Auseinandersetzung mit »dem Schönen« bzw. den sog. »schönen Künsten« (Bildende Kunst, Musik, Literatur, Darstellende Kunst) verstanden.

In den Schriften des Neuen Testaments[35] kommt der Wortstamm an drei Stellen vor. In diesen Textstellen geht es um Erkenntnisprozesse, die mehr erfordern als kognitive Fähigkeiten, denn das, was es zu erfassen gilt, ist nicht von dieser Welt, sondern beschreibt das Wirken einer Dimension jenseits des real Erfassbaren. »Wahrnehmung« im Sinne von aisthesis/aisthanomia bedeutet ein Wahrnehmen, Durchdringen und Erkennen mit Hilfe sämtlicher Sinne, der Prozess erfordert also eine unbedingte Aufmerksamkeit, hohe Sensibilität und Auffassungsgabe sowie Intuition.

Eine Sensibilität für diese Dimension von Wirklichkeit ist künstlerischen Schaffensprozessen vorausgesetzt. Dass der Mensch fähig war, künstlerisch tätig zu werden, bedeutete anthropologisch einen Fortschritt. »Die Evolutionsbiologie verweist uns darauf, dass das Schaffen von Kultur, von Bildern, Statuen, aber auch von Musikinstrumenten *das* spezifische Unterscheidungsmerkmal zwischen den Neandertalern und dem ca. 40.000 vor Christus Südeuropa erkundenden *Homo sapiens sapiens* ist. Irgendwann vermutlich zwischen 60.000 und 40.000 vor Christus wird der Mensch befähigt, sich eine künstliche Welt außerhalb seiner selbst nicht nur vorzustellen, sondern auch medial mit Bildern, künstlichen Materialien und Tönen zu erschaffen. Das ist ein außerordentlicher Einschnitt in der Entwicklungsgeschichte des Menschen.«[36], schreibt Andreas Mertin, Kulturwissenschaftler mit dem Schwerpunkt Theologische Kulturhermeneutik.

In den Religionen spielt Ästhetik von jeher eine bedeutsame Rolle. Religionen befassen sich mit dem Metaphysischen, was einen Erkenntnisprozess auch jenseits kognitiver Fähigkeiten voraussetzt. »Du sollst die Lebendige, deinen Gott, lieben von ganzem Herzen und mit deiner ganzen Seele und mit deiner ganzen Kraft und mit deinem ganzen Denken«[37] (Lk. 10,27), schreibt der Evangelist Lukas. Die Jesus

---

32 Vgl. GEMOLL, WILHELM, Griechisch-deutsches Schul- und Handwörterbuch, München 1991, 20.
33 BAUMGARTEN, ALEXANDER GOTTLIEB, Ästhetik. Übersetzt, mit einer Einführung, Anmerkungen und Registern (Philosophische Bibliothek 572a), Hamburg 2007, 547.
34 Vgl. KANT, IMMANUEL, Kritik der reinen Vernunft. Nach der ersten und zweiten Originalausgabe (Philosophische Bibliothek 505), Hamburg 1989, 157ff.
35 Wenn nichts anderes angegeben ist, werden Textstellen der Bibel im Folgenden zitiert aus der »Lutherbibel 2017«.
36 MERTIN, ANDREAS, Kunst und Religion. In: Religion unterrichten 1 (2013), 3–8, hier 3.
37 Bibel in gerechter Sprache, (Hg.) Bail, Ulrike u. a., Gütersloh ³2007, 1950.

zugeschriebenen Verse beziehen sich auf Worte aus der Tora[38] und beschreiben die erforderliche Ganzheitlichkeit des menschlichen Strebens nach der Erkenntnis Gottes.

»Im Zentrum des Christentums steht von Anfang an ein ästhetisches Phänomen: der gemeinsame *Gottesdienst* am ersten Tag der Woche (Apg 2,42; 20,7).«[39], konstatiert der evangelische Theologe Dietrich Stollberg in seinem Werk »Religion als Kunst«. In Zeiten der Vierten Industriellen Revolution, da sämtliche Prozesse ökonomischen Maximen unterworfen werden,[40] akzentuiert Stollberg den Aspekt des »nicht Nützlichen« im Kontext von Religion und Kunst. Nach seinem Verständnis ist »christliche Religion *weder nützlich noch sinnvoll als Sinnfindungshilfe noch profitabel – sie ist einfach schön, herrlich überflüssig,* wunderbar begeisternd, mitziehend, ob man will oder nicht«.[41]

Stollberg beschreibt »Wahrnehmung« und »Phantasie« als »Grundlagen religiöser und kirchlicher Praxis«.[42] Phantasie wird dabei nicht als »unrealistische Phantasterei« verstanden, sondern als die entscheidende produktive Vorstellungskraft und -fähigkeit des Menschen und zugleich als eine Form der Wahrnehmung von Wirklichkeit. Häufig sei »diese Wirklichkeit noch gar nicht eingetroffen, erfunden und realisiert«[43]. Ohne Phantasie – so schreibt Stollberg – gäbe es keine Problemlösungen und ohne Phantasie sei kein Fortschritt möglich. Und ohne Phantasie schließlich gäbe es auch keine Religion.[44] Stollberg formuliert den provokanten Schluss: »Religiöse Praxis ist ästhetische Praxis, wie ästhetische Praxis religiöse Praxis darstellt.«[45] Die Einübung in das Erfassen von Metaphorik und Bildsprache der bildenden Kunst ist für die Religionspädagogik unverzichtbar. Insofern »muss religiöse Bildung«, wie der Religionspädagoge Clauß Peter Sajak darlegt, »immer auch ästhetische Bildung sein«.[46]

2. Ästhetische Bildung im Kindergarten

Ästhetische Bildung von Anfang an ist unverzichtbar. Deren Bedeutsamkeit in der (frühen) Kindheit wird bereits seit längerem insbesondere im Umfeld der anthropologischen und phänomenologischen Erziehungswissenschaft untersucht und disku-

---

38 Vgl. Dtn 6,5; Lev, 19,18.
39 STOLLBERG, DIETRICH, Religion als Kunst, Nachdenken über Praktische Theologie und Ästhetik, Leipzig 2014, 27.
40 Vgl. KRAUTZ, JOCHEN, Ware Bildung. Schule und Universität unter dem Diktat der Ökonomie, München 2007.
41 STOLLBERG, 17.
42 Vgl. ebd., 18.
43 Ebd.
44 Vgl. ebd., 22.
45 Ebd., 67.
46 SAJAK, CLAUß PETER (Hg.), Religion in allen Dingen. Alltagsintegrierte religiöse Bildung in der KiTa. Ein Praxis- und Methodenbuch für die Aus- und Fortbildung, München 2016, 170.

tiert.[47] Die Aktualität der Thematik spiegelt sich in der Verankerung in zahlreichen Bildungs- und Orientierungsplänen. Der Stellenwert ästhetischer Bildung als zentrales Erfahrungsfeld und existentieller Lernbereich ist unbestritten.

In der ästhetischen Bildung geht es einerseits um die Ausbildung von Wahrnehmungsfähigkeiten und damit um die Schärfung der Sinne. Ziel ist es, den Kindern »die aktive Aneignung und Verarbeitung ihrer Umwelt zu ermöglichen«[48]. Das natürliche Verlangen der Kinder zu spielen und zu gestalten, ermöglicht ihnen bereits im Elementarbereich ästhetische Erfahrungen. Durch die ästhetische Bildung »begreifen« die Kinder die Welt.[49]

Außerdem sollten Kinder in Kindertagesstätten möglichst vielfältige künstlerische Ausdrucksformen kennenlernen und diese als Ausdruck persönlicher Gefühle und Gedanken ausprobieren und nutzen. Auf diese Weise erwerben die Kinder selbsttätig Kompetenzen im Umgang mit Materialien beispielsweise aus der Natur, im Umgang mit Farben oder Musikinstrumenten, sie probieren schauspielerische Fähigkeiten aus, indem sie in andere Rollen schlüpfen und spielerisch ihre Stimme ausprobieren. Diese Aktivitäten unterstützen die Entwicklung handwerklicher, kognitiver und musischer Fähigkeiten.

Von zentraler Bedeutung ist die Begegnung mit Werken der Literatur, Kunst, Musik und von Theater und Tanz. Es existieren beispielsweise vielfältige museums-, musik- und theaterpädagogische Angebote für Kindergartenkinder sowohl im Elementar- als auch im Hortbereich. Auch wenn es fraglos eine Herausforderung bedeutet, im übervollen Kita-Alltag den zahlreichen Anforderungen gerecht zu werden, sollten Erzieherinnen so häufig wie möglich mit ihren Gruppen Angebote von (Musik-)Theatern und Museen nutzen. Wird »Sinn und Geschmack« an diesen Kulturformen nicht früh angelegt, wird dieser später schwerlich entwickelt. Aufgrund von Bildungsferne oder Zeitmangel können oder wollen viele Eltern diese Vermittlungsaufgabe nicht leisten. Die Teilhabe ausnahmslos aller Kinder an den gesellschaftlichen Kulturgütern sollte Ziel pädagogischen Handelns sein, denn sie bildet das Fundament einer zivilen Gesellschaft und unterstützt die Kinder in ihrer individuellen Entwicklung und zeigt ihnen Möglichkeiten der Selbstverwirklichung.

Erwiesenermaßen geschieht beispielsweise Spracherwerb wie von selbst und ohne Not und Mühe, wenn Kindern viel vorgelesen wird. In der Folge werden sie später selbst viel lesen. Kinder, die diese Möglichkeiten nicht haben, sind zweifellos benachteiligt. Mit dem Begriff »Literacy« werden nicht nur die Fähigkeiten des Lesens und Schreibens bezeichnet, sondern auch das »Text- und Sinnverständnis, Erfahrungen mit der Lese- und Erzählkultur der jeweiligen Gesellschaft, Vertraut-

---

47 Vgl. Duncker, Ludwig/Lieber, Gabriele, Bildliteralität und ästhetische Alphabetisierung. Konzepte und Beispiele für das Lernen im Vor- und Grundschulalter, München 2013 u. vgl. Mattenklott, Gundel/Rora, Constanze (Hg.), Ästhetische Erfahrung in der Kindheit, Theoretische Grundlagen und empirische Forschungen, Weinheim 2004.
48 Nöll, Imke, Ästhetische Bildung – was ist das? in: Kindergarten – heute (11–12/2016), 20–21, hier 21.
49 Vgl. Vollmer, Knut, Fachwörterbuch für Erzieherinnen und pädagogische Fachkräfte, Freiburg 2012, 56.

heit mit Literatur und anderen schriftbezogenen Medien sowie Kompetenzen im Umgang mit der Schriftsprache.«[50]

Kreativität trägt wesentlich zu einer gesunden Entwicklung der Kinder bei. Kreative und schöpferische Prozesse steigern das Selbstwertgefühl. Die Kinder lernen mitzumachen, mitzugestalten, und spüren, dass sie etwas bewirken können. Darüber hinaus können sie während des kreativen Prozesses vieles verarbeiten, was sie erlebt haben. Neben ihrem ästhetischen Empfinden werden Feinmotorik und Körperkoordination, Nah- und Fernsinne sowie Konzentration und Ausdauer angeregt und gefördert.

Die frühzeitige Begegnung mit Werken der musischen Künste ist umso wichtiger angesichts einer gegenwärtig beobachtbaren Banalisierung nahezu aller Lebensbereiche. Der peruanische Autor und Journalist Mario Vargas Llosa bezeichnet dieses Phänomen in Bezug auf die Kultur als »Boulevard« und belegt, dass »wer seine Kultur verliert«, sich selbst verlöre.[51] Er spricht davon, dass Kultur heutzutage »systematisch verramscht« würde und »zwar als Folge eines Prinzips, über das weltweit Einigkeit zu herrschen scheint: dass Unterhaltung und Spaß unser allerhöchstes Gut zu sein hätten«.[52] Im Kontext solch negativer Erscheinungsformen sei noch einmal verwiesen auf das bereits erwähnte Unterwerfen auch religiöser Bildungsprozesse unter das Primat von Nützlichkeit und Ökonomie. Dieser Umstand führt zu einer Verarmung des Individuums und zur Vernachlässigung ästhetischer Fähigkeiten und Ausdrucksformen des Einzelnen.

Wenn Kunst auch eben nicht nützlich sein darf und sollte, so hatte sie dennoch von jeher eine wesentliche Funktion in Gesellschaft. Nicht zuletzt ermöglicht sie Katharsis, eine seelische, psychische Reinigung durch das Ausleben innerer Konflikte und verdrängter Emotionen, speziell auch von Aggressionen. Ästhetische Formen zur Erlangung von Katharsis sind in vielen Gesellschaften nicht mehr die Mittel der Wahl. Mag sein, dass hier eine Ursache der allgemein beklagten Zunahme von Aggressionen liegt, wie sie sich beispielsweise in Verleumdungen, Beschimpfungen und Bedrohungen in digitalen Medien zeigen.

Noch ein letzter wesentlicher Punkt sei erwähnt: ästhetische Formen fördern eine interkulturelle Verständigung, denn sie ermöglichen häufig ein Miteinander ohne Worte. Zu beobachten ist dies beispielsweise im Umgang mit Tönen und Klängen, Bewegung und Tanz: »Gleich wie man denkt, woher man kommt, was man anhat, wie man riecht, wie man aussieht, sobald man zusammen Musik macht und die Schwelle des Konsumierens hin zum Selbermachen überwunden hat, ändern sich die Spielregeln im Miteinander. Man lernt hier, den anderen zu begreifen, ohne ihn verstehen zu müssen, über Klänge, die Rhythmen, die Harmonien, die Melodien,

---

50 Textor, Martin R., Literacy-Erziehung im Kindergarten, auf: https://kindergartenpaedagogik.de/fachartikel/bildungsbereiche-erziehungsfelder/sprache-fremdsprachen-literacy-kommunikation/1719.
51 Vargas Llosa, Mario, Alles Boulevard. Wer seine Kultur verliert, verliert sich selbst, Berlin 2014, 31.
52 Ebd., 3.

die Bewegung den Weg zu sich und zu den anderen zu finden.«[53] – Das allein vermag ästhetische Bildung.

B. Methodisch-didaktische Umsetzung – Impulse

1. Lesen Sie bitte die entsprechenden Überlegungen aus Teil A und tauschen Sie sich in Gruppen über folgende Fragen aus:
   - Welche Erfahrungen habe ich mit Musik, Kunst, Literatur, Tanz und Theater bislang gemacht?
   - Welche Zugänge zur Welt des Ästhetischen liegen mir nahe, welche nicht?
   - Sind künstlerische Aktivitäten »irgendwie« nützlich oder sind sie reiner Selbstzweck?
   - Gibt es aus meiner Erfahrung Beziehungen zwischen Kunst und Religion? Worin bestehen sie?
2. Projektidee: Das Bilderbuch über die Maus »Frederick« des Autors, Malers und Grafikers Leo Lionni aus dem Jahre 1967 ist ein Klassiker der Kinderliteratur.[54] Lionni veranschaulicht sprachlich und zeichnerisch auf geniale Weise und in aller Einfachheit, wie überlebenswichtig künstlerisches Schaffen für eine Gesellschaft ist, denn Mensch und Maus leben nicht vom Brot allein. Übersetzt ins Deutsche hat das Werk Günter B. Fuchs. Es kann mit Kindern ab vier Jahren gelesen werden, seine Lektüre ist aber auch für Erwachsene ein Genuss.

   Das Werk bietet heterogen zusammengesetzten Lerngruppen in der religionspädagogischen Aus- und Fortbildung Zugang zu Fragen nach Bedeutung und Wert künstlerischen Schaffens im Kontext von Religion und Gesellschaft. Dass der Mensch »nicht vom Brot allein« lebe, sondern das Wort Gottes benötige, steht sowohl in der Jüdischen Bibel, als auch im Neuen Testament (Dtn 8,3; Mt. 4,4).
   - Machen Sie sich mit dem Bilderbuch »Frederick« vertraut.
   - Arbeiten Sie wesentliche Gesichtspunkte der Info-Texte 1 und 2 heraus und reflektieren Sie vor diesem Hintergrund das Bilderbuch »Frederick«.
   - Werden Sie selber Dichter: Verfassen Sie eine Geschichte, wie das Mäuseleben ohne Frederick aussähe.
   - Projektideen für den Kindergarten: Überlegen Sie, auf welche Weise Sie die Kinder Ihrer Gruppe mit Hilfe des Bilderbuches zu künstlerischem Schaffen einladen. Setzen Sie Ihrer Phantasie keine Grenze: Vom Singen von Mäuseliedern über szenische Interpretationen bis zum Backen von Sonnenstrahlen-Kuchen.

---

[53] Feßmann, Klaus/Kaufmann, Michael, ReSonanz, AkzepTanz. Kinder mit Musik und Bewegung stärken: Ein Schulprojekt gestaltet Zukunft, München 2009, 11.
[54] Vgl. Lionni, Leo, Frederick, Weinheim/Basel ⁴2016.

Infotext 1: Gott, der Künstler

Wir sollen uns kein Bildnis von Gott machen, so wie wir auch nicht wünschen, dass man sich Bilder von uns macht. Denn jeder einzelne ist so viel mehr, als ein Bild je zeigen könnte. Die biblischen Autorinnen und Autoren erzählen von ihren unendlich vielfältigen Erfahrungen mit Gott. Ihre Narrative laden zur Reflexion ein und erlauben Schlüsse und Erkenntnis einzelner Facetten Gottes.

Der Maler, Grafiker und Bildhauer Pablo Picasso sagte einmal: »Gott ist ja auch nichts anderes als ein Künstler. Er erfand die Giraffe, den Elefanten und die Katze. Genaugenommen hat er keinen Stil. Er versucht immer neue Dinge.«[55] Kunst ist in der Bibel zweifellos ein zentrales Thema. Im Alten Testament wird Gott sozusagen als der allererste Künstler geschildert. Die ersten Kapitel der Bibel beschreiben seinen unvergleichlichen Schöpfungsakt, der an Kreativität nicht zu überbieten ist. Im ersten Buch Mose wird in den Kapiteln 1 und 2 geschildert, wie Gott in sechs Tagen die Welt erschafft. Gott erscheint wie ein Künstler, der, nachdem er den ganzen Tag über an seiner Staffelei gearbeitet hat, noch einmal einen Schritt zurücktritt und das Werk in Augenschein nimmt. Sechs Mal heißt es, dass Gott nach seinem Tagwerk feststellt: »Und Gott sah, dass es gut war.«

Die Autoren des Buches Mose beschreiben einen Schöpfer, dessen Schaffenskraft nicht unerschöpflich ist, jedenfalls pausiert er nach vollbrachtem Schöpfungsakt von seinen Aktivitäten. In Gen 2,2 steht: »Und so vollendet Gott am siebenten Tage seine Werke, die er machte, und ruhte am siebten Tage von allen seinen Werken.« In Gen 2,7 folgt dann die Beschreibung eines schöpferischen Akts, der Gott wie einen Bildhauer erscheinen lässt: »Da machte Gott der HERR den Menschen aus Staub von der Erde und blies ihm den Odem des Lebens in seine Nase. Und so ward der Mensch ein lebendiges Wesen.« Die biblischen Verse formulieren Bezüge zwischen Gott und Mensch: »Und Gott schuf den Menschen zu seinem Bilde, zum Bilde Gottes schuf er ihn; und er schuf sie als Mann und Frau.« (Gen 1,27) Im Analogieschluss bedeutet das: Ist Gott kreativ, verfügen also auch diese seine Geschöpfe über kreatives Potential.

Menschen glauben, dass Gott Freude an künstlerischer Gestaltung habe. Das zeigt sich beispielsweise in Heiligtümern wie der Stiftshütte.[56] Das Zelt diente den Israeliten während der Wüstenwanderung als Ort der Gottesbegegnung. Die Stiftshütte war mit Kunstwerken reich verziert. Goldschmiedearbeiten, Schnitzereien, kostbare Gewebe schmückten den Raum. Vor allem Frauen waren hier tätig: »Und alle Frauen, die diese Kunst verstanden, spannen mit ihren Händen und brachten ihr Gespinst, blauen und roten Purpur, Scharlach und feine Leinwand.« (Ex 31,3–5;35,25)

Infotext 2: Jesus freut sich über »Wörtersammler«

Der Evangelist Lukas berichtet in einer Perikope von zwei Schwestern, die Jesus beherbergten (Lk. 10,38–42). Während Marta unermüdlich arbeitet, um Jesus seinen Be-

---

[55] Picasso, Pablo, Über Kunst: Aus Gesprächen zwischen Picasso und seinen Freunden, Zürich ⁹2010, 7.
[56] Vgl. Birnstein, Uwe, Kunst in der Bibel, auf: https://www.sonntagsblatt.de/artikel/kunst-religion/kultur/kunst-der-bibel.

such so angenehm wie möglich zu machen, setzt ihre Schwester Maria sich zu Jesu Füßen und hört ihm zu. Marta wird schließlich ärgerlich, dass Maria »nichts tue« und sie bittet Jesus, Maria aufzufordern, ihr zu helfen. Jesus würdigt die Arbeit von Marta, macht aber deutlich, wie wichtig und richtig Marias Verhalten ist. Er favorisiert Marias unbedingte Aufmerksamkeit gegenüber seinen Worten. Sie wollte keinen Moment mit ihm versäumen und alle Eindrücke und Empfindungen in sich aufnehmen.

> Lukas 10,38–42
> Als sie aber weiterzogen, kam er [Jesus] in ein Dorf. Da war eine Frau mit Namen Marta, die nahm ihn auf. Und sie hatte eine Schwester, die hieß Maria; die setzte sich dem Herrn zu Füßen und hörte seiner Rede zu. Marta aber machte sich viel zu schaffen, ihnen zu dienen. Und sie trat hinzu und sprach: Herr, fragst du nicht danach, dass mich meine Schwester lässt allein dienen? Sage ihr doch, dass sie mir helfen soll! Der Herr aber antwortete und sprach zu ihr: Marta, Marta, du hast viel Sorge und Mühe. Eins aber ist not. Maria hat das gute Teil erwählt; das soll nicht von ihr genommen werden.

3. Schauen Sie sich das folgende Angebot zur ästhetischen Erziehung an.
Wenn Sie die Möglichkeit haben, probieren Sie das Angebot in Ihrer Lerngruppe selbst aus.
Ist dies aus Ihrer Sicht ein passendes Angebot für Kinder ab 2 Jahren? Werden die beschriebenen Ziele erreicht? Was würden Sie anders machen?

Ästhetisches Angebot: Eine Sonne malen
Für Kinder ab 2 Jahren
Das Angebot kann im Anschluss an eine Vorstellung des Bilderbuches »Frederick« erfolgen. Es ist jedoch auch davon unabhängig durchführbar.

Einführung:
Manchmal will die Sonne einfach nicht scheinen. Es kann Tage, Wochen, ja, im Winter sogar Monate dauern, bis sie sich wieder blicken lässt. Für Künstlerinnen und Künstler ist das kein Grund, um traurig zu sein. Denn die Sonne lässt sich ganz einfach in die Kindertagesstätte holen, indem sie gemalt wird. Werden viele gemalte Sonnen im Gruppenraum aufgehängt, freuen sich Kinder und Erwachsene. Und obwohl so viele Sonnen den ganzen Tag scheinen, bekommt niemand einen Sonnenbrand.

Für einen gemeinsamen Beginn des Angebots überlegt die Erzieherin einige Fragen, die die Kinder motivieren, sich die Sonne zunächst einmal gedanklich vorzustellen. Die Fragen beziehen sich entweder auf das Bilderbuch »Frederick« oder schließen an die Wirklichkeit an, dass z. B. keine Sonne scheint. Die Erzieherin macht deutlich, dass die Kinder etwas erschaffen können, das die Welt reicher, bunter und sie freier (und z. B. wetterunabhängig) macht.

Im Rahmen des Angebots werden bewusst keine Farben vorgegeben. Jedes Kind erschafft seine eigene Sonne mit den Farben seiner Wahl und mit der Methode seiner Wahl. Es kann die Finger, die Handfläche, einen Pinsel oder ein Schwämmchen benutzen. Der Kreativität sind keine Grenzen gesetzt. Die Kinder agieren selbsttätig und experimentieren möglichst uneingeschränkt. Die Verwendung von Gelbtönen ist erwartbar und möglich. Aber natürlich ist ebenso eine knallbunte oder schwarze Sonne vorstellbar. Kreative Angebote kennen grundsätzlich kein

»Richtig« oder »Falsch«. Es ist von zentraler Bedeutung, dass die Erzieherin die Kinder während des Angebots in ihrem Schaffensprozess nicht beeinflusst und dass sie sich grundsätzlich jeder negativen Beurteilung enthält.

Ziele:
Die Kinder

- erfahren, dass künstlerische Aktivität Freude macht und dass sie auf dem Papier eine Wirklichkeit erschaffen können, die sie z. B. das regnerische Wetter und dass sie nicht draußen spielen können, vergessen macht.
- beobachten, dass jede gemalte Sonne einmalig ist. Sie lernen (künstlerische) Vielfalt schätzen.
- gestalten uneingeschränkt und lassen ihrer Phantasie freien Lauf. Sie nehmen wahr, dass die Erzieherin ihr Schaffen wertschätzt und Begriffe wie »richtig« oder »falsch« im Kontext des künstlerischen Angebots nicht vorkommen.
- experimentieren mit Farben und üben sich motorisch.

Materialien (je nach Alter der Kinder und Verfügbarkeit):

- Fingerfarben
- Plakatfarben
- Wasserfarben
- Pinsel
- Schwämmchen
- Buntstifte
- Gefäße mit Wasser
- Eimer zum Entsorgen des schmutzigen Wassers aus den Gefäßen
- Gießkanne zum Nachgießen von frischem Wasser
- Arbeitskittel bzw. Kleidungsschutz!

4. Schauen Sie sich das folgende interreligiöse Danklied[57] an und singen Sie es gemeinsam. Probieren Sie unterschiedliche Instrumente dazu aus.
   - In welchen weiteren Sprachen können Sie den Refrain singen? Übersetzen Sie den Refrain in Sprachen, die Ihnen vertraut sind.
   - Zu welchen Anlässen im Alltag der Kita würden Sie dieses Lied einsetzen? Erfinden Sie neue, dem jeweiligen Anlass entsprechende Strophen.
   - Welche Feste in anderen Religionen entsprechen in etwa dem christlichen Erntedankfest?

---

57 Der irakische Musiker Saad Thamir hat das bisher unveröffentlichte »Danklied« im Rahmen eines Workshops mit Vorschulkindern komponiert und den Text kreiert. Weitere Textvorschläge stammen von der evangelischen Kantorin Bettina Strübel. Beide Musiker sind Mitwirkende bei TRIMUM, einem interreligiösen Chorprojekt. Strübel ist Herausgeberin eines interreligiösen Liederbuchs (s. Literaturverzeichnis).

Danklied

Saad Thamir

Das Danklied ist einfach zu singen und lässt sich zu unterschiedlichen Anlässen im Kita-Alltag intonieren. Die letzten drei Takte können von den Kindern mit Klangstäben auf F und C begleitet werden.

Wenn jüdische Kinder Gott danken, sagen sie »Toda la El«. Wenn muslimische Kinder Gott danken, sagen sie »Alhamdulillah«. Kinder anderer Religionen sind eingeladen zu erzählen, mit welchen Worten sie Gott danken. Die Erzieherinnen laden die Kinder außerdem ein, zu übersetzen, wie man Gott in den jeweiligen Muttersprachen dankt. Der Refrain kann beliebig häufig und um diese Worte erweitert gesungen werden.

Das Lied lässt sich in unterschiedlichen Situationen im Kita-Alltag singen. Die einfache Syntax des Textes ermöglicht auch kleinen Kindern, sich kreativ einzubringen und neue Strophen zu erfinden. Die Erzieherinnen fragen die Kinder, wofür noch sie Gott danken mögen. So könnte das Danklied vor dem Essen gesungen werden, z. B. mit folgendem Text: »Danke für das Mittagessen, danke, dass es lecker schmeckt«.

Zu den wichtigen Festen im Jahreskreis sämtlicher Völker und Religionen gehören Erntedankfeste. Beispielsweise für diesen Anlass ließe sich das Lied »umdichten«. Die Takte der Verse können beliebig erweitert werden. Die Kinder äußern Wünsche, für welche Nahrungsmittel sie danken möchten: »Danke für die roten Äpfel, danke für die gelben Birnen, danke für die blauen Pflaumen ...« Auch hier lassen sich die Strophen in der Vielfalt verschiedener Muttersprachen erfinden.

Literatur

BAUMGARTEN, ALEXANDER GOTTLIEB, Ästhetik. Übersetzt, mit einer Einführung, Anmerkungen und Registern (Philosophische Bibliothek 572a), Hamburg 2007.
Bibel in gerechter Sprache, (Hg.) Bail, Ulrike u. a., Gütersloh ³2007.

BIRNSTEIN, UWE, Kunst in der Bibel, auf: https://www.sonntagsblatt.de/artikel/kunst-religion/kultur/kunst-der-bibel.
DUNCKER, LUDWIG/LIEBER, GABRIELE, Bildliteralität und ästhetische Alphabetisierung. Konzepte und Beispiele für das Lernen im Vor- und Grundschulalter, München 2013.
FEßMANN, KLAUS/KAUFMANN, MICHAEL, ReSonanz, AkzepTanz. Kinder mit Musik und Bewegung stärken: Ein Schulprojekt gestaltet Zukunft, München 2009.
GEMOLL, WILHELM, Griechisch-deutsches Schul- und Handwörterbuch, München 1991.
HARARI, YUVAL NOAH, Homo Deus. Eine Geschichte von Morgen, München 2017.
KANT, IMMANUEL, Kritik der reinen Vernunft. Nach der ersten und zweiten Originalausgabe (Philosophische Bibliothek 505), Hamburg 1989.
KRAUTZ, JOCHEN, Ware Bildung. Schule und Universität unter dem Diktat der Ökonomie, München 2007.
LIONNI, LEO, Frederick, Weinheim/Basel ⁴2016.
MATTENKLOTT, GUNDEL/RORA, CONSTANZE (Hg.), Ästhetische Erfahrung in der Kindheit, Theoretische Grundlagen und empirische Forschungen, Weinheim 2004.
MERTIN, ANDREAS, Kunst und Religion. In: Religion unterrichten 1 (2013).
NÖLL, IMKE, Ästhetische Bildung – was ist das? in: Kindergarten – heute (11/12/2016), 20–21.
PICASSO, PABLO, Über Kunst: Aus Gesprächen zwischen Picasso und seinen Freunden, Zürich ⁹2010.
SAJAK, CLAUß PETER (Hg.), Religion in allen Dingen. Alltagsintegrierte religiöse Bildung in der KiTa. Ein Praxis- und Methodenbuch für die Aus- und Fortbildung, München 2016.
STOLLBERG, DIETRICH, Religion als Kunst, Nachdenken über Praktische Theologie und Ästhetik, Leipzig 2014.
STRÜBEL, BETTINA (Hg.), Trimum. Interreligiöses Liederbuch. Gemeinsam feiern und singen, Wiesbaden 2017.
TEXTOR, MARTIN R., Literacy-Erziehung im Kindergarten, auf: https://kindergartenpaedagogik.de/fachartikel/bildungsbereiche-erziehungsfelder/sprache-fremdsprachen-literacy-kommunikation/1719.
VARGAS LLOSA, MARIO, Alles Boulevard. Wer seine Kultur verliert, verliert sich selbst, Berlin 2014.
VOLLMER, KNUT, Fachwörterbuch für Erzieherinnen und pädagogische Fachkräfte, Freiburg 2012.
WAHRNEHMEN UND DEUTEN, Ästhetische Kompetenz, in: BRU 68 (2017).

5.5. Rituale entwickeln und gestalten

Angela Kunze-Beiküfner

A. Einführung

1. Rituale im Alltag und in den Religionen

Rituale sind wiederholbare Handlungen mit symbolischem Wert, d. h., dass sie keinen Zweck im eigentlichen, praktischen oder materiellen Sinn erfüllen, sondern darüber hinausweisen.

Zum Beispiel: Eine Begrüßung geht auch ohne Handschlag, aber in unserem Kulturraum ist das Handgeben zur Begrüßung verbreitet. Mitten am Tag wird eine Kerze auf dem Tisch entzündet, obwohl es nicht dunkel ist. Warum? Der symbolische Wert einer angezündeten Kerze kann durchaus unterschiedlich gedeutet werden (s. u.), aber selten geht es wirklich nur darum, dass es heller sein soll.

Rituale zeichnen sich zudem dadurch aus, dass sie wiederholt und wiedererkannt werden können, aber sie können auch überholt sein und andere ausschließen. Sie sind aus unserem Alltag nicht wegzudenken und gehören als Ritus zu jeder Religion.

Grundsätzlich kann unterschieden werden zwischen säkularen (nicht kirchlich, sondern weltlich), implizit religiösen und explizit religiösen Ritualen. Säkulare Rituale sind gekennzeichnet von Kulturabhängigkeit, Jahreszeitabhängigkeit, Institutionsabhängigkeit, Altersabhängigkeit. Das Zigarette-Rauchen nach dem Essen kann ebenso ein säkulares Ritual sein wie das sonntägliche Anschauen des Abendkrimis im Fernsehen. Schwieriger ist die Unterscheidung von impliziten und expliziten religiösen Ritualen. Manchmal kann ein und dasselbe Ritual implizit religiös oder explizit religiös sein – es hängt ganz von seiner Deutung ab, die dem Ritual gegeben wird.

Beispiele für religiöse Rituale in der Kita:

Kerzenritual

- Das Entzünden einer Kerze in der Kreismitte, verbunden mit dem Spruch: Wir zünden eine Kerze an, damit sie jeder sehen kann. = Implizit religiöses Ritual.
- Das Entzünden einer Kerze in der Kreismitte, verbunden mit dem Spruch: In unsrer Mitte brennt ein Licht. Es sagt uns, Gott vergisst uns nicht. = Explizit religiöses Ritual.

Tischritual

- Vor dem Essen geben sich alle die Hand und sagen: Piep, piep, piep, wir haben uns alle lieb. = Implizit religiöses Ritual.
- Vor dem Essen geben sich alle die Hand und beten: Für dich und für mich ist der Tisch gedeckt, hab dank lieber Gott, dass es uns gut schmeckt. = Explizit religiöses Ritual

Abschiedsritual

- Dem Kind wird die Hand auf den Kopf gelegt, es wird angeschaut und angesprochen: Mach's gut, passt gut auf dich auf. = Implizit religiöses Ritual.
- Dem Kind wird die Hand auf den Kopf gelegt, es wird angeschaut und angesprochen: Mach's gut, Gott passt auf dich auf. = Explizit religiöses Ritual.

Sowohl implizit als auch explizit religiöse Rituale drücken sich in Sprache, Symbolen und Zeichen aus: dazu gehören Bilder, Musik, Texte, Riten. Oft hängt es von der Deutung ab, ob ein Ritual überhaupt als ein religiöses Ritual wahrgenommen wird. Explizit religiös wird ein Ritual, wenn der religiöse Bezug deutlich gemacht wird, also z. B. ein Bezug zu Gott angesprochen wird.

Religiosität vollzieht sich grundsätzlich in zwei Richtungen: Zum einem geschieht individuelles religiöses Erleben im Inneren des Menschen, welches dann seinen Ausdruck in Sprache, Musik, Bildern, Handlungen etc. finden kann (Weg von innen nach außen). Zum anderen ereignet sich religiöse Erfahrung über die Anschauung gegebener religiöser Zeichen, Handlungen und Symbole und führt so zu einer individuellen religiösen Erfahrung (Weg von außen nach innen). Rituale fördern den Weg religiöser Erfahrung von außen nach innen.

Es gibt keine Religion ohne Rituale. In allen Religionen begleiten Rituale und Riten biographische Schwellensituationen und jahreszeitliche Übergänge.

2. Vor- und Nachteile von Ritualen

Rituale sind wichtig, ja unentbehrlich – aber gleichzeitig können Rituale auch bremsend und für Entwicklungen gefährlich sein. Rituale:

- sind Strukturierungs- und Orientierungshilfe – aber meistens autoritär vorgegeben.
- regeln das soziale Miteinander – aber manchmal ist der Mensch für das Ritual da und nicht das Ritual für den Menschen.
- haben einen symbolischen Mehrwert – aber dieser kann auch inhaltsleer werden, wenn die symbolische Bedeutung nicht mehr mitvollzogen wird.
- entsprechen dem Ordnungssinn – aber können auch neurotisches Zwangsverhalten fördern.
- entsprechen dem Wunsch nach Ästhetik – aber nach welcher Norm?
- befreien vom Zwang der Originalität – aber unterdrücken die Individualität.
- kanalisieren Emotionen – aber verschleiern auch Konflikte.
- gewährleisten Kontinuität – können aber veralten und gesetzlich wirken.
- entlasten von Entscheidungen – aber können auch innovationsfeindlich sein (»das machen wir immer so«).
- stellen eine Gemeinschaft her – aber nur für die, welche die Spielregeln beherrschen.

Rituale gehören zum Menschsein dazu, aber sie sind auch von Menschen gemacht und können daher immer wieder verändert und den aktuellen Gegebenheiten angepasst werden. Werden sie allerdings ständig verändert, sind sie kein Ritual mehr.

3. Kinder und Rituale

Auch in einem pädagogischen Kontext, der betont von dem einzelnen Kind und seinen Bedürfnissen ausgeht, haben Rituale ihren Platz.

Kinder lieben in der Regel Rituale, denn sie lieben Wiederholungen – vor allem junge Kinder lieben das endlose »Noch mal!«, wenn ihnen etwas gefallen hat – und Kinder erleben, dass ihnen Rituale helfen, sich in der noch neuen und oft chaotisch-rätselhaften Welt zurechtzufinden. Kinder übernehmen aber nicht nur Rituale und achten dann auch sehr genau darauf, dass sie richtig eingehalten werden, sondern sie erfinden sie auch selbst. Besonders Rituale, die ihnen helfen, bestimmte Übergangssituationen oder Krisensituationen durchzustehen, werden von Kindern besonders gern angenommen oder eben auch selbst entwickelt.

5.5. Rituale entwickeln und gestalten

Beispiele:

- Das Verabschieden in der Kita, bei dem sich die Mama unbedingt drei Mal umdrehen und winken muss
- Das Nachtlicht und die Spieluhr vor dem Einschlafen
- Kuscheltiere, Schmusedecken oder andere Gegenstände, die in bestimmten Situationen immer dabei sein müssen

Auch Familien haben ihre ganz eigenen Rituale – wir alle sind auch davon geprägt, welche Rituale in unserer Herkunftsfamilie oder in den Kontexten, in denen wir aufgewachsen sind, eine Rolle spielten. Dies kann sich z. B. darin äußern, dass zu bestimmten Festen wie Weihnachten und Geburtstagen immer bestimmte Kuchen gebacken, bestimmte Speisen gekocht, bestimmte Lieder gesungen oder bestimmte Handlungen vollzogen werden.

Immer wenn sich verschiedene Menschen entscheiden, als Familie zusammenzuleben, müssen auch die mitgebrachten Ritual-Erfahrungen neu ausgehandelt werden. Gerade, wenn Familien das erste Kind bekommen, sind sie dabei oft auf der Suche nach Unterstützung nach angemessenen Ritualen und wenden sich auch an die pädagogischen Fachkräfte in der Kita. Teilweise bringen die Kinder auch Rituale aus der Kita in die Familie.

4. Rituale in der Kita

Auch jede Kita hat ihre eigenen Rituale. Rituale strukturieren den Tag in einer Kita, ermöglichen Gruppenerfahrungen und geben den Kindern Sicherheit und Orientierung. Es hängt aber sehr von der jeweiligen Einrichtungskultur ab, wie stark das Zusammenleben in der Kita von Ritualen geprägt ist und wie sehr die Kinder bestimmen können, die Rituale mitzuentwickeln.
Beispiele für den unterschiedlichen Umgang mit Ritualen in der Kita:

a) Begrüßung und Verabschiedung der einzelnen Kinder
In Deutschland gibt man zur Begrüßung und zur Verabschiedung die rechte Hand. In manchen Kitas wird daher darauf geachtet, dass alle Kinder der Bezugserzieherin die Hand zum Gruß und zur Verabschiedung geben und so mit diesem Ritual vertraut werden. In anderen Kitas wird darauf verzichtet – z. B. weil wahrgenommen wird, dass dieses Ritual nicht allen Kindern hilft, gut anzukommen und gut verabschiedet zu werden.

b) Morgenkreise in der Kita
In manchen Kitas ist die Morgenkreiszeit so etwas wie eine »heilige« Zeit. Niemand darf dazu kommen, die Tür wird verschlossen – und alle Kinder, die da sind, müssen daran teilnehmen. Der Ablauf ist von den pädagogischen Fachkräften fest strukturiert. In anderen Kitas sind die Morgenkreise freiwillig, und auch über die Themen entscheiden die Kinder mit (s. u.).

c) Mahlzeiten in der Kita
In manchen Kitas ist genau geregelt, wann gegessen wird, welchen Platz die Kinder jeweils einnehmen und dass zunächst ein Tischspruch gesagt wird, bevor

gegessen wird. In anderen Kitas gibt es ein Kinderrestaurant. Die Kinder entscheiden hier selbst, wann, wie lange und mit wem sie essen wollen. Beobachtungen zeigen, dass viele Kinder von sich aus darauf achten, mit anderen Kindern zusammen zu essen und auch miteinander anfangen und gemeinsam aufstehen.

d) Mittagsschlaf in der Kita

In den Kitas in den ostdeutschen Bundesländern hat der Mittagsschlaf eine lange Tradition. In manchen Kitas ist es auch noch jetzt so, dass alle Kinder in einem festgelegten Zeitfenster schlafen müssen. Vor dem Mittagsschlaf wird z. B. eine kleine Geschichte vorgelesen und eine CD abgespielt. In anderen Kitas können die Kinder – oder deren Eltern – entscheiden, ob sie Mittagsschlaf machen sollen, oder nur ein wenig ausruhen oder zur »Wachgruppe« gehören.

e) Feste in der Kita

Feste im Jahreskreis spielen in vielen Kitas eine wichtige Rolle. Dabei wird sich in manchen Kitas vor allen an den Festen, die in Deutschland auch Feiertage sind (also christliche Feste und deren Vorbereitungszeit), orientiert. In anderen Kitas spielen die Feste der verschiedenen Kulturen eine wichtige Rolle. Zusammen mit den Kindern und Eltern aus der jeweiligen Kultur wird über das Fest informiert und ein Ritual dazu kennengelernt.

f) Geburtstage

In jeder Kita in Deutschland werden die Geburtstage der Kinder mit eigens entwickelten Ritualen gefeiert. Manche Kinder haben aber auch Angst davor, so stark im Zentrum der Aufmerksamkeit zu stehen. Manche Kinder dürfen auch aus religiösen Gründen keinen Geburtstag feiern. Wohl in keiner Kita werden Geburtstagskinder dazu gezwungen, an dem Geburtstagsritual teilzunehmen.

B. Methodisch-didaktische Umsetzung – Impulse

1. Diskutieren Sie zu zweit oder in Gruppen: Welche Formen von Morgenkreisen kennen Sie aus Ihren Praktika? Welche Fragen stellten sich dem Team? Vergleichen Sie Ihre Erfahrungen mit dem folgenden Text.

   In vielen Kindertagesstätten gibt es den aus der Reformpädagogik übernommenen Brauch eines Morgenkreises – in unterschiedlichen Variationen: täglich, wöchentlich, monatlich; in der Kleingruppe oder als gemeinsame Versammlung aller Gruppen; stark ritualisiert oder eher thematisch geprägt; altersübergreifend oder altersspezifisch.

   Was sind die Erwartungen der pädagogischen Fachkräfte einer Kindertagesstätte an einen Morgenkreis? Was erwarten die Kinder von einem Morgenkreis? Was wünschen sich die Eltern von diesem Ritual – und welche Vorstellungen haben die Träger von einem Morgenkreis?

   Neben diesen Fragen nach dem Erwartungshorizont stellen sich noch weitere Fragen ein, die auf die inhaltliche Gestaltung eines Morgenkreises Einfluss haben:

   Wie können Kinder ganz unterschiedlicher Altersgruppen in einem Morgenkreis gleichermaßen angesprochen und beteiligt werden? Welche Elemente sollten in einem Morgenkreis unbedingt vorkommen? Welche Uhrzeit ist am günstigsten? Wie soll mit der Situation umgegangen werden, dass einige Kinder nicht pünktlich gebracht werden?

5.5. Rituale entwickeln und gestalten

Situationsbezogen müssen alle Beteiligten (auch die Kinder) diese Fragen immer wieder mal untereinander klären!

2. Lesen Sie die folgenden grundsätzlichen Überlegungen zum Morgen und zum Sitzkreis. Welche Bedeutung haben diese Reflexionen Ihrer Meinung nach für die Gestaltung von Morgenkreisen in der Kita?

Der Morgen

Der Morgen ist eine sensible Übergangsphase: Jeden Morgen geschieht von neuem ein Aufbruch, ein Abschiednehmen und ein Loslassen vom Schlaf, von den Träumen, vom Bett und vom eigenen Zuhause – aber auch ein Ankommen, Begrüßen und sich Einlassen auf das Zusammenleben in der Kindertagesstätte. Das betrifft nicht nur die Kinder, sondern auch die Erzieherinnen. Alle überschreiten diese Schwelle des Morgens – mehr oder weniger bewusst, mehr oder weniger traurig oder froh, müde oder munter, neugierig oder ängstlich.

Kleine Kinder schlafen manchmal am Abend schlecht ein, weil sie Angst haben, nicht mehr aufzuwachen. Die Nacht wird von Kindern oft als bedrohlich und beängstigend empfunden – und der Morgen wie eine Befreiung, endlich aufstehen zu dürfen!

Theologisch ist der Morgen ein Symbol für den Neubeginn und den Sieg des Lebens über den Tod. Für das biblische Israel ist jeder Tag ein Abbild der Geschichte Gottes mit seinem Volk – jeder Abend erinnert an den Exodus, jeder Morgen vergegenwärtigt den Bundesschluss am Sinai. Neutestamentlich ist der Morgen ein Symbol für das neue Leben, für die Auferstehung, für den Sieg des Lichtes über die Finsternis. Choräle wie »All Morgen ist ganz frisch und neu« oder »Morgenglanz der Ewigkeit« bringen dies zum Ausdruck. In der kirchlichen Tradition wird das Morgengebet »Laudes« genannt, das Morgenlob.

Der Sitzkreis

Das Zusammenkommen im Kreis ist schon an sich eine Symbolhandlung. In einem Kreis steht keiner an der Spitze, alle sind gleich weit entfernt von der Mitte. Alle können einander ansehen und sich ansehen lassen: Wie fühlen wir uns in unserer Haut? Wie spüren wir uns selbst im Kreis der anderen? Wie zeigen wir uns vor den anderen?

Der Kreis ist das Gegenbild für eine lineare Vorstellung von Zeit und Lebensweg, er ist ein Bild für sich wiederholende Zyklen (Jahreskreis), aber auch für die Ewigkeit (ohne Anfang und Ende). Jeder Kreis hat eine Mitte. Sich im Kreis um eine Mitte zu versammeln, kann Ausdruck für die innere Sammlung und Orientierung auf die eigene Mitte sein. Der Morgenkreis kann als Weg beschrieben werden, der mit der Versammlung im Kreis und der gemeinsamen Gestaltung der Kreismitte beginnt, zur Daseinsorientierung und Ausrichtung auf die eigene Mitte führt und am Ende wieder den Weg von innen nach außen, in die Welt hinein, geht.

3. Lesen Sie die folgenden Grundprinzipien und Voraussetzungen des Morgenkreises, die Mariele Diekhof entwickelt hat.[58] Welche leuchten Ihnen ein? Welche weiteren Grundprinzipien sollten beachtet werden?

Die Teilnahme am Morgenkreis/Abendkreis ist für alle Kinder freiwillig! Als Alternative wird währenddessen eine Betreuung im Bewegungsraum bzw. in einem anderen Bereich organisiert.

Der Morgenkreis soll die Kinder verzaubern, sie in eine Welt der Faszination entführen, in der sie im Wechsel Spannung und Entspannung erleben.

---

58 Vgl. Diekhof, Mariele, Faszination Morgenkreis, auf: https://kindergartenpaedagogik.de/fachartikel/beschaeftigungen-methoden/1058.

Die Zusammenkunft sollte nicht unbedingt in einem hell erleuchteten Raum stattfinden. Unterschiedliche Lichtquellen bringen unterschiedliche Stimmungen.

Der Morgenkreis soll den Kindern Spaß und Vergnügen bereiten; er ist nur dann richtig gelungen, wenn er sich auch nachhaltig positiv auf die Stimmung der Kinder auswirkt.

Die Kinder wählen die Thematik des Morgenkreises. Sie sind gleichsam mit der Erzieherin die Akteure, gemeinsames Erleben steht im Vordergrund.

Alle Materialien, die im Morgenkreis eingesetzt werden, müssen greifbar sein und sollten übersichtlich im Regal oder Schrank stehen.

4. Im Zentrum dieser Morgenkreise stehen jeweils von den Kindern (und Eltern) selbst gefüllte Morgenkreiskisten zu einem bestimmten Thema. Diese werden so gefüllt, dass ganz unterschiedliche Zugänge möglich sind. Was gehört Ihrer Meinung nach in diese Kisten? Bitte stellen Sie in Gruppen exemplarisch eine thematische Kiste zusammen. Sie können sich dabei an den folgenden Erfahrungen von Mariele Diekhof orientieren.

> Das Gestalten der Kartons passierte mit viel Liebe und Phantasie. Doch auch am Füllen der Kisten zeigten sich die Kinder interessiert. Eines der Kinder brachte z. B. einen kleinen goldenen Stern mit, für die »Himmelskiste«. Immer mehr Kinder nahmen am Morgenkreis teil, der Einsatz von Licht und Schatten, je nach Thematik, faszinierte die Kinder sehr. Unsere Ideen wurden immer ausgefallener, die Kartonmenge immer umfangreicher.
>
> Gemeinsam bauten wir z. B. im Atelier aus einer großen Pappscheibe, einer kleinen Lichterkette, rotem und gelbem Transparentpapier und kleinen Holzstöckchen ein Lagerfeuer für unsere Feuerkiste. Aus Lamettaresten und chinesischen Essstäbchen fertigten wir verschiedene Tanzstäbe an. Kein Morgenkreis fand mehr ohne entsprechende Atmosphäre und faszinierende Utensilien statt. Und das wiederum bewirkt bei uns allen ein Gefühl von warmer Geborgenheit und Gruppenzusammengehörigkeit.
>
> Ich glaube, ich brauche nicht zu erwähnen, welch schöner Start in den Tag so ein Erlebnis für die Kinder bedeutet. Sie gehen ausgeglichen und zufrieden aus dem Morgenkreis und fühlen sich stark für den Kindergartenalltag. Sie fühlen sich ernst genommen durch ihr Mitbestimmungsrecht, sie spüren Solidarität und Sozialverhalten untereinander. Dadurch, dass nicht mehr in erster Linie der Erwachsene die Inhalte und Gestaltung der Morgenkreise bestimmt, spüren die Kinder ihre eigene Wichtigkeit. Die Phantasien werden gefördert, da sie angenommen und umgesetzt werden.

5. Da der Morgenkreis in der Regel am Morgen ist, wird der Abend eher selten thematisiert. Nicht alle Kinder erleben aber zu Hause ein Abendritual – und manchmal haben Kinder auch Lust am Morgen »schlafen gehen« zu spielen. Was stellen Sie sich vor, was in eine Abendkiste gehört?

6. Lesen und beurteilen Sie den folgenden ausführlichen Vorschlag für den Ablauf eines Morgenkreises in der Kita. Welche Elemente würden Sie in Ihrer Praxis übernehmen, welche nicht und wie würden Sie den Ablauf verändern?

> **Ablauf eines Morgenkreises**
>
> a) Phase des Ankommens
>
> > In dieser Phase geht es darum, dass sich alle gut in einem gemeinsamen Kreis einfinden können. Um den anderen Menschen um mich herum mit Achtsamkeit begegnen zu können, muss ich mich selbst gut wahrnehmen und spüren können. Dazu gehört die

5.5. Rituale entwickeln und gestalten

Erfahrung, leiblich da zu sein. Alle Spiele, Lieder, Stille-Übungen usw. welche die Wahrnehmung des eigenen Körpers fördern, sind hier geeignet – je nach Situation (Raum, Zeit, Alter der Kinder) und Bedarf (großer Bewegungsdrang oder eher erschöpfter Zustand), die das Gefühl für den eigenen Körper fördern, sind geeignet.

Elemente/Bausteine:

- Begrüßungslied mit Bewegungen zum wach werden
- Sich miteinander verbinden, einander wahrnehmen, z. B. indem einander mit Namensnennung ein Reifen zugerollt wird oder sich mit einem Seil verbunden wird, das alle anfassen können. Dazu kann folgendes Lied von Thomas Brunnhuber gesungen werden:[59]

- Für kleinere Gruppen ist auch noch folgender Schritt geeignet: Sich einen Platz am Kreis suchen: Das Seil wird so abgelegt, dass es eine runde Form hat. Die Kinder können mit einem kleinen Deckchen oder einem eigenen kleinen Seil ihren Platz am Kreis gestalten. Dazu kann das Lied von Klaus Gräske gesungen werden:[60]

---

[59] Text und Melodie: Thomas Brunnhuber, aus: Religionspädagogische Praxis, 3/1997, S. 48, © RPA-Verlag, www.rpa-verlag.de.

[60] Text und Melodie: Klaus Gräske, aus: Religionspädagogische Praxis, 4/1988, S. 53, © RPA-Verlag, www.rpa-verlag.de.

Liedruf:

T.u.M: K. Gräske

Wir ru-fen Mar-tin dei-nen Na-men. Schön, daß du da bist,
Komm an den Kreis und leg ein Zei-chen,

sa-gen wir.

leg uns ein Zei-chen an von dir.

b) **Phase der Zentrierung: Zur Mitte finden – eine Mitte gestalten**

Hintergrund ist hier die Frage: Was steht in meinem Leben im Mittelpunkt? Was steht im Mittelpunkt im Leben der einzelnen Kinder? Die Gestaltung einer äußeren Mitte kann uns zur inneren Mitte führen.

Elemente/Bausteine:

- Eine runde, einfarbige Decke wird noch zusammengefaltet in die Mitte gelegt und von den Kindern nach und nach entfaltet.
- Die Kinder werden eingeladen, Einfälle zu der jeweiligen Farbe zu äußern.
- Bereitgestellte Symbole (Kerze, Blumen, Kreuz, Buch ...) oder von den Kindern herbeigeholte Utensilien werden von den Kindern in die Mitte auf das Tuch gestellt.
- Ist die Mitte gestaltet, kann z. B. zum Abschluss dieser Phase folgendes Lied von Franz Kett gesungen werden:[61]

Lied: Wir reichen uns die Hände

Text und Melodie: Franz Kett

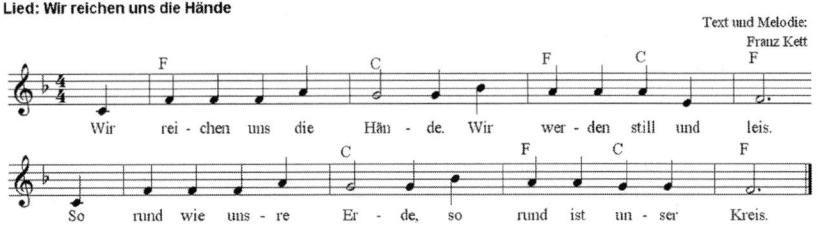

Wir rei-chen uns die Hän-de. Wir wer-den still und leis.
So rund wie uns-re Er-de, so rund ist un-ser Kreis.

c) **Phase der Begegnung mit dem Thema, dem Impuls**

Hier wird nun das Thema des Morgenkreises entfaltet. Dies kann auf sehr unterschiedliche Weise geschehen.

---

[61] Text und Melodie: Franz Kett, aus: Religionspädagogische Praxis, 2/1986, S. 50, © RPA-Verlag, www.rpa-verlag.de.

5.5. Rituale entwickeln und gestalten

In Morgenkreisen mit Großgruppen kann an dieser Stelle ein gemeinsames Spiel, eine kurze Aktion und die Feier der Geburtstagskinder im Zentrum stehen. Inhaltlich kann höchstens ein paar Minuten ein Thema vertieft werden – z. B.: zu Wochenbeginn die jeweilige Zeit im Jahreskreis und anstehende Feste, zum Wochenschluss ein Rückblick auf Vergangenes. Je anschaulicher der Impuls ist und je mehr die Kinder die Möglichkeit einer aktiven Beteiligung haben, umso länger bleiben die Kinder auch interessiert.

In Morgenkreisen mit kleineren Gruppen kann sich hier mehr Zeit genommen werden.

Elemente/Bausteine:

- Wird eine Geschichte erzählt, kann die Aufmerksamkeit der Kinder geweckt werden, indem eine Erzählkiste mit Utensilien für die Geschichte oder ein zugedecktes Symbol in die Mitte gestellt wird. Die Kinder dürfen diese Gegenstände mit allen Sinnen entdecken und zunächst ihre eigenen Ideen dazu sagen. Dazu kann man singen (nach der Melodie: ABC, die Katze lief im Schnee): Geheim, geheim, was mag darinnen sein? Lasst uns zur Mitte gehen, dann werden wir es sehen. Geheim, geheim, was mag darinnen sein?
- Die Kinder erzählen, wie es ihnen gerade geht. Dazu geht eine Kiste mit Blumen, Muscheln und dunklen Steinen herum. Die Kinder nehmen sich die Symbole, die gerade zu ihren Gefühlen und Bedürfnissen passen, und erzählen dazu von sich. Die Blumen symbolisieren glückliche und schöne Erfahrungen, die Steine schwere und belastende Erlebnisse und die Muschel Wünsche und Sehnsüchte.
- In Einrichtungen, in denen es von Kindern selbstgestaltete und gefüllte Morgenkreiskisten gibt, wählen die Kinder eine thematische Kiste vorher aus und bringen sie nun in die Mitte. Gemeinsam wird die schon vertraute Kiste bzw. eine neu gepackte Kiste entdeckt.

d) Phase der Vertiefung und Deutung

In dieser Phase haben die Kinder die Gelegenheit, das Thema zu vertiefen, indem sie allein für sich oder in Partnerarbeit mit unterschiedlichen Materialien etwas gestalten, indem sie in der Gruppe philosophieren und theologisieren oder indem sie sich auf andere Weise kreativ mit dem Thema auseinandersetzen. Hier können sich z. B. auch alle Kinder mit einem Stift ein Symbol für das Thema des jeweiligen Morgenkreises in die Hand malen, um dann ihren Familien zu Hause davon zu erzählen.

e) Verabschiedung

Mit guten Wünschen für den Tag und/oder mit einem Segen werden die Kinder verabschiedet.

Bausteine/Elemente:

- Bei Bodenbildgestaltungen: Verabschieden des entstandenen Bildes durch ein imaginäres Foto, dann Aufheben des Bodenbildes.
- Segensgesten weitergeben: Im Kreis aufstellen, die linke Hand zur Mitte ausstrecken, die rechte auf die Schulter der rechten Nachbarn legen. Dazu einen Segensspruch sagen/einen Segensliedvers singen.

- Alle Kinder werden einzeln von der Erzieherin mit einer Feder sanft über den Kopf gestrichelt oder mit einer anderen Geste persönlich gesegnet/verabschiedet.
- Gemeinsam wird ein ritualisiertes Abschlusslied gesungen.

7. Setzen Sie sich in einer Kleingruppe in ähnlicher Weise mit einem anderen Ritual, nämlich dem Geburtstagsritual, in der Kindertagesstätte auseinander.
   - Welche kulturellen Unterschiede sind zu beachten?
   - Was ist bei der Vorbereitung noch zu bedenken?
   - Entwerfen Sie Grundprinzipien für ein gutes Geburtstagsritual.
   - Entwickeln Sie ein Geburtstagsritual für Kinder in einer Kita und reflektieren Sie die Phasen dieses Rituales.
8. Entwickeln Sie Ideen für weitere Rituale im Alltag der Kindertagesstätte, z. B. zur Verabschiedung der älteren Kinder und zum Übergang in die Schule, zur Aufnahme neuer Kinder in die Kita oder zu persönlichen Anlässen einzelner Kinder, wie z. B. bei Krankheit oder Umzug. Reflektieren Sie dabei auch, welche Erfahrungen Sie selbst mit Anfängen, Veränderungen, Abschieden oder Umbrüchen in Ihrem bisherigen Leben gemacht haben.

Literatur

Diekhof, Mariele, Faszination Morgenkreis, auf: https://kindergartenpaedagogik.de/fachartikel/beschaeftigungen-methoden/1058.

5.6. Zur eigenen Mitte finden. Übungen zur Stille und Achtsamkeit in der KiTa

Ingeburg Sylla

A. Einführung

1. Gesellschaftliche Kontexte

Der Mangel an Zeit ist eine Signatur unserer Gegenwart. Viele Menschen fühlen sich permanent gehetzt und gestresst und reagieren mit psychosomatischen Beschwerden. Das *Burnout* ist als Krankheit anerkannt und entwickelt sich immer mehr zu einer Volkskrankheit. Als Gründe für dieses Phänomen können u. a. folgende identifiziert werden:

- Die Arbeitsprozesse haben sich in den letzten Jahren massiv verdichtet;
- Viele arbeitende Menschen können von einer einzigen Arbeit nicht mehr leben und haben mehrere Jobs gleichzeitig;
- Die Grenzen zwischen Arbeit und Freizeit verschwimmen immer mehr;

- Flexibilität, Mobilität und Zeitmanagement werden in unserem auf Konkurrenz, Leistung und Wachstum orientierten Wirtschaftssystem als Schlüsselkompetenzen erachtet, die notwendig sind, um auf dem Arbeitsmarkt mithalten zu können;
- Die Erwartung, dass der/die einzelne ständig präsent und erreichbar ist, wird immer selbstverständlicher und fast schon zu einem Habitus der Menschen.

Diese und andere Ursachen führen dazu, dass uns die Zeit immer mehr entgleitet. Als Reaktion auf die gesellschaftlichen und ökonomischen Entwicklungen wird allerdings bei vielen Menschen auch das Bedürfnis größer, selbst souverän über die eigene Zeit bestimmen zu können und sich wenigstens ein Stück weit dem unsere Gegenwart prägenden Zeitkonzept zu entziehen. Diese Hoffnung *Zeitsouveränität* wieder zu gewinnen, ist oft verbunden mit der tiefen Sehnsucht nach Auszeiten und Ruheoasen, in denen man abseits des ständigen Lärmpegels und permanenter Musikberieselung ganz bei sich selbst ist. Das Bedürfnis nach Stille ist eine Antwort auf die gesellschaftlich induzierte Beschleunigung in allen unseren Lebensbereichen und die Erwartung der ständigen Verfügbarkeit. Dieses Bedürfnis der Erwachsenen in unserer Zeit ist möglicherweise auch ein Grund dafür, dass in pädagogischen Kontexten das Interesse daran zunimmt, Kindern und Jugendlichen Erfahrungen von Entschleunigung, Achtsamkeit und Stille zu vermitteln. Denn auch Kinder werden schon in ihren unterschiedlichen Lebenswelten mit den erwähnten gesellschaftlichen und ökonomischen Dynamiken konfrontiert. Immer früher sollen Kinder für den Arbeits- und Konsummarkt »fit« gemacht werden. Nicht selten haben sie neben Kindertagesstätte oder Schule schon ein festgelegtes Pensum an Kursen zu absolvieren (Nachhilfe, Fremdsprachen, PC etc.). Die Angst der Eltern, dass ihre Kinder einmal zu den »Abgehängten« dieser Gesellschaft gehören könnten, setzt sie schon in frühen Jahren unter permanenten Leistungs- und Konkurrenzdruck.

Dabei steht dieser Umgang mit Zeit dem eigenen Zeitempfinden der Kinder diametral entgegen. Entwicklungspsychologisch gesehen leben Kinder – überspitzt formuliert – in dauernder Gegenwart. Ein Kind im Vorschulalter erlebt den Tag eigentlich nicht im Stundentakt wie die Erwachsenen. Es sind vielmehr bestimmte Ereignisse, die dem Tag Struktur geben. Ein Kind wird bei allem, was es mit seinen Sinnen wahrnimmt, zum Verweilen eingeladen. Sei dies ein hüpfender Vogel, ein Stein, ein Käfer oder irgendetwas anderes, was seine Aufmerksamkeit erregt auf dem Weg zur Kita. Durch Bemerkungen der Erwachsenen, die in einem anderen Zeitrhythmus leben, wie »Bleib doch nicht überall stehen. Wir haben doch keine Zeit! Wir müssen um 8 Uhr in der Kita sein!« wird das Kind aus seiner Betrachtung herausgerissen. Wenn Kinder immer wieder von Erwachsenen in ihrer neugierigen und – wie es in der Reggio-Pädagogik genannt wird – »liebevollen« Vertiefung in die Gegenstände ihrer Umwelt gestört werden, verlieren sie, so scheint es, allmählich die Fähigkeit, sich aufmerksam und sensibel auf ihre Umwelt einzulassen. Diese Tendenz wird dadurch verstärkt, dass die Bewegungs-, Spiel- und Wahrnehmungsräume der Kinder immer enger werden. Selbstständige Entdeckungstouren und Erfahrungen aus erster Hand werden im Alltag der Kinder immer seltener.

Vielen Kindern, die heute in die Kindertagesstätte kommen, fehlt das Gespür für ihren Körper. Ihre Bewegungsfähigkeiten sind eingeschränkt, aber auch die Möglichkeiten, sich in ihren Gefühlen und Bedürfnissen wie Ärger, Wut, aber auch Hunger und Kälte wahrzunehmen. Das intensive Erlebnis ihres eigenen Körpers und ihrer Umwelt ist eingeschränkt wie letztlich auch die Fähigkeit, befriedigende Beziehungen zu anderen zu knüpfen und zu pflegen. Diese für die eigene Persönlichkeitsentwicklung wie für das soziale Leben grundlegenden Kompetenzen müssen in pädagogischen Arrangements erst wieder angebahnt und herausgebildet werden.[62] Unerlässlich ist es dabei, dass sich die Erzieherinnen selbstreflexiv mit ihrem eigenen Zeitkonzept und ihren habitualisierten Wahrnehmungen der Lebens- und Arbeitsrhythmen kritisch auseinandersetzen.

2. Stille und Achtsamkeit in pädagogischen und religionspädagogischen Konzeptionen

Stilleübungen stellen eine Methode auf allgemeinpädagogischer Grundlage dar, die auch für religionspädagogische Handlungsfelder von zentraler Bedeutung ist. Gabriele Faust-Siehl verweist auf Pädagoginnen und Pädagogen, die seit Anfang des letzten Jahrhunderts grundlegende Erfahrungen mit dem Phänomen »Stille« bei Kindern machten und Ansätze bzw. Konzeptionen zur Stille entwickelten.[63]

Die Pädagogin Maria Montessori entdeckte als eine der ersten in ihrer praktischen Arbeit mit Kindern den Wert der Stille für den Menschen und insbesondere ihre Bedeutung für die kindliche Persönlichkeitsentwicklung. Aus ihren intensiven Beobachtungen von Kindern im Spiel entwickelte sie ein pädagogisches Konzept, in dem Stille und Aufmerksamkeit eine zentrale Rolle spielen. So bemerkte sie z. B. ein kleines Mädchen, das etliche Male einen »Einsatzzylinder« in den dazugehörigen Holzblock steckte und dabei tief konzentriert blieb, bis die Aufgabe ohne Mühe von der Hand ging und das Kind im Anschluss vergnügt und ausgeruht erschien. Montessori folgerte, dass Kinder im Sicheinlassen auf einen Gegenstand zu gesammelter Aufmerksamkeit fähig sind. Sie bezeichnet dieses Vermögen als »tätige Meditation«. Aufgabe der Pädagogik sei es, Verhinderungen dieser erwünschten Auf-

---

62 Eva-Maria Stögbauer-Elsner kritisiert diese Überlegungen als ein »dualistisches Begründungsmuster(s), das die Gegenwart einseitig als laute, hektische und reizüberflutete Zeit zeichnet und ihr die Stille als idyllisches Konstrukt gegenüberstellt.« An der Kritik ist richtig, dass Stilleübungen keine »heile Welt« vorspielen dürfen, sondern immer auch ihr gesellschaftskritisches Potential entfalten sollten. Mit dem pädagogischen Einsatz von Stilleübungen soll die Persönlichkeit des Kindes gestärkt werden für einen resilienten Umgang auch mit restriktiven gesellschaftlichen Lebensbedingungen. Vgl. STÖGBAUER-ELSNER, EVA-MARIA, Stilleübungen, in: Das wissenschaftlich-religionspädagogische Lexikon im Internet (WiReLex), Jahrgang 2016, 3.
63 Vgl. FAUST-SIEHL, GABRIELE, Stille und Stilleübungen – Pädagogische Grundlagen einer Methode des Religionsunterrichts, in: Adam, Gottfried/Lachmann, Rainer (Hg.), Methodisches Kompendium für den Religionsunterricht, Göttingen 1993, 366-376, 366ff.

merksamkeit zu minimieren und eine passende Umgebung sowie geeignete Gegenstände zur konzentrativen Beschäftigung bereitzustellen.

Diese im Spiel beobachtete gesammelte Aufmerksamkeit des Kindes nannte Montessori die »Polarisation der Aufmerksamkeit« – ein Begriff, der zu einer grundlegenden Kategorie in ihrer pädagogischen Konzeption wurde. Die Polarisation der Aufmerksamkeit verweist auf ein Geschehen im Kind, dessen Wirkungen z. T. sichtbar werden (z. B.: Kinder nehmen ihre Umwelt klarer und genauer wahr, sind offener im Kontakt), zum Teil aber auch nur erahnt werden können. Wenn Kinder entspannt und sogar beglückt erscheinen, lässt dies Rückschlüsse darauf zu, dass sie in ihrem Spiel Kraft geschöpft haben und zur Ruhe gekommen sind. Montessori bezeichnet dieses innerliche Geschehen gar als »Genesung«, in der sich das Kind als »lebendige Einheit« erfährt.[64]

Diese innere Sammlung und Aufmerksamkeit scheint auch auf in den von ihr praktizierten »Hörübungen«, die Stille brauchen und die in der Lage sind, in die Stille zu führen. Dabei werden in der zugewandten Wahrnehmung leisester Töne und Geräusche die Sinne sensibilisiert und verfeinert. »Was sich ... hier kundgab, war eine innere Übereinstimmung, geboren aus einem tiefen Wunsch. Die Kinder saßen still bis zur Regungslosigkeit ... und hatten dabei heiter-angespannte Züge, so als seien sie in Meditation versunken. Inmitten der eindrucksvollen Stille wurden allmählich selbst die schwächsten Geräusche vernehmbar. Das ferne Tropfen von Wasser, das Zirpen eines Vogels draußen im Garten.«[65] Zusammenfassend kann gesagt werden: Stilleübungen im Konzept Maria Montessoris haben zum Ziel, den Menschen im umfassenden Sinn in seiner Entwicklung zu unterstützen.

Sinnesübungen als sensibilisierende, Entwicklungspotential freisetzende Übungen finden sich auch eingebettet in das Konzept der Symboldidaktik des katholischen Theologen und Pädagogen Hubertus Halbfas. In den 1980er Jahren plädierte er für eine »verlorene Dimension in der Erziehung«.[66] Er meint damit eine Dimension, die sich jedem Verwertungszwang widersetzt. Diese Dimension wird wahrnehmbar und erfahrbar über das Schauen mit dem *inneren* Auge, über ein Hören mit dem *inneren* Ohr, über einen Weg in die *eigene* Tiefe. Für Halbfas ist die Stille ein pädagogisch fruchtbar zu machender Weg zum eigenen Innersten. Halbfas, selbst in der Tradition der christlichen Mystik stehend, spricht vom »Sprung in den Brunnen«, bei dem der Mensch nicht nur zu sich selbst, sondern auch zu Gott gelangt. So sind diese Stilleübungen letztlich wie bei Montessori ausgerichtet auf eine innerliche Veränderung. Die Übungen wollen »den Menschen vor sich selbst bringen, indem sie ihn in ein neues Verhältnis zu den Dingen um ihn her versetzen.«[67]

Es geht bei Stilleübungen nicht um einzelne zu erbringende Leistungen, sondern um innere Verwandlung, um eine Hilfestellung zur Entwicklung der Persönlichkeit

---

64 Ebd., S. 369.
65 MONTESSORI, MARIA, Kinder sind anders. Stuttgart 1952, 172f.
66 Vgl. HALBFAS (1985), S. 75.
67 HALBFAS, HUBERTUS, Das Jenseits in uns selbst, in: Gornik, H.A. (Hg.), Das Jenseits. Erfahrungen mit einer anderen Wirklichkeit, Freiburg im Breisgau 1987, 182.

des Kindes. Stilleübungen sind insofern nicht als Unterdrückung von Lärm oder als pädagogisches Instrument zur Disziplinierung zu verstehen. Sie zielen nicht auf körperliche Ruhigstellung ab. Vielmehr wollen Stilleübungen zunächst einmal Kindern wie Erwachsenen helfen, sich zu entspannen, bei sich selbst anzukommen und sich selbst zu spüren. Menschen sollen in Stilleübungen Kraft schöpfen, neue Entdeckungen machen und sich und ihre Umwelt mit allen Sinnen wahrnehmen und erleben.

In der gegenwärtigen Literatur und Praxis finden sich unter dem Stichwort »Stilleübungen« neben den Sinnesübungen auch Übungen zur Körperwahrnehmung, Atemübungen, Phantasiereisen, meditatives Malen (Mandalas) und meditativer Tanz. Alle diese Formen von Stille haben eine *religiöse* Komponente und stehen der kontemplativen Praxis der *Meditation* sehr nahe. »Immer dann, wenn wir ganz bei dem sind, was wir tun, ohne Ehrgeiz und ohne Ausrichtung auf den Zweck unseres Tuns, sind wir in einer meditativen Haltung, sind wir in Meditation.«[68] Entsprechend verstand auch Montessori Stilleübungen als »tätige Meditation«. Meditation ist ein Vorgang der Versenkung über den Weg des wiederholenden Übens, eine Verwandlungsübung des ganzen Menschen als Leib, Geist und Seele, in der wir einer uns übersteigenden Wirklichkeit begegnen.[69]

Allerdings sollten in der Praxis mit Kindern keine gegenstandslosen Meditationsformen angewandt werden. *Objektorientierte* meditative Übungen geben den Kindern Halt und die notwendige Struktur für ihre gerichtete Aufmerksamkeit und Wahrnehmung. Wenn Stilleübungen regelmäßig angeboten werden, kann bei den Kindern ein »Wahrnehmungsorgan« für tiefere Schichten der Wirklichkeit angebahnt und eine Haltung der Achtsamkeit gegenüber der Schöpfung ausgebildet werden, das auch für eine spätere Beziehung zu Gott grundlegend ist. Insofern sind Stilleübungen auch eine »Vorschule« für die Gebetserziehung, die unter heutigen gesellschaftlichen Bedingungen aber von vornherein als eine *interreligiöse* Aufgabe verstanden werden sollte.

Im Folgenden werden unterschiedliche Formen von Stilleübungen kurz beschrieben.

Sinnesübungen als »Entfaltung der Sinne« entwickelte der Künstler, Mathematiker und Philosoph Hugo Kükelhaus in seinem »Erfahrungsfeld« mit 33 Stationen zur Neuentdeckung und Betätigung der menschlichen Sinne.[70] Dieses Erfahrungsfeld, das schon in den 1980er Jahren entstand, wirkt noch heute in vielen pädagogischen Einrichtungen nach. Das Anliegen des Erfahrungsfeldes war es, die menschlichen Sinne (Riechen, Fühlen, Schmecken, Hören und Sehen) sowie das Gleichgewichtsgefühl zur Entfaltung zu bringen gegen die Beschränkung menschlicher Wahrneh-

---

68 BRUNNER, REINHARD, Hörst Du die Stille? Hinführung zur Meditation mit Kindern, München 1991, 7.
69 Vgl. GRAF DÜRCKHEIM, KARLFRIED, Vom doppelten Ursprung des Menschen, Freiburg i. Br.[11]1989, 242.
70 KÜKELHAUS, HUGO/ZUR LIPPE, RUDOLF, Entfaltung der Sinne. »Erfahrungsfeld« zur Bewegung und Besinnung, Frankfurt 1987.

mung auf die kognitive Dimension. Kükelhaus' Sinnesübungen hielten in Form von Riechfläschchen, Krabbelsäcken, Fußparcours etc. Einzug in Kindergärten und Schulen. Praktische Sinnesübungen sind elementare Lernvorgänge. Das Kind macht hier eigenständige Erfahrungen und lernt seinen eigenen Wahrnehmungen zu trauen. Es ist ein Lernen ohne Worte: über das Tasten und Greifen beginnt das Kind die Welt zu begreifen. Es weckt und vertieft die Sensibilität und die Erlebnisfähigkeit des Kindes.

Übungen zur *Körperwahrnehmung* und *Atemübungen* basieren vielfach auf dem Autogenen Training, der Progressiven Muskelentspannung nach Edmund Jacobson oder auf den Eutonie-Übungen nach Gerda Alexander.[71] Diese Übungen wollen zu konkreter und realistischer Erfahrung des eigenen Körpers und seiner aktuellen Situation hinführen. Sie zielen darauf ab, den eigenen Körper immer besser zu spüren und kennenzulernen, sensibler zu werden für das, was im Körper vor sich geht (Körperspannung/Tonus, Atembewegung), Vertrauen zur eigenen Wahrnehmung zu entwickeln, fähig zu werden, die eigene Muskelspannung zu regulieren und zu einer guten und heilsamen Entspannung zu gelangen.

Die Idee der *Phantasiereise* stammt aus der Humanistischen Psychologie und der Gestaltpädagogik. Die Phantasiereise ist eine Stilleübung, bei der durch die sprachliche Führung einer anleitenden Person die Aufmerksamkeit der Teilnehmenden von der äußeren Welt auf die innere Welt gelenkt wird. Zur Vorbereitung auf das Hören werden oft Übungen zur Körperwahrnehmung (s. o.) verwendet. Durch Anregung der Phantasie können eingefahrene Sichtweisen und Verhaltensmuster aufgelöst und durch andere, der Situation angemessenere, ersetzt werden. »Die Phantasie gleicht einem Prisma, das vieles in Facetten und Farben zerlegt und wieder zu neuen Bildern zusammenfügt.«[72] Phantasiereisen sind auf Zukunft ausgerichtet, sie aktivieren Sehnsüchte und Hoffnungen und können heilsam sein. Sie »bieten Möglichkeiten innere Spannungen zu mindern, ähnlich dem Traum in der Nacht, der überschüssige Triebenergien abzubauen hilft.«[73] Bei der Durchführung einer Phantasiereise werden die unterschiedlichen Sinne angesprochen: der visuelle Bereich (sehen, beobachten, Formen und Farben wahrnehmen), der auditive (hören, lauschen, Klänge wahrnehmen), der kinästhetische (spüren, fühlen, bewegen, Wärme wahrnehmen), der olfaktorische (riechen, Gerüche unterscheiden) und der gustatorische (schmecken, kosten). Beim aktiven Zuhören einer Phantasiereise entsteht so ein ganzheitliches Bild vor dem inneren Auge, »Erinnerung« wird zu einem kognitiven, emotionalen und körperlichen Erlebnis. Die inneren Bilder, die beim Zuhören entstehen, haben Auswirkungen auf die körperlichen Funktionen: die Atmung wird ruhiger, die Muskelspannung wird herabgesetzt. So führen Phantasiereisen auch zur körperlichen und seelischen Ruhe und Entspannung.

Mandalas sind uralte Meditationsbilder und gehören zu den ältesten religiösen Symbolen der Menschheit. Das Wort Mandala kommt aus dem indischen Sanskrit

---

71 ALEXANDER, GERDA, Eutonie. Ein Weg der körperlichen Selbsterfahrung, München ⁵1984.
72 MÜLLER, ELSE, Auf der Silberlichtstraße des Mondes, Frankfurt 1985, 31.
73 Ebd., 35.

und bedeutet »Kreis«. Ein Mandala ist in der indischen und tibetischen Tradition Symbol sowohl der göttlichen Ordnung wie auch der seelischen Ganzheit des Einzelnen. Wir kennen Mandalas auch aus dem Christentum, z. B. in den Fensterrosetten gotischer Kathedralen. Mandalas »üben durch die Führung ihrer konzentrischen Kreise auf den/die Betrachter/in eine konzentrierende, einsammelnde und mittebildende Wirkung aus. »Sie wirken, wie C.G. Jung ausdrückt, gleichsam als Magnet auf das uneinheitliche und widersprüchliche seelische Material.«[74] Ausmalen von Mandalas kann selbst Kindern mit großen Konzentrationsschwächen helfen, zur Ruhe zu kommen.

In den letzten Jahren hat das Interesse am *Meditativen Tanz* zugenommen. Wie bei den Mandalas ist auch hier die Hinwendung zur Mitte entscheidend. Getanzt wird meistens im Kreis. Es findet eine stete Bewegung zwischen Kreisperipherie und Kreismittelpunkt statt. In der Arbeit mit Kindern gibt es Versuche, kleine einfache Tänze einzuüben und kurze Bewegungsabfolgen, bei denen die Aufmerksamkeit auf bestimmte Haltungen und Gebärden gelenkt wird, um mit den Kindern gemeinsam zur Ruhe und zur Präsenz zu finden, so z. B. das »Gebet mit Leib und Seele« auf der Grundlage des Sonnengebets aus dem Yoga.[75]

B. Methodisch-didaktische Umsetzung – Impulse

1. Die Lernenden bekommen von dem/der Leiter/in 15-20 Minuten »Zeit geschenkt«. In dieser Zeit müssen sie ganz bei sich selbst bleiben. Sie dürfen nicht mit anderen sprechen, keine Hausaufgaben erledigen etc. Sie können in dieser Zeit nachdenken, meditieren, spazieren gehen, evtl. einige Gedanken aufschreiben. Anschließend werden die Erfahrungen ausgetauscht:
   - Wie habe ich diese »geschenkte« Zeit erlebt?
   - Welche Gedanken sind mir gekommen?
   - Was war ungewohnt?
   - Was fiel mir schwer?
2. Der Lerngruppe werden folgende 25 Bildworte vorgelegt, die versuchen, Zeit und Zeitempfinden metaphorisch zu umschreiben. Jede/r Einzelne wird gebeten, die fünf Bilder zu markieren, die ihm/ihr am meisten zusagen. Die Bildworte führen den Satz fort: »Zeit ist für mich wie ...«
   1. ein großes Riesenrad
   2. ein Kreisel
   3. ein Weg, der über einen Berg führt
   4. aufgehende Blattknospen
   5. ein alter Mann mit Stock
   6. ein Vogel im Flug

---

74 ROSENBERG, ALFONS, Christliche Bildmeditation, München 1975, 128.
75 PETERS, CLAUDIA, Still werden und Staunen. »Stille Zeiten« in Kindergarten, Schule und Gruppen, Freiburg 1998, 184.

7. ein sausendes Weberschiffchen
8. eine sich abwickelnde Spule
9. ein rasender Zug
10. ein still ruhendes Meer
11. eine brennende Kerze
12. eine Treppe, die nach oben führt
13. ein stürzender Wasserfall
14. ein Raumschiff im Flug
15. vom Wind verwehter Sand
16. eine alte Frau am Spinnrad
17. dahinziehende Wolken
18. marschierende Füße
19. ein unermesslich ausgedehnter Himmel
20. der Felsen von Gibraltar
21. ein fliehender Dieb
22. ein verschlingendes Ungeheuer
23. ein ruhiger, einschläfernder Gesang
24. eine Perlenschnur
25. ein galoppierender Reiter

In einer psychologischen Studie wurden drei unterschiedliche Zeittypen beschrieben:[76]

Typ 1:
Der »Aktive« ist sehr leistungsorientiert und folgt einem linearen und zielgerichteten Zeitverständnis. Für Lebensfreude bleibt bei diesem Zeittypus wenig Platz.

Typ 2:
Der »Kontemplative« folgt dagegen keinen zeitlichen Richtungsvorgaben. Sein Zeiterleben erscheint eher als passiv ruhender Lebenshintergrund. Die Zeit ist wie ein »ozeanisches Medium«.

Typ 3:
Der »Lebendige« erfreut sich seiner Zeit. Sein Leben ist stark von menschlichen Beziehungen geprägt. Der Mensch ist für ihn das »Maß aller Dinge«.

Die Auswahl der »Lieblings-Zeitmetaphern« gibt einen Hinweis darauf, zu welchem der drei Zeittypen der/die einzelne eher gehört. Die Psychologen haben testbasiert folgende Zuordnung vorgenommen:
Typ 1: 2, 7, 9, 13, 14, 21, 25
Typ 2: 3, 4, 10, 15, 17, 19, 20
Typ 3: 1, 5, 8, 11, 16, 22, 23, 24

---

76 Quelle: Psychologie heute, Heft 6/1998, 22ff.

Die Items 6, 12, 18 haben eine eigene Bedeutung, da sie inhaltlich zwischen den verschiedenen Zeittypen liegen, nämlich:
6: zwischen Typ 1 und Typ 2
12: zwischen Typ 2 und Typ 3
18: zwischen Typ 1 und Typ 3

In der abschließenden Reflexionsphase tauschen sich die Teilnehmenden in der Lerngruppe über ihre Erkenntnisse und Erfahrungen aus. Sie diskutieren dies auf dem Hintergrund der Ausführungen zu den gesellschaftlichen Kontexten in Teil A.

3. In Sinnesübungen wird die Fülle der auf die Kinder einströmenden Umwelteindrücke reduziert und konzentriert. Physiologisch gesehen kommt es, indem die Aufmerksamkeit auf einen bestimmten Sinn gelenkt wird, zu einer verstärkten Durchblutung und Belebung des entsprechenden Sinnesorgans und so zu einer gesteigerten Sensibilität. Die Sinnesübungen bieten dem Kind ein Übungsfeld, seine Sinne zu erproben und seine Wahrnehmungs- und Erlebnisfähigkeit zu vertiefen. Das Öffnen der Sinne kann zudem aufmerken lassen auf das Alltägliche und Selbstverständliche. Es kann zum Staunen führen, zur Freude, zur Dankbarkeit und zur Sorgfalt im Umgang mit den Dingen. Wenn hier die Übungen nach den verschiedenen Sinnesorganen gegliedert sind, ist das eher als Strukturierungshilfe gedacht. Es ist immer wünschenswert, dass in einer Übung auch mehrere Sinne angesprochen werden.

Anregungen für die Lerngruppe:
- Die Teilnehmenden werden gebeten, die folgenden beiden Anleitungen für Sinnesübungen zum Tastsinn und zum Hörsinn zu lesen.
- Sie probieren die Übungen in ihrer Lerngruppe aus, indem eine/r aus der Gruppe die jeweilige Sinnesübung den Beschreibungen entsprechend anleitet.
- Nach der praktischen Durchführung diskutiert die Gruppe darüber, was sie bei einer Sinnesübung für Kinder in einer konkreten Kita-Gruppe übernehmen und was sie evtl. modifizieren oder anders machen würde.
- Die Teilnehmenden versuchen, entsprechende Anleitungen für weitere Sinnesübungen zum Geruchssinn, zum Geschmackssinn und zum Sehsinn zu entwerfen.

1. Anleitung: Der Weg in die Stille über den Tastsinn
Die Beschaffenheit vieler Dinge erfassen wir eindrücklicher, wenn wir den Sehsinn ausblenden und uns ihnen über die Haut nähern. Wir können den Tastsinn vorbereitend ansprechen, indem wir die Handflächen aneinander reiben und dann langsam aufeinander zu bewegen und sich sachte berühren lassen, indem wir die Hände anhauchen oder die Hände massieren. Dazu können Bilder helfen wie »Wasser von den Fingern schütteln«, »sich die Hände waschen« oder »eincremen«.

Die Kinder nehmen den ausgewählten Gegenstand (z. B. Naturmaterialien wie Blätter, Zweige, Samen, Steine, Kräuter etc.) zunächst schweigend wahr. Sie haben Zeit, den Gegenstand zu ertasten, zu streicheln oder zu reiben. Sie können ihn über Handfläche und Handrücken bewegen, über den Arm oder an ihre Wange oder Stirn halten, um immer besser mit ihm in Kontakt zu kommen. Viele Gegenstände bringen ihren eigenen Duft mit und beziehen so das Riechen in die Übung ein, z. B. verschiedene Kräuter. Wir können die Übung auch erweitern, indem wir die Kinder auffordern, nach dem Ertasten ihre Augen zu öffnen, sich den Gegenstand aufmerksam anzuschauen und dabei in der Stille zu bleiben. Möglich ist auch, ihre Imagination anzusprechen, sie zu ermuntern zu lauschen und sich etwas von dem Gegenstand erzählen zu lassen.

Nach der Übung muss Zeit zum Austausch gegeben sein. Vielleicht möchten die Kinder auch malen, was sie erlebt haben, oder spielen. Ältere Kinder möchten vielleicht ihre Geschichten aufschreiben.

2. Anleitung: Der Weg in die Stille über den Hörsinn
Kinder lieben es, mit geschlossenen Augen zu lauschen. Viele spüren und formulieren es auch: Lärm tut den Ohren nicht gut. Bewusstes Hören und Lauschen kann uns zu wacher Aufmerksamkeit und in eine gesammelte Ruhe versetzen. Manch einer kennt vielleicht die Erfahrung gesteigerter Intensität des Hörens, wenn er/sie längere Zeit in der Stille verbracht hat (z. B. in einem Kloster). »Das Auge führt den Menschen in die Welt, das Ohr führt die Welt in den Menschen.« (Lorenz Oken)

Zur Einstimmung können die Kinder sanft mit den Fingern ihre Ohrmuscheln außen und innen ertasten und streicheln, sie können mit Daumen und Zeigefinger ihre Ohrläppchen leicht kneten, so wie es ihnen angenehm ist, bis diese schön warm sind.

Es gibt eine Fülle ganz einfacher Übungen, die uns jedoch gerade in ihrer Einfachheit sehr wirkungsvoll zum Lauschen verlocken können. Wir können im Raum ein Fenster öffnen und die Kinder einladen, mit geschlossenen Augen und ganz weit geöffneten Ohren auf die Geräusche zu achten, die von draußen kommen oder vom Flur oder von unserem Kreis. Wir können nach draußen gehen und uns im Sommer auf eine Wiese legen (wenn keine Allergie bei den Kindern vorliegt) und lauschen, was der Wind an unser Ohr trägt. Wir können auch ein Musikstück ganz bewusst hören. In unserer Zeit der Dauerberieselung kann auch dies für Kinder zu einem Stilleerlebnis werden, wenn sie Zeit haben, sich ganz auf eine Musik einzulassen. Rainer Maria Rilke sagte von einer Musik, dass sie dufte. Diese intensive Wahrnehmung von Musik mit allen Sinnen gilt es wieder zu entdecken. Zur intensiveren Wahrnehmung können wir behutsam Impulse einfließen lassen: Welche Farbe könnte die Musik haben? Welche Formen? Wie fühlt sie sich an? Hat sie einen bestimmten Duft? Vielleicht erinnert sie euch an etwas?

Diese Übung kann 5-10 Minuten dauern. Um die Eindrücke nicht zu zerren, legt es sich nahe, das Geschaute und Erlebte zu malen. Stifte und Papier sollten vorher schon bereitgelegt werden. Es kann aber auch sein, dass Kinder das Gehörte in Bewegung und Spiel umsetzen möchten.

4. Die Lernenden holen sich zu den anderen Formen der Stilleübungen (Körperwahrnehmung, Atemübungen, Phantasiereisen, Mandalas und meditativem Tanz) Informationen aus der Literatur. Sie entwerfen arbeitsteilig Anleitungen für die unterschiedlichen Formen, führen die Übungen in der Gruppe durch und werten die Erfahrungen abschließend aus.

Literatur

ALEXANDER, GERDA, Eutonie. Ein Weg der körperlichen Selbsterfahrung, München ⁵1984.
BAUER, EVA-MARIA, Stilleübungen, in: Bitter, Gottfried, u. a. (Hg.), Neues Handbuch religionspädagogischer Grundbegriffe, München 2002, 518-522.
BRUNNER, REINHARD, Hörst Du die Stille? Hinführung zur Meditation mit Kindern, München 1991.
FAUST-SIEHL, GABRIELE, Stille und Stilleübungen – Pädagogische Grundlagen einer Methode des Religionsunterrichts, in: Adam, Gottfried/Lachmann, Rainer (Hg.), Methodisches Kompendium für den Religionsunterricht, Göttingen 1993, 366-376.
GEISSLER, KARLHEINZ A., Wart' mal schnell. Minima temporalia, Stuttgart² 2002.
GRAF DÜRCKHEIM, KARLFRIED, Vom doppelten Ursprung des Menschen, Freiburg i. Br.¹¹1989.
HALBFAS, HUBERTUS, Das Jenseits in uns selbst, in: Gornik, H.A. (Hg.), Das Jenseits. Erfahrungen mit einer anderen Wirklichkeit, Freiburg im Breisgau 1985.
HALBFAS, HUBERTUS, Das dritte Auge, Düsseldorf ³1987.
HIRSCH, ELKE, Kommt, singt und tanzt. Materialien für Schule und Gemeinde, Düsseldorf 1999.
KÜKELHAUS, HUGO/ZUR LIPPE, RUDOLF, Entfaltung der Sinne. »Erfahrungsfeld« zur Bewegung und Besinnung, Frankfurt 1987.
MASCHWITZ, GERDA und RÜDIGER, Gemeinsam Stille entdecken, München 1995.
MÜLLER, ELSE, Auf der Silberlichtstraße des Mondes, Frankfurt 1985.
STÖGBAUER-ELSNER, EVA-MARIA, Stilleübungen, in: Das wissenschaftlich-religionspädagogische Lexikon im Internet (WiReLex), Jahrgang 2016.
ROSENBERG, ALFONS, Christliche Bildmeditation, München 1975.
PETERS, CLAUDIA, Still werden und Staunen. »Stille Zeiten« in Kindergarten, Schule und Gruppen, Freiburg 1998.
WILMES-MIELENHAUSEN, BRIGITTE, Mach langsam, kleiner Bär.
Zeit haben und entspannen mit Kindern, Freiburg i. Br. 2008.

Autorinnen und Autoren

Dr. Rainer Möller, arbeitete als Theologe und Pädagoge in Fachschulen und religionspädagogischen Instituten, zuletzt als wissenschaftlicher Referent im Comenius-Institut Münster, jetzt tätig als freier wissenschaftlicher Berater und Autor.

Dr. Clauß Peter Sajak, Universitätsprofessor, lehrt Religionspädagogik und Didaktik des Religionsunterrichts an der Kath.-Theol. Fakultät der Westfälischen Wilhelms-Universität Münster.

Dr. Dieter Miedza, Oberstudiendirektor i. K., leitet die Marienschule in Leverkusen-Opladen.

Dr. Eva Hoffmann-Stakelis, Professorin, lehrt in den Studiengängen Kindheitspädagogik und Soziale Arbeit an der Fliedner Fachhochschule in Düsseldorf.

Karolin Thater, Studienrätin i.K., unterrichtet Katholische Religion sowie Gesundheitsförderung/Pflege an der Hildegardisschule Münster und ist wissenschaftliche Mitarbeiterin der Kath.-Theol. Fakultät der Westfälischen Wilhelms-Universität Münster für das Aktionsprogramm »Kita – Lebensort des Glaubens« des Bischöflichen Generalvikariats Münster und des Caritasverbands für die Diözese Münster e.V.

Naciye Kamcili-Yildiz, Lehrerin und islamische Religionspädagogin, lehrt Religionspädagogik und Didaktik des islamischen Religionsunterrichts am Seminar für islamische Theologie an der Universität Paderborn.

Dr. Angela Kunze-Beiküfner, Pfarrerin, Dozentin für Religionspädagogik im Elementarbereich am Pädagogisch-Theologischen Institut der Evangelischen Kirche in Mitteldeutschland und der Evangelischen Landeskirche Anhalts.

Dr. Monika Marose, wissenschaftliche Mitarbeiterin des »Evangelischen Instituts für berufsorientierte Religionspädagogik« (bibor) der Universität Bonn.

Dorothee Fingerhut, Studienrätin am Städtischen Gymnasium Herten, unterrichtet Katholische Religionslehre und Englisch, Lehrbeauftragte für Religionspädagogik an der Kath.-Theol. Fakultät der Westfälischen-Wilhelms Universität Münster.

Ingeburg Sylla, ev. Theologin und Bewegungspädagogin, arbeitete in der Aus- und Fortbildung von Erzieherinnen, zuletzt an einer Berufsbildenden Schule in Koblenz.